清末民初文獻叢刊

郭侍郎奏疏

（上册）

［清］郭嵩燾 撰

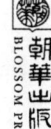

朝華出版社
BLOSSOM PRESS

圖書在版編目（CIP）數據

郭侍郎奏疏 ： 全3册 / （清） 郭嵩燾撰. -- 北京 ：
朝華出版社, 2018. 9
（清末民初文獻叢刊）
ISBN 978-7-5054-4308-2

Ⅰ. ①郭… Ⅱ. ①郭… Ⅲ. ①奏議－中國－清代
Ⅳ. ①K250. 65

中國版本圖書館CIP數據核字(2018)第174141號

郭侍郎奏疏（全三册）

作　　者　[清]郭嵩燾

選題策劃　楊麗麗　尚論聰
責任編輯　劉小磊
特約編輯　王春蕾
責任印制　張文東　陸競瀛
封面設計　劉敬偉

出版發行　朝華出版社
社　　址　北京市西城區百萬莊大街24號　**郵政編碼**　100037
訂購電話　（010）68996618　68996050
傳　　真　（010）88415258（發行部）
聯系版權　j-yn@163.com
網　　址　http://zhcb.cipg.org.cn
印　　刷　藝堂印刷（天津）有限公司
經　　銷　全國新華書店
開　　本　880mm×1230mm　1/32　**字　　數**　289千字
印　　張　43
版　　次　2018年9月第1版　2018年9月第1次印刷
裝　　別　精
書　　號　ISBN 978-7-5054-4308-2
定　　價　320.00元（全三册）

出版前言

中國自一八四〇年鴉片戰争以來，傳統的農業文明在西方的堅船利炮轟擊之下徹底被顛覆，有擔當的知識分子苦苦追尋，思索社會改革的途徑。從最初的『師夷長技以制夷』到『民主制度，天下之公理』（梁啓超語），他們發現要『强國富民』，首先要『開啓民智』，衹有民衆擁有了獨立思想和批判精神，國家纔能實現真正的强大。在此後一百年的時間裏（一八四〇—一九四九），思想者們從社會變革深入到國民性的改造，用每一部作品見證着中國近代化的遞變歷程。這是一個極其重要的時代，《清末民初文獻叢刊》正是收録了這一時期的作品，大部分書籍都是早期版本，有着極高的文獻研究價值。

清末的中國經歷了『三千年來未有之大變局』（李鴻章語），大清王朝面對西方列强的艦炮，表現得驚慌失措。尤其是鴉片戰争，使『天朝帝國萬世長存的迷信受到了致命的打擊，野蠻的、閉關自守的、與文明世界隔絶的狀態被打破了』（《馬克思恩格斯選集》）。一批士大夫知識分子，尤其是在歐美諸國擔任使臣或者游歷的知識分子最先覺醒，着眼于對西方國家的考察，進而反省本國政治制度的劣勢，可以視作『啓蒙』的端倪。如曾擔任駐英公使（兼任駐法公使）的郭嵩燾在《使西紀程》中以日記的形式記録了自己對歐西諸國的觀感，他在考察了英國的政治制度之後，發現英國政府官員收入超過三百磅者與普通老百姓一樣同等納税，他説：『此法誠善，然非民主之國，則勢有所不行。西洋所以享國長久，君民兼主國政故也。』他明確提出了『民主』，在國家的管理問題上，人民也有參與的權利。他在該書中所披露的西方政治、經濟、文化等領域優于大清帝國這一事實觸動了保守派的神經，立刻遭到保守派群起而攻之，進士何金壽彈劾他『有二心于英國，欲中國臣事之』，他家鄉湖南的民衆對他更是痛加詆毁，以至于滿城揭帖，誣蔑他『溝通洋人』，在這種群情洶洶的情況下，朝廷最後下旨將《使西紀程》毁版，從而使該書成了禁書。然而，書雖被毁版，却不能堵死民衆的傳播與閱讀的途徑，上海的《萬國公報》依舊連載該書，張佩綸曾説：『朝廷禁其書，而新聞紙接續刊刻，中外傳播如故也。』從某種意義上來説，啓蒙是時代的需要，盡管清政府發諭旨禁了該書，民衆乃至一些朝廷大員却依舊在私下閲讀，以便瞭解外部的世界。進步的社會是開放性的，任何企圖『閉關鎖國』的努力都意味着歷史的倒退，祇有開放，與整個世界文明保持同等的步伐，纔能實現真正的强國之夢。當大批知識分子走出閉鎖的國門，親歷了文明的洗禮之後，也就把啓蒙的智識帶回了中華大地。容閎的《西學東漸記》，梁啓超的《新大陸游記》，崔國因的《出使美日秘日記》等一大批作品介紹了海外諸國的政治、經濟、軍事、外交、文化。雖然這些作品在認識上仍然帶有時代的局限性，然而却是那時最爲珍貴的聲音。

另一方面，在學術上，中國文化母體内『經世致用』思想與資産階級思想相結合，也唤起了變革，以康有爲、梁啓超爲首的改良派試圖通過自上而下的革新以實現變革。康有爲的《新學僞經考》《孔子改制考》就是借經學之表論資産階級學説之裏的著作，康有爲的弟子梁啓超更是通過《新民説》一書提出國民性改造。與早期啓蒙者『師夷長技』的器物文明引進不同，梁啓超上升到形而上的精神領域，從文化心理上更加徹底地進行變革。梁氏是清朝末年到民國初年一個橋梁式的人物，被譽爲『輿論之驕子，天縱之文豪』，其影響力不但在學術領域，同時還在文學領域，他所倡導的『詩界革命』得到了譚嗣同、黄遵憲、丘逢甲等人的響應，黄遵憲的《日本雜事詩》，丘逢甲的《嶺雲海日樓詩鈔》都體現了這種主張。這一主張要求反映新的時代和新的思想，用『我手寫我口』（黄遵憲語）的方式直抒胸臆，對長期占詩壇主流的擬古主義、形式主義産生了巨大的衝擊，解放了寫作者的心靈和頭腦。

與社會變革同步的是早期對西方思想著作的翻譯，這裏面影響最大的是嚴復，他翻譯的《天演論》《社會通詮》等書直接孕育了民國一代的知識階層。魯迅、胡適等人在文章中都曾提到《天演論》對他們思想所産生的震撼。與嚴復略有不同的另一位翻譯家是林紓，他的譯作雖然參差不齊，但却在更細膩的心靈層次對讀者産生影響，許壽裳曾回憶，他和魯迅都熱衷于林譯的小説，如《巴黎茶花女遺事》《黑奴籲天録》《迦茵小傳》等作品。

辛亥革命之後，進步社會思潮成爲主流，比之清末思想啓蒙者『求存』的追求，民國以來的知識階層深入到了更加細微的肌理，一方面呼唤社會變革，另一方面進行點滴的建設，革命并不能使所有的一切一蹴而就，在更加深廣的領域，事物的改變是由微觀而宏觀。通俗地説，比之于革命，建設的意義更大。如《中國商業史》《中國教育史》《中國倫理學史》《中國哲學史大綱》《中國小説史略》等一大批作品都是進行系統的梳理與建設的理論作品。其中，以胡適和魯迅二人的影響最大，他們的作品一紙風靡，從而成爲新文化運動的主力人物。

《清末民初文獻叢刊》收録的文獻大致上可以分爲三個階段，其中龔自珍、張之洞、魏源、郭嵩燾、薛福成等人的作品可視爲『早期啓蒙』，康有爲、梁啓超、黄遵憲、嚴復、林紓等人的作品可視爲『中期啓蒙』，胡適、魯迅、蔡元培等人的作品可視爲『晚期啓蒙』。當然，這種劃分并非嚴格意義上的，大部分啓蒙思想者隨着時代的變化，其思想在不斷進步。縱觀整個近現代史，可以發現，要求變革不是在某一個領域，由某一類人發起和完成的，而是全社會的要求。

變革，已經成爲全社會的共識。

從清末民初的文獻中，我們能够發現一種豐富性。這些作品涉及政治、經濟、軍事、教育、外交、宗教、心理、情感等方方面面，從内而外地净化着中國兩千年以來的封建積習。它不衹是對社會的改造，更是對人心靈的重塑；它首重國家社會之建設，同時亦重靈魂心智之唤醒；它是宏大的，也是微觀的；它是嚴肅莊重的，也是活潑靈動的；這些作品結構精巧，思想内容深刻，擁有濃厚的人文主義色彩，對推動社會主義建設，實現中國夢有重大意義，是近現代中國一百年來最宏富的智識與情感的寶藏。因此，整理這些文獻作品，無論是出于資料保存的目的，還是爲圖書館提供資料副本，都有不可估量的意義。

特定時代下的文獻，當它一旦形成（既指草擬，創作的完成，也指其成爲一個載體），就不可再複製了，也就意味着它將面對消亡。對于文獻資料而言，越接近歷史事件發生的時代記録，越具有研究價值。文獻本身具有不可再生性，它衹會消亡，而不會增多。盡管文獻本身的文字可以保留下來，并進行傳播，却失去了當時的時代氣息。當時的作品可能在技巧上，文字的成熟度上不及當代，但它所負載的信息，創作者的情感都反映了當時的歷史，也就是説，它具有不可替代的歷史意義。

影印的版本有三個特點，第一是擁有文獻的『原始性』；第二個特點是『未經改動的』；第三個特點是『歷史的原貌』。所謂『原始性』，也就是説，它是第一手資料，而非轉述的，回憶形成的；『未經改動的』，是指未被篡改、删節、挖補的；『歷史的原貌』是指在影印製作過程中，完全依照文獻的原來模樣……這樣製作出版的作品，無异延續了文獻的壽命。

近現代思想史上的一個最重大的思潮就是『開放』，從林則徐的『開眼看世界』到蔡元培的『兼容并包』，都是在倡導一種開放式的胸襟。而《清末民初文獻叢刊》最有魅力的部分就是『開放』這一主題，衹有融入到世界文明發展的進程中，中華文明纔能歷久彌新。

《清末民初文獻叢刊》編委會

二〇一七年四月十四日

凡例

一、《清末民初文獻叢刊》（以下簡稱『叢刊』）爲影印本，舉凡所用之底本，均爲該書之早期版本。有清末刊本，亦有民國印本。

二、《叢刊》均依底本影印，未予删改，僅代表作者個人觀點，不代表官方立場；原刊本有誤，不予校改，以保留文獻之原貌。

三、《叢刊》所用之底本，因時日久遠存在漫漶的情况，均進行了修復；底本闕文、印刷不清，均保留原貌。

四、爲讀者閱讀之便，《叢刊》中之舊底本目録未標記頁碼者，編了目次；原底本有頁碼和目録，未予重複編目。

五、爲保持文獻的原始風貌，影印本保留了原書書影（原書爲多册，則保留第一册書影）、扉頁等信息。所用底本無相應信息者，則不予妄添，以免錯訛。

目録

上册

中册

下册

郭侍郎奏疏十二卷

光緒壬辰

孟秋月栞

養知書屋遺集總序

夫經綸者時也屈伸者命也時與命相際而才顯焉不則反是吾見役志於功名之塗以畢其生及其不遂而殁而無復有以自見者甚多而可悲也惟魁奇傑特之士自其始爲學時即已靡不通究出而應世未嘗以庳小自域而散見於楮墨者衆咸寶貴之其或卒絀於遠大之程出其餘藝猶足頡頏千載作者自古賢達莫不皆然吾於郭筠仙先生尤深慨焉先生當咸豐朝即已直南齋儕

使命假歸後起爲蘇松道擢守粵撫罷官再起爲閩臬超遷侍郎持節數萬里外之海國可云尊顯然而德不諧其偶志不達其施履安若危齮齕沓至病免踰十年於

國家利病民生疾苦未嘗不關懷也竊其所學未究萬一而世俗頽廢直道不行先生亦老病且死矣先生之文暢專義理冥合矩度其雄直之氣追配司馬遷韓愈殆無愧色古近體詩造意取材離絶凡近晚年不多作縱筆偶成皆有意度評隲經史攷訂尤精余嘗從臾付梓先生曰吾姑不欲以文人自命執不可時年已七十

而意氣不衰如此歿後喆嗣炎生等出其叢殘稾本視余遂與楊商農孝廉次爲奏疏十二卷文集二十八卷詩集十五卷其所撰禮記質疑諸書已別行復剌取子史中隨筆記錄者爲養知書屋讀書記若干卷先生自少精力絕人論箸甚富即余所嘗見詩文書牘於友朋家者今其稿皆不可得葢先生一生蹤跡無定又嬾不自收拾故散佚若此之甚今幸存者特緒餘耳然抑豈先生之初志也噫光緒十八年歲次壬辰秋八月館後學長沙王先謙謹敘

郭侍郎奏疏目錄

卷一

卷二

卷三

確查史杰參款及陶昌培章昇耀財產片會總督銜

官軍攻剿三山賊匪老巢生擒首逆現在搜捕餘匪以期淨絕根株疏會總督銜

官軍追剿陽春客匪連戰大捷疏會總督銜

據實舉劾以肅官方而蘇民氣疏會總督銜

請獎擢拏獲巨盜之都司守備片會總督銜

請獎拏獲鄰境要犯人員片會總督銜

保獎獲盜人員懇酌量變通並陳廣東治盜情由片會總督銜

籌辦邊防先清內匪片會總督銜

查明廣東咸豐九年以前各州縣民欠地丁錢糧本折米各數目疏會總督銜

官軍追勦客匪髮賊迭獲全勝生擒賊首餘匪竄散現飭委員察看情形分别辦理疏會總督銜

花旗股匪有回竄粤東之意張運蘭暫難赴閩片會總督銜

粤東募勇苦無把握應仍行添募楚勇片會總督銜

欽奉　寄諭謹將前後擬辦情形縷晰密陳疏

屯田溢坦變價已在八成以上餘坦無可變繳分别應留應豁以期核實而免苛擾疏會總督銜

卷七

卷八

會總督銜

安徽知府李應棠懇准回皖補缺後以道員用並

賞加鹽運使銜片會總督銜

南韶連道陸心源請暫緩送部引

見片會總督銜

官軍擊敗花旂股匪現擬規復鎮平情形疏會總督銜

恩平縣那扶等處客民逼竄出境現在亟籌辦法

疏會總督銜

查明紳士籌借軍餉請仍由關庫撥還疏會總督關督銜

現奉續撥京餉恐難如期措解片會總督銜

奏請開缺另簡能員接任廣東巡撫疏

卷九

越南匪徒攻破海甯府城欽州文武會同收復片
會總督銜

康逆竄陷和平縣城旋卽收復現約閩軍會合進勦疏會總督銜

黃陂等處土匪截劫閩軍現飭嚴辦片會總督銜

奉撥京餉酌籌解部情形片會總督銜

英國領事進入潮州府城旋卽回汕疏會總督銜

接據英領事申陳緣由片

查明英領事前次進出潮州府情形現籌妥辦緣由疏會總督銜

逆匪竄陷嘉應州現籌合勦疏會總督銜

軍餉竭蹶籌議暫借洋款片會總督銜

逆匪跧伏嘉應現添軍會勦及親往督辦緣由疏會總督銜

甘肅西甯鎮總兵黃武賢請暫畱潮州會辦防堵片會總督銜

軍營病故人員請　卹片會總督銜

奏報出省日期疏

奉　旨嚴行申飭謝　恩疏

粵餉可籌約有三端片

卷十一

則例片

賞給二品頂戴謝　恩疏

奉　旨著來京另候簡用謝　恩疏

請假修墓片

嘉應等州縣被匪滋擾請將錢糧蠲免以紓民力

疏會總督銜

懇　恩豁免陽春信宜兩縣舊欠地丁銀米片會總

督銜

辦理東江及翁源長甯各屬土匪完竣現在籌辦

肇慶客匪疏會總督銜

卷十二

郭侍郎奏疏卷一

請置戰艦練水師疏代

奏爲請置戰艦練水師以資堵勦恭摺仰祈

聖鑒事竊惟行軍之法因敵制勝阻山寨之險者直扼其要害兼水陸之勢者先破其舟船粵匪自湖北安徽轉陷江南沿途擄掠民船已逾數十萬艘自九江以下江路一千數百里盡以資賊多或百數十船少或一二船往來停泊無敢阻難江南揚鎮等處皆兩面憑江併力攻圍而賊得水陸救護以牽制兵力故欲克復三城必籌肅清江面之法欲肅清江面必破賊船欲破賊船

必先製造戰船以備攻擊賊船出沒無常乘風急趨一日可數百里官兵既無舟楫之利哨探不能施防禦無所用是以其勢日益猖獗使早制備戰船多安礮位調廣東閩浙水師營兵以截江路而大營兵勇分堵三城與水營聲勢聯絡以四扼其分竄之路兼施堵剿之力斷彼接濟之途未嘗不可尅期奏績向榮琦善曾請調雇民船爲勦賊之用不思船戶非習戰之人一聞賊至張皇失措官兵不能遽繩以法若賊用民船刦之以威稍違指揮即行殺戮故以民船擊賊船我先不能得力而賊之奔突自如以戰船擊賊船賊既不能整齊而我

之衝擊有勢勦賊之略無急於斯論者徒謂賊勢方熾
製船購礮有緩不濟急之勢不知賊據三城已逾六月
未聞戰勝攻取坐收旦夕之效長江天塹盡爲所據苟
非分扼江險雖勁兵良將無可施其力防堵攻勦勢且
兩窮即其竄擾江西兩月有餘官兵屢挫其鋒而不能
及時撲滅者良由賊船過多既可資以策應營盤復可
藉以擄掠糧食如前分擾瑞州豐城而無船可以追勦
轉擾饒州而無船可以堵截雖屢經設法焚燒其船而
諸多不能應手臣愚以爲宜飭四川湖北湖南各督撫
製備戰船百餘隻一以廣東拖罟爲式每船計可載兵

五十名飭廣東督撫購備夷礮五百斤三百斤者合千餘尊以奉到

飭旨之日起剋期三月一例齊備陸續放至武昌以備調遣此三月之中力能破賊卽以此項分布沿江水師各營葢用近日水師戰船有名無實一經調撥無從應付得此分布爲益日多且賊衆數萬擄船萬餘縱使敗衄而乘船遠遁沿江一帶必受其擾接捕餘匪不能不資船爲用與其貽悔於他時何如急籌於今日竊計每船以千金之費準之約船百隻銀十萬兩每礮一百餘銀準之約礮千尊亦需銀十餘萬兩除官辦外宜勸諭

紳商捐辦竝照捐輸新例酌減三成議敘總以廣爲豫備迅速蕆事爲務俟戰船礮位刻日造齊然後調集閩浙廣東水師營兵兼雇廣東水勇扼守江險以剿則相機衝擊而力有餘以堵則依營據險爲勢亦壯其於戰勦之方未必無補萬一愚昧之見是否有當伏乞

皇上訓示施行謹

奏

此咸豐三年癸丑江西代江忠烈公所具疏稿蓋其時江路爲賊所踞官兵無一船之用嵩燾至江西力陳之忠烈公忠烈公大喜曰在營兩年未聞此言卽

令嵩燾具稿因攜短榻就窗際爲之卽日繕發張石卿制府時督兩湖依此數造船二十號曾文正公赴衡州以造備水軍自任遂以成肅淸江路之功實由此疏發其端也 自記

署理廣東巡撫謝恩疏

奏爲恭謝

天恩仰祈

聖鑒事竊臣七月十八日准江蘇撫臣李鴻章移咨准

兵部火票遞到同治二年六月二十九日内閣奉

上諭郭嵩燾著以三品頂戴署理廣東巡撫並著迅速

前赴署任無庸來京請訓欽此聞

命之餘悚惶罔措伏念臣通籍詞垣抽毫

祕府以一介庸愚之節荷

兩朝特達之知去歲由本籍

簡任糧儲總蘇松之財賦今茲以監司擢升都轉綰淮海之樞機要職頻叨寸長靡效重被超遷之
寵俾權專闔之榮竊思廣東俗尚繁華民氣之凋殘已甚巡撫職資表率官常之關繫尤多自揣迂疏深虞隕越望
闕廷而彌增眷戀蒙
恩諭止來京盼海嶠而勉效馳驅刻日趨臨署任臣惟有恪遵
諭旨迅速啟程體察情形認眞整頓以冀仰答
高厚鴻慈於萬一所有微臣感激下忱理合恭摺陳

奏叩謝
天恩伏乞
皇太后
皇上聖鑒謹
奏

縷陳廣東大概情形疏

奏爲欽奉
諭旨謹就微臣管見所及縷陳廣東大概情形恭摺
奏祈
聖鑒事竊臣七月十八日准江蘇撫臣李鴻章移咨承
准議政王軍機大臣字寄同治二年六月二十九日奉
上諭郭嵩燾以三品頂戴署理廣東巡撫該省軍務吏治急須整飭晏端書黄贊湯均係五日京兆之員辦理深恐貽誤著郭嵩燾迅速前赴署任將該省軍務釐務及地方吏治妥爲整頓以副委任如郭嵩燾已赴江北

並著曾國藩李鴻章飛速行知令其迅速由江赴粵無少延緩等因欽此跪誦之下悚懼交并臣查廣東風俗強獷趨利背公習爲固然又擅山海之饒商賈巧詐居奇動贏巨萬無藝之民眼熱心忮聚而爲盜賊平時已號稱難治重以地方殷富官吏之誅求皆足遂其所欲相與利其頑梗以各饜其貪婪之私凡在官之辦事行爲無一非釀亂者至於吏治敗壞已極風俗益因之而波靡自搢紳以至走卒傲很嗜利莫不皆然驟難革使向善故以天下大勢而論惟廣東足以致富強而其實末富而本不足人情但鶩於虛浮民強而盜賊先橫正

氣反爲之消沮推原本根受患之地則吏治之壞亂實
深較論目前切要之功則軍務之整飭爲急見在廣東
軍務以高州信宜爲最巨逆首陳金剛鄭金劉超等皆
以積年巨猾負嵎既久兇燄日張而肇慶土客之變鈔
掠至十餘縣殺氣滿野廣東兵勇積習勇於犯上而怯
於臨敵工於擾民而拙於殺賊其勢尤難持久聞督臣
毛鴻賓現調福建臬司張運蘭前任安襄鄖荆道金國
琛分起募勇帶赴廣東誠爲發端扼要之計必使軍威
稍振民氣稍蘇而後可次第清釐吏治以求補偏救弊
之方興利裕餉之策後先次第不能越此臣尤以爲廣

東之患在於富名太著凡言事者語籌餉必盛舉廣東雲南廣西貴州皆設捐局省城各處協濟之款指名提解幾等追呼地方大吏本乏推行盡利之術而紳商則習爲巧僞官吏則甘坐卑污流風所染滌蕩實難而盜賊頻興民氣日囂方且捜求利孔較量錙銖四鄰有圖顧之望百姓有側目之虞瓊州一毁釐局而知府撤參惠州之河源再毁釐局而知縣撤參徒使奸民之風日長籌餉之術日窮此又廣東事勢之最難處者臣愚以爲不急督責廣東之餉而後利源可以徐濬一切應辦事宜亦可以徐理應由臣等先收回利權如京餉爲根

本亟計江南大營爲軍餉要需酌量事勢之緩急盡力籌解其餘一切在廣東籌餉者悉與罷除稍使百姓知尊親之義而後可因以收拾人心官民有維繫之心而後可用以消除亂本此又臣之愚見思及時爲之以圖補救於萬一者臣賦性庸愚毫無知識廣東一切事宜尤所未能諳習而吏治不修人心思亂財力虛耗外強中乾就所聞知殊非急切可以圖治之地應俟抵粵後推求輕重緩急之宜斟酌通變達時之術於軍務餉務吏治三者稍有所知必與督臣細心體察力求整飭區區駑鈍之力不敢復有顧惜除另摺叩謝

天恩謹將豫籌廣東大概情形恭摺由驛陳
奏伏乞
皇太后
皇上聖鑒謹
奏

接奉　密諭先陳大概情形片

再臣七月二十日承准議政王軍機大臣密寄同治二年七月十三日奉

上諭晏端書奏查明史杰被參各款並查鈔陶昌培章昇耀財產不免爲人蒙蔽著毛鴻賓郭嵩燾於到粵後將史杰被參各款再行按照原參逐一切實詳查務得確情嚴行究辦郭嵩燾接奉署理粵撫之命此時尚未啟程著即徑取海道由滬赴粵以期迅速同日又奉

上諭毛鴻賓郭嵩燾行抵新任即將地方應辦事宜逐一整理軍營文武及各該地方員弁兵團均著嚴加整

飭以資防勦各等因欽此仰見
皇上廑念海疆南服彰善癉惡鼓舞振興之至意臣於
史杰之貪污亦早有所聞俟到粵後訪求實據盡法懲
辦以彰人心好惡之公而明在官勸懲之義至江省赴
粵由海道則直而速由江路上泝則紆而遲而臣前在
上海習知赴粵便船不能常遇有候至一兩月者由泰
州赴上海計程六七百里若值廣東便船不能驟遇之
時則亦不免虛延時日督臣曾國藩約臣赴粵時就商
事件往返亦略須十餘日行走反多周折又凡辦事務
在得人而人才之有濟實用者務在先能信心臣與督

臣曾國藩撫臣李鴻章商議咨調數員察看人地相宜再行具奏而管理文案及得力員弁尙須求之湖南本籍帶領同行是以斟酌取道江海之宜尙未能自決欽

奉

諭旨飭令徑取海道謹當恪遵

聖訓趕速赴滬搭載輪船冀可刻期抵粵藉慰

宸廑一面飛請督臣曾國藩迅卽派員接署運司一缺趕於此月內刻期交卸啟程不敢稍事遷延所有接奉

密諭先陳大概情形謹附片具

奏伏乞

聖鑒謹

奏

請飭都統富明阿揀選精兵赴援臨淮片

再江甯將軍都興阿老成持重駐揚州數年淮揚各郡均賴其保障之功然以長江大勢論之金陵之賊方與官軍相持則江浦六合足以截賊北竄之路最關緊要下游靖江與江陰相距江路稍狹常州之賊亦可由孟瀆河口北竄從前鎮江未復之時則揚州控制江淮爲形勢所必爭現今扼要之地似並不在揚州自來軍情地勢隨時變易權衡緩急之宜斟酌取舍之術貴能乘機應變而已自苗逆叛陷壽州全淮震動臨淮孤軍飢疲已甚岌岌不能自保督臣曾國藩派何紹彩一軍及

水師往援道路頗極紆折漕臣吳棠亦派黃開榜水路各軍往援蓋臨淮爲長淮鎖鑰北跨懷遠南帶鳳陽非得精悍之兵數營不足以資控禦都興阿所部萬餘人月支餉糈較江皖各營尚爲饒裕而一意持重不肯輕動聞幫辦軍務都統富明阿屢欲督兵往援訖無成議凡兵日習戰事則材武之將樂效馳驅中材亦可藉以自奮久處閒散則志惰氣靡怠極而驕未有屯兵萬餘人終年不一臨敵而可成勁旅者臣徵察都興阿富明阿意見亦頗不相契合可否

特下諭旨飭令富明阿揀選精兵萬人赴援臨淮或駐

紮鳳陽爲犄角之勢而令都興阿以數千人駐揚州遥爲聲援南與鎮江西與江浦六合各軍亦自互相聯絡於
皇上治兵御將之術似亦微有關繫臣愚昧之見稍有所知不敢不據實上陳謹附片密
奏伏乞
皇太后
皇上聖鑒訓示謹
奏

恭報啟程日期竝委員代理兩淮運司疏

奏為恭報[微臣]啟程日期竝委員代理兩淮運司一缺專

摺

奏祈

聖鑒事竊臣七月二十四日恭摺叩謝

天恩竝陳廣東大概情形一面飛咨督臣曾國藩委員

接署兩淮運司一缺以期赶速交卸啟程嗣據曾國藩

緘稱欽奉

諭旨特派候補道忠廉署理飭臣卽交忠廉接受臣查

忠廉尚在直隸奉

旨後來淮尚需時日若再與督臣咨商委署往返亦須
十餘日不能不由臣就近交代以歸簡便同城現任司
道僅江甯藩司喬松年緣總辦糧臺事務殷繁勢難兼
攝兩淮鹽務凋敝萬分一切新定章程必須廉幹通達
之員清釐整飭以期推行盡利查有江蘇候補道許如
駿才優心細遇事持正於鹽務利病情形亦能考究應
由臣飭令代理運司一缺即於初九日交卸印篆赶速
啟行由海道赴粵所有微臣啟程日期及委員代理運司
一缺緣由謹繕摺具
奏伏乞

皇太后

皇上聖鑒訓示謹

奏

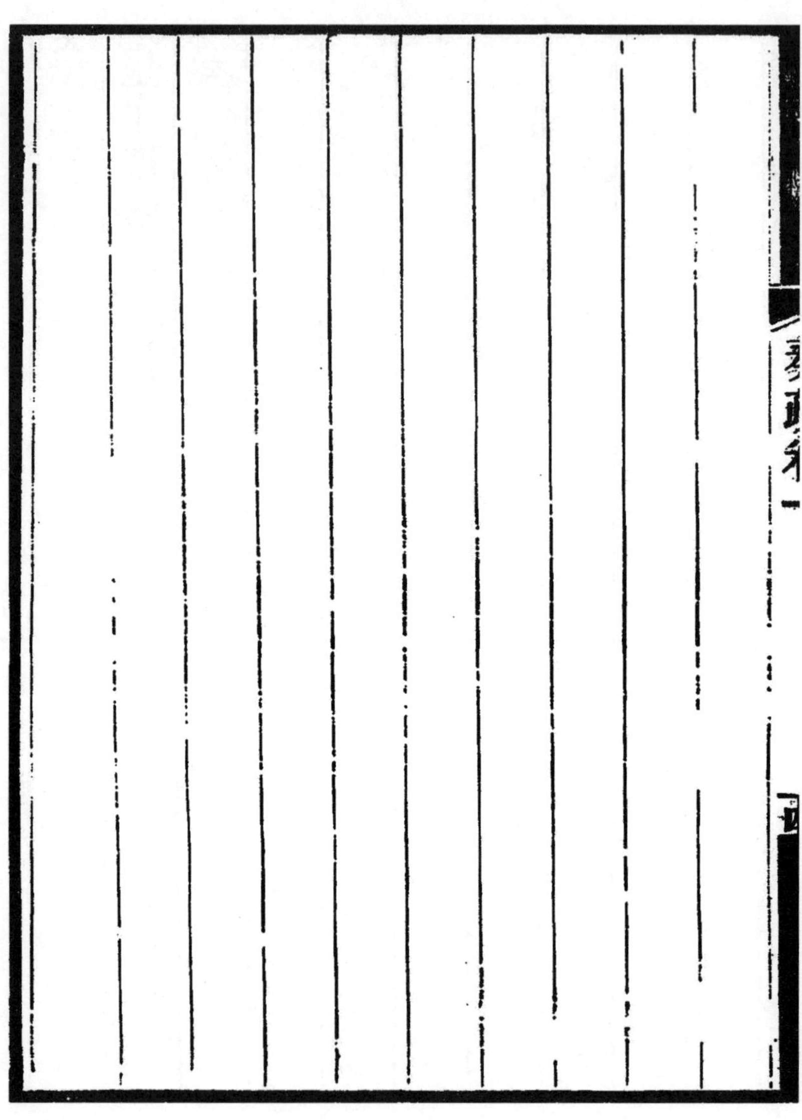

恭報接篆日期謝　恩疏

奏爲恭報　臣徵接篆日期叩謝

天恩仰祈

聖鑒事竊　臣於同治二年七月十八日欽奉

上諭郭嵩燾著以三品頂戴署理廣東巡撫並著迅速前赴署任無庸來京請訓欽此當具摺恭謝

天恩隨於八月初九日交卸兩淮運司印篆由泰州馳赴上海候輪船之便稽留半月於九月十一日行抵廣東省城准前任撫　臣黃贊湯將廣東巡撫關防太平橋監督關防並

王命旗牌等件委員齎送到 臣 謹即恭設香案望

闕叩頭祗領任事訖伏念廣東阻山瀕海民俗强獷值盜賊未息兵戈肆起之時有利孔繁開度支日絀之慮

臣之愚昧何以能勝惟自入粤之始高州首惡幸已伏辜軍務漸有起色但使高肇各匪不虞滋蔓地方應辦事宜自可漸次清釐整飭 臣 受

恩愈重報稱愈難惟有勉竭顓愚與督 臣 同心合力遇事考求期無遺誤以仰副

皇太后

皇上廑念南服之至意除將到任日期循例恭疏題報

外所有微臣感激下忱理合恭摺叩謝
天恩伏乞
聖鑒謹
奏

信宜撫局稍定籌辦進勦積匪片

再信宜逆首陳金剛爲其部下鄭金劉超所誅約期獻城經督臣會銜

奏明在案賊之精鋭屯聚東岸大井兩處與官軍相持日久亦經次第就撫保無他虞臣查高廉雷瓊四府屬廣東西南邊地自賊據信宜以後分竄陽江陽春與客匪句聯四府陸路文報遂致阻隔故必由海道進兵高州制賊之要害而固四府之藩籬以不至惟所竄越高州東至電白之馬塔沙揶漁垌西至化州之寶墟官兵營壘相望其勢皆趨重南路由高州東北以達省城大

路凡三一由新會沿海西出新甯以至陽江一由肇慶南出新興以達陽春一由肇慶西出以達羅定州各路股匪向多高州沿海以東客匪屯聚自新甯之曹沖大湖山陽春之金堡企磡黃蘋高明之五坑盡屬匪巢邇西北一帶以至羅定之排埠嘉益西甯之思化等處皆爲股匪占踞又與廣西之岑溪容縣在在毗連所設防堵之師僅范幹挺駐紮羅定之勇一千五百侯勉忠駐紮陽春之勇三千餘朱國雄梁瓊駐紮新甯之勇二千蔣朝剛駐紮陽江之勇五百餘水陸險隘均無重兵幸賴信宜款服賊勢自相攜貳當亟乘此時進勦廣西積

匪范亞音李木火諸股以期邊防稍就肅清而肇屬客匪負嵎之勢亦不能不威以兵力應俟信宜撫局大勢稍定權衡緩急分別辦理大約卓興方耀兩軍尙足以資攻勦當以一軍由信宜進勦廣西之容縣以一軍馳赴陽春新甯勦辦客匪其餘分防各縣之兵酌量歸併裁汰以期兵有實際餉無虛糜一切軍情應由督臣

奏報謹就臣到任以後體察各路情形縷晰上陳以冀

稍慰

宸廑伏乞

皇太后

皇上聖鑒謹

奏

請
飭催劄調各員迅赴廣東差委片

再臣前在秦州劄調數員飭赴廣東差委擬俟抵粵後
察看人地相宜再行具
奏頃查各員尚無來粵日期所調刑部主事鄭獻甫學
深養邃通達治體湖北候補道吳炳崑久歷戎行廉幹
精敏前任江西建昌府知府隋藏珠強毅耿直堅忍耐
勞前任四川萬縣知縣歷用知府馮卓懷堅强果決勇
於任事江蘇候補直隸州補用知府張富年精明强幹
膽識兼優鄭獻甫現在廣西本籍隋藏珠現在山東本
籍吳炳崑馮卓懷均在湖南本籍皆懷高尚之志不求

仕進應請

旨飭下各撫臣敦促就道使地方多一樸實耐勞之好

官即

朝廷多一結實辦事之能吏而臣於辦理一切事宜亦

得稍資臂助愚昧之見是否有當伏乞

皇太后

皇上聖鑒謹

奏

調補首府員缺疏（會總督銜）

奏為首府員缺緊要遵

旨揀員調補恭摺奏

聞仰祈

聖鑒事竊臣於同治二年四月二十七日奉

上諭廣東廣州府知府員缺緊要著該督撫於通省知府內揀員調補所遺員缺著瑞昌補授欽此臣等查廣州府係省會首郡管轄一十四縣地方遼闊政務殷繁時有發審要案且省垣各國洋人雜處撫馭一切尤須操縱得宜非在粵年久熟悉情形才猷懋著督率有方

之員不足以資治理查有准補潮州府知府李福泰年
五十歲山東濟甯州人由進士以知縣即用籤掣廣東
題補潮陽縣知縣調補番禺縣知縣咸豐三年
大計薦舉卓異陞補廣州府海防同知奉文覈准尚未
請咨赴京七年十二月初九日在任聞訃丁父憂續經
奏留軍營差遣八年五月三十日奉到
硃批均照所請欽此嗣因辦理廣東軍務出力保奏奉
上諭同知李福泰著俟服滿後記名以廣東知府用欽
此十年代理廣州府知府事丁父憂服滿起復旋經
奏委署理斯篆俟軍務告竣飭令回籍補行穿孝嗣據

該員稟請交卸領咨起程回籍因軍務未竣並籌餉支

應軍需爲目前必不可少之員奏請暫緩給咨奉

旨依議欽此同治元年奉

上諭簡放潮州府遺缺知府旋因揀調乏員以該員

奏補潮州府知府奉文覆准因署廣州府尚未卸事未

赴新任嗣因酌保官聲最優及籌辦捐餉軍務出力保

奏於同治二年正月十八日奉

上諭著以道員補用欽此該員廉明幹練膽識兼優以

之調補廣州府知府洵堪勝任與例亦屬相符據藩臬

兩司具詳請

奏前來合無仰懇
皇上天恩俯准以准補潮州府知府李福泰調補廣州
府知府實於省會要缺有裨如蒙
俞允該員係實缺知府揀調首府銜缺相當毋庸送部
引
見亦毋庸核計參罰所遺潮州府知府亦係外調要缺
查
簡放廣州府遺缺知府瑞昌尚未到粵應俟該員到粵
後再行分別察看請補合併陳明所有揀員調補首郡
知府緣由謹合詞恭摺具

奏伏乞
皇太后
皇上聖鑒訓示謹
奏

瀝陳廣東鹺務情形疏會總督銜

奏爲瀝陳廣東鹺務情形恭摺

奏祈

聖鑒事竊以風俗之厚薄南北異尚山川之險易遠近異形故有均是一法於此而效於彼而不效同此一意有時而行有時而不行苟非因地制宜鮮能於事有濟伏查廣東鹺金一事歷年以來辦理未得裕如以致上

廑

聖慮臣等到任後推求其故實緣廣東情形有異他省判然不同者請一一爲

皇太后
皇上陳之他省釐務皆先查明物產處所行銷地方統覈其貲本之多寡利息之盈歉然後酌中定數取少於多旣免偏枯亦難巧避粵東則貨物不盡產於本地多半接自外夷售銷不全在乎中華兼可行之異國來去之源流莫定卽子母之衰旺難稽其不同者一也他省貨物皆有官帖牙行總持貿易之大綱物價之低昂消行之通滯易於推求起貨落貨呈驗行戶報單卽纖悉不能自隱廣東則貨不歸行悉聽商賈自便旣無總匯之所卽乏稽覈之方其不同者二也他省土著人等多

以耕鑿爲生其在市井逐什一之利者率係外鄉客民根蒂不深畏人欺壓每於士紳勢力之家樂爲親附遇有一切公事但經勸諭卽無不俯首聽從廣東不然自編戶以至縉紳莫不從事貿易逐末者多斯急公者少蓋他省辦釐之人非卽出釐之人情不屬故易出之以慨慷廣東則出釐之人卽係辦釐之人愛難割故不自覺其慳吝其不同者三也中國與洋人通商口岸自牛莊以至廣東凡十餘處皆屬商賈輻輳之區釐捐皆勝於他處雖亦時爲洋人所牽掣而其通商地方或附近城池或分列市鎮商民與洋人交易者猶爲官法所能

約束廣東則澳門據其西香港繞其東所有省河扼要海口其地全屬之洋人而香港尤為行戶屯聚之地一二大行店皆移設香港以圖倚附夷人便其私計一切勸捐抽釐從不敢一過問其有意規避捐輸者亦多寄頓香港希圖幸免統計出入各貨凡大宗經紀皆由香港轉輸是他省但防偷漏之途而粵東兼有逋逃之藪其不同者四也他省地方公事祇在官紳聯絡則呼應自靈蓋執法在官通情在紳法所不能禁者以情諭之情所不能動者以法繩之寬猛相兼事罔不濟至廣東則買賣人等往往恃夷人為奧援借輪船為捷徑有不

便於己者輒句通夷人橫生枝節遂使情法兩窮甚或揑造情節鋪張事實刻入新聞紙既以鼓動洋人之議論又以炫惑遠近之聽聞官不畏考成而畏挾制紳不畏清議而畏流言凡屬捐輸釐金與紳商富民有相關涉者造言阻撓爲尤甚其不同者五也而其弊則尤在從前辦理之始從未將天理人情殷殷與商民講求貿然而行率然而止一切授權於奸商而公私交受其病即如充商章程某人願充某商呈明先捐銀若干兩准其設局抽收每年再認繳銀若干兩試辦幾年如按年繳不足數仍可隨時告退是官取之總商者總商仍取

之散商商收之數難保不浮於官收之數迺各商便其不經官手可無投納之煩官亦覺其事有責成藉省鉤稽之力任令居中軒輊恣意侵漁迨知其弊所從生改爲官辦而上下之情久已扞格不通張弛之間反或齟齬百出議行議罷均無善策此一誤於顢頇者也小民固當使之懷德亦不可不使之畏威廣東習俗强悍好勇鬭很各城鄉市鎮游手無業之徒百十成羣遇事生風保正不敢舉發官吏不敢查拏故自開辦釐金以來鬨鬧者不止一處亦不止一次而歷年以來從未聞辦過一案懲過一人無非用計消彌含糊了事民情因此

益生藐玩動輒把持地方官偶欲舉行新政時惴惴然以生事爲慮艮由其時軍務未蕆寇亂滋多不敢持之過急馴至苟且因循釀成錮習此一誤於姑息者也竊思地方情形之不同爲病之本官紳辦理之未善爲病之標本病宜徐治之標病宜急除之查門市之釐抽之坐賈過路之釐抽之行商而坐賈之釐不逮行商遠甚卽再加擴充爲數亦屬有限現在擬將總抽之法酌量變通如有呈報不實及隱匿遺漏者分別酌增補辦以昭公允其有各行戶於水口設立私卡侵礙官廠影射行商藉以充抵門市坐釐等弊槩行查明禁革至路過

之釐除已經設立官廠之處無事更張外其餘水陸各要隘有應行添設釐卡者查明酌量添設其外府州縣未經舉辦之處亦擬次第開辦從前以地方不靖恐民間聚衆阻撓今各路次第戡定匪徒咸知儆懼諒不敢再肆譸張果能逐漸推行當不患其終無起色而臣等愚昧之見則尤以爲利不在上卽當在下在上固以濟軍國之要需在下亦仍爲商民所自有所不可不杜絕者全在中飽之弊耳與其失之濫抽猶不如失之漏抽之爲愈也臣等不敢謂利必可興而務求其弊無不革下所已出涓滴必使歸公上所或遺豪强不能巧取但

使日計不足月計有餘弊盡而利卽因之庶於恤商裕
國之意並行而不相悖交濟而適相成以期不負
聖明委任之至意所有廣東鹺務情形謹恭摺瀝陳附
驛具
奏伏乞
皇太后
皇上聖鑒謹
奏

此摺有極中窾要者有絕非情實者鄙人爲之條其文義所手定者三百餘字而已自記

請變通辦理盜案片會總督銜

再粵東山海交錯匪類窩藏到處皆是兼以民情獷悍重利輕生劫盜重案遠甚他省臣等抵任後各州縣詳報搶劫之案日常數起查閱舊卷盜案獲犯過半者已寥寥無幾甚至累月經年杳無弋獲而申報獲犯輒先聲明帶病進監旋即報稱病故如是者不一而足推原其故皆由地方官捕務久弛加以近年辦理軍務緝捕一事往往視爲緩圖而盜案處分綦重不得不以獲盜搪塞其所稱在監病故之盜難保無將無作有以少報多之弊且或距省窎遠長途解訊恐有疏虞必須多派

差役護送彈壓爲費不貲故方其弋獲之時卽存一監斃之計是盜而被獲者十之二獲而伏法者十之一也竊思此等兇盜罪惡貫盈僅聽其瘐死獄中倖逃顯誅已不足昭炯戒若各州縣憚於辦案之煩意存避就積習相沿視爲故常爲弊尤大欲求革除積弊之法必先稍示變通之方查從逆滋事及迭劫兇盜罪至斬梟者例得由外恭請
王命先行正法臣等悉心商酌公同擬定章程除廣州府所屬各縣及佛岡直隸同知拏獲逆匪盜犯仍行解省勘審外其外府各州縣距省較遠之區如有拏獲曾

經拜會從逆拒敵官兵及迭次搶劫夥衆持械拒捕傷
人罪應斬梟斬決者於審實後稟解該管府州覆審如
道府同城卽由道府會審其直隸州廳承辦者解赴巡
道覆審俱先行錄供稟報由臣等覈明批飭就地正法
仍令備具招詳由府司覈轉分別歸案具
奏如此量爲變通則獲一盜卽誅一盜刑人於市耳目
昭彰非如報病之有可捏飾匪徒卽愍不畏法而身首
異處見之寒心非如監斃之無足懲創案經道府覆審
由臣等覈明批行亦足以昭詳愼而不至枉濫而於各
州縣辦理盜案期歸直捷庶稍免因循顢頇拖延搪塞

之弊統俟軍務完竣盜風稍戢再行
奏明仍復舊例辦理此外尋常命盜雜案人犯均仍照
例詳辦按擬招解以符定制臣等爲肅清地方起見是
否有當謹附片陳明伏乞
聖鑒訓示謹
奏

此鄙人初至首議整頓之事寄雲尚書乃假手幕友
徐瀾爲之而詭稱所自具草鄙人不敢違其意略就
字句之閒改定百餘字而於盜賊源流本末與辦理
緩急輕重之宜絕未一敘及至今爲憾繼乃知其幕

友所爲而鄙人所參削亦日多矣自記

瀝陳廣東隱患日積應請及時籌辦情形疏會總督銜

奏爲瀝陳廣東隱患日積應請及時籌辦情形恭摺

奏祈

聖鑒事竊照廣東民俗强獷嗜殺輕生多非意想所能及惠潮嘉三屬械鬬之案動連人命數十習以爲常南雄連州及廣州所屬之東莞新安龍門等縣械鬬擄劫勒贖各案時時有之肇慶土客之亂互相仇殺至斃男婦丁口數十百萬之多貪横殘忍積爲風俗而尤甚者劫盜附省近地如番禺之鹿步東莞之雙岡水口沙部新安之岡邊順德之譚村五沙竟有連村比戶以劫盜

爲生者農民耕作餘閒二三人偶語持刀出門輒至行
劫城垣市鎭白晝夥搶悍無顧忌近省州縣詳報劫案
日或數起而獲案者常少獲案而起贓者更無其事大
率諱盜爲竊改輕情節以圖規避處分歸善博羅以東
英德淸遠以北距省較遠則報案亦屬寥寥推求其故
緣州縣自顧考成遇有稟報劫案多方遲難差役因之
需索所費旣多贓犯仍無一獲百姓轉苦官吏之擾相
與隱忍不復呈報積久相沿乃使百姓羣趨於劫盜無
術以遏其流臣等抵任之初通札各州縣整飭捕務嚴
緝盜匪不拘以文法並經

奏請變通辦理在案而歷年積習已深尚未能收速效伏查廣西金田逆匪之起由道光二十年廣東洋務遣散之勇潛伏屯聚蓄逆日深各州縣因循粉飾釀成巨亂今之伏莽倍甚從前比日信宜降匪遣散四萬餘人岑溪降匪數千李復猷竄距懷集之石瑩降匪又復數千籍隸廣潮各屬者信宜本籍降匪又數萬人餘黨李可鍾尚踞熱水堡又戴汞英踞藤縣之羅峒麥新踞岑溪之大峒竝於納降薙髮之後首鼠兩端未敢盡望其馴伏加以高州裁汰各起勇目及江蘇淮揚汰歸之潮勇水師紅單船汰歸之艇勇接踵而至金陵蘇杭各處

逆黨亦多有逃回者肇慶土客游蕩無歸或逃至省城或逃回嘉應潮州亦或乘駕艇船沿海劫掠東南賊勢仰賴

皇上威福漸就肅清而粵東隱患日積通觀大局日夜憂惶有非敢故爲過慮者臣等以爲遏止禍萌急須治盜以防亂籌思本計尤在駐兵以自強廣東水陸額兵七萬餘人久成具文從前小有軍務動須募勇勦辦省垣捕務及北江東江巡緝皆常年募勇多三百人五百人各成一軍莫相統攝帶兵各員或拔自勇目或起自降將紛紛藉藉謀開一營軍事之不振盜源之不清大

率由此現在肇慶客匪所在負嵎卓興一軍責成剿辦方耀一軍以廣西軍務已有起色無庸添調多營又因歷年積欠口糧至九十餘萬之多留之則轉滋煩費撤之則無力資遣已飭令暫回省城面與計議其餘朱國雄梁瓊范幹挺關鎮邦盧振剛張榕慶陸能富陸龍芝陳德銑陳輔龍黃再熙梁效賢及北江巡防之孫仲安黃相奎朱向善等各起勇目均飭陸續裁遣擬將卓興方耀兩軍酌留數千並張運蘭一軍分駐省城要地剿辦土匪兼資鎮壓而餉源支絀岌岌不能自持中夜旁皇迄無良策追呼急迫之情日形於上潛伏闚覦之寇

日積於下雖有賢者猶難保其久安無事臣等庸愚膺斯重寄默念治勢東涇與亂相尋之戒深惟禁姦戢盜爲民除害之方不敢不以廣東亂兆方萌實在情形縷陳於

聖主之前臣等惟當勉竭顓愚認眞辦理一無隱飾以冀稍效涓埃所有廣東應行及時籌辦緣由謹恭摺具

奏伏乞

皇太后

皇上聖鑒訓示謹

奏

懇請補授首邑員缺疏會總督銜

奏爲省會首邑要缺需員懇

恩俯准補授以資治理仰祈

聖鑒事竊照番禺縣知縣黃光周准陞羅定直隸州知州扣計吏部行文日期應於咸豐十年正月初六日接准部咨所遺番禺縣知縣係衝繁疲難最要缺例應在外揀員題補定例應題缺出先儘候補正途題補候補無人以應陞人員題陞如無堪陞之員准於現任人員內調補先因應陞應補無人經前兼署撫臣勞崇光奏請以東莞縣知縣五福調補嗣接部覆以五福尚未

赴部引

見無俸貲可計與例不符續請以長樂縣知縣周士俊調補又准部覆以周士俊未到長樂本任例無准其捐免歷俸明文旋又請以乳源縣知縣彭燮堯調補今復准部覆以彭燮堯歷俸雖經捐免究係開缺在先到任在後應仍令另揀合例人員調補各等因伏查番禺縣爲省會首邑政務殷繁時有發審要案並有外洋交涉事件非精明練達才識俱優之員不足以資治理兹據藩臬兩司會詳在於通省候補及應陞暨現任各員內逐加遴選非人地不甚相宜卽屬與例未合實無應補

應陞應調之員惟查有分發卽用知縣孔昭淶年三十
九歲山東曲阜縣人由廩生中式舉人庚申
恩科會試中式第九十八名貢士
殿試三甲第六十名進士引
見奉
旨以知縣卽用欽此簽掣廣東咸豐十一年十月十二
日到省署饒平縣事辦理裕如該員才優識敏練達有
爲以之補授番禺縣知縣洵堪勝任溯查道光十三年
間因海陽揭陽兩縣揀調之員請以到省在閙缺以後
之候補知縣韓鳳修補海陽縣姚東之補揭陽縣均奉

旨允准補授有案茲番禺縣係省會首邑事繁責重較之海陽揭陽兩縣缺尤爲緊要應請援案辦理等因臣等伏查番禺縣開缺在先孔昭淶到省在後以之請補與例委實不符且不在例准聲明之列惟省會要缺屢調屢駁懸宕已越三年展轉委署殊不足以資整飭而前時請調之五福已升知府彭變堯已經身故周士俊於署番禺縣任因案撤委不能再請揀調此外不惟合例堪調者不得其人卽與例稍有未符例准聲明者亦難其選省會四字要匾未敢拘泥遷就茲據兩司援照成案請以到省在後之卽用知縣孔昭淶請補係爲人

地實在相需起見合無仰懇
聖恩俯念省會首邑緊要
敕部核議覆奏准以該員孔昭浹補授番禺縣知縣俾
資治理如蒙
俞允臣等仍隨時察看若才不勝任立卽撤回另行揀
員請補不敢稍事因循該員係進士卽用知縣請補知
縣衙缺相當毋庸送部引
見所有揀員請補首邑要缺緣由謹合詞恭摺具奏伏
乞
皇太后

皇上聖鑒訓示謹

奏

江海關代征太平關絲稅延不造冊移粵核辦請　旨
敕部咨催疏

奏爲江海關代征太平關絲稅延不造冊移粵核辦請
旨敕部咨催並懇展限仰祈
聖鑒事竊照太平關征收稅銀向係一年期滿俟江海
關將代征絲稅數目移知到粵牽算入額題報咸豐十
一年前任江蘇巡撫臣薛煥奏請以江海關向征北新
贛州太平三關湖絲稅銀因新章洋商准赴內地貿易
一律改完內地半稅係屬籠統核計毋庸分撥三關經
戶部議覆太平等三關絲稅既歸入江海關征收此有

所盈必彼有所絀仍應俟一年期滿將共完内地半税若干報部照從前應征之數酌量比較撥補以昭平允等因奏奉

諭旨依議行知遵照在案茲據委管太平關税務南韶連道方濬頤稟稱太平關自同治元年五月二十一日起連閏至二年四月二十日止一年期滿征收正税除撥支各項經費工食外實存銀三萬二千七百二十六兩四錢四分八釐又征收木税額銀六百五十兩木税盈餘銀六百四十七兩五錢二釐亟應造册請

題惟査江海關自同治元年三月二十六日以後代征

絲稅若干並不遵照舊章按月移知無憑入冊彙算且
查上年移報咸豐十一年五月至同治元年三月二十
五日止代征之數藉稱改完內地半稅爲名僅撥補銀
三萬五百餘兩較之咸豐八九年代征數目相去懸殊
上年戶部議覆文內聲明江海關代征三關絲稅太平
關每百斤正耗銀一兩五錢七分五釐二毫五絲贛關
每百斤正耗銀一兩零一分一釐北新關每百斤正耗
銀九錢四分三釐三毫七絲五忽總共銀三兩五錢二
分九釐六毫二絲五忽今不論中國商人概完內地半
稅銀五兩除撥還三關絲稅之外尚屬有盈無絀各等

語洵屬切中竅要現屆太平關一年期滿未准江海關
將代征絲稅移知辦理更無依據理合稟請
奏明飭部咨催並展限題報等情前來臣查太平關稅
餉歷年奉文將江海關應撥補之代征絲稅一併牽算
今自同治元年五月二十一日起連閏至二年四月二
十日止一年期滿例應將征收稅數依限題報惟自元
年三月二十六日以後江海關代征絲稅尚未移知來
粤經前撫臣黄贊湯疊次咨催未准移覆以致無憑歸
總相應
奏明請

旨敕部咨行江蘇巡撫嚴催江海關迅照舊章將代征
絲税確數案月造冊移粵核辦所有同治二年四月二
十日關期屆滿應行
題報之案並懇展限俟江海關移知到日再行辦理謹
恭摺具
奏伏乞
皇太后
皇上聖鑒敕部核覆施行謹
奏

郭侍郎奏疏卷二

修築廣東省城礮臺片

再戶部尙書羅惇衍奏請修築廣東省城礮臺經前署督臣晏端書前撫臣黃贊湯勘明城北永康耆定保釐保極拱極五臺派員估修勸捐籌辦奏奉

諭旨允准在案旋以捐款所收無幾各路軍餉隨時撥放礮臺工程需費甚鉅至今未能興修伏查廣東沿海各口嘉慶年間設立礮臺一百二十餘座道光以後添修至一百六十餘座由省河以達虎門礮臺林立添修者爲多所以防洋船之出入也道光二十一年洋人攻

燬虎門礮臺𤋮年重修礮臺十四座內河礮臺四座用銀四十一萬有奇製備礮位亦不下數十萬咸豐七年洋人滋擾省城大小礮臺復遭平燬無幾存者就廣東海洋大勢論之西北兩江之水經省河合東江南流匯為內洋大虎山扼其衝實踞全省形勝之地而東西江支流分注外洋如順德之龍江新會之熊海皆上受西江之水以注於海故論粵海形勢以虎門為東江正流以新會之厓門為西江正流而香山之蕉門涌口門第一角海新會之虎跳門等處海船皆可出入即虎門之大角橫檔水軍寮九宰山諸礮臺峙立大洋四面皆通

舟楫港汊紛歧在處繞越獨洋船入水最深必經虎門爲能扼之其實自古設險之地亦因天時人事與爲輕重現今虎門之上約百里爲大洲洋人於此修造船隻再上二十里爲黄埔洋船於此屯泊附城沙面地方亦屬之洋人所須防者洋盜之駛入而已虎門礮臺局勢雄闊工程浩大萬無經費可以籌辦亦並非目前切要之舉伏讀

聖諭飭將省城内河及城北各地方礮臺擇要興修誠爲扼要臣等察看省河東西兩江一水襟帶左右控扼西路之大黄滘沙罾礮臺二座經於咸豐十一年修復

東路之中流沙獵德等處向設礮臺四座亦應酌量修復省城以北陸路則白雲山馬鞍山蜿蜒南趨入城爲越秀峰城垣橫跨山腹其外岡阜羅列永康礮臺正當其北俗謂之四方礮臺稍東曰耆定俗謂之圓礮臺當白雲山飛鵝嶺之衝又迤西曰拱極曰保極當三元里西村之衝皆距城咫尺次第修復足資保障又東北曰保釐則距城較遠應從緩議修專就省垣附近緊要各臺估計爲數已鉅值庫款艱之捐輸疲雞之際各路軍餉隨處挼括欲兼籌修理礮臺鉅案尤應通籌工料有可移東補西者不妨變通辦理因查內河礮臺基石全

無赴新安山中開採石料頗屬艱煩虎門礮臺十四座
加以兩岸新涌蕉門二座大半傾毀而基石存留尚多
其間鎮遠橫檔大角礮臺三四座爲嘉慶年間基址應
酌量存留以符舊制其續經添造礮臺本圖以壯觀瞻
不盡扼要其勢萬難修復所有殘廢基石亦無庸存留
現在議修城北中流沙礮臺需用石料可否即將虎門
礮臺殘廢基石移爲内河各處工程之用於費爲省於
工爲便查虎門上至中流沙等處礮臺向歸水師提標
經管城北等處及省河東西礮臺向歸廣州協標經管
現因省河西礮臺及虎門大角大虎並東岸内港之九

宰竹洲新涌西岸內港之蕉門各礮臺基址完全照舊撥兵看守支發口糧亦應分別查勘是否地方均屬扼要應行照舊存留統候

諭旨准將虎門殘廢礮臺基石移修內河礮臺再由臣會商水師提督酌量辦理愚昧之見是否有當伏乞

聖鑒訓示謹

奏

虎門等處及各海口礮臺原由水師各營派兵護守道光二十二年增修虎門以內礮臺無故添設額兵數百千名以其時清查溢坦歲得租課數萬金藉此

支銷咸豐七年以後礮臺全毁而添設額兵支銷餉銀如故鄙人以水陸額兵七萬有奇欠餉過多欲以此款改充正餉水師提督持之甚力至請制軍移咨以相搪抵聊以此揩一發鄙心之鬱結而已自記

肇慶各屬土客一案派員馳往辦理情形疏會總督銜

奏爲肇慶各屬土客一案搆禍日深謹將現在派員馳往辦理情形恭摺具

奏仰祈

聖鑒事竊臣等於同治二年十一月初五日承准議政

王軍機大臣字寄同治二年十月十六日奉

上諭肇屬土客仇釁甚深勢不能盡數勦洗總須辦理得宜一勞永逸不使該匪肆行固結亦不至事後再啟釁端方爲妥善當承信宜蕆事事機正順之時體察情形妥籌勦撫等因欽此仰見

皇上澂機密運明燭無遺此案辦理輕重之宜實無以逾此因查肇屬客民原籍皆隸嘉應其始墾山耕種傭力爲生土民役使嚴急仇怨日積咸豐四年紅匪之亂被擾二十餘州縣紳民多被裹脅客民應募充勇因假公義以快其報復之私所在慘殺往往占據其田山產業因以爲利嗣是土客互相殘害各該州縣勸諭彈壓屢和屢翻垂六七年上年開平民譚三才寓居香港私購洋人火器約集其族人盡殲開平所屬客民於是恩平高明鶴山等縣乘機響應聚衆相攻而恩平客民莊村最多亦最强因悉其衆竄擾陽春陽江惟高明之五

坑鶴山之附城都客民踞險抗拒至今相持未下其恩
開客民竄踞廣海寨者經藩司吳昌壽帶兵克復餘匪
竄踞曹坤與大湖山客民聲勢相倚而陽春之金堡企
磡蕡蔃鳳南等處盡爲客匪屯踞又有李四白面猪陳
亞獪楊雙四各股土匪與之合併四出滋擾陽春之鳳
凰冰川陽江之水西八圖塘口織簣新興之布夏布辰
雲禮高明之更樓中山恭田等處地方迭遭殺掠告急
之書日數至臣等屢札卓興一軍馳赴陽春相機剿辦
迄今一月有餘以積欠口糧過多不能拔營前進昨始
湊解銀二萬兩稍資接濟催令移營伏思土客一案干

端萬緒紛紛轇轕其是非曲直竟亦無從分辨徒以客匪爲土民所蹙聚衆肆擾又有李四各股攙雜其中必須威以兵力急殄其兇渠數人並所句結李四白面猪等一例埽除而後可施撫綏之術陽江之蔣朝剛一軍陽春之侯勉忠一軍兵力單薄勉强自守卓興所部各軍日內計可啟程馳抵陽春相機勦辦就中鶴山客民與土民搆釁最久縣境所屬凡分三都一曰古勞都一曰雙橋都一曰附城都雙橋客民素强悍上年雙橋土民約同古勞土民攻逐客民殆盡其餘衆逃入附城土民攻之不克客紳馬從龍張寶銘等節次赴省具控僉

其地方未遭殘毀較易安輯傳集士紳古熺馮仁等並咨留湖南卽用知縣李龍章反復開諭札委道銜候補知府史樸督同候補知縣冒澄等專辦調處肇屬士民事宜分調卓興所部千總李勝一軍由史樸調遣俾資彈壓卽飭令經始鶴山現在土客兩籍紳士數十人均經具結遵候理處卽由史樸等體察情形嚴定章程使有所循守其餘各縣以次相機辦理開平恩平客民勢不能使復業就便察看大湖山曹坤等處有可安插之處隨地安插所在田山產業淸釐疏剔變通互易頭緒繁多其能聽從理處久遠相安與否尚不可知而推求

事理緩急輕重之宜及其搆難始終本末之故旣不能偏助土民以攻客民專快其私憤又不能曲諭客民使順土民漸化其强梁但期有所懲創强事消納於一時或冀得所安居勉思保全於異日所有現在設法辦理土客一案緣由謹繕摺由驛馳

奏伏乞

皇太后

皇上聖鑒訓示謹

奏

石逆餘黨竄擾粤境經調到楚軍將首逆擒獲正法餘匪分别剿撫疏會總督提督銜

奏爲石逆餘黨竄擾粤境經調到楚軍將首逆擒獲正法餘匪分别剿撫恭摺由驛馳陳仰祈

聖鑒事竊石達開餘黨李復猷由蜀繞黔闌入楚境復竄至廣西懷集縣屬之石塋坑尾等處偪近廣東陽山縣屬之寨岡地方經臣飛調由楚派往郴州駐紮之福建臬司張運蘭一軍馳赴連州進剿並飭湖南補用副將楊虎臣帶領所部三千人仍駐宜章以堵竄越江楚之路於同治二年十月十五日附片

奏報在案查該逆由楚竄粵蹤迹飄忽異常逮竄至石塋坑尾等處便即樹柵屯糧意圖久踞良由其地依山阻水勢極險要築成堅巢足以自固該逆又係英德縣人風土皆所熟悉兼可乘機內犯逞志鄉閭乃一面修築營壘一面使夥黨李福曾貴詭言首逆他竄餘衆情願投誠藉爲緩兵之計先是高州軍務已平而李復猷一股方出沒於江楚兩粵之交臣因疊檄臬司張運蘭副將楊虎臣等責成專辦此股無論該逆竄往何省總須跟蹤追剿不滅不止儻任令遠颺定惟該臬司等是問該臬司等亦毅然以辦賊自任比賊竄懷集張運蘭

遂與楊虎臣計議深慮該逆據險負隅持久難下莫如乘其壘尚未堅迅速掩捕遂各統率所部拔營急進於十月初九日馳抵連州分路進兵楊虎臣由龍津門渡河直抵寨岡張運蘭由茶田至陽山縣屬之七聳地方截剿十四日張運蘭復將部勇分爲二隊一由東路馳赴茶巖一由南路繞出白蓮正在部署進發間該首逆驟聞大兵雲集驚惶失措乃自率其親信悍賊數十人潛行避匿仍遺餘黨往投紳士乞恩請降張運蘭以該逆等現踞石塋坑尾者尚有數千人聚而未散軍械亦未呈繳知有變詐卽率兵由間道馳抵寨岡會同楊虎

臣及署三江協副將瑞齡連州知州嚴先佑等密計熟商以爲該逆既占地利莫如將計就計姑允所請以懈其心於是自領大軍督同署陽山縣知縣王錫誥扼其東分兵令署連山綏猺同知韓鳳翔遏其西先斷該匪竄越之路隨於十六日傳令紳士羅傳心等帶同賊目來營投降張運蘭訊以逆首李復猷何以不來該逆目等言語支吾不能指實遂仍以好言慰遣之次日黎明卽與楊虎臣督帶隊伍直抵石塋坑尾一帶將賊壘十二座一律毀平擒獲僞旗帥向日鼎僞元宰李輔僞武衛將軍夏光新及帶隊之秦明瑞李二苟等三十餘名

訊明正法其餘匪眾二三千人伏地乞命訊係各省被脅難民並有婦女四百餘人幼孩四五百人當交嚴先佑分別遣散安插維時逆首李復猷及其親黨曾貴李福尚未就擒經張運蘭勒令代賊乞降之紳士購緝敢有知情不舉者與逆同罪十九日捕獲曾貴伍福二名伍福即李福俱係積年老賊訊得李復猷因我軍四面張網不能遠遁尚藏匿老雅坑之洪奎巖張運蘭等即派勇迅往捕拏詎該逆已薙髮扮作難民乘間逸出隨又偵得該逆帶領死黨十餘人潛竄連州屬之鐵坑地方張運蘭懸立重賞挑選敢死之士星夜將該莊

圍住該逆猶敢率黨抵死抗拒被壯勇范正綱等劈傷
登時就縛並將餘黨一併擒獲先行就地正法將李復
猷曾貴伍福三名解省審辦前來查李復猷驍勇善戰
險詐多謀爲石達開之心腹自石逆就擒之後該逆擁
衆數萬自樹一幟由蜀而黔而楚而粵迭次攻陷城池
戕殺官弁及其竄入石埜意在養精蓄銳四出鴟張比
聞官軍驟至自度不能飛越則又詭稱他竄假托投誠
種種狡謀洵爲賊中之桀黠若官軍稍存大意誤令脫
逃則將來之嘯聚蔓延幾不可問茲幸仰賴
天威眞兇不至漏網臣等督率司道親提訊明後卽恭

請
王命將李復猷淩遲處死曾貴伍福一併處斬李復猷
前在湖南戕害會同縣知縣鄧爾昌甚爲慘毒因將該
逆首級心肝委弁解往致祭以慰忠魂而快人心辰下
寨岡石塋等處業已肅清除檄楊虎臣一軍仍回宜章
由湖南撫臣酌量調遣外惟聞陽山縣一帶有土匪乘
機竊發臣現密飭張運蘭移軍前往拏辦此等小醜跳
梁不難撲滅總期悉數殲擒不留餘孽以仰副
聖主除惡務盡之至意至此次出力官紳兵勇可否擇
尤酌保之處恭候

命下遵行臣等謹合詞恭摺由驛馳陳伏乞

皇太后

皇上聖鑒訓示謹

奏

克復信宜一案寄雲尙書單銜具奏屬予點定奏稾予疑督撫同城例得列名尙書曰廣東向例獨不爾時予涖任纔三日耳嗣是凡有奏案皆用督轅單銜予爲主籌畫司章奏自同幕府而已此次凱章以楚勇圍擒李復猷與崑軍門無涉亦令鄙人與軍門同列後銜因檢查三十年案卷凡遇奏案督撫無不同

列名者尙書强横自擅吾亦無詞益其意本不欲自
炫著也是以相處年餘從未一與校論而種種陵藉
多出意表大抵成於娼嫉之一念爲多而終以不悟
其非因淸繕此稾有感於中聊一記之自記

瀝陳廣東籌解京餉萬分支絀勢不能兼及鎮江協餉

疏會總督銜

奏爲瀝陳廣東籌解京餉情形已萬分支絀勢不能兼及鎮江協餉蒸措覆奏仰祈

聖鑒事竊臣等於同治二年十一月十四日承准議政

王軍機大臣字寄同治二年十月二十七日奉

上諭前因鎮江軍營需餉甚迫諭令廣東督撫將應解鎮江協餉不論何項先行赶解銀十餘萬兩茲據馮子材等奏稱委員前往守提僅據知縣虞慶瀾領解銀五千兩此項協餉自元年正月至今共應解銀六十餘萬

兩先後兩次委提僅據撥銀七千兩鎮營上年閏八月整頓清釐之後按月儘攤儘放現又積欠新餉四十餘萬兩餓軍譁潰堪虞請旨飭催等語金陵漸次合圍城賊窮極思竄鎮江適當其衝防剿極爲喫重若因餉需告罄稍有疏虞東南全局即恐因之掣動關繫實非淺鮮著毛鴻賓郭嵩燾懔遵前旨不論何項先行趕解銀數萬兩以救眉急並酌量情形無論多寡按月定數撥解若干俾得源源接濟鎮江軍務現在極關緊要儻該督撫任意遲延致令餉項缺乏貽誤戎機恐毛鴻賓等不能當此重咎也欽此仰承

皇上廑念東南大局力籌接濟臣等遵查廣東歲入正款曰地丁曰鹽課曰粵海關課稅曰太平各關課稅近年籌備軍需之款曰溢坦變價曰捐輸曰釐金從前廣東全盛之時地丁正耗等銀一百二十餘萬兩年清年款歲支水陸各營俸餉草價等項一百六十萬餘兩除粵海關課額有例解撥款外其餘鹽關各課照例由本省開支一切無虞短絀自咸豐四年各屬被兵以後地丁徵收日形艱乏惠潮各屬勉強徵至五分而官墊常居十之二三州縣疲難日甚然其時商賈之力猶厚海關課稅收數尙充得資接濟每一辦理捐輸動逾百萬

故雖屢經兵燹而不甚憂貧廣東之貧實自去年始葢洋人肆擾省城數年公私掃地無餘所猶恃者商賈百貨雲集尙足藏富於民耳去年內江通商所有洋貨大宗向由粵中轉運湖廣江西者今全數移至漢口九江至出口茶葉統計閩浙安徽湖廣江西每歲不下千百萬近年閩浙安徽之茶全出上海而湖南江西之茶猶分出廣東自去歲則又併歸之漢口於是沿江各省出入經紀從前廣東所擅爲利者悉舉而空之不獨海關課稅因之大絀卽民間貿易亦實日形彫敝而躉捐適於是時撥充皖浙軍餉溢坦變價經辦多年計數約已

百萬協撥廣西貴州安徽閩浙各省其六十四萬有奇餘併爲積年軍需隨時動用是廣東舊辦之款無一可以設措卽在咸豐初元無事之日其力已不能自支而又有高州之股匪肇慶之客匪滋擾一府十餘縣募勇至數萬需費煩多又以京餉緊急鹽關各課指明起解捐輸京米接連兩年以根本大局攸關全力經營其實皆騰挪本省之軍餉以相抵撥各營勇糧積欠至二百餘萬至於無力撤遣水陸額兵餉銀則咸豐十一年尚有尾數未淸積欠實已逾二年之久每一念之深懷惴惴其京米之派捐各縣者又每借之以搪塞錢糧同治

元年藩庫經收實數尚止五十餘萬各捐戶且多方遲難每報解時先行挪墊勒限各州縣追繳藩庫迄今未能清解蓋捐輸之力至是而益窮此實兩年以來艱難竭歷籌解京餉之實情也而廣西與廣東近鄰利害相關勢不能不稍爲應接至於軍務喫緊如鎮江水陸各營以及艱苦如貴州均曾勉强供給數千金已覺力不能給萬無餘力再能籌巨款以資撥解臣等查鎮江馮子材一軍不過萬餘人每月尚有江海關協濟三萬兩鎮江揚由各關解款數千兩泰州鹽釐萬餘兩通州花布捐如皋江販捐象山都天廟釐捐共約萬餘兩較之

江南各營尚不爲甚窘金陵窮竄之賊以此軍精銳當之不難邀截堵擊以收埽蕩廓清之功臣等稍有可以協濟之處斷不敢安心坐視置大局於不顧無如廣東支絀情形日甚一日且有不可以咸豐年間相提並論者若使專意待廣東接濟必致貽誤事機臣等亦不能不據實瀝陳以明京餉喫重萬無力可以旁及所有鎮江協餉無可籌解緣由謹恭摺覆

奏伏乞

皇太后

皇上聖鑒訓示謹

奏

廣東省歷年積欠兵餉難以印票補放請仍將鹽課撥支以昭覈實疏會總督銜

奏爲廣東省歷年積欠兵餉難以印票補放請仍將鹽課撥支以昭覈實恭摺仰祈

聖鑒事竊照廣東水陸各營及駐防滿漢八旗幷兵歲需俸餉銀一百二三十萬兩有奇向由戶部指撥鹽課銀四五十萬兩解交藩庫湊併地丁支放嗣因運庫鹽課歷年欠解藩庫銀二百四十餘萬兩藩庫籌墊竭蹷遂亦積欠俸餉等項銀二百餘萬兩前署督臣晏端書

會同前撫臣黃贊湯

奏請將續徵鹽課儘撥補放經戶部議覆飭照皖豫等
省捐輸餉票章程由藩司刊刻印票補放准其抵捐軍
餉請獎至運庫未解鹽課即提解部庫應如何立限督
催專案奏報等因具奏奉
旨依議欽此當即咨行欽遵查照辦理茲據廣東布政
使吳昌壽查明詳覆前來臣等伏查粵省各營兵餉歲
撥地丁鹽課支放已歷二百餘年本有定章可循軍興
以來財賦日絀地丁鹽課徵不足額又復提撥京餉接
濟軍需以致積欠餉項二百餘萬之多茲准部議倣照
皖豫捐輸餉票章程以印票補放但使事尚可行則臣

等既藉以清徧逋亦得以資周轉豈非善策無如情勢迥別窒礙實多不敢不爲

聖主一一陳之蓋皖豫等省及傅振邦馮子才等軍因欠發兵餉過多以票抵銀勸捐彌補維時各路糧臺皆兼設立捐輸局其勢不能不減價以示招徠而又礙難報銷各營欠餉動逾巨萬按月求領二三成而不可得故爲此權宜變通之計在各營藉以挹注而領款已較爲多在糧臺便於報銷而支放亦易爲力兩有所利故其法易行非眞能以一紙空票巧爲騰挪强各營而使之具領也廣東歷來開辦捐輸均係按照定章實銀上

兌從無錢票折算近年因隨時裁撤兵勇發給口糧酌支現銀數成其餘折支印單准其一體請獎辦法與皖豫餉票名異實同每月奏報捐輸請獎新案多屬此項蓋勇糧本較兵糧加增數倍而又隨募隨撤幷無定額既經散遣則領款一併銷除又所裁率係疲弱獲咎之夫尚可迫以不得不從之勢其精銳各營口糧則分釐皆須現鏹也自裁勇之印單日多一日售給捐生之虧折日甚一日紳富捐輸現銀之獎勵難與裁勇之印單角勝于是捐輸現銀繳局亦復日短一日京倉米價不能解足派捐之數本省經費尚須搜括各庫之銀大率

由此至於水陸額兵餉銀情形又更不同從前廣東全
盛之時地丁鹽課照常支撥間有額外挪用或欠放二
三成次年另籌彌補更遞牽搭以至於今近年地丁徵
收歲形短絀鹽課欠撥至二百餘萬各營額餉或牽放
一二月皆以一時之補苴抵歷年之積欠如能籌備巨
款掃數完結勉强搭放餉票數成各營亦或可樂從而
舊欠未清新餉復迫終亦無了期又地方情形與軍營
迥異軍營收數儘多儘少盡充兵餉各營尚能相諒地
方用款浩繁各項支銷均用實銀獨以餉票給放營餉
既絕其補支舊欠之望益滋其搭放新餉之懼將使怨

讟煩興阻撓滋甚其不便一也皖豫糧臺籌備捐輸以營務總匯之地當人文輻輳之區所放餉票隨時給奬故能暢行廣東疊次勸辦捐輸富戶均已得有奬敘續捐之款多半移奬親友餉票縱能減成而無銷售通省水陸營汛或遠處山陬或孤懸海澨鄉閭僻陋距省數百千里謀生拮据之士卒固不能自請奬敘舍實獲以博虛名而操防巡徼終年勞苦又誰暇執票以赴都會訪求報捐者而交易之其不便二也水陸營務之廢弛積漸已久自頃數年額餉支絀各營請放口糧情詞迫切一月數至勸之以拊循已覺其情之窘責之以整飭

更苦其詞之窮但使按月稍能接濟亦可將就敷衍相爲慰藉苟顧目前部議以積欠過多飭用餉票抵還臣等所深慮者尚不在舊欠之加多而在新餉之無措蓋舊欠能約至豐裕之時徐爲歸款無庸急切清釐而新餉之待領者不能專以空言搪塞統計各營欠發餉糈以此兩年爲最鉅實有不能支持之勢若能以餉票清釐則是數百萬之積欠以數紙應付而有餘軍士嗷嗷何能誘使聽從既忤軍情亦乖政體其不便三也臣等再四思維藩庫每歲額徵地丁正耗等銀一百二十餘萬內有緩徵有民欠約收得七八成近年軍務繁興統

計所收不過五六成而加增勇糧軍火一切經費月至數十萬祇此一省之物力相爲灌輸而額支俸餉養廉草折公費等銀一百六十餘萬歷年指撥鹽課實爲入款一大宗近年放款倍於從前而運庫指撥一款積欠已如此之鉅前督撫臣請將鹽課於歷年指撥之外餘銀儘撥補放尙係按照原撥舊章辦理並非額外另請動撥値此時事方艱京餉重大臣等亦不敢望舊欠之盡還而不能不有資於新課之通融指撥查廣東鹽課六十餘萬此數年內各岸融銷尙能足額以後淮鹽日通粤鹽之銷數必至日形短絀向來指撥四五十萬歲

徵鹽課多資本省兵餉之用此外並無撥款昨准部咨
同治三年預提京餉於廣東鹽課提解銀二十四萬兩
是卽鹽課徵收足額而餘存之項較之歷年指撥藩庫
之四五十萬數已相懸合無籲懇
皇上天恩於部提鹽課之外槩行撥解藩庫以資協濟
但於運庫少一分提解卽於兵糈多一分轉輸俟一二
年中部庫稍有贏餘仍應如前督撫臣所請全數撥解
藩庫二三年而後積年欠餉始可設法清釐此又情事
之不能不預籌者總之以鹽課之積欠抵兵餉之積欠
兩足相當而鹽課二百餘萬之撥款斷不能遽還兵餉

二百餘萬之欠數亦斷不能全數清結是以抵清欠餉尚可圖緩而指撥鹽課必應循照舊章以昭實際所有印票抵餉窒礙難行之處亦不敢不縷晰覆陳是否有當臣等謹合詞恭摺具

奏伏乞

皇太后

皇上聖鑒訓示謹

奏

採辦紅黃飛金先行起解半批所有部議籌解之處勢難承辦疏會總督銜

奏爲遵

旨採辦紅黃飛金先行起解半批並將實價開陳所有

部議仍飭籌解五批之處勢難承辦恭摺縷陳仰祈

聖鑒事竊照同治二年七月內接准戶部咨奏派廣東採辦紅黃飛金七批統限年內全數運庫交納經前署督臣晏端書前撫臣黃贊湯會奏由廣東儘力設法採辦一批計紅飛金二千七百五十塊黃飛金四百五十塊其三千二百塊於年內趕造一半其餘一半亦趕於

來歲五月以前解解部交納此外六批仍請由江蘇省辦
解各情奏
旨飭部議奏旋於本年十月二十一日准戶部咨應需
紅黃飛金共二萬二千四百塊飭由江蘇上海趕緊製
造兩批其餘五批仍令廣東採辦所需經費應由江蘇
省無論何項酌撥銀五萬兩解往粵省以備支應海關
應解銅斤水腳銀四萬四千四百餘兩飭即如數籌解
此外均令自行籌備等因於九月十八日具奏奉
旨依議欽此又先於同治元年六月內起解紅黃飛金
四百五十塊造具動用錢糧清冊報部作正開銷現准

戶部咨檢查蘇省額辦紅黃飛金成案每紅飛金一塊計用銀一十一兩三錢六釐零黃飛金一塊計用銀一十兩九釐零廣東所辦紅飛金一塊用價銀一十七兩五分黃飛金一塊用價銀一十八兩六錢較之蘇省所辦紅黃飛金每塊計多銀五兩七錢四分三釐零至八兩五錢九分零不等此次所辦飛金四百五十塊核與蘇省請銷成案共計多開銀二千七百二十六兩零此項紅黃飛金粵省雖無辦過成案自應將所用金數分量詳細開列即或較之蘇省少有區別何至每塊用銀如此懸殊應令仿照蘇省成案核實辦理詳細造報等

因於七月十八日具奏奉
旨依議欽此由部鈔錄原奏咨會前來當經轉行欽遵辦理茲據藩司吳昌壽詳稱此項飛金廣東本無辦過成案緣奉部文採辦由前藩司文格督飭南番二縣按照民間販運價值現雇工匠議交承辦廣東製造金箔工匠不如江蘇之精其質底較厚用金較多售價原視江蘇昂貴惟紅黃飛金成本輕重之別當時承辦各員未及細加推求徒見紅飛金四百塊爲數甚鉅核減工價稍與從嚴黃飛金五十塊爲數較少核減工價遂亦從寬蓋緣承辦飛金本非常例一切按照市價造報視

例價均有參差此次按照部文鈔錄蘇省歷年造報請銷成案飭令南番二縣招集工匠子細核算開具清單計紅飛金一塊價銀一十六兩九錢四分二釐零黃飛金一塊價銀一十五兩一錢八分二釐零再四推求萬難再減合計紅黃飛金三千二百塊需用價銀五萬三千四百二十四兩七錢七分八釐零除海關應解銅斤水腳銀四萬四千四百餘兩尚須籌備銀八千四百餘兩廣東此項飛金從不銷販他處工匠無多卽使庫款充裕所需紅黃飛金二萬二千四百塊亦非三四年不能製造齊全兼又海關解款不能如數藩庫挪墊萬分

艱窘江蘇正當軍務倥傯之時未必能籌銀解粵是撥款亦成具文且江蘇各種工匠擁聚上海儻有現銀可以酌撥廣東益無難招集工匠多爲製造計粵東辦解兩批之價江蘇將可製辦三批現今蘇州克復氣象一新諸事可以漸次清釐規復舊章廣東竭蹷情形萬無餘力能籌辦飛金至五批之多應仍遵前奏設法籌辦一批分兩次起解業經選雇工匠赶緊督造已據造成紅飛金一千三百七十五塊黃飛金二百二十五塊飭委試用按經歷王淞領解於十一月二十四日起程附搭輪船由海道行走赴部投納仍遵照將動用銀數造

冊報部作正開銷詳請具
奏前來臣等敬謹查驗成色分寸比較部頒原式均屬
相符核其所開清單委係現在辦理實價視江蘇例定
價值不免浮多而一切金價工匠估計成本不能核減
請
旨飭下部臣核准再由臣等具
題請銷其元年採辦飛金長出價值責成承辦各員按
數攤賠一面督飭藩司赶將應解之半批給價督造按
限起解稍備
陵寢工程緊急之需其餘六批應飭江蘇赶緊辦解可

期事半而功倍廣東工匠既難雇覓餉項尤萬分支絀
即使勉强承認亦決不能保其必無貽誤應懇
皇上天恩俯念廣東籌辦艱難情形仍准報解飛金一
批稍資接濟庶可趕緊督辦除將飛金半批核給咨批
飭令委員解赴部庫投納外所有飛金五批無力籌解
及現辦價值勢難核減緣由謹繕摺附驛具
奏伏乞
皇太后
皇上聖鑒謹
奏

謹將南番二縣摺開粵省奉行採辦紅黃飛金與蘇省
章程比較不符各數目照繕清摺恭呈
御覽
計開
蘇省紅飛金章程
一每金一兩製造紅飛金二千三百一十九張計紅飛
金每塊一千張應用金四錢三分一釐二毫二絲
一每金一兩飛耗六分計每飛金一千張應飛耗金二
分五釐八毫七絲三忽
一共用金四錢五分七釐九絲三忽

金價一五算該紋銀六兩八錢五分六釐三毫九絲五忽

一每打金一兩製飛金二千三百一十九張共該工匠等項花銀一十一兩一錢九三折實紋銀一十兩三錢二分三釐計飛金一千張該紋銀四兩四錢五分一釐四毫八絲七忽

統計蘇省製造紅飛金每塊金價工匠等項紋銀一十一兩三錢七釐八毫八絲二忽

粵東採辦紅飛金數目

一每金一兩製造紅飛金二千三百四十二張計紅飛

金每塊一千張用金七錢四分五釐一毫五絲六忽

一每金一兩飛耗六分計每飛金一千張飛耗金四分

四釐七毫一絲

二共用金七錢八分九釐八毫六絲六忽廣東每飛金

一千張比較蘇省加重三錢三分二釐七毫七絲三忽

因廣東工匠手生不能如蘇省製造輕薄以致用金較

多

十成赤金照時價每兩一五八算每千張用十成金七

錢八分九釐八毫六絲六忽該紋銀一十二兩四錢七

分九釐八毫八絲二忽比較蘇省每千張計多金價紋

銀五兩六錢二分三釐四毫八絲七忽

一製飛金一千張需用工匠等項紋銀四兩四錢六分二釐八毫九絲一忽比較蘇省每千張計多用工價紋銀一分一釐四毫四忽

統計粵省製造紅飛金每塊金價工匠等項紋銀一十六兩九錢四分二釐七毫七絲三忽

計採辦紅飛金一塊粵省較蘇省多用紋銀五兩六錢三分四釐八毫九絲一忽

蘇省黃飛金章程

一每金一兩用十成金八錢五分製造黃飛金二千三

百一十九張計黃飛金每塊一千張應用金三錢六分六釐五毫三絲七忽

一每金一兩飛耗金六分實十成金五分一釐計每飛金一千張應飛耗十成金二分一釐九毫九絲二忽

二共用十成金三錢八分八釐五毫二絲九忽

金價一五算該紋銀五兩八錢二分七釐九毫三絲五忽

另飛金每千張加入紋銀六分四釐六毫八絲三忽

一每打金一兩製飛金二千三百一十九張共該工匠等項花銀一十一兩一錢九三折實紋銀一千兩三錢

二分三釐計飛金一千張該紋銀四兩四錢五分一釐四毫八絲七忽

統計蘇省製造黃飛金每塊金價工匠等項紋銀一十兩三錢四分四釐一毫一絲五忽

粵東採辦黃飛金數目

一每金一兩用十成金八錢五分製造黃飛金一千三百四十二張計黃飛金每塊一千張八五折十成金六錢三分三釐三毫八絲三忽

一每金一兩飛耗金六分八五折十成金五分一釐計黃飛金一千張應十成耗金三分八釐三忽

二共用十成金六錢七分一釐三毫八絲六忽廣東每
飛金一千張比較蘇省加重十成金二錢八分二釐八
毫五絲七忽
十成赤金照時價每兩一五八算每千張用十成金六
錢七分一釐三毫八絲六忽該紋銀一十兩六錢七釐
八毫九絲八忽比較蘇省每千張計多金價紋銀四兩
七錢七分九釐九毫六絲三忽
另飛金每千張加入紋銀一錢一分一釐七毫七絲三
忽比較蘇省每千張計多用紋銀四分七釐九絲
一製黃飛金一千張需用工匠等項紋銀四兩四錢六

分二釐八毫九絲一忽比較蘇省每千張計多用工價
紋銀一分一釐四毫四忽
統計粵省製造黃飛金每塊金價工匠等項紋銀一十
五兩一錢八分二釐五毫六絲二忽
計採辦黃飛金一塊粵省較蘇省多用紋銀四兩八錢
三分八釐四毫四絲七忽
現奉採辦紅黃飛金一批年內趕造半批計
紅飛金一千三百七十五塊共該紋銀二萬三千二百
九十六兩三錢一分二釐八毫七絲五忽
黃飛金二百二十五塊共該紋銀三千四百一十六兩

七分六釐四毫五絲
二共一千六百塊共該金價工匠紋銀二萬六千七百
一十二兩三錢八分九釐三毫二絲五忽

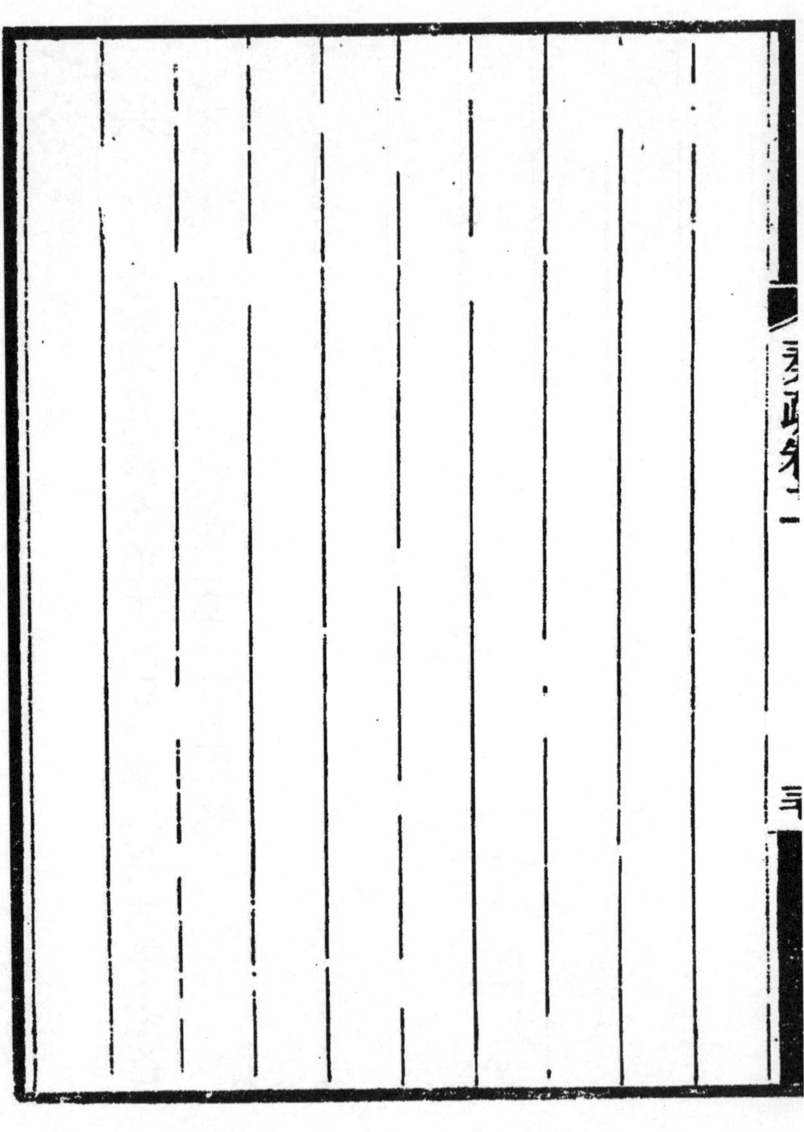

特參聲名平常府縣各官疏會總督銜

奏爲特參聲名平常之府縣各官請

旨分別降補革職以肅官方恭摺具

奏仰祈

聖鑒事竊照府縣分理地方錢糧詞訟皆關治亂之源廣東積年以來盜賊充斥風俗頹敝地方官因循廢弛積習相沿臣等涖任之初訪察地方情形及府縣官聲名優劣深知吏治民情之相爲維繫其間聲名較壞之員必應嚴加參劾以冀有所勸懲查有署潮州府知府候補同知直隸州汪政年力就衰性情貪鄙卸署佛山

同知候補知府三多居心庸劣氣習太深准補德慶州
知州蔣元裕行止卑汙不知自愛澄海縣知縣張星耀
貪汙嬾廢聲名最劣署和平縣知縣朱世忠人品輕肆
難資委任署東莞縣知縣朱用孚習爲輭熟一味逢迎
以上各員劣蹟昭著物議紛騰均經訪聞確實詢據藩
臬兩司聞見相同應請
旨將署潮州府知府汪政候補知府三多准補德慶州
知州蔣元裕澄海縣知縣張星耀竝行革職署和平縣
知縣朱世忠署東莞縣知縣朱用孚竝以府經縣丞降
補其餘所屬官吏容臣等詳細察看核實參辦以冀仰

副
皇上澂敘官方之至意其德慶州澄海縣二缺應由臣
等查明應補人員分別題補仍一面嚴查各該員經手
錢糧倉穀有無虧短另行覈辦所有特參府縣各官緣
由謹合詞繕摺具
奏伏乞
皇太后
皇上聖鑒訓示謹
奏

調署潮州府知府片會總督銜

再署揭陽縣知縣題補佛山同知陳毓書廉明强幹能舉其職臣等見該員稟報揭陽縣情形條分縷晰切實辦理不辭勞瘁證以人言頗相符合因查廣東潮州一府民情尤爲獷悍各縣應完錢糧率不滿三四成鈔搶擄掠視爲故常其民戶有大族小族之分一族之中又有强房弱房之分强者侵弱衆者暴寡尋仇相殺積爲械鬬其嗜利輕生習與性成而惟得一不要錢能辦事之官尚能輸心畏伏該員陳毓書前署潮州府通判捕治盜賊查辦積匪紳民已相信服此次揭陽縣任內樸

實耐勞政聲尤著以之調署潮州府必能實其整飭應
懇
皇上天恩准飭該員署理潮州府知府以示優異如能
整飭有方挽回風氣再由臣等查案保奏是否有當謹
附片奏明伏乞
聖鑒訓示謹
奏

官軍攻勦三山土匪賊巢獲勝現在籌辦情形疏會總督銜

奏爲官軍攻勦三山土匪賊巢獲勝現在籌辦情形恭

摺由驛馳陳仰祈

聖鑒事竊石逆餘黨李復猷竄擾粵境經臣等飛調楚

軍將首要各犯擒獲正法餘匪分別勦撫於本年十一

月十六日由驛

奏報並將陽山縣一帶土匪竊發現飭福建臬司張運

蘭移軍勦辦緣由隨摺陳明在案此股土匪其爲首之

鄧二尺七係英德縣人咸豐四年髮逆爲亂該匪即與

陳金缸互相句連踞險劫掠經官兵勦辦該匪與其兇

黨潛匿深山一時未能搜捕淨盡乃于英德所屬之三峽頭大灣犀牛潭陽山所屬之青蓮墟等處地方駐紮兵勇防其肆擾已閱多年本年十月間李復猷竄至連陽邊界該匪乘兵勇分途防勦不遑兼顧遂糾約黨羽四出刼殺擾及陽山之田心鄉龍家洞等處意在牽制官軍援助李逆迨聞李復猷就擒官軍勢盛又潛行遁囘英德縣屬之三山老巢負嵎自固十一月初七日張運蘭押解李逆來省臣等面授機宜飭令前往查辦十二月初三日張運蘭督率兩營往勦行抵長富崗地方紮營是晚該匪乘我軍營壘未定由山岡衝下意欲撲

圍經張運蘭嚴陣以待該匪旋卽退去次日張運蘭乘高瞭望遥見三山鶴嘴等處四面皆山岡巒險峻內有村莊十餘座綿亙七八里祇有兩路可通其要隘均修築堅卡安置大礮前後小徑亦俱堆砌亂石詢問本地紳民據稱鄧二尺七黨衆約有三千餘人三山地方爲藏垢納污之所歷時已久卽附近居人亦莫能身入其中窺探該匪行徑張運蘭料其根株盤結狡計必多隨將各山茅草焚燒以免匪徒埋伏初五日黎明派令帶隊之劉光明賀國楨分左右兩路進攻張運蘭自率親兵接應署英德縣馮寶封等帶勇繼之辰刻左路隊勇

將抵隘口該匪即在山上揚旗吹角槍礮木石勢如雨下我軍鼓勇直登立破隘卡三重陣斬悍賊二十餘名其右路勇隊亦乘勢進戰槍礮並發殺賊三四十名該匪力不能支退入村內四面環立我軍盡銳攻撲以火箭射入賊巢登時火發賊情慌亂我軍乘勝偪攻復斃賊匪多名惟其中大村牆屋高峻堅厚四圍皆安設礮眼賊從牆閒施放槍礮勢如飛蝗並以滾油粥湯從高潑下我軍仰攻甚難鏖戰至暮以主客之勢不同且兵力亦尚未厚收隊而退計燒毀賊巢四處焚斃賊匪約數百人我軍弁兵亦閒有傷亡等情據張運蘭稟報前

來查鄧二尺七本係著名土匪自咸豐年間節經地方官購緝嚴拏迄未弋獲無非以三山地勢險阻藉爲藏身之固其堅築卡牆安設礮眼所有一切守禦之具無不豫備可見其潛蓄異圖已非一日地方官苟且偷安粉飾消弭隱忍不發以故北江一帶賊匪之多甲于通省要皆恃該匪爲逋逃淵藪臣毛鴻賓前在湖南即有所聞迨從韶州經過接見南韶連道方濬頤面詢該處情形即據痛言其害並稱迭經募勇鎮壓總以兵力餉力俱有未逮未能大加懲創其實變遲禍大可爲隱憂等語臣等溯查道光六七年間前督撫臣以連州陽山

英德等處接壤湖南廣西犬牙相錯山深林密灘河險阻匪徒最易潛蹤曾經籌集經費派委文武員弁入山搜捕歲以爲常旋以拏獲匪首蒙叫化等及其黨眾千餘名謂可無事而經費亦漸不敷遂爾中止咸豐初年匪首鄧南保周亞潍等先後聚眾滋事皆在其處四年各路賊匪同時並發連陽一帶幾至梗絕不通雖經次第戡定而深山窮谷未能處處遍及匪徒狙伏林閒兵出則歸兵歸則出官軍竟無從掩捕是伏莽嘯聚已屬蒂固根深今鄧二尺七突然起事適値陳金釭李復猷兩悍賊已先後撲滅該匪失其外援而楚軍銳氣方新

駕輕就熟敢於深入亟應乘勢進剿搗穴擒渠爲一勞永逸之計以期綏靖地方張運蘭所部向分五隊除二隊已抵英德外其三隊尚在連州臣等已檄飭該臬司將全隊調齊再行悉力進攻務將鄧二尺七擒獲並餘黨及三峽頭另股逆匪馮九指等一律埽除免致養癰貽患所有攻剿賊巢獲勝及現在籌辦情形謹合詞恭摺由驛馳陳伏乞

皇太后

皇上聖鑒訓示謹

奏

懇請調補知縣疏會總督銜

奏為海疆要缺知縣需員恭懇

聖恩俯准揀員調補以資治理事竊照准調潮陽縣知縣王廷魁於同治二年十月初五日在省寓病故所遺潮陽縣知縣係海疆繁疲難要缺例應在外揀選調補該縣地處海濱民情刁悍械鬥成風素稱難治一切巡緝稽查撫綏彈壓在在均關緊要必須精明強幹才守兼優之員方足以資治理臣等與藩臬兩司於通省現任知縣及候補應陞各員內逐加遴選非現居要缺即人地未宜實無合例堪以調補陞補之員惟查有始興

縣知縣常維潮年四十六歲河南祥符縣人由舉人丙辰科會試中式第一百七十二名貢士
殿試三甲六十一名進士引
見奉
旨以知縣即用欽此簽掣廣東咸豐七年四月十七日到省題補始興縣知縣同治二年六月十五日到任該員才力優裕以之調補潮陽縣知縣實堪勝任歷俸未滿三年先於咸豐十一年四月十三日在本省按十成實銀上兌捐免由戶部核准給照收執並無參罰案件據藩臬兩司會詳前來合無仰懇

聖恩俯念海疆員缺緊要准以該員常維瀏請補瀏陽
縣知縣實於地方有裨如蒙
俞允該員係現任知縣請調知縣銜缺相當毋庸送部
引
見所遺始興縣知縣員缺粵省現有應補人員俟接准
部覆另行選員請補臣　等謹合詞恭摺具
奏伏乞
皇太后
皇上聖鑒訓示謹
奏

密陳司道知府考語疏

奏爲密陳司道知府考語仰祈

聖鑒事竊照司道府等官賢否例應於年底加具切實

考語陳奏道光十七年欽奉

上諭督撫職任封疆責任綦重凡屬員之賢否自當隨

時查察無稍徇隱乃近年各省督撫視爲具文僅以一

奏塞責經朕畱心察看往往與所註考語大不相符嗣

後各省督撫惟當仰體朕用人之苦心事事求一實字

其考察屬吏尤應就其所辦公事認眞稽核一秉至公

等因欽此又道光二十六年正月十八日欽奉

上諭嗣後各省督撫於年終密考務須格外慎重倍加嚴密毋稍視爲具文致滋率忽欽此又道光三十年十二月十八日欽奉

上諭嗣後各直省督撫於年終密考務將各該員賢否實蹟指出確據臚列密陳不得僅以空言含混了事儻有保舉在先該員不能始終奮勉亦著據實直陳毋稍回護封疆大吏朕寄以耳目腹心旌別之公私即以定勸懲之得失若考核不精名實不副是上以實求而下不以實應安用此虛文爲耶將此通諭知之欽此臣仰承

恩命權撫粵東值地方多事之時正整頓需才之際三月以來留心考察同城司道實事求是同心合志號稱賢能各屬實任道府亦多精明廉幹之才而吏治尙形頽靡民俗日苦刁頑良由氣習已深轉移較難爲力空虛已甚玩廢更習爲常臣惟有遇事講求認眞考核以期諸事漸有起色仰副

皇上澂敘官方循名責實之至意茲屆年終註考之期謹將現任司道知府各員就臣愚見所及塡註切實考語密繕清單恭呈

御覽伏乞

皇太后

皇上聖鑒再調補廣州府知府李福泰未准部覆應於潮州府本任註考調署瓊州府知府徐蒿生應於肇慶府本任註考雷州府知府周毓桂瓊州府知府劉長敍甫經調省離任無憑註考合併陳明謹

奏

謹將同治二年廣東省現任司道知府密註切實考語手繕清單恭呈

御覽

布政使吴昌壽年四十九歲浙江進士同治二年八月

二十四日到任
該員久歷戎行耿直伉爽其操守之廉潔尤爲士民所共信
按察使李瀚章年四十歲安徽拔貢同治二年八月二十一日到任
該員明練而有安詳之度精覈而有穩實之操謹守繩尺從容寡過自不掩其才能
鹽運使蔣志章年五十歲江西進士同治二年四月初九日到任
該員謹慎周詳誠意盎然其釐剔弊端杜漸防微識量

亦見深遠

督糧道郭祥瑞年五十二歲河南進士同治二年九月十八日到任

該員樸實恬和不激不隨其分別屬員能否持論侃侃毫無假借

南韶連道方濬頤年五十一歲安徽進士咸豐十年八月二十二日到任

該員諳練明通能持大體於地方應辦公事出之以勤懇用能措理裕如

肇羅道蔡燮年六十四歲江西進士滿洲繙譯生員咸

豐十年十月十一日到任
該員老成篤實謹守有餘足資表率
惠潮嘉道鳳安年四十三歲鑲藍旗人同治二年六月
二十一日到任
該員遇事推求安詳慎審於地方風土人情留心體察
洞悉本原
高廉道英秀年四十三歲鑲藍旗滿洲繙譯生員同治
二年三月十二日到任
該員和平謹飭臨民接屬均無違忤
雷瓊道孫觀年四十七歲安徽進士同治元年三月初

八日到任五月二十一日奉部文准補

該員明達穩練實心任事足資有爲

潮州府知府李福泰年五十歲山東進士准補未到任

調補廣州府知府同治二年四月初十日到任

該員廉明諳練寬博溫和政聲最爲優著

韶州府知府沈映鈐年五十四歲浙江進士准補未引

見先赴署任同治元年十二月初七日到任

該員練達周詳留心吏事

惠州府知府梅啟照年三十七歲江西進士同治二年

七月初八日到任

該員精明廉幹遇事敢爲志趣特遠

肇慶府知府徐嵩生年五十九歲河南進士咸豐九年

十一月初六日到任調署瓊州府知府

該員精詳穩實爲守兼優能勝繁鉅

高州府知府蔣超伯年四十歲江蘇進士同治二年五

月初二日到任

該員樸誠端謹靜鎮恬和

廉州府知府五福年五十七歲内務府正白旗漢軍同

治二年五月三十日到任

該員老成歷練清正廉明

郭侍郎奏疏卷三

紳民同仇敵愾力保危城援案仰懇永增學額疏會同督學政衔

奏爲紳民同仇敵愾力保危城援案仰懇

天恩永增學額以廣

皇仁而昭激勸恭摺仰祈

聖鑒事竊照廣東省四會縣城於咸豐四年閒被逆匪

陳金缸闖入經該縣紳練隨同文武員弁協力攻剿旋

即克復九年閒懷集逆匪由廣甯竄入圍攻縣城該縣

紳民登陴守拒奮勇擊退十年二月閒積匪侯陳帶等

糾邀練四苦等十餘股由賀縣突至四會恃衆攻城勢甚猖獗其時兵力單薄援師未至危險萬分該縣紳民衆志成城晝夜固守逆匪三次挖掘地雷城垣轟缺冒死衝入均能極力擊退登時補葺完固轉危爲安直至三月有餘大軍畢至始將該匪合擊敗逃縣城賴以保全歷次堵勦固守情形均經前督撫臣先後奏報有案嗣據該縣士民援照咸豐七年福建建安甌甯二縣保守危城奏准永遠加廣學額成案呈請永廣四會縣文武學額各二名由縣確核通詳前撫臣當查咸豐十一年辛酉科部頒科場條例內所有福建省團練守城出

力請加學額欽奉
諭旨允准是勦匪保城增廣學額已有成案但條例內
未將原奏刊入或恐情節不符即經移准福建撫臣鈔
錄原案咨復內開咸豐七年江西逆匪闌入閩疆圍攻
建郡建安甌甯二縣紳民協力固守克保危城經閩省
督撫臣奏請加廣學額於咸豐九年五月初八日欽奉
上諭江西逆匪闌入福建圍攻建甯府城建安甌甯二
縣士民同仇敵愾協力固守二月有餘克保危城四鄉
團練幷與團丁聯絡捐資出力隨同大兵平燬賊營百
數殲擒逆匪萬餘實屬深明大義所有建安甌甯二縣

均著永遠增廣文武學額各三名以昭激勸欽此今廣
東四會縣紳民辦團剿匪克復縣城之後連年被賊圍
困均能嬰城固守而咸豐十年困守三月之久以待援
師尤屬果毅堅貞深明大義核與福建建安等縣剿匪
保城之案情節相同據軍需總局司道吳昌壽等議詳
請
奏前來合無仰懇
天恩俯准援照閩省成案將四會縣永遠增廣文武學
額各二名以昭激勸之處出自
逾格鴻施除分咨戶禮二部查照外臣 等謹會同廣東

學政臣王溯恭摺具
奏伏乞
皇太后
皇上聖鑒訓示謹
奏

甲子科鄉試駐防繙譯鄉試應請依限舉行疏會總督銜

奏爲廣東省甲子科文武鄉試並駐防繙譯鄉試應請依限舉行恭摺覆

奏仰祈

聖鑒事竊臣等接准禮部咨奏奉

諭旨飭查同治三年甲子科鄉試軍務省分能否依限舉行考官赴省有無繞道按照具題考官例限先期一月奏到其有駐防省分繙譯鄉試能否照例舉行亦於摺內聲明等因當經分別咨行查照去後茲據廣東布政使吳昌壽等詳稱廣東省軍務僅止肇慶土客一案

及零星小匪尚無礙於大局本年甲子科文武鄉試自
應依限舉行以隆作育而重賓興惟廣東至京驛路正
站向由江西湖北江南山東直隸各省行走前屆辛酉
壬戌兩科鄉試因安徽江西等省驛路梗阻經前撫臣
耆齡等
奏明正副考官改由河南湖北湖南等省繞道來粵嗣
於同治元年十一月及同治二年二月先後接准江西
安徽撫臣咨會江西安徽各州縣次第肅清所有粵東
遞京文報即經照舊由江西南贛正站行走各在案本
年正副考官來粵可否照依遞文驛路由江西安徽各

省行走抑應繞道河南湖北湖南等省之處應分咨各
省體察情形隨時知會考官查照其駐防繙譯鄉試已
准廣州將軍臣瑞麟等咨會將考試過廣州駐防繙譯
錄科人數試卷咨送禮部查核屆期題
派考官夾片請題等由臣等覆查無異除咨戸禮兵三
部查照並咨各省督撫查明驛路能否通行隨時知照
考官外所有廣東省同治三年甲子科文武鄉試並駐
防繙譯鄉試應請依限舉行緣由臣等謹合詞恭摺覆
奏伏乞
皇太后

皇上聖鑒謹

奏

確查史杰參款及陶昌培章昇耀財產片會總督銜

再臣等承准議政王軍機大臣密寄同治二年七月十

三日欽奉

上諭晏端書奏查明史杰被參各款並查鈔陶昌培章

昇耀財產各一摺自劉長佑調任直督所有查辦史杰

參款查鈔史杰陶昌培章昇耀財產均由晏端書辦理

其所封鈔財物與原參數目大相懸殊尤恐中多不實

不盡不免為人蒙蔽著毛鴻賓郭嵩燾於到粵後將史

杰被參各款再行按照原參逐一切實詳查務得確情

嚴行究辦其史杰陶昌培及章昇耀財產難免別有隱

頓並著該督撫再行訪查嚴密辦理具奏聞該省在籍
候選道馬逢亨即有爲陶昌培等寄頓情事未知是否
確實並即詳細訪查毋任藏匿毛鴻賓郭嵩燾均受國
厚恩優加委任諒不肯稍涉瞻徇代人受過亦無所用
其迴護晏端書原摺二件均著鈔給閱看等因欽此臣
等抵任後當即公同嚴密訪查切實根究一面密囑藩
臬兩司督同地方府縣廣諮博採確加查辦茲細覈案
卷證諸公論所有史杰原參謀缺包私得規把持各款
實在杳無確據亦無被人控案祇因平日辦事任才使
氣不避嫌怨並曾代埠商招募水客致滋物議其財產

先已消耗迨經查鈔之後更致一貧如洗不能自存臣
等覆加查察與晏端書查覆情形尙屬相符委無隱飾
史杰及其弟史績懋俱已奉
旨革職勒令回籍現復確查別無劣蹟應請毋庸再議
至陶昌培由廣西至廣東爲時未久所得貲財浪費之
餘本屬無幾經勞崇光拏問後又無親屬爲之照料浪
散在所不免委無寄頓情形章昇耀財產借款亦經全
行查封變繳銀四萬餘兩業據委員協同地方官逐細
追求出具並無隱漏切實印結在案茲奉
聖訓在籍候選道馬逢亭有爲陶昌培等寄頓情事亟

應飭提馬逢亭到案嚴切訊究方成信讞詎馬逢亭患病沈緜屢提未到旋據報於本年正月初二日病故訪查陶昌培章昇耀等皆以奢侈揮霍耗散過多一經覈實封鈔財物遂致與原參傳聞數目相去懸殊馬逢亭本以沙田致富曾經罰捐銀十二萬兩此次擬令其報捐京餉因未到案亦尚未有成議詳考其平日往來蹤蹟實與陶昌培等素不相識今陶昌培章昇耀均已正法馬逢亭又已病故其有無寄頓財產杳無的確證據實屬無從追問據藩司吳昌壽臬司李瀚章及署廣州府知府李福泰等密查稟覆衆論僉同此案迭奉

諭旨嚴切查辦臣等受
恩深重如查有不實不盡亟當公同舉發澈底究辦斷
不敢稍涉瞻徇誠如
聖明指示實亦無所用其迴護惟再四確加訪察委無
別項情弊亦不敢不據實直陳所有遵
旨查明緣由謹合詞附片覆
奏伏乞
聖鑒訓示謹
奏

官軍攻勦三山賊匪老巢生擒首逆現在搜捕餘匪以期淨絕根株疏會總督銜

奏爲官軍攻勦三山賊匪老巢生擒首逆現在搜捕餘匪以期淨絕根株恭摺由驛馳陳仰祈

聖鑒事竊廣東英德縣屬巨匪鄧二尺七等前乘石逆餘黨竄擾粵境糾眾竊發經臣等檄飭統帶楚勇福建臬司張運蘭移軍勦辦上年十二月初間攻破該匪三山外巢大獲勝仗於十二月二十四日由驛

奏報在案該匪鄧二尺七因被擊敗踞守英德縣屬之鶴嶺山中依山築壘樹立木城深挖濠溝密排槍礮山

前左右兩村皆傍山麓相爲犄角後路復有村莊數處互爲聲援形勢極爲險固張運蘭調齊五隊楚勇亦依山聯絡爲營並令署英德縣馮寶封署陽山縣王錫誥各帶隊勇分守東路之水浸洞西路之金雞坪以防奔竄十二月十三日黎明率領全隊分三路進兵總兵文恆久副將賀國楨由右路前進總兵易榮華葉明瑞等由左路前進該司自領中軍督同遊擊譚發律等繞出鶴嵤山後同時夾攻該匪率衆分途拒敵均被我軍擊敗生擒頭目孔二十等陣斬及滾崖落澗死者共約千餘人當將樓井大逕涌等處賊巢村落平燬我軍亦有

傷亡嗣是連日雨水不能進兵二十一日晴霽張運蘭
復率各隊徑進先將附近山麓之左右兩村攻破向逆
巢連撲數次俱爲槍礮所阻環攻三時之久賊巢內滚
石礮火紛紛雨下遊擊易永茂越濠拔柵斬守柵之賊
數人被礮子飛擊殞命把總劉明輝勇目鍾承天亦中
槍陣亡總兵文恆久被礮傷肩背該匪抵死拒守張運
蘭親督大隊斬馘悍賊百餘人鏖戰至夜方始收隊回
營張運蘭察看該山前面險峻難以仰攻惟山後徑路
坡陀稍易進攻隨於二十三四兩日派令各隊更番迭
戰先將山後賊村數處攻破即於山間開挖地道搬運

大礮偪近鄧逆老巢二十五夜勵兵秣馬預備火器於五更後帶領各隊直撲該逆堅巢越濠而進匪黨猝不及防被我軍噴筒火蛋射入柵內登時火起山中樹木叢雜四面皆然延及賊巢火光燭天我軍乘勢圍攻賊匪冒煙突火四路逃奔多被截殺餘皆扒山越嶺潛遁比及天曙賊巢已空查看燒死之賊約五六百人殺斃者亦數百人擒獲鄧亞喜李觀春等二十餘名逆首鄧二尺七率領悍賊百餘人奔往菱角塘之盧家村該處距三山鶴嶺約四十里素與鄧逆句結我軍探悉情形卽於二十六夜星馳前往將盧村圍住盡銳急攻隨將

村外賊壘攻破殲戮多名盧村之賊知勢難抵禦遂與鄧逆及其親黨數百人翻山宵遁潛匿菱角塘後一帶山洞二十七日我軍追躡至彼查看該處悉係深山窮谷險峻異常鄧二尺七等在蔣家山洞負嵎不下並於洞外隘口安置擡槍木石以圖抗拒張運蘭覓得鄉民馮聲鑾馮上秀等令作鄉導訪悉該處山洞屈曲通行約長數里遂令分兵於洞後出路堵截仍於前面偪攻我軍鼓譟登山總兵易榮華副將賀國楨奮勇先登軍士扒山越澗而前軍功葉光先中礮陣亡各哨隊憤恨之餘勇氣百倍悉力拒戰殺賊數十人至暮該匪退入

洞內我軍圍守達旦次早張運蘭令各勇多備柴薪火具塡塞洞口諸處舉火焚燒該匪被煙薰火灼而死者不計其數鄧二尺七攜其幼子鄧亞保及死黨鄧亞鳳等由洞後竄出伏兵齊起一併兜擒並據英德陽山二縣各擒獲逃賊鄧亞盤鄧亞通等數十名又賊目鄧亞廣一名經署陽山縣王錫諳督同練勇格殺總計先後殲擒各匪略盡此外尚有零星餘匪皆已遠颺張運蘭隨將生擒各犯於軍前正法首要各犯委員解省稟報前來明等查連陽一帶界連數省峻嶺危灘萬重險阻從前屢爲匪徒嘯聚多歷年所前撫臣耆齡攻勦藍山

案內鄧二尺七曾經投誠給與頂戴而恃險負固蓄逆愈堅環山數十村匪類推爲渠魁以劫掠爲生積年設兵駐防因山勢險阻未能深入剿洗去冬李復猷股匪竄突連陽一帶鄧二尺七乘勢僨起初猶以謂劫盜之雄可以掩而捕之及派兵進剿其巢穴險固巖洞幽深所有山內村莊及各要隘之區皆堅築牆壘藏伏槍礮層層周密大礮火藥穀米豬牛之屬逐村屯積其蓄謀之久搶掠之多亦可想見張運蘭以得勝之師乘勢急擣縋幽鑿險盡力圍攻受傷將士至三百餘人僅能克

此皆仰賴

聖主天威無遠弗屆遂使元惡授首逋寇盪平不至蔓
延爲害 臣 等現已飭提該首逆鄧二尺七賊目鄧亞鳳
來省督同司道審明卽行正法以彰
國憲而快人心鄧二尺七之子鄧亞保及鄧亞鳳之子
鄧亞生均年未及歲飭司審明照例緣坐另行咨部辦
理 臣 等仍飭張運蘭率領所部弁勇周歷各處實力搜
捕務將在逃餘匪悉數殲擒一面督同地方文武將善
後事宜妥爲籌畫辦理毋令匪徒再有潛聚句結以期
斷絕根株一勞永逸福建臬司張運蘭經 臣 等檄調來
粵先後勦辦李復猷鄧二尺七兩股巨匪親督各隊兵

勇於深山窮谷中轉鬭而前躬冒矢石不避艱險迭次出奇制勝陷陣摧堅遂使積年逋寇一旦盪平實屬勇略過人功績卓著該司職分較崇應如何獎勵之處臣等未敢擅擬伏候

皇上天恩給與獎敘以資鼓舞出自逾格

鴻施各將弁千里從征衝鋒冒鏑亦俱著有微勞記名

總兵文恆久葉明瑞易榮華劉光明均請

賞加提督銜副將賀國楨譚邦連均請以總兵記名

簡放遊擊譚發律請以參將升用其餘在事出力員弁兵勇容臣等擇尤另行奏懇

恩施以示鼓勵此次陣亡之參將銜兩江補用遊擊易永茂把總劉明輝及前次陣亡之守備熊萬隆仰懇天恩先行交部議恤其餘傷亡弁兵勇練人等彙冊咨部分別恤賞臣等謹合詞由驛馳陳伏乞

皇太后

皇上聖鑒訓示謹

奏

官軍追剿陽春客匪連戰大捷疏會總督銜

奏爲官軍追剿陽春客匪連戰大捷恭摺由驛馳陳仰

祈

聖鑒事竊廣東客匪屯聚肇慶府陽春縣屬之金堡企壢一帶句結髮賊四出滋擾偪近陽春縣城先經守備侯勉忠等堵剿獲勝因賊勢甚衆未能剋日殲除臣等

飛調署羅定協副將卓興由高州拔營赴援前經

奏明辦理在案該匪迭次撲犯陽春縣城均經守備侯勉忠會同地方文武官紳奮勇擊退先後將黃泥峽白木橋十二排坡潭水等處村莊收復嗣據署羅定協副

將卓興稟報由高郡移駐陽江縣屬之織簣地方復進紮雙捷墟河旁正月初四日該匪率領大股突往撲營漫山遍野由河東西分兩路擁至勢極洶涌卓興分部隊伍嚴陣以待欲俟其半渡擊之並於陸路分兵互相援應外委陳仕不遵號令先自帶勇渡河千總黃崇光止之不及亦相率競渡爲匪所乘不能抵禦遂致敗潰外委周忠海力戰捐軀並陣亡壯勇十九名千總許加晉身受重傷此外尚有被傷隊勇多名千總黃崇光隨督所部奮勇扼重堵截方得收隊卓興憤怒亟分兵兩隊往河西一路迎戰自率大隊由河東繼進吶喊而前

所向披靡該匪抵敵不住大敗奔逃我軍四面包鈔殲斃無算其渡河溺死者以千計追殺至二十里外屍橫遍野斬取首級二百顆內有偽營官二名搜出偽印二顆生擒十一名奪獲旗幟礮械馬匹多件卓興因外委陳仕不遵號令輕進取敗卽按軍法立斬以徇千總黃崇光雖亦違令擅進而能轉敗爲功尚有可原將該弁棍責摘頂以觀後效是日都司蔣朝剛督勇在金缸嶺一帶堵截陣斬賊目一名生擒二名追至樟木灣沿途斬戮及落水淹斃者甚多割取首級五顆耳記二隻並獲器械多件初六日該匪復分股由雙捷河西前來挑

戰另有悍賊數百名突近雙捷墟口卓興出隊擊之追殺數里慮有設伏收隊而囘該匪竄至地豆岡復被都司蔣朝剛截殺生擒賊目二名殲馘甚夥初七日匪首戴梓潰等親率大股竄至卓興分兵五路兜勦該匪面面受敵力不能支被我軍陣斬多名大敗奔北自相踐踏死者無數追至那旦地方將賊巢三座悉行攻破巢內輜重舉火焚燬救出龍溪寨被困難民萬餘口割取匪首二十七顆奪獲旗幟礮械多件卓興隨以半軍留守雙捷自領餘隊馳赴麻汕以遏賊匪竄撲陽江縣城之路適聞該逆攻撲遊擊雷秉剛都司蔣朝剛所紮牛

場沙中橋各營礮聲不絕相持甚急卓興即由甁汕出其後鈔擊該匪不虞此軍猝至不敢拒敵紛紛退竄雷秉剛等亦帶隊協勦初八九兩日連戰大捷殺賊數百名乘勝直追至塘角墟等處將該處匪巢攻燬斬獲匪首一百一顆生擒四名奪獲大旗擡槍等件外委莊富發奮勇當先手刃騎馬賊目二名割取首級旋中伏礮陣亡受傷壯勇十八名該匪連次挫衂勢已窮蹙奔回雞籠門金堡企𡼏等處卓興於初十日帶隊進抵陽春縣屬古良水口等情據各將備稟報前來臣等伏查客匪句結髮賊屯聚陽春據險負嵎歷時已久自信宜克

復後高州各處敗匪復以該處爲逋逃藪是以愈集愈
衆臣等前調卓興一軍專辦此股客匪以口糧欠放甚
鉅遷延多日至去年十一月內始能移營陽江縣屬之
織簣其時陽春告急匪勢方盛卓興按兵觀變伺隙而
動乘初四日一戰之威節次埽蕩使賊勢不至猖獗該
副將行軍素有紀律每次接仗謀勇兼資出之以鎮定
收斬不避軍令之外委陳仕尤爲近時將兵者所難及
現在剿辦陽春陽江客匪事宜應卽責成該副將一手
經理其駐防陽江之都司蔣朝剛一軍駐防陽春之守
備侯勉忠一軍應併歸該副將節制調遣以一事權俟

剿辦略有頭緒必將戴梓潰李四白面豬各匪搜除淨

盡再行察看情形遵照前

旨將各老弱良善之客民妥爲撫綏庶幾一勞永逸用

以仰慰

宸廑此次陣亡之潮州鎮左營外委五品藍翎周忠海

潮州鎮中營外委藍翎儘先千總莊富發臨陣捐軀殊

堪憫惻懇請

敕部從優議䘏以慰忠魂其餘傷亡弁兵壯勇容俟確

查另行彙案咨部覈辦所有剿辦陽春客匪迭獲大勝

情形臣等謹合詞恭摺由驛馳陳伏乞

皇太后

皇上聖鑒訓示謹

奏

據實舉劾以肅官方而蘇民氣疏會總督銜

奏爲據實舉劾以肅官方而蘇民氣恭摺仰祈

聖鑒事竊查廣東吏治不修積時已久民情之扞格盜賊之横行幾幾爲意想所不能測自古世治則正氣必昌世亂則戾氣先積在官爲紀綱法度在民爲風俗人心皆可以察其陰陽消長之機以知治亂之本廣東戾氣之充塞正氣之微茫至今日而已極官民之氣不交而吏加之錮蔽義利之分不辨而益獎其貪鄙人第知民俗之頑梗視他省爲强而不知民情之鬱結亦視他省爲甚不及此時勤求吏治疏通民氣萬無可以支持之

理臣等博採輿論細心體察考求貪廉之實蹟以明勸懲之微權期使宦途之趨向日端庶可漸次破除積習力挽頹風查有虎門同知補用知府吳賁誠廉靜精詳需次多年於廣東氣習毫無沾染所至皆有遺愛署龍川縣知縣准補饒平縣知縣鄭夢玉清操實政勤幹練達在龍川辦理老隆積匪一清積年行旅之患鄰縣紳民同聲歌誦無異辭署東莞縣知縣候補同知吳經采砥節礪行志趣甚遠在東莞清釐積案裁革陋規事事講求本原足以挽回風氣卸署連山廳綏猺同知候補同知韓鳳翔廉惠慈祥在連山七年民猺愛戴匪徒斂

戢循循知老書生而遇事推求具有定識定力以上四
員才品兼優吳贊誠應請
飭交軍機處記名遇有廣東知府缺出請
旨簡放鄭夢玉吳經采韓鳳翔均請以同知直隸州儘
先題補又連州直隸州知州嚴先佑穩實老練整頓地
方風俗堅强耐勞署澄海縣知縣題補番禺縣知縣孔
昭淶才優守潔練達有爲鎮平縣知縣調補順德縣知
縣龐掌運靜鎮安詳能使民服其敎匪類爲之斂迹署
羅定州知州准補長樂縣知縣周士俊遇事細心講求
歷署縣事皆有循聲署清遠縣知縣准補新興縣知縣

李文烜悃愊無華潔清自好准補增城縣知縣劉光遠
素著清名一塵不染李文烜前署澄邁縣劉光遠前署
文昌縣據地方紳士言海南數十年清廉之官無及此
二員者以上六員或辦事勤能或廉名特著嚴先佑應
請以知府儘先升補孔昭淶龐掌運周士俊李文烜劉
光遠均請以同知直隸州升補再查有署雷州府知府
朱德澄性情乖張不勝表率候補歸善縣知縣定啟縱
容家丁昏庸貪鄙准補興甯縣知縣郭溶趨向不端難
膺民社候補知縣伍中翰行止卑污有玷官箴以上四
員應請即行革職又候補同知甘槐私累太重難期有

守候補知縣方鑑源年力衰邁才具平常以上二員應
請勒令原品休致所有應舉應劾各員經臣等與藩臬
兩司核實訪察聞見相同不敢不據實陳
奏以期稍裨官方疏通民氣仰副
皇上勤求吏治之至意是否有當伏乞
皇太后
皇上聖鑒訓示施行謹
奏

請獎擢拏獲巨盜之都司守備片會總督銜

再廣東刦盜肆行無忌其著名大頭目黨羽或聯數府縣交通句結盤踞甚深臣等濫任之初訪知東莞縣屬大塱墟盜魁葉烏欖頭黨羽甚多大爲民害當密劄營縣設法拏辦未數日而附城西縈巷時昌銀店被刦拏獲首犯陳亞積李亞松等多名又數日而城內清風橋廣裕銀店被刦拏獲首犯吳亞先葉華仔等多名臣等以會垣刦案一歲中至三四次之多必有著名積匪潛伏句通窩加考覈廉知兩案均葉烏欖頭爲首蓋廣東大弊在本地土音不能通知每遇刦案巨盜差役自度

不能捕獲即先隱其名是以盜首愈縱而愈横盜民亦因之愈熾葉烏欖頭一犯經劄營縣訪拏之後竟敢潛匿省城連次行劫而仍無舉其名者劫盜之横行紀綱法度之廢弛均可想見因查署廣州協中軍都司題補三江口協中軍都司保應熊補用守備廣州城守營千總鄧安邦緝捕素稱勤能即經密飭嚴拏葉烏欖頭務獲到案並語以獲犯優保否即參辦該二員往來奔馳經營數月節次招集練勇設法購綫自去年十一月至今始將葉烏欖頭拏獲當於會訊後恭請

王命先行正法以昭炯戒其餘要犯除吳亞先葉華仔

等外續經拏獲哨牙仔沙樓全請亞保何亞通陳亞名龍亞江黃亞安周華支何九仔等多名正法省城街道略爲之肅清數月未犯刼案似此積年巨患設法捕除人心稱快而該二員於奉委後並先後拏獲別案疊次行劫要犯李亞會劉亞坤劉亞妹梁亞禮黃志三賴亞旺梁亞堅樊亞金樊亞祖樊綿羊蘇樊運通周亞富黃亞作李幹等至十四名之多皆係著名巨盜洵屬緝捕認眞奮勉出力與尋常巡緝盡職者實有不同合無籲

懇

皇上天恩破格獎擢都司保應熊應請以遊擊儘先補

用候補守備鄧安邦咸豐五年克復和平縣案內經提

臣崑壽擬保都司賞換花翎訖未出奏應仍請以都司

升用

賞換花翎臣等爲整飭捕務起見可否

飭部照准之處出自

皇上逾格鴻施謹會同提臣崑壽附片陳奏伏乞

聖鑒謹

奏

請　獎拏獲鄰境要犯人員片會總督銜

再署南海縣知縣候補同知羅瀚隆居官廉謹素有聲譽此次拏獲東莞盜犯葉烏欖頭等多名該署縣懸賞購綫籌給經費出力爲多又代理化州知州試用知縣張欽泰前於接剿信宜餘匪壘次稟報情形遇事敢爲具有條理嗣石城縣正豐店被劫案內該代牧拏獲要犯方亘周點謝亞初吳强郭亞意鍾效妹陳滿等七名解歸石城縣併案辦理當以該員辦事認眞密札高州府知府蔣超伯就近查詢其官聲據該府稟稱信宜股匪竄擾州屬寶墟時該代牧保守州城獨力經營後信

宜周坑股匪滋擾該代牧復能派勇三百名赴信宜助
勦其勇糧經費一由局紳勸捐經理絲毫不染操守亦
見清潔以上二員可否援照拏獲鄰境要犯之例均請
加恩以本班儘先補用出自
皇上天恩其張欽泰化州守城接仗勞績仍應彙附信
宜保案另獎以昭激勸謹附片陳
奏伏祈
聖鑒謹
奏

保獎獲盜人員懇酌量變通並陳廣東治盜情由片會總督銜

再臣等於同治二年十二月十一日接准部咨同治二年九月初六日内閣奉

上諭駱秉章奏請將獲盜人員仍復送部引見舊例等語向例獲盜人員俱係交部分別議敘即所獲盜犯較多亦止於送部引見自咸豐五年部議章程凡獲盜人員有拏獲斬梟斬決一案六名以上或兩案三案每案均在三名以上者勿庸分案議敘俱准督撫核實保奏給予應升官階免其送部引見原以四方多故盜賊橫

行獎勵不妨稍優庶緝捕可收實效乃自此例一開獲盜請獎之案層見疊出其認眞緝捕者固不乏人而詐僞日滋或竟徇親友之請託以盜犯相贈遺在予之者以首先獲盜讓人邀功而自居協獲仍免處分在受之者毫無勞績優獎倖邀似此貪緣爲奸巧於干進殊於吏治有礙嗣後獲盜人員仍照舊例送部引見其由督撫指定官階專摺保奏章程著卽停止以杜倖進而重名器欽此仰見

皇上循名核實愼守舊章之至意臣等前劄飭都司保應熊守備鄧安邦緝拏要犯葉烏欖頭尙在未奉部文

之前廣東節次辦理軍務臨時應許給與獎敘事後於
應獎各員遺漏常多人皆以在官之言無足憑信臣等
方謀力矯其弊又親見保應熊等經營賠墊多獲巨犯
與尋常緝捕情形有別不敢不據實
奏懇
恩施以稍資鼓勵抑臣等更有請者
國家立法獎能懲奸而已權衡緩急輕重之宜考求虛
實情僞之辨責在督撫督撫喜夤緣何途不可巧進督
撫重名器何事可以倖邀咸豐五年部議獲盜給與優
獎章程專爲整飭捕務起見亦以軍興以來保獎人員

百倍平時而寇亂之興其原多起於劫盜得一捕盜之員吏亦足以稍遏亂萌若但令送部引見徒使奔走煩費無益於升階在平時循資濡滯得之自以爲榮在此時保案紛繁得之反以爲苦恐并獲盜議敘一節亦成虛文值此寇亂方張之日吝一階之賞阻人以可圖之功是直視此時捕盜反輕於平時也駱秉章所奏或四川有此弊端欲以槪之天下 臣愚以爲尋常盜案雖至斬梟斬決原可無庸保奬至或舉發巨案或拏獲著名大盜核其勞績幾與戰功無異似仍應酌量給予優奬俾有所激勸應請

旨敕下部臣另議具奏略與變通於捕務不無裨益臣
等又見鈔報戶科給事中王憲成奏刑部纂修條例有
應行參酌者四條其第一條辦理盜犯新章宜稍加區
別等語臣等查刑部賊盜原律凡得贓者不分首從皆
斬敬繹律文豈不知情節各有重輕而斷以一語以防
治刑者之意爲高下亦緣賊盜糾衆行劫罪本無可逭
也雍正五年九卿定議分別法所難宥情有可原纂入
例冊乾隆二十六年復經刑部議夥盜轉糾黨羽俱擬
斬決不得以情有可原聲請其時海宇綏和法令修明
朝廷仁政得以下究而固不肯稍寬有罪以示有所姑

息
列聖之心先後同符竊見近數十年州縣辦案不惜磨
難平民而憚於懲辦匪類遇有盜案設法解脫遂使無
形之中善氣日益消磨惡氣日益增長以釀成今日盜
賊之患
文宗顯皇帝知其流弊於辦理劫案一依本律問擬胡
林翼巡撫湖北張亮基駱秉章先後巡撫湖南皆以懲
辦盜賊匪類振興百姓之氣而各州縣狃於積習反覆
沈錮避重就輕改盜爲竊仍所不免至於廣東盜風之
盛尤非各省情形可比臣等檢查案卷比較情實嘗以

爲疑迨經採訪民情始畧知其梗概蓋廣東民氣素强嗜利輕生乃其本性盜賊之多百倍他省州縣防劫盜處分先於報案時勒令改輕情節又遞呈有費行票有費勘案有費百計困苦之而贓犯終無一獲愚民苦需索之擾相率容忍不敢報案其力能具控者或因捕獲一犯牽引數案勉强成讞以圖寬免處分積之久而著名大盜皆能自脫於法於是差役可以庇盜矣紳士可以豢盜矣互相句結悍無顧忌猶恃律文不分首從皆斬一語非捕獲夥黨數人不能了案若如王憲成所奏除首盜一二名外其餘夥黨皆屬可原將益開州縣自

便之門以成差役縱盜之計且查廣東劫盜傷斃人命者十九其不致斃命者十一緣凡爲盜者人各挾一洋槍藏一順刀事主畏伏藏匿方能幸免於死臣等檢閱各州縣詳報盜案於傷斃人命一節必稱事主尾追被落後一賊拒捕斃命是卽傷斃事主重情亦不過歸併爲首一二人含胡問抵新章如此從嚴州縣猶不盡遵照若再加輕減是未經傷斃人命雖懷殺人之具嚇禁强奪皆可援照迫於飢寒得財而未傷人概邀寬典鼠偸狗竊可云迫於飢寒夥衆行劫殺人放火以爲飢寒所迫可乎又接贓與接贓把風爲事不同爲盜一也如

葉烏欖頭連劫省垣重地所供要犯十餘人未經拏獲者僅連亞幅葉成濟葉幅三犯而供稱連亞幅亦係盜魁極有勇力每次劫案派令把風是把風接贓有時罪吏浮於接贓必欲以

國家寬大之恩施之盜賊竊以爲非宜臣等每次會訊盜案於爲首要犯反覆研訊時不免懷疑故常以爲加恩盜賊莫如加恩承緝盜賊之文武官吏使之不爲處分所累有餘力以求眞盜若復於刑部原律加人情有可原一條是盜賊殺人官吏莫之能禁官吏殺盜賊例文反能禁之以此行之休養無事之時則可以此行之

今日則不可以此行之他省猶可以此行之廣東則大不可是以今日治盜有從嚴無從寬有速斷無久稽非直寇亂方急宜求禁暴之方醞釀太深尤爲救弊之術亦律文本意固如是也又賊盜與被脅從逆之犯情形實有不同被脅從逆者罪重而情實可矜盜賊行刼誰從脅制之非負性兇强何至懷刃肆行搶掠廣西之逆匪河南之捻匪無一不起於盜賊故盜賊匪類同科而必不可與被脅者同科但顧矜恤盜賊則愚民百姓之氣益將鬱而不申 臣 等實不忍

文宗顯皇帝除暴救時之心又誤於書生之見致辦理

名所滞礙不敢不竭其狂愚先事具陳籲懇
皇上天恩並將臣等摺片交刑部核議或亦不無萬一
之裨以上二條皆於廣東治盜情由尤有關繫謹附片
縷陳伏乞
聖鑒謹
奏

籌辦邊防先淸內匪片會總督銜

再花旂股匪林正揚由廣德州竄擾江西兼及閩境探聞汀州之甯化甯都之石城皆有賊蹤廣東此時邊防又以嘉應州爲急臣等前飭福建臬司張運蘭一軍移紮南雄防堵贛甯一路署三江協副將方耀一軍移紮嘉應防堵甯都汀漳各路通計嘉應州屬之鎭平與上杭交界迤東至潮州之大埔州屬之平遠與江西長甯交界迤西至惠州之連平計程六七百里皆并匯於東江爲東路邊防方耀一軍勢難分布因令潮州鎭總兵翟國彥挑選本標精兵數百名馳防大埔惠州協副將

施溥挑選本標及提標精兵一千四百名分防嘉應又飭虎門同知補用知府吳賛誠督同紳士廣西候補知府張其翰福建沙縣知縣楊元勳等辦理沿邊團練現在江浙各府縣漸次肅清賊之流毒必及廣東而其大患尤不在外寇之攔入而在內匪之潛藏此股花旂賊匪皆籍隸惠州嘉應在在可以句結咸豐四年紅匪之亂三十餘縣姦民一時蠭起賴省庫充盈軍餉易於籌措得收戡定之效其後搜捕餘匪近省各縣辦理至數萬人而惠潮嘉各屬終以兵力不及未能懲辦各處匪鄉建造礮樓圍牆村村相望恃强爭勝此時清釐吏治

設法消弭尚可不至無故蠢動若縣有外匪攔入內地
伏匪乘機響應又當山窮水盡羅掘四空之時必致瞻
顧旁皇智勇俱困查嘉應一帶民氣强悍張其翰楊元
勳等又經屢次辦團接仗爲地方所信服應及此時鼓
厲紳民免致盡流爲盜賊亦使各路兵勇聲氣聯絡總
期遏賊於境外不令深入搆禍邊防庶稍有可恃謹將
辦理防勦緣由略陳梗概伏乞
聖鑒謹
奏

查明廣東咸豐九年以前各州縣民欠地丁錢糧本折米各數目疏會總督銜

奏爲遵

旨查明廣東省咸豐九年以前各州縣民欠地丁錢糧本折米各數目開列簡明清單恭摺具

奏仰祈

聖鑒事竊照同治元年三月十三日接准户部咨議覆

御史朱夢元奏請蠲免各省歷年積欠錢糧一摺擬遵

照道光十五年

恩詔豁免十年以前民欠道光二十五年

恩詔豁免二十年以前民欠成案所有各該省民欠咸豐九年以前錢糧凡已題報奏銷到部者督飭司員將各年實在民欠案册查明一面行文各該督撫將各該年應徵錢糧實在未完若干並緩征若干據實具奏並造具細册送部以憑將實在民欠概行豁免其現在有軍務省分九年以前民欠地丁錢糧奏銷到部未齊者

應請

皇上特沛恩綸一概准予豁免仍令各該督撫先將完善各州縣歷年應征錢糧某年已完過若干實在民欠未完若干查明具奏並造册報部其餘未收復地方一

俟克復後亦即詳查造報以憑奏請豁免如此分別核
辦庶幾事有實濟
恩不虛施等因同治元年二月初七日具奏本日議政
王軍機大臣奉
旨依議欽此又准戶部咨議覆河南巡撫鄭元善直隸
總督文煜等奏民欠漕項雜税等項一律豁免一摺同
治元年六月十八日具奏本日議政王軍機大臣奉
上諭戶部奏遵議直隸河南民欠漕項請予豁免一摺
直隸河南省咸豐九年以前民欠漕糧雜項前經文煜
鄭元善先後奏請豁免當交戶部議奏茲據奏稱核與

辦過成案相符所有咸豐九年以前直隸等省民欠出
借倉糧籽種口糧牛具漕項葦課學租雜稅等項准其
隨同錢糧一律豁免即著文煜鄭元善查明實在民欠
之項查照辦理毋任稍有弊混其因災緩征九年以前
漕糧並民欠未完常漕倉穀著一併豁免以紓民力該
督撫即刊刻謄黃徧行曉諭務使實惠均沾毋任吏胥
舞弊用副朝廷軫念民依至意餘依議欽此當經前督
撫臣先後飭行藩司確查民欠實數一面敬謹謄黃先
行頒發各屬徧行曉諭務使城鄉窮僻壤無不周知以杜
影射侵欺之弊嗣據各屬陸續開造民欠清冊到省經

前司道查核舛錯甚多恐有揑混情弊移行該管各道
府州弔查所屬徵收紅簿覆核更正加結轉詳旋因賊
踞信宜分擾鄰邑各屬力籌防剿支應兵差土客擾害
之區各地方官彈壓撫綏亦復刻無暇晷以致年餘之
久應造冊檔不及次第清釐迨臣等抵任適值廣海信
宜克復當即嚴飭各屬赶緊查報以期早日推廣
皇仁惟是自前屆奉
旨豁免道光二十九年前民欠以來時越十年款目紛
繁查辦句稽急切本難清理而實欠在民與徵存在官
尤不容稍涉含胡經臣郭嵩燾於上年十二月間將飭

催查辦緣由附片奏
聞在案茲據藩司吳昌壽督糧道郭祥瑞催據各道府州將所屬各州縣歷年民欠銀米實數查明開列詳報前來臣等覆查粵東省額徵正雜錢糧並無漕項葦課名目近年亦未出借倉糧籽種口糧牛具其雜稅年清年款向無民欠學租由紳衿捐置爲貧生燈油之資與別省學租不同向不歸案請豁計應查辦者止有地丁本折米石兩項茲查得自道光三十年起至咸豐九年止民欠及緩徵未完地丁備支正銀九十八萬三千五百一十五兩零耗羨銀一十六萬六千二百一十四兩

零又未完本折米一十六萬八千七百九十六石零耗
米二萬七千七石零以上未完民欠地丁備支正耗銀
兩及本折正耗米石委係實欠在民及緩徵未完之項
飭據各該道府弔查所屬紅簿纖悉相符並無將完作
欠情弊由藩司糧道核明造冊詳繳到臣臣等覆核無
異除飭司道嚴催各州縣將未經奉文以前徵存地丁
正耗銀兩本折正耗米石迅卽追提找支各營積欠餉
糈其請豁無徵不敷折支之數亦飭另行籌辦分別造
報並將藩司糧道造繳歷年民欠地丁備支正耗銀兩
暨本折正耗米石原冊咨部一面另繕清單咨送軍機

處備查外臣等謹合詞恭摺具
奏並繕簡明清單敬呈
御覽伏乞
皇太后
皇上聖鑒敕部核覆施行謹
奏

官軍追勦客匪髮賊迭獲全勝生擒賊首餘匪竄散現
飭委員察看情形分別辦理疏會總督銜
奏爲官軍追勦客匪髮賊迭獲全勝生擒賊首餘匪竄
散現飭委員察看情形分別辦理恭摺由驛馳陳仰祈
聖鑒事竊粤東客匪句結髮賊屯聚陽春縣屬之金堡
企勘等處正月初旬署羅定協副將卓興等各軍進勦
連戰大捷經臣等於正月二十八日會摺
奏報在案卓興自移紮陽春縣屬古頁水口之後探悉
該匪分竄陽江縣屬那旦地方隨督率所部跟蹤追躡
正月十三日卓興會商署陽江縣徐寶符與都司蔣朝

剛等及紳士前任山東青州府知府譚伯筠帶領兵勇由河邊右路進攻該副將分撥隊勇由龍溪堡左路夾擊自率大隊居中調度匪衆左右衝突被我軍層層包裹陣斬五百餘名割取首級十顆奪獲旗幟多件正酣戰間風雨交作槍礮難施該匪乘間兔脫次日午後復大股蜂擁而來卓興會合陽江官軍暨署陽春縣吳璇在籍刑部候補主事劉承鼒等各練勇奮力迎擊該匪見我軍勢猛不敢拒敵扒山越嶺逃回金堡等處老巢嗣是連日大雨不能進兵至望後稍霽卓興隨與春江二縣官紳馳往雞籠門相機進剿賊匪於金堡企嶺雞

籠門一帶內踞瓦屋外搭篷寮數十里內碁布星羅塡滿山谷十七夜卓興遣人潛往金堡用火箭射入賊巢登時火發匪衆不及提防踉蹌撲救並分黨拒敵被我軍擊殺多名十九夜復往雞籠門如前縱火並預撥各隊分向金堡企𡾟水陸夾攻首尾相應該匪黄夜慌亂被我軍破柵直入譁然驚潰自相踐踏斬馘甚多金堡企𡾟兩處隊勇亦各乘勝進攻該匪膽落心寒不能復成隊股四散奔突且戰且走各匪巢同時火起到處皆然我軍勇氣百倍直至天曉所殺不可勝計當將雞籠門金堡企𡾟收復賊匪遂由潭水坡仔一帶奔竄卓興

亦進紮潭水因天雨連綿路途泥淖休息士卒二月初五日匪黨漫山遍野前來撲營卓興與各練勇分作三路禦之該匪佈陣拒敵先與中路接仗賊目數人手執大旗率隊向前勢甚兇猛我軍施放槍礮無不應聲而倒餘眾披靡大敗奔逃其左右兩隊亦同時敗潰被我軍合圍包鈔殲斃不下千人追殺二十餘里至白馬徑一路屍橫遍野我軍直趕渡河始行收隊計斬獲首級二百餘顆生擒十名奪獲大旗擡槍洋槍多件匪黨有分竄鳳南白馬新墟者又被守備侯勉忠等沿途追殺多名該匪隨在陽江三甲雙窖等處山險屯聚初七日

卓興由潭水進攻三甲至荆山徑口該匪一路密釘竹籤以阻官軍進攻之路卓興揮軍拔釘前進直至三甲雞頭塘與該匪柵壘相近卓興督率各軍鼓勇而進槍礮齊施該匪紛紛四散登將三甲墟收復餘匪向新樓西岸山坪竄去復經侯勉忠由龍垌小路繞道截擊生擒僞先鋒馮新養等五名初八九等日復連攻新樓西岸各處匪巢陣斬僞帥尉黃煥新一名將賊巢悉行焚燬該匪由黃潼河一路竄往東安縣屬之風洞長沙及信宜縣屬之分水錢排等處卓興訪聞匪首曾白面豬潛匿陽春縣屬之上村親督大隊前往圍捕郎將該首

原書闕

徘徊心懷疑懼一二不逞之徒亦復時相煽誘雖經屢
飭地方官並加派道員會同設法鎮撫而清還占產解
釋積仇一切尚費周章設使此substituting客匪相與句串聯合
恐又成屯踞蔓延之勢臣等疊咨廣西撫臣並分飭東
西連界各文武一體堵截搜捕復札飭侯勉忠等軍繞
出信宜迎頭截擊現據稟報該匪因不得西竄又折回
東安之富霖峒新甯之天黨墟爲苟延殘喘之計當檄
飭卓興一軍駐紮陽春以防回竄仍令相機進勦懾以
兵威一面派委候補知府史樸攜帶告示馳往剴切曉
諭乘其流離顛沛創鉅痛深之餘易於感動期使服罪

畏威如將土匪戴潰梓等綑送大營卽當會同地方官將現存丁口開造淸冊體察各該縣情形設法安置庶幾一勞永逸用以奠民命而廣
皇仁除俟辦理能否確有把握再行馳報外所有勦辦陽春陽江出力各員弁紳勇人等著有微勞可否由臣等擇尤酌保以示鼓勵出自
天恩先後傷亡各兵勇飭行確查彙案咨部賞卹是否有當臣等謹合詞恭摺馳陳伏乞
皇太后
皇上聖鑒訓示謹

奏

肇慶土客一案卓興陽持勦客之義而陰與之比督轅一意私徇卓興交相爲利而已此等奏案把筆欷歔督轅輒多加鋪張之詞能無感喟

花旗股匪有回竄粵東之意張運蘭暫難赴閩片會總督銜

再臣接據探報金陵逆賊僞侍王李世賢分大股上竄其前隊廣東花旗股匪已由浙境繞越江西之廣豐玉山漸及撫州建昌地界擒獲賊探供稱該逆有回竄粵東之意臣查咸豐六年廣東紅匪大股竄擾吉安袁臨數十萬人會石逆達開至臨江句降其眾另編花旗股匪本在廣東肆擾多年之眾其黨羽散歸者亦數萬人時虞蠢動前聞侍輔諸逆有由福建江西回竄廣東之說臣等度該匪乘間上竄爲浙蘇皖三軍日加偪臨其勢已極窮蹙糧道亦漸憂斷絕分股肆擾出險求生亦

足掣動官軍進規杭湖之勢以大勢論之江楚當防其竄擾未必遽及廣東及聞侍逆大隊爲浙師所截獨花旗及沛逆一股裹糧疾馳先期竄入江境是此股賊匪本無定向又非若侍輔諸逆與金陵有相維繫之心其回竄廣東句結黨羽以圖一逞亦情勢所應有粵東伏莽遍地皆是前此李復猷一犯邊界卽有鄧二尺七起而應之一經句結必至蔓延尤不可不早爲之備現在兵勇惟卓興一軍屢立戰功而至今尙爲客匪所牽難於撥調其足備堵剿之用者僅有張運蘭所部之湘勇三千人臣等現已檄飭張運蘭移紮南雄州探明賊蹤

緩急情形相機辦理兼顧韶南一帶邊防如賊已占踞城邑則當越境助勦以期聚殲此股不使滋蔓若第伺閉狂奔勢成流寇則且穩守門戶以免歧出之虞而蹈尾追之失惟張運蘭一軍勦辦三山鶴背後陽山英德翁源乳源各縣紛紛稟請撥兵搜捕積匪張運蘭移紮青蓮墟安立老營自率三旗馳抵英德之石街專辦馮九指一股其菱角塘蔣家洞墩口鄉各處方謀次第勦辦一經調赴南雄恐各匪乘勢嘯聚反致滋生事端復飭四川候補知府劉德謙管帶信字營移紮樂昌以資鎮壓仍飭添募楚勇三千人期與張運蘭一軍相為犄

角以厚其勢亦可分撥搜勦各處伏匪其嘉應州一路毗連福建江西兩省道路分歧擬飭署三江口協副將方耀挑選所部潮勇三千名駐紮鎮平兼顧平遠大埔邊防其餘不甚得力者即飭遣散回籍以節糜費正在籌畫間接准浙閩總督臣左宗棠來咨飭令張運蘭挑選所部二三千人馳赴福建臬司本任臣查福建屢經賊擾終不得一逞其山嶺重疊俗悍民貧野無所掠賊亦不願屯踞即據左宗棠來咨稱獲賊探均有回竄粵東之語閩境即被賊擾亦不過藉境以趨廣東無及此時舍粵趨閩之理福建當先調集諸軍截其入境之路

亦不宜遠待此軍取道江西又成跟蹤追擊之勢左宗
棠謂臣因高州蕆事機止張運蘭一軍自尙未悉臣前
後辦理情形竊計江西與皖浙毘連軍事緩急聲氣猶
足以相通廣東現存各軍均未經當大敵誠恐該逆攔
入邊境江皖各軍勢不足以相及是以張運蘭一軍此
時萬不可輕離粵境如探明撫建一帶縣城或爲該逆
屯踞抗拒官兵可以會圍環攻杜其四竄一舉蕩平仍
當飭令張運蘭酌量會剿顧全大局亦斷不敢私此一
軍以專爲自顧之計是否有當謹附片馳陳伏乞
皇太后

皇上聖鑒謹

奏

粤東募勇苦無把握應仍行添募楚勇片曾總督銜

再粤東軍務積弊太深驟難振作綜其大要約有數端一曰募勇全無限制召募之始從無點驗編立營哨或由數百人添募至數千均據一稟爲憑一營積欠口糧多至數十萬無能言其端委者虛浮冒濫視同兒戲莫知其非其弊一也一曰召募但顧虛名湖南之鎮筸勇廣東之潮州勇均號稱強悍湖南守城一次見鎮筸勇之剽掠不服約束解圍後即行遣散嗣是湖南勇攻剿徧天下從未一開募鎮筸營廣東潮州及廣州屬之東莞其民皆剽悍輕生習爲劫盜歷來募勇專意潮州東

莞散而爲賊收而爲勇更迭乘除不知鑒戒其弊二也一曰招降太無章程每次股匪滋事阻山負險經年累歲抗拒官軍竭盡兵力辦理稍有端倪輒以約降了事始而投誠免罪繼而怙眾邀恩多或數千少或數百錄其渠魁使爲營將相率以舉兵稱逆爲進身之階湖南管帶營勇者十九皆儒生廣東管帶營勇者十九皆降將既非約束整齊之師紀綱法度亦因以不能復振其弊三也一曰將弁無所取法帶勇各員多擁重貲視爲罔利之具勇糧任意折扣亦不禁其剽掠卓輿一軍紀律較嚴亦尚穩實能戰臣等涖任後發給高州大餉一

二次外每月仍按解其軍餉銀二萬而猶以餉糈不足不受調遣固由薄視諸將恃己傲物致近於驕蹇實亦潮勇之難於駕馭藉口持其短長故當從前繁盛之時優賞浪費各將弁歆於厚利尚可資其一戰餉糈愈絀則督率愈難其弊四也臣等亦知就地擇才係屬正辦廣東民俗强悍尤易鼓舞其鋭氣以利攻勦而旁皇四顧無可恃之將無可信之勇使能驟籌餉銀數百萬盡數散遣舊勇按照楚軍營制編立哨隊約束訓練從新整飭未嘗不可一新壁壘使成節制之師而舊欠既多營勇尤雜張皇補苴因簡就陋日思漸次籌餉一批即

撤遣一營而力猶苦不給仍用其舊則當大敵而必不能支另招新勇則求良將而苦無可試且此間充當勇目者多與各股賊匪聲息相通官軍勝則設法約降賊匪勝則潛謀從逆本難恃以自衛而此股紅匪黨羽衆多尤恐句結貽害臣等初聞江西警信卽謀調撥張運蘭一軍越境迎剿而環邊千餘里無可應調之軍驟有緩急將至束手無策故不能不飭劉德謙添募一軍以資調遣急則備本省攻戰之需緩則爲分軍越剿之舉雖不免稍有煩費而審度事勢之宜通籌數省之局有不能不出於此者所有粵東現在募勇苦無把握應仍

行添募楚勇緣由謹附片密陳伏乞

聖鑒謹

奏

欽奉　寄諭謹將前後擬辦情形縷晰密陳疏

奏爲欽奉

寄諭謹將前後擬辦情形縷晰密陳仰祈

聖鑒事竊臣等於本年正月十四日承准議政王軍機

大臣字寄同治二年十二月十四日奉

上諭羅惇衍奏劣紳句通外國勒還巨款請收回印票

以杜後患一摺據稱已故布政使銜候選道伍崇曜捐

輸銀三十二萬兩諉與咪國要在粤海關索本息銀四

十七萬餘兩今該紳已於十月二十四日病歿恐海關

原給印票一落於咪夷之手則持據來索又費脣舌且

釀事端請令兩廣總督察看妥辦等語廣東紳士伍崇曜前代籌銀三十二萬兩據云借自咪國並需息銀十五萬兩前經晏端書奏請由粤海關稅項下陸續給還當經總理各國事務衙門戶部議由廣東現任督撫飭令伍崇曜先行倡捐並於通省商富內勸令一體捐輸歸款業經有旨允准兹據該尚書稱伍崇曜身故恐海關印票一落外國之手諸費唇舌所籌不爲無見此項銀兩無論借自何人總以速行歸款爲妥著毛鴻賓郭嵩燾毓清查前項銀兩曾否勸捐歸補陸續清還現在尚欠若干能否令伍崇曜子弟自行籌補若干其不敷

者官爲勸捐請結惟海關印票總以先行收回爲最要
之著免致咪國執持原券致多饒舌該督等務須妥速
籌商預弭後患是爲至要原摺著鈔給閱看將此諭令
知之欽此仰見
聖主於思患預防之中寓寬大不苛之意準情察事仁
至義盡臣等遵查故紳伍崇曜號稱巨富咸豐六年前
督臣黃宗漢勸派捐輸託稱籌借銀三十二萬兩約明
六釐行息半年爲期指在海關稅項下撥給抵還給與
海關印票其時並未有借自咪夷之說迨同治元年十
一月始據咪國領事裨理以該國旗昌行出名申陳追

討經前督臣晏端書奏明自同治二年八月起按月由
海關扣還以未奉准部文尚未起扣臣等涖任之初體
察情形知爲該紳託辭卽經據事指斥中國借貸洋商
銀兩約期歸還不能稍逾時刻豈有約期半歲而遲至
六年尚能支展之理且黃宗漢借之伍氏應黃宗漢歸
還伍崇曜轉借之洋商應伍崇曜歸還各還各欠兩不
相蒙黃宗漢辦事乖謬貽累至今無可解說然當時伍
崇曜自云借貸黃宗漢自云勸捐伍氏避報捐之名黃
宗漢收勸捐之利卽使黃宗漢尚在廣東亦必不能籌
款歸還何況事隔數任時逾數稔又當艱難竭蹷之時

伍氏家貲雖不及從前較之官庫猶爲充裕自應仍由
該紳設法清理適會該紳病故伍氏子弟無曉事者以
致延擱嗣奉准戶部議駁卽飭廣州府李福泰諭知伍
氏令以伍崇曜遺言報捐上紓
朝廷之隱慮下順本省之人情當爲籲懇
恩施從優奬敘一時亦尙未能定議荷蒙
諭旨垂詢臣等於此區區不能開諭理處仰慰
聖廑倍增愧悚敬繹
諭旨有礙難宣示者數端不敢不爲
皇上陳之伍崇曜託名咪商僅據該領事申陳既經奏

請按限扣還因部文駁斥亦並未索追臣等所據爲辭者印票交伍氏收存伍氏應別有借據交之咪商若假外人挾制當即稟參儻明示以一落外人之手諸費唇舌是既寬伍氏挾制之罪又資外夷以口實使有所據以行其恫喝印票在伍氏不能理處清晰必不肯退出印票若在洋商不能全數歸還豈肯先行呈繳與其轇轕而設法收回不如直截而正詞拒絕且與外夷交接惟當據理以示之限制不當過慮以授之猜疑臣等所謂礙難宣示者一也廣東艱窘情形官紳同關休戚臣等每告諭伍氏直謂已出之財萬無索還之理一家收

其利而使一省承其累伍氏尙爲巨富亦何忍獨享無
論庫款豐歉槩不能籌還欽奉
寄諭無論借自何人總以速行歸款爲要伍氏若據
詔旨爲言臣等亦無從置辦是前之索還尙出於情求
今之索還且將以勢壓臣等所謂礙難宣示者二也此
項銀兩經戶部議飭捐輸歸款羅惇衍原奏亦稱向粵
東捐助歸款將由官捐旣無此餘力將由伍氏私捐更
無此辦法廣東歷年辦理捐輸民力凋耗各州縣借捐
款爲辭正項錢糧報解益形短絀臣等以軍餉緊急前
督撫臣定有派捐章程恐其苛擾平民改爲按照富戶

酌量勸捐平民之氣爲之稍紓而在事謠謗之言反爲之加甚爲地方籌辦軍餉已多行其阻難爲伍氏籌還借款必更滋其抗拒既授以勸捐歸補之柄必且多方要求期遂所欲臣等所謂礙難宣示者三也再四思維應由臣等敬謹節錄

上諭宣示責成旋於正月二十二日接准戶部行知既經鈔發則中外宣播必不能掩人耳目若據臣等節錄之

上諭與鈔發之文比較必更有所藉口當卽商之毓清暫將部文收藏內署先據羅惇衍原奏飭知伍氏令其

趕速清理如果實屬借之咪商伍崇曜家屬力難全償亦必俟之情勢兩窮之日再行展限由官幫同料理斷不可先事惶惑使伍氏反得置身事外坐待地方官之區畫經營以收其已去之利應懇

皇上天恩俯准依照臣等此奏再下

諭旨責成伍氏自爲清理期使洋人不得生其猜疑伍氏不得行其挾制而臣等亦有餘地以與之辨論開導不勝悚惶待

命之至是否有當謹繕摺密陳伏乞

皇太后

皇上聖鑒訓示謹

奏

屯田溢坦變價已在八成以上餘坦無可變繳分別應
留應豁以期核實而免苛擾疏會總督銜
奏爲屯田溢坦變價已在八成以上餘坦無可變繳分
別應留應豁以期核實而免苛擾恭摺具
奏仰祈
聖鑒事竊查道光二十三四五六等年辦理洋務善後
案內前督撫臣奏請將虎門官坦一百三十九頃零由
官圈築召佃耕種完租爲各礮臺添設弁兵俸餉經費
續又查辦沿海私墾溢坦一千九百一十一頃零議立
年限租額召佃承耕爲各礮臺員弁守兵增給薪水口

糧彼時急於見功貪多務得連未經出水之沙坦一律
召承迨後陸續報坍沓豁未邀部准佃戶力不能賠遂
致逃亡逋欠而原奏又有五年一加租之議咸豐元年
初屆加租前督撫臣體察情形萬難辦理據實瀝陳仰
蒙
文宗顯皇帝俯鑒民隱准予暫緩嗣於咸豐三年奉文
變價充支軍需前督撫臣屢次奏請設法變通截至九
年十二月止共變價九百四十九頃三十七畝零收價
銀七十五萬九千八百六十七兩零嗣又截至同治二
年五月初十日止續變三百九十餘頃收價銀二十七

萬六千九百二十九兩零均經先後奏明撥解各省協餉及支放軍需口糧其同治二年五月十一日以後續變六十餘頃收價銀四萬七百七十三兩零又陸續勸諭紳富墊繳坦價銀十四萬二千一百二十九兩零約應變抵屯坦二百四五十頃尚未指定坦畝換領執照其銀亦歸同治二年軍需按季奏撥各在案臣等推求此案延緩之由備悉辦理曲折之狀緣各屬上腴之業有利可圖人皆樂於承領變繳自易中下之業以次遞推至於辦理數年之久訖未承繳大率窪下水灘十年九荒平時已屬欠租積久遂爲虛坦是以前督撫臣於

無可籌畫之中參酌成案准各佃戶另覓官荒抵兌變價其本邑查無荒坦竝准向別縣通融覓抵復慮其覓抵遲延又經勸諭富戶墊繳價銀以待查坦撥給并委員清查各縣新生溢坦撥抵屯虛於香山新會兩縣開設分局多方搜剔無微不至而紳富墊繳坦價經年之久尚未有指明坦地請領印照者足見所餘虛坦無可召買之實情統計屯坦變價一千六百四五十頃收價銀一百二十一萬九千六百九十八兩零已在八成以上其餘坦田二百六七十頃若必令概行承繳坦價正恐催繳日形短絀徒滋煩擾於軍餉屯政兩無裨益因

查咸豐五年戶部奏催本案變價文內聲明售變無期
不若仍循其舊作爲本案經費奏明停辦等因奉
旨允准在案其時軍餉緊急坦價開辦初有端倪未經
遵照停止茲當搜括已窮之時籌辦築復礮臺之際亟
應遵照咸豐五年戶部奏奉
諭旨奏明停辦以昭核實而循舊制第停止變價之後
熟籌要需體察民隱不得不瀆懇
聖慈者蓋有三端一在酌定租額也查向來召佃輸租
成案均就其地之肥磽酌定租之多寡從無於初勘水
坦時預計數年迭次增加之事此案初議五年一加租

祇顧當時之飾觀悅聽並未計及後此之懸賦病民道光三十年閒前督撫臣原奏言之甚詳茲查變價以外應存租坦二百六七十頃內有坦可耕之東莞明倫堂等坦一百餘頃該佃戶近年勉力照初次加租之數完納餘仍懸欠由局委員勘估委屬中下之產如照咸豐六年再次加租之數飭追各該佃已經力難支持萬不能再加至咸豐十一年三次之租應請郎以再次加租永爲定額免其再加以紓佃力一在勘豁虛租也查道光二十六年前督撫臣議奏章程內開佃坦坍卸准該佃隨時報明地方官稟請委員會勘屬實詳請豁租以

免賠累迨二十八九年香山佃戶何隆平報坍三十頃零覓荒抵補咨部議准照辦而新甯縣佃戶余創緒等報坍四十頃零無荒可覓戶部卽駁令照額征租於是各屬遝値屯坦坍卸佃戶不復呈報以致變價無人承領租欠又無可著追

國計民生爲之交困溯查廣東辦理沙田本有五年清文成例每屆五年之期丈溢者承升丈缺者減豁各歸各辦向無不准報坍必待覓荒抵補之例況道光二十六年奏辦屯田章程亦經定議准其報豁更未便失信於民現查無可變價無可征租之虛坦約有百數十頃

應請照例開除以符原案一在請免積欠也上年變價
各坦一千六百餘頃多係另招承買所欠舊租及現請
開除虛坦原佃均已失業流亡歷年租欠萬無可追竊
查同治元年欽奉
恩旨豁免咸豐九年以前民欠各省款項名目不一如
河南之漕項雜稅直隸之租稅倉糧均經奏奉
諭旨飭部議准一律豁免通行各省遵照粵東屯租出
自地畝與河南直隸之漕項倉糧並無二致擬請比照
通行成案仰懇
聖恩將咸豐九年以來屯欠一律豁免以廣

皇仁以上三項均係子細推求勢處萬難不得不爲民
請命者可否
俯允所請出自
逾格鴻施所有各年奏銷臣等已督飭屯田局司道趕
緊造辦幷將已未繳價各坦分案清釐應輸租者歸入
屯田造報應升科者歸入民糧造報應請豁者歸入虛
坦造報統俟簽奉
恩諭分別辦理再同治二年臣等奏修城北礮臺工程
請以虎門殘廢礮臺當經飭委候補知府海廷琛察看
情形扼要處所不過數處而自咸豐八年礮臺被燬所

餘大角大虎九宰竹洲新涌蕉門各礮臺基址猶存照舊支給臺兵口糧核其地勢均非扼要應酌量裁撤以節糜費其應存礮臺分配防兵所需口糧經費尚不甚鉅臣等當與水師提督臣會核撙節籌議另行奏報又查咸豐七年部議於坦價內增估銀二十萬兩發商生息八年部議卽不能如數增估亦當於所變之價酌留若干永遠生息各等語均係未悉粤省辦理艱難之故此時估變之計已窮不惟無可估增且無可酌留生息臣等職司籌餉凡有可興之利不敢退縮畏難而事勢既處必窮亦斷不敢支吾遷就據屯田局司道會詳前

來所有變價餘坦應行停止召買及統籌辦理緣由謹
合詞恭摺具奏伏乞
皇太后
皇上聖鑒訓示飭部知照謹
奏

催辦錢糧奏銷情形及現依部咨分別辦理片 會總督銜

再查廣東省自辦理軍務以來錢糧奏銷連年展緩迨展緩期屆不惟仍不能全完甚至循例具
題之冊又逾限經年方得造報前撫臣黃贊湯於同治二年六月辦理咸豐十一年奏銷時曾經
奏明歷年逾限之由請將同治元年奏銷展至同治二年年底爲限嗣後按年提前一月辦理臣等抵任後於是年十月十九日據差弁賫回前摺後開議政王軍機大臣奉
旨該部知道欽此當經恭錄飭遵茲據藩司糧道詳稱

咸豐十一年奏銷前司道於同治二年六月截數出冊後尚有俸餉銀一十一萬九千餘兩武職養廉銀六萬九千餘兩無可支扣當經據實列冊報部所有同治元年餉米實自同治二年七月以後方始開支截至二年年底尚未支及一半其故由於同治二年鹽運司庫所收鹽課先儘京餉解部餘賸應解藩庫之銀又因軍需緊急提撥二十萬八千兩以致奉部撥解藩庫充支壬戌年兵餉之鹽課四十四萬兩未解分釐藩庫收款少此鹽課鉅數各屬地丁又復請緩請蠲而軍需項下又提撥藩庫地丁銀三十二萬三千四百餘兩藩庫遂爲

之一空糧道庫糧料年額銀七萬兩例由藩庫撥支是年所收無幾而提撥糧庫屯價支應軍需之銀亦多至十六萬兩糧庫亦爲之一空以上三庫之銀一歲之間挖括以應軍需急款者七十餘萬兩同治二年業經按季詳請有案其同治元年軍需項下提支各庫銀款須等補奏者尚不在內此藩糧各庫同治元年各營俸餉支解不能及半之實在原委也至兵米一項綠營二十五萬九千餘石就近撥歸各屬開支除賊擾之區另行籌辦外餘俱惟所在地方官是問而旗營米石閏年九萬二百餘石無閏年八萬六千七百餘石係廣肇韶惠

羅各屬三十四州縣征解理事同知兒收支放近年各
屬逆匪肆擾土客交訌民力旣窮官之征解日絀每月
開放只得儘各屬解到米石悉數散給有放六七成及
八九成者而旗營則總按十成計算按月取盈所以近
年支放兵糈無非挪新掩舊茲計旗營兵米僅放至同
治元年六月底止糧料銀僅放至元年二月底止此後
每月卽以十成趕放亦須同治三年七八月方能放足
此又旗營米石支絀之實在根由也元年奏銷展限屆
滿而旗營銷算冊屢催未據造送綠營未到者亦多至
二十餘營以致無憑核算結總司道等焦急萬分籌思

再四惟有將一切遲延有因據實瀝陳會詳請

奏等情前來臣等逐細體察所詳委屬實在情形隨又推求各營造冊延緩之故如高州信宜初復肇羅土客狓猖各營勦捕正繁凡茲循例事宜確有未能兼顧之處此外各營均處綏靜之區亦復藉口餉米未清拖延冊藉幾至固結不解臣等當查餉糈未能應期係先顧軍務急需之故而催取銷算冊僅照例核計該年升拔建曠應支應扣之實數並非一經造報餉米便屬久懸亦非延不造冊餉米便能早清也各營員任意將冊延擱殊屬彼此兩悞叉經諄切飭催去後各營稍稍明白

遵辦而造齊仍屬無期因思營冊未到祗係支數未清
地方官經征考成責任綦重展限屆滿既經截數亟應
將州縣官征解銀米數目及司道庫已經支發之款先
行造報免致例限久逾而各牧令催征之獎敘處分早
日核定亦可以昭激勸正在嚴飭辦理間適接戶部本
年二月初八日咨復咸豐十一年奏銷遲延案內文開
錢糧奏銷未完各官例有起限報參處分自應按限造
報庶歸核實豈容日久耽延自干議處此次既據該撫
將遲延緣由分晰咨報姑從免議此後歷年奏銷務須
遵照定限造報即或營冊未到亦應隨時一面咨明一

面先行造報不得藉詞宕延以符定例等語核與臣等
意見相同現經嚴飭藩司糧道勒限一箇月內先將各
州縣征解同治元年錢糧銀米敘參各冊趕造詳
題并將支過實數另具簡明清冊隨案送部查核一面
照案嚴催營冊到齊另行
題咨所有臣等到任數月催辦奏銷情形及現依部咨
分別辦理緣由相應附片陳明伏乞
聖鑒謹
奏

揀員調補海疆要缺知府疏會總督銜

奏爲揀員調補海疆要缺知府恭摺仰祈

聖鑒事案於同治二年四月二十七日奉

上諭廣東廣州府知府員缺緊要著該督撫於通省知府內揀員調補所遺員缺著瑞昌補授欽此廣州府知府員缺先經以潮州府知府李福泰奏請調補聲明所遺潮州府知府缺俟補放廣州府遺缺知府瑞昌到省後察看另行請補經吏部議准轉行遵照臣等伏查潮州府知府原定爲衝繁難請

旨簡放要缺嗣於道光二十五年因該府地方難治倍
常奏奉
諭旨該府既係海疆要缺著准其比照省會首府之例
由該督撫揀員奏請調補所遺之缺仍請旨簡放以符
定制欽此歷經領遵辦理該府管轄九縣界連福建漳
泉民俗强悍械鬬成風所屬各縣陸路則山重嶺複奸
匪最易潛藏水路則半處海濱洋船往來繹絡難治情
形甲於各郡非才守兼優熟悉地方之員不足以資表
率遺缺知府瑞昌業於上年十二月十八日到省該員
安詳穩練樸實勤能足勝繁缺知府惟到粤未久於海

疆扼要之區尙未熟悉未便稍涉遷就查有高州府知
府蔣超伯年四十一歲江蘇江都縣人由進士以主事
用簽分刑部主貴州司湖廣司稿
記名軍機章京丁母憂回籍服闋補陝西司主事總辦
秋審軍機處行走充
方略館協修洊陞安徽司員外郎江西司郎中
記名御史補江西道御史歷署稽察北新倉巡視南城
山東道事務截取引
見奉
旨記名以繁缺知府用署京畿道御史咸豐十一年五

月奉

簡放廣西南甯府知府前督臣勞崇光

奏請對調今職同治二年五月初二日到任該員才優

識卓幹練明通現在高州辦理軍務整頓地方悉臻妥

協以之調補潮州府知府洵堪勝任其捐免歷俸十成

實銀九百六十兩已於同治二年四月十三日上庫據

藩臬兩司具詳請

奏前來合無仰懇

皇上天恩俯念潮州府海疆員缺緊要准以高州府知

府蔣超伯調補俾資治理如蒙

俞允所遺高州府知府請即以廣州府遺缺知府瑞昌
補授再蔣超伯係現任知府調補知府銜缺相當毋庸
送部引
見又查揀調潮州府缺係遵
旨比照省會首府之例毋庸核計參罰毋論缺項是否
相同及歷俸已未滿年限一體調補歷准部覆有案今
該員已經捐免歷俸照常陞調更屬與例相符任內本
無參罰案件合併陳明除咨吏戶二部外所有揀員調
補海疆要缺知府緣由謹合詞恭摺具
奏伏乞

皇太后

皇上聖鑒訓示謹

奏

首府員缺緊要遵旨揀員調補疏會總督銜

奏爲首府員缺緊要遵

旨揀員調補恭摺奏

聞仰祈

聖鑒事案於同治三年正月初九日奉

上諭廣東廣州府知府員缺緊要著該督撫於通省知府內揀員調補所遺員缺著顧蘭生補授欽此臣等查廣州府係省會首郡管轄一十四縣地方遼闊政務殷繁時有發審要案且省垣各國洋人雜處撫馭一切尤須操縱得宜非精明幹練督率有方之員不足以資治

理查有惠州府知府梅啓照年三十八歲江西南昌府
南昌縣人咸豐二年壬子
恩科進士
朝考一等第二名引
見改翰林院庶吉士癸丑散館二等第二名引
見以部屬用簽分吏部派文選司兼驗封司行走幫掌
驗封司印又幫文選司印奏補文選司主事題陞員外
郎保送考試御史
欽取第一名引
見奉

旨記名續題陞郎中掌文選司印奉
旨回籍辦理團練全省肅清回京供職同治元年俸滿引
見奉
旨記名以繁缺知府用補授浙江道監察御史轉掌浙江道監察御史續補授廣東惠州府知府二年七月初八日到任該員勤能練達見義勇爲能任勞怨豪無習氣見署斯缺辦理裕如以之調補廣州府缺洵堪勝任與例亦屬相符據藩臬兩司具詳請
奏前來合無仰懇

皇上天恩俯准以惠州府知府梅啓照調補廣州府知府實於省會要缺有裨如蒙

俞允所遺惠州府知府員缺遵

旨即以顧蘭生補授再該員梅啓照係見任知府揀調首府銜缺相當毋庸送部引

見亦毋庸核計參罰合併陳明所有揀員調補首郡知府緣由謹合詞恭摺具

奏伏乞

皇太后

皇上聖鑒訓示謹

奏

廣東軍務未清應行引見人員懇准輪流給咨赴部片會總督銜

再接准吏部咨同治二年十一月初一日奉

上諭御史張盛藻片奏請飭吏部嚴定章程除帶兵各員暫緩引見外凡保舉至地方官者未經赴部引見人員不准到任已到任者給咨赴部並定遲延處分等語著吏部妥議具奏欽此經吏部議奏嗣後實在軍營督帶兵勇各員准各該督撫及統兵大臣於接到部文後兩月內據實奏明暫緩赴部又片奏外官業經俸滿各員實有承辦要件必須一手經理仍准查照定例於接

到部文兩月內奏明展限其餘現任候補保題保陞捐
升開復俸滿各項應行引
見人員該督撫於接到此次新定章程後限三箇月給
咨赴部如再逾限不行赴部即將本員照卓異人員赴
部遲延例議處等因於同治二年十二月初九日具奏
奉
旨依議欽此又准吏部咨會查同治元年
大計廣東省卓異知縣以上官員應俟到京引
見註冊等因於同治二年十二月十七日具奏奉
旨依議欽此先後咨行到臣當經轉行欽遵查照臣等

伏查粵東辦理軍務十有餘年時事艱難需材孔亟援照軍務省分之例將保升捐升開復卓異俸滿一切應
行引
見之道府丞倅牧令留省差委共有六十餘員而剿辦各股匪徒及勸捐抽釐諸要務較平時爲多前督撫臣及
臣等均時有取材鄰省
奏調差委之案目下高州軍務未清肇慶土客正熾江浙逆匪回竄江西福建凡與界連之南韶惠潮嘉等處屬籌防諸務倍益增繁不惟在任在局各員難以驟易生手即卸事來省現無差使各員亦不時輪派要差核

與無軍務省分情形迥不相同萬難拘泥部行立飭數
十員同時赴部亦無由酌定若干員數奏明展限茲據
藩司吳昌壽核議擬就鄖事在省現無要差各員每月
飭二三員領咨赴部俟輪流引
見同省再與現在任所及辦理局務各員酌量更替給
咨不過二三年間可以全數引
見等情臣等伏查所議洵屬因時制宜切中肯綮相應
仰懇
聖恩俯准飭部立案庶於例文無忤而於差委要需亦
不至虞曠廢再廣東上年未引

見各員中有聲名平常之守丞牧令三多汪政朱世忠朱用孚甘槐伍中翰方鑑源現均陸續參革降補勒休嗣後如查有庸劣不職之員仍當隨時劾參不敢因未送部稍予姑息合併陳明除咨吏部外臣等謹合詞恭

摺附片具

奏伏乞

聖鑒訓示謹

奏

候補知府陸心源請仍留廣東補用片 會總督銜

再候補知府陸心源經直隸督 臣 劉長佑

奏調赴直并留直委用在案該員見奉差委回粵適值東北兩江同時舉辦防堵就近於東江之潮嘉各府州北江之韶南各府州籌備經費以資接濟在在需員辦理查該員勤敏曉暢才識兼優劉長佑

奏留直隸差委并未准其留直補用是該員仍爲廣東候補之官此時直隸全境肅清聽候差委各員不憂缺乏既據奉差回粵又值防堵需員之時自應將該員陸心源仍留廣東補用 臣 等謹附片陳明請

旨

遵　旨檄飭福建臬司張運蘭拔營赴閩迎剿並分調

官軍防堵連界各處疏會總督銜

奏爲遵

旨檄飭福建臬司張運蘭拔營赴閩迎剿並分調官軍防堵連界各處恭摺由驛馳陳仰祈

聖鑒事竊臣等前據探報金陵逆賊僞侍王李世賢大股分竄江西福建各處當經檄飭帶勇在粵之福建臬司張運蘭率領所部湘勇三千人駐紮南雄州探明緩急情形相機辦理兼顧韶南一帶邊防如賊已佔踞城邑則當越境助剿毋使滋蔓並令四川候補知府劉德

謙管帶信字營楚勇移紮樂昌相爲犄角仍飭添募楚勇三千人以成勁旅嗣准閩浙督臣左宗棠來咨飭令張運蘭挑選所部二三千人馳赴福建臬司本任當將該司一軍不能輕離粵境情形於本年三月初七日具

奏是月二十八日奉

上諭張運蘭既不能卽赴任而閩省防勦亟須預爲籌布著左宗棠徐宗幹催督曾元福內渡之軍迅移得勝勁旅回顧腹區以資調遣由江竄閩賊勢如何並著隨時馳奏張運蘭之軍馳往英德於該處零星股匪自當迅速埽蕩劉德謙楚勇卽准其添募與爲犄角速將各

處伏匪翦除嚴布粵東毗連江閩邊境以防逆匪囘竄其南韶與嘉潮兩路均屬不可大意而嘉潮民俗尤悍逆匪由閩之邵汀一路奔趨路尤徑捷且恐其黨與散歸者於該處爲多張運蘭如移紮此路相機堵勦於閩省較爲聲息易通卽以劉德謙新募楚勇專防南韶亦覺便捷應卽如何辦理之處著毛鴻賓等妥籌辦理方耀所部駐紮鎮平以顧嘉應一路是否合宜並著毛鴻賓妥籌調度毋稍疏虞等因欽此當經恭錄轉行欽遵查照嗣據張運蘭稟報於四月初三日全軍馳抵南雄探得前踞江西建昌府屬新城之賊已敗竄福建之建

甯甯化二縣復竄江西廣昌縣屬之尖峰白水寨欲與
前踞南豐之賊爲援嗣南豐股匪經江西官軍擊敗由
新城東竄福建延平府屬之將樂縣又竄至邵武府屬
之建甯汀州府屬之清流歸化連城等縣其江西廣昌
一股始則回竄福建甯化繼又從瑞金石城西竄甯都
州而南豐分股亦有闖至瑞石二縣境内者又據潮州
鎮道府稟報探聞閩省建甯甯化二城俱已收復惟賊
蹤飄忽無常往來靡定現在邵汀各屬俱有兵練防堵
惟連城永定一帶較爲空虛民心不無驚恐等情並據
東北兩路文武查探稟報大略相同臣等查江閩賊匪

多在邵武汀州二府及甯都州之境與粵省東北一帶處處毗連潮惠嘉南四府州邊防數百里統計調防四處兵勇八千餘人兵力實形單薄然以閩粵相較則粵東止守邊防而閩省則賊氛已熾情形更爲喫緊自應迅圖撲滅以免蔓延臣等連日熟商本擬檄飭張運蘭拔營前往東路迎勦惟南雄地處江西之衝接替防守必須選派得人刻下雖有副將沈玉遂管帶楚勇駐守樂昌而知府劉德謙招募楚勇來粵尚需時日該處兵力單薄難以獨當一面正在計議閒適於四月二十二日承准議政王軍機大臣字寄四月初二日奉

上諭現在由江竄閩之賊日多如由邵武汀州一路奔趨閩省官軍恐難堵截著毛鴻賓飭令張運蘭仍卽速回本任帶領所部迎頭堵勦使賊之竄閩者不得肆行奔突卽所以保完粤境毋許固執力爭過存畛域之見並著將知府劉德謙添募楚勇酌定如何調撥預防賊由江境竄粤之路粤東勦除各處餘匪兵力如尙不敷須行另募道員唐啟蔭現在何處該員是否得力能否籌給勇資飭令添募西勇及楚邊各勇以資調遣之處著毛鴻賓郭嵩燾酌量辦理又五月初一日復奉上諭張運蘭前爲毛鴻賓奏留粤省嗣經寄諭仍飭赴

閩現在閩邊喫重著毛鴻賓仍飭張運蘭速回本任迅統所部即赴建甯與曾玉明妥籌會擊不准堅留瀆請輾轉耽延貽誤大局其粵東毗連江閩各邊並著毛鴻賓郭嵩燾嚴密布置預籌分扼以杜窺伺之路等因欽此仰見

聖主籌備邊防無微不燭下懷欽佩莫可名言臣等查臬司張運蘭上年奏派募勇成軍隨同來粵勦平李復猷巨股連破鄧二尺七並接捕各路伏莽實爲粵中緩急足恃之軍今江皖逆匪上竄該匪分合無常去來飄忽近日接閱各處探報福建汀州頗爲震動武平一路

更覺空虛難以恃為屏蔽是目下情形以東路為尤急
自應欽遵
諭旨飭令張運蘭卽行馳赴嘉應察探賊蹤所在轉戰
而前其南雄一路查有廣東補用道唐啓蔭前在高州
及廣西容岑等處辦理剿撫諸稱得力三月間回東銷
差察看該員明幹樸誠精神沈細從軍數載明於戰守
機宜第飭令回西募勇不惟庫空如洗經費難籌且曠
日持久緩不濟急見已飭委該道率領都司銜鄭紹忠
帶勇一千五百名先赴防所擇要堵禦仍令該員在於
廣西舊部親勇挑選三四百名來東調遣並委因公在

省之廣西新太協副將潘其泰隨同唐啓蔭前往幫辦
仍俟劉德謙募齊楚勇到粵再行酌量分別調撥其張
運蘭一軍開募至今纔及八月而欠餉已積至四月之
久越境遠征急應籌款清釐一面札飭唐啓蔭前往接
防一面札飭軍需局赶緊籌畫期使交替啓行不至遲
延至署三江協副將方耀一軍前經飭令駐紮鎮平以
顧嘉應嗣因所部兵勇多係潮人而大埔一縣與閩省
永定上杭帶水可通距汀州不過三四百里應改調方
耀移紮大埔惟該營積欠口糧甚鉅分限清釐極費周
章致未能迅速赴防因調署惠州協副將施溥挑選營

兵一千四百名前往鎮平復飭潮州鎮道府選募兵勇八百名派委都司楊清臣守備許步雲等管帶在於大埔鎮平一帶樹之先聲並委虎門屯防同知吳贊誠馳往嘉應督同地方官紳辦理團防臣等才𥠖短淺地形賊勢詳加考究竭力籌防總期遏賊境外使不至深入爲害以仰副

聖主綏靜邊陲之至意謹合詞由驛馳

奏伏乞

皇太后

皇上聖鑒訓示謹奏

瀝陳廣東度支艱窘請緩解協撥各款並見催張運蘭一軍赴閩疏會總督銜

奏爲瀝陳廣東省度支艱窘情形請將協撥各款分別緩解恭摺仰祈

聖鑒事竊臣等承准議政王軍機大臣字寄同治三年五月初一日奉

上諭徐宗幹奏請飭催廣東等省欠餉一摺據稱廣東欠解三十一萬九千三百餘兩另有應解按月添撥督臣援浙軍餉銀十萬兩等語逆匪由江入閩軍情甚形喫緊著毛鴻賓郭嵩燾迅將欠解前項閩餉赶緊籌措

派委妥員解閩以資接濟並著將應解添撥援浙軍營
按月協餉銀十萬兩一併陸續籌解毋再遲延前諭令
毛鴻賓郭嵩燾檄令張運蘭由潮州入閩剿賊現在閩
省賊勢甚重兵力不敷剿辦亟須添撥勁旅藉資埽蕩
著毛鴻賓郭嵩燾凜遵疊次諭旨飛催張運蘭督率所
部星馳赴閩協剿儻再任意奏留或任令延不起程致
令閩省賊匪蔓延腹地掣動全局恐毛鴻賓郭嵩燾不
能當此重咎也等因欽此臣等跪誦之餘莫名悚惕當
即咨行欽遵查照伏查粵省舊欠閩省協餉銀三十餘
萬兩經前任福建撫臣瑞璸於同治元年正月閒將洋

商貨本截借銀二十萬兩由粵海關兌完洋稅應卽在
粵省未解閩餉項下照數劃抵是舊欠已無三十餘萬
之多至前閩浙督臣慶瑞帶兵援浙奏令粵東續撥協
餉銀二十萬兩旋又奏請按月添撥銀十萬兩並無款
項可指尤屬憑空結撰任意添撥之數迨升任閩浙總
督前廣東撫臣耆齡由粵赴浙援剿卽在粵省各庫盡
情搜括勉湊銀二十萬兩而浙江藩司蔣益澧由廣西
帶勇赴浙迂道來東迫索勇糧行資銀十二萬兩守候
數月之久庫款不足從而貸借並撥給倉鹽二萬包運
赴湖南銷售溢出鹽價盈餘銀四萬餘兩均由蔣益澧

三五三

帶往浙省備支軍餉統計前項銀三十餘萬兩亦應分晰截算作爲粵省撥兌援浙餉項臣等現飭藩運二司暨軍需總局司道逐一查明列冊分咨核辦以清款目因思粵閩兩省海關鹽課地丁支撥軍餉情形大略相同而其大宗在海洋貿易向年廣東以兼通湖廣江西攬數省之利故爲繁盛福建南界廣東北界江浙百貨流通不出省境故爲儉約近年內江通商廣東之利源已塞而福建之建甯汀漳延泉等府產茶極旺徑行販運出洋洋藥銷行向以福建爲第一口岸以此二者之利閩關課稅數倍從前是廣東由豐而已至於約福建

由約而漸趨於豐情事較然共知共見自咸豐三四年以來福建用兵間有止息廣東寇亂繁興從無止息之時其艱難又更甚於福建若一指撥廣東協餉而即據爲陳欠按年增加責成供給在臣等原不敢區分畛域然情見勢絀亦斷無自顧不遑而反舍己從人之理現在江西竄匪擾及福建建甯甯化等縣臣等檄飭張運蘭一軍馳援福建而積欠之餉與起程行裝並須預給一月糧餉籌放至五六萬兩已早窮於搜索閩省委員試用同知金治禮採買洋火藥一千餘斤所需價值亦已飭由糧道庫籌給廣東協濟閩省之力止於此數臣

等因查廣東艱乏情形爲事勢所固然而無能見諒於
人㪚爲我
皇上縷悉陳之從前
國家繁盛之時蘇廣並稱江蘇爲財賦之原故解款甚
鉅廣東則粵海關利擅華洋夙稱殷富所徵關稅除例
解內務府廣儲司公用等銀三十餘萬部庫數十萬外
餘銀存庫緩急皆可支撥至藩庫額徵錢糧等銀百餘
萬以之全充本地兵餉等項不敷之數則有運庫鹽課
銀六十餘萬每年由部撥濟本省充用總在五十萬兩
左右此外別無格外撥款是以各庫常見充盈廣東之

富故與蘇省並擅名於天下迨道光二十一年閒外洋人初次搆釁海防經費耗散數千萬兩各庫遂至匱乏及咸豐初年紅匪滋事疊陷郡縣旋復續辦洋務地方殘破徵收漸絀而支用轉繁愈形竭蹶然尚有捐輸之款有商賈抽釐之款有溢坦變價之款動輒百數十萬藉資挹注故雖所入不償所出然勉强支撐亦尚不至窮困至於近年則不然關稅鹽課提充京餉一切例撥之款半成具文無從撥解如海關應解藩庫正額銅斤水腳糧道庫普濟堂等銀九萬餘兩爲數無多積欠至三四年部撥鹽課積欠至二百餘萬僅地丁一款供藩

庫支放而又有蠲緩有民欠惠潮各屬徵收日形短絀重以信宜之變肇慶土客之擾蹂躪十餘縣不能開徵統計歲徵地丁不過六七成以此六七成地丁供常年支放之款猶不及其半而又添募勇丁至數萬人支應浩繁近復因江浙竄匪蔓延江西福建籌備邊防千餘里東北兩江添造礮船日不暇給止此歲入之經費止此一省之民力需用日多籌畫日絀所稍恃以接濟者捐輸耳而捐輸之弊又有二一難廣東向辦捐輸壓派之意多而勸導之情少嗣遂相援為例省城派之州縣州縣派之各鄉官紳因緣為利報捐之數多耗於中飽又

當正氣銷沮之時一二明理者勉強在事亦復多方推諉其肯任事者經手而或多侵牟失職而又生謠謗體察情形訖無善策則得人之難也廣東吏治不修爲時已久官民積相猜疑民情之怙其私利各直省皆然所恃勸導之適宜耳廣東一會之花消可至巨萬一席之豪舉動輒數千而釐金捐輸獨多阻滯無他官民之語言不通而情易隔而在事者之勸導先無以自喻其心故也乃至沒其籌餉之苦衷而或訾爲罔民之稗政奔走異地以求避倚附外人以相持則取信之難也坐是二難加以疊次籌辦之勢羅掘四窮之時無能望有裨

濟至於溢坦變價業經完竣釐金酌留三成勉强分潤增加無幾固更無措手之地矣臣等日夜籌思京餉不能不如數報解江南釐金不能不按成協濟少或愆期已覺負咎常深而於本省艱乏之情形尤有所甚懼者總其大患約有三端廣東綠營額兵計數幾至七萬而無一營可用之兵承平日久疲弱既多加以額餉遞年積欠至三十月有奇責成教練竟亦窮於立言臣等頃咨商水陸提臣於附省各營及肇慶惠州距省略近之營每額兵七八百人內挑選訓練二三百名以資調遣漸次求練兵之實省募勇之煩而前挑選惠州提協兩標

之兵出防鎮平各兵已因緣索餉幾至鼓譟近日南韶鎮標又聞有索餉之揭帖督之出戰則爲罷兵俾之訓練又成驕卒此七萬餘人之額兵每歲籌放三四成之餉而不可得何能久與相持此其大患一也廣東舊募之勇營數既繁營制亦疎虛報虛支其弊莫可究詰臣等於克復信宜後遣散至十餘營按其欠數多寡分別清釐或予見銀或立限票爲數已復不貲而卓興方耀兩大營積欠皆至數十萬昨調方耀一軍馳赴嘉應防堵駐紮省城兩月有餘將欠款一一開列計八十餘萬兩臣等飭總局司道逐細句稽就稟報有據者核實結

算其餘概行刪除尙應給銀四十餘萬兩當經議給見銀十二萬兩餘欠分限帶還以資周轉該營勇丁六千八百餘名馬隊夫役在外向因積欠過鉅不敢議裁以至尾大不掉如此臣等此次用恩用威剛柔交濟勒令挑留精壯三千名餘人撤散歸農十年積困爲之一舒然舊逋甫結新欠又積展轉騰挪智術俱窮卓興一軍現在肇慶勦辦客匪欠領口糧亦數十萬尙未知從何籌放欲勉強敷衍則一有征調輒藉欠餉爲辭多方阻抗欲遂分別裁撤又無從得此巨款既苦籌畫之已窮遂至補苴之無術此其大患二也廣東盜賊風行有出

洋之巨艇有內河之快艇有各村莊之長龍艇皆船堅
礮利聚眾橫行每出行劫又有包庇匪類爲飯主之紳
士有窩匪之村莊歷來辦盜皆先籌備經費經費愈多
則著名之大盜亦可設法捕除非是則人皆樂縱遣之
以邀厚利亦積習然也而遂因循以至寇盜之充斥臣
等懲治盜賊無稍寬假而欲整飭水師添造船隻窮究
盜蹤之出入閫剿窩匪之村莊經費浩繁動苦無措見
在各直省無不患貧獨廣東有貧之實而仍有富之名
由於積慣浮靡之習眩人耳目故也又民間嗜利輕生
以重利驅市人而使之戰皆能冒死邀功一貧則百計

俱廢今盜賊日積而日多經費日籌而日絀不必外寇之至卽內地伏莽辦理已形棘手此其大患三也就廣東現在情形論之民力之凋殘已甚而地方究屬全完利源之疏鑿已窮而商賈猶能周轉若及時從長籌畫尚足自强無如歷年之積弊廣收博用而虧負太深目前之補苴百孔千瘡而支持乏術如去冬奉准部咨飭將鹽課地丁提撥京餉之款限於端節以前提解一半經臣等督催藩運兩司次第報解皆從銀號挪墊挼卯催收課銀陸續歸還初次報解之款距今三月有餘始經結算清楚誠恐東北兩江防堵尚須添募兵勇一切

經費正不知於何籌措所有各省協餉亟應一例停止

至應解本年京餉藩運兩庫已起解及半其海關稅項

短解尚多已疊催該監督趕緊籌畫其藩運二庫年內

應解之一半計惟竭力督催以冀陸續解京或不致有

延誤臣等受

恩深重具有天良但使少可措手斷不敢將艱苦情狀

上瀆

聖聽惟是廣東積弊由於粉飾過甚臣等若再隱忍不

言則其患將不可思議此時若暫緩徵求俾地方氣力

少舒尚可徐圖補救此又臣等愚慮體察大勢情形不

敢不縷陳之

聖主之前者也至張運蘭所部湘勇臣毛鴻賓前在湖南募集成軍借支湖南庫項八萬餘兩原議到粵卽行解還延今半年有餘未能絲毫歸款張運蘭抵粵後勦辦巨匪疊著戰功其勇糧亦不能按期支放又已積欠銀數萬兩昨據張運蘭稟報定於五月十八日起程由江西陸路取道赴閩嗣又稟稱所部湘勇探知福建艱苦兼之路途遙遠山路崎嶇皆不願往多有散回原籍及在邊界屯聚候領欠餉者臣等一面飭張運蘭察看各散勇是否尚可招集以期迅速啓行一面趕緊籌撥

餉銀俾得有所藉以聯一軍之心斷不敢私此一軍為
留粵防堵之計即張運蘭素性勇往亦斷無聞警逗留
遷延不進之理應俟其查明各勇散駐邊界情形再行
據實陳奏所有粵省度支艱窘力難協濟閩餉並現催
張運蘭一軍赴閩各緣由謹合詞恭摺附驛馳陳伏乞
皇太后
皇上聖鑒訓示謹
奏

奏疏卷四

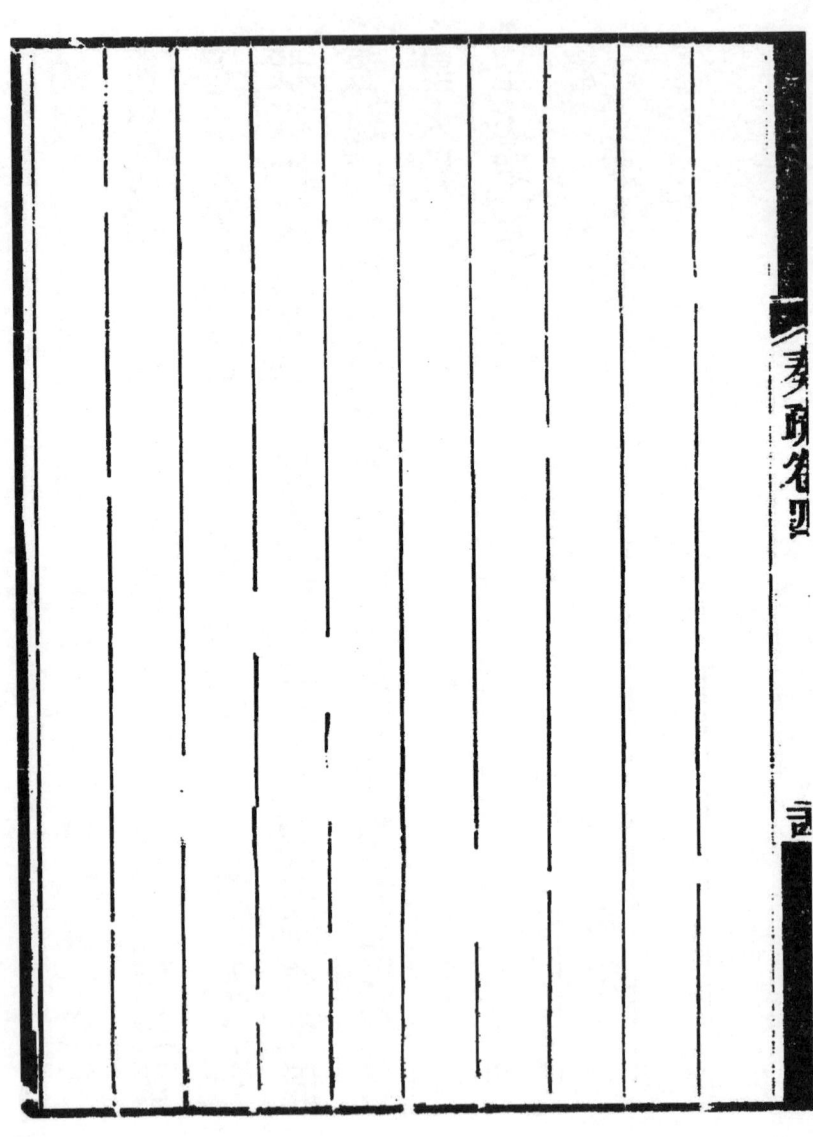

防賊竄粵片 曾總督銜

再臣等接准曾國荃來咨知江南省城已於六月十六日克復從此東南底定永輯干戈薄海臣民同深慶幸此時大兵雲集縱有逋逃餘寇當如疾風埽籜刻日盪平惟湖州踞匪尚在稽誅江右賊蹤猶虞奔突臣等審度形勢通籌全局竊有所陳於

聖主之前臣聞金陵之克殺賊十餘萬人洪秀全之死黨得脫者無幾湖州之賊勢成孤立戡定之期可預計賊之奔竄最近皖南而皖省被創已深無可擄掠賊勢必併趨江西湖城既克之後左宗棠所部可由浙鼓行

而西李鴻章曾國荃所部可由皖鼓行而南楊岳斌鮑超劉典各軍皆重扼贛西之地如此則江右一省迤東迤北迤西皆可無虞獨南路之防猶有未備今下游之賊麕聚撫建一帶往來於宜黃崇仁南豐廣昌之閒與贛州南安相距僅數百里其與閩粵交界之處均無防兵福建山川阻深地瘠民貧各鄉皆結寨自守無肯從賊者是以此賊屢次入閩未嘗久駐惟嶺表地廣人稠無業游民數倍於耕作之眾且羣賊多籍隸粵東風土人情素所慣習其勢尤易於糾合前年黃金籠之潛謀倡亂實與金陵逆賊消息暗通近日於佛山石牌龍眼

洞等處破獲拜會謀逆數案皆有金陵匪黨爲之句結故以大勢論之湖州所屬各城以次克復賊必悉衆上竄而以粵東爲尾閭之洩欲制此賊之狂逞必以控制贛南爲第一要義前此浙西敗賊初竄江西曾國藩之意主於力保贛西兼顧兩楚獨開贛甯一路縱之入粵以免蔓延彼時臣等亦以金陵未復兩楚爲東南關鍵設被竄擾足以掣動江皖全局莫若姑聽竄粵其禍猶輕故亦未肯以兼防贛甯爲言今則事異情遷贛西固當保全而贛南尤宜扼守臣等愚昧之見竊以爲賊在江西分踞數城其勢甚散易於撲滅浙皖援師一時併

集至五六萬人宜及此時急籌剿洗之方一入嶺南賊勢又將復張左宗棠之圍杭州曾國荃之圍金陵不以急切圖功而以竄逸爲慮正爲此也溯查從前賊之初起本在廣西永安州官兵圍攻數萬人獨開北路使竄桂林其後踞道州又開東北一路使竄長沙官兵圍攻又數萬人復開西路使竄岳州一皆開其出路蹂躪完善之區以成燎原之勢今若復開南路使竄粵境其爲患何可勝言江西當四衝之地川原平衍以之據守則不足以之圍剿則有餘況今之賊勢異於曩時當其氣焰方張官兵但能尾追而不敢迎擊今則我强彼弱合

數省之全力乘大捷之餘威不於此時聚而殲旃尙復何待或者謂江西兵力恐不及遠逼令入粤然後蹙之或易爲功不知兵貴乘時機不可失捨目前之要著而待後來之事機無此理也曾國藩等諸臣久在行閒謀勇兼備其器識過於臣等百倍豈不知計當出此然臣等旣管窺所及亦不敢自外芻蕘通籌利病情形卽此賊注意竄粤猶當極力截剿稍殺其勢若無大枝勁旅截剿則全力所注必滋糜爛實亦不敢過存畛域之見知而不言假如賊勢窮蹙不須竄竄卽已殄滅無遺則是臣等過慮亦於事無害現已飛咨曾國藩左宗棠楊

岳斌李鴻章曾國荃沈葆楨等會商調撥勁旅萬餘人繞越甯都石城一帶以爲扼賊南竄之計臣等亦即派撥一軍會同福建臬司張運蘭所部湘軍於閩粵交界之處會同江西大軍進勦一面照行署南韶連鎮總兵衛佐邦南韶連道唐啟蔭督同各地方文武協力守禦

請

旨敕下曾國藩等迅速酌量調撥兼守贛南俾無竄越

是否有當臣等謹合詞附驛具

奏伏乞

聖鑒訓示謹

奏

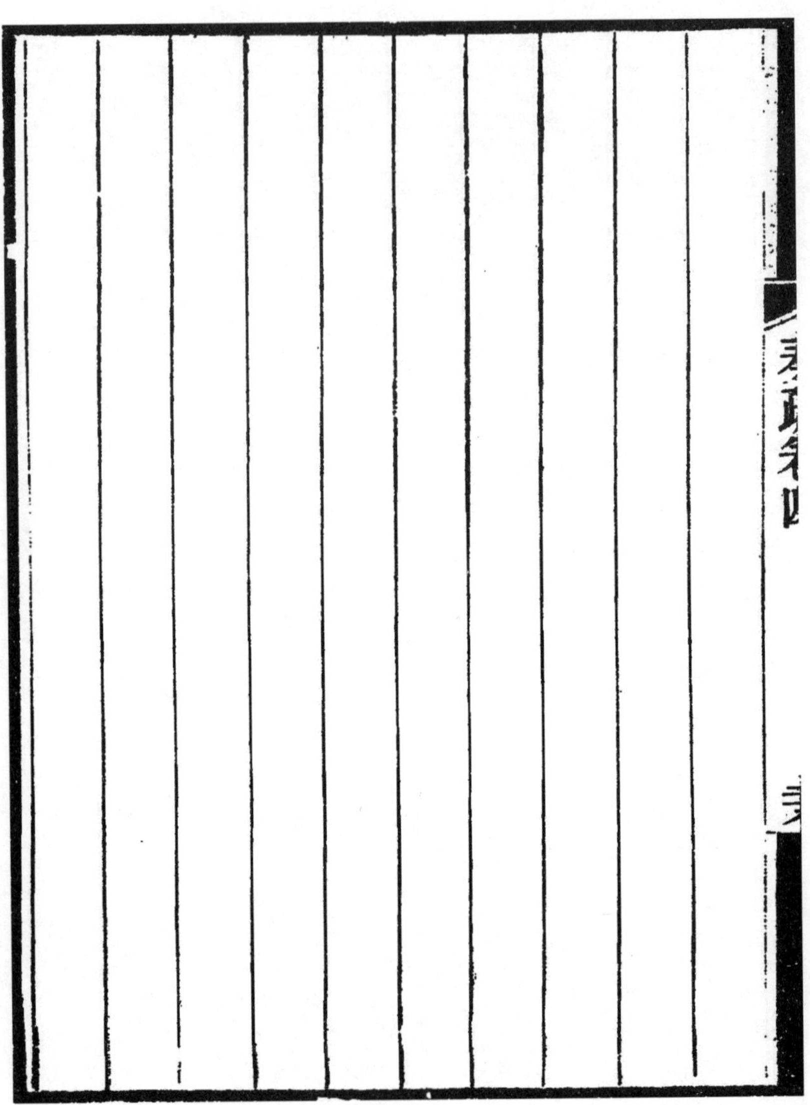

官軍進剿客匪連破匪巢餘匪竄入高明縣境五坑地方現籌辦理情形疏 會總督銜

奏爲官軍進剿客匪連破匪巢數十處餘匪竄入高明縣境之五坑地方現籌辦理情形恭摺由驛馳陳仰祈

聖鑒事竊照肇屬客匪屯聚陽春之金堡企堋等處經署羅定協副將卓興等進剿連戰克捷該匪折回東安之富霖洞新興之天堂墟盤踞滋擾當經檄飭卓興相機進剿並派委候補知府史樸攜帶示諭前往相機招撫經臣等於三月初七日會摺

奏報在案該匪自本年二月竄入新興之後黨徒尚夥

所過村莊擄掠焚燒悉成灰燼復竄逼縣城勢頗猖獗
壘據該縣文武飛稟告急又經檄調署清遠營右營守
備侯勉忠先往應援並飭卓興拔營赶往督勦侯勉忠
移紮新興縣城督勇防勦壘有斬擒該匪退走白村等
處卓興由陽春拔營進至新興踏勘地勢查探賊匪虛
實知新興東南悅塘一路便於進勦於五月初四日進
紮悅塘並飭侯勉忠移紮車岡以期前後夾攻該匪聞
我軍進紮即深溝高壘於山路密布竹籤並在險要處
建設望樓礮臺計圖負嵎久抗卓興亦於悅塘要隘分
紮營壘建立礮臺初七日該匪大股擁出悅塘前面之

虎尾尖文筆嶺各山頂施放槍礮冀窺伺我軍虛實卓
興正在出隊進擊該匪遽悉數引去連日伏匿未出卓
軍滾營進過因蓮村一路最爲扼要隨於十四日領兵
前行該匪乘我軍築壘未成傾巢湧出卓興嚴陣以待
並派小隊向前挑戰該匪見而卻退我軍正追趕間忽
伏莽四起拒殺當先壯勇一名山巔之賊亦乘勢衝下
卓興派隊迎擊槍礮齊發殲斃多名該匪奔回老巢拒
守至夜戌刻卓興聞報賊匪分途攻撲我軍分紥之蓮
村悅塘各營並探悉該匪於山澗內設伏數千欲俟我
軍往援各營即以全力突撲芳園大營卓興知其夜出

必有奸謀隨選派勁卒堅守大營潛督親軍銜枚疾趨繞出賊後該匪攻撲悅塘營盤正急不虞我軍已抄出其背內外夾擊勢不能支被我軍殲斃無數當場斬取賊目首級四顆奪獲大紅旗二面其蓮村芳園各營亦皆悉力堵住該匪敗回巢穴堅匿不出卓興因見匪營中路重重險阻無隙可乘擬由該處左旁繞出匪巢之後乘其不備據險進攻二十一日五鼓蓐食親率全隊繞道潛行令候補把總陳樹棠管帶鄉導壯勇三十名由丹蝶山而進先派把總莫善喜外委林洛率隊由富貴村從旁直包過匪巢後路並密令把總卓梅孫周外

委陳來陳ラ等分帶勁勇設伏接應該匪隨同五六千人蜂擁出拒與莫善喜等接戰卓興令外委鄭耀光帶勇吶喊殺入該匪驚駭慌亂匪首戴梓潰親率悍賊數千前來策應由迴龍河突出卓興麾兵橫截並令外委王維忠帶勇從後抄擊該匪進退無路四面被圍奪路狂奔把總卓梅等伏軍四起一齊衝殺槍礮迴環斃賊不計其數我軍勇氣百倍攻進匪巢拋擲火罐火包各巢同時火起該匪且戰且走我軍攻擊所至無不一以當百奮迅異常維時候勉忠及新興縣文武亦各帶兵勇由東路夾攻賊勢益絀四散逃竄當將古院迴龍碧

塘布乾白土稔村雲河各處縱橫三十餘里之大小匪巢八十餘座盡行攻破一路斬殺甕匪千餘名礮傷者不計其數當場割取悍匪首級三百四十六顆奪獲大銅礮十二尊大鐵礮三尊擡槍洋槍百子鳥槍大旗等項數百件僞印一顆火藥鉛子無數兵勇亦閒有傷亡餘匪隨向五坑客村逃竄等情據卓興等稟報前來伏查客匪句結悍賊戴梓濆等到處滋擾其迹雖甚兇暴而其情實爲攫食求生臣等初擬鋤其頑梗去其脅從如該匪能將賊首戴梓濆交出卽應分别設法安插經委員史樸再三曉諭該匪反恃戴梓濆爲之主謀多方

狡辯與官軍相持其勢不能不一加勦辦此次卓興督
軍會勦謀定後動盡一日之力攻破大小匪巢八十餘
處餘匪悉竄高明縣屬之五坑查五坑客民與高明土
民相持數年負山阻險其力足以自保而由五坑東南
出四會以達鶴山由五坑東北出合水以達高明均不
過數十里其南徑達恩平之尖石墟爲該匪民本籍此
次竄入五坑者尚七萬餘人五坑接連老香山等處皆
係客民足以暫息一時而田山屋宇萬不足相容其蓄
意在竄回開平恩平各本籍而該處土民防堵甚嚴是
以徘徊新興高明之交不敢自決鶴山古勞附城兩處

土客和議甫成其雙橋之客民亦有附入此股者若復擾及鶴山和局又虞決裂土客之曲直是非幾不可以理喻其挾仇憤相殺此吞彼噬各不相讓至兵連禍結積十數年而不一悔悟所謂劫運生於人心竟不知所終極臣等惟有竭盡至誠以相感動責令交出逆首戴梓潰等而後徐籌安集之法一面檄飭趁此聲威相機布置以杜其四處蔓延之路至此次接仗員弁兵勇實屬著有微勞應懇

恩施格外准與彙案獎敘以示鼓勵其先後傷亡兵勇幷飭行確查分別咨部賞卹謹合詞恭摺馳陳伏乞

皇太后

皇上聖鑒訓示謹

奏

粵海關歲徵課銀不敷撥解疏 會總督銜

奏爲粵海關歲徵課銀不敷撥解謹將實在情形恭摺

縷陳仰祈

聖鑒事竊臣等准內務府咨具奏粵海關欠解廣儲司

公用共七季銀五十二萬五千兩請將監督臣毓清暫

行革職留任勒限年內解京儻再逾限卽行嚴參懲辦

並將兩廣總督廣東巡撫藩司一併交部議處等因同

治三年四月十四日奉

旨依議欽此咨行欽遵查照辦理臣等伏思廣儲司公

用一項係供奉

內廷要需近因支放浩繁已屢由戶部借撥備用粵海關積欠巨款未能催解接濟以致上廑

聖慮撫衷循省悚懼滋深溯查粵海關向來徵收課銀每年解京之款則有內務府備貢銀五萬五千兩廣儲司公用銀三十萬兩支撥本省之款則有例解藩庫正額銅觔水腳銀四萬三千五百餘兩例解糧道庫普濟堂公用銀四萬兩其餘銀兩除支給通關經費外如有徵存隨時解交部庫此定制也然從前沿海各口與洋人通商者僅一粵海關歲徵正額盈餘八十餘萬以一口總天下之全利出入有常支放有節故辦理自有餘

裕洎五口通商絲茶兩稅多歸上海粵關已形減色然
綜五口計之福廈兩口出入貨物不越省境甯波則甬
江一水上及奉化旁通曹娥江以達紹興不能及遠惟
上海一口攬江浙之利兼通楚皖貿易之盛駕於廣東
而江西湖廣商賈交易距廣東爲近猶能與上海分據
其半而且西通四川以達甘陝亦時有赴粵販運洋貨
者徵收課稅有盈無絀又准部咨不計額數或溢收至
百數十萬二百萬例解之款照常支撥無憂短乏自咸
豐十一年內江通商廣東洋稅歲漸蕭索而通計同治
元二年中徵收猶及百萬額課並無減少但此百萬成

數除扣還英法兩國五分之一已去四成又有償還美國商虧銀隨時於所徵該國稅鈔內扣抽二成此二款每年約共計數十餘萬兩仍有稅務司經費及書役薪水一切支銷月需二萬餘兩每歲二十餘萬兩計實存銀僅二十餘萬兩而已況有購買外洋船礮經費有火輪兵船借支經費不但庫款存儲支發一空又復透支借墊計數甚鉅且同治元年內閩省劃扣洋商貨本銀二十萬兩令商人持照來粵抵兌此項不獨無實銀可收所有英法兩國二成扣款仍須按結籌給現銀適戶部亦於是年奏撥京餉期限嚴迫不能不儘數應解以

致例解廣儲司銀兩歷年短缺積欠至七季之多去年
秋冬二以後粵海關收數日形短絀本年春夏兩季每月
報徵不過四五萬兩此後萬不能及常年徵收之數是
以臣等前經奏懇將內務府廣儲司公用銀兩勻歸各
省通商口岸分解經戶部議駁細詳部臣之意以現在
通商口岸多係用兵省分隨時支放兵餉與其攤派各
口仍無報解之實際不如援守成案猶存照例之具文
是臣等之審時度勢知其萬不可支而非敢推諉部臣
之責成督催亦出於萬不得已而非有苟求然
國家立法之本意首在於平情庫款出入之常經亦必

要諸久遠各省之藉口用兵難期報解者一時之私計內務府之公用銀兩取諸洋稅者萬世之常規值此籌議已窮之際必求變通盡利之方竊計軍務告竣以後江海貿易必總匯於漢口爲其處江漢適中之地南經湖南以及雲貴北界河南西通川陝舟車輻輳包攬無遺次則上海天津上海爲江浙之襟帶天津爲直隸山東山西水道入海之咽喉百貨銷販來源較遠又次則廣東福建又次則九江鎮江又次則牛莊煙臺大局情形可以臆揣此時兵勇之所集與日後商賈之所趨均宜預爲籌計臣等見部臣指撥海關課稅僅廣東福建

天津牛莊煙臺各口審察大勢斟酌提解具有權衡而
內務府公用爲廣東例解之款各省不能代籌若論經
久之規則廣東以一口洋稅分至十餘口例解公用銀
兩按口攤派自屬大公至正一定不易之辦法若以此
時驟難更定章程仍須照舊例完繳則請循照定章先
儘徵存銀數報解內務府備辦貢物而後核計盈餘若
干存候部撥暫緩京餉工程之勒限督催以資周轉不
然徵數大絀於前指撥倍加於後無論如何設法騰挪
萬無可以支持之理且查粵海關出口貨物以茶葉爲
大宗爲夏季最旺收數進口貨物以花旗棉花爲大宗

爲冬二季最旺收數今茶莊既移至福建上海漢口等處多不來粵花旗連歲用兵棉花迄無至者勞心焦思無從設措實關省運衰旺之數非人力所能施此後徵收歲益短絀亦在意計之中若徵收止有此數而催解紛紛挪東掩西顧前失後在各衙門飭令報解原不暇緩急會商在粵海關止此收數斷不能憑空敷衍此時督催非不嚴急實窮於變通挪移之計臣等留心察看監督臣毓清經理稅務周詳勤慎商民均極悅服洋人亦無閒言而於撥解餉項尤能苦志籌維不遺餘力際此艱窘之時徵收稅銀入不敷出無從措手現在指撥部

庫京餉銀三十萬兩僅解及五萬兩又奉撥
定陵工程未解銀二十餘萬兩應解米艇備貢銀積欠
至數十萬兩卽奉部議准以正額銅觔水脚銀兩抵辦
紅黃飛金亦未能照數解歸藩庫至例撥糧道庫銀兩
亦復欠解甚多所有前項積欠廣儲司銀五十二萬餘
兩勒限年內解淸體察情形實屬無可籌措合無仰懇
聖主逾格鴻慈
敕部核議查明粵海關徵收實數究應儘解何款庶使
監督臣得以盡力籌畫臣等亦得以據實督催而於各
衙門指撥提用之款亦不至虛懸無著貽誤要需撥之

歷來辦理成案亦相符合是否有當謹合詞恭摺具陳

伏乞

皇太后

皇上聖鑒訓示謹

奏

保奬勦辦北路賊匪紳勇疏會總督銜

奏爲查明勦辦北路各股賊匪尤爲出力紳勇遵
旨核實補奬恭摺仰祈
聖鑒事竊照粵東自咸豐四年以來各屬匪徒蠢動擾踞城鄉北路之南雄始興翁源佛岡清遠連州陽山連山樂昌仁化英德各州縣廳歷年勦匪守城復城解圍在事出力各紳勇人等均經前督撫臣隨時具奏欽奉
諭旨准將出力官紳擇尤保奏前撫臣黃贊湯以粵東新舊奬案愈積愈多復經會同前署督臣晏端書附片具

奏派員核實清釐等情奉
旨允准各在案茲據軍需總局司道先將北江紳士歷年著有勞績補請獎敘核議具詳前來臣等伏查北江南韶連所屬各州縣廳並廣屬佛岡清遠二廳縣地方崇山峻嶺港汊紛歧多爲藏垢納汙之區自咸豐四年起至十年止七年之閒羣盜蜂起其著名巨匪由鄰省竄入者則有石達開翟火姑許里光花旗股匪翟鬭明等約五六股由本省串合者則有陳金釭練四虎朱子儀賴子桂曾超周春粱柱等約十餘股兵端肆起幾如蔓草隨薙隨生省垣於咸豐四五年閒紅匪解圍以後

接辦洋務官兵力不能遠顧專恃地方官督率紳士籌兵籌餉自爲支持其餘零星小股倏起倏滅由官紳隨時勦辦反幫同官兵防堵截擊戰功疊著之案又復數起一皆用民之力竭民之財事更數案時逾數稔徒有行查敘獎之虛文而無彙案奏保之實惠臣等抵任以來接見紳士申述各案情由爲之憮然不安於心現在江浙竄匪麕聚江西南雄爲粵東門戶地方官舉辦團練章程士紳據此爲言每至氣沮是

皇上大公之仁澤施滂沛而疆吏壅遏不行不獨無以

昭示紳民亦實有乖

國家報功獎能之典臣等督飭司道設立獎卹局查明
歷年各州縣辦理防勦及捐資募勇有功地方之紳員
逐案清釐分別彙請獎勵除東西兩江所屬州縣另行
分起辦理外所有以前北江出力各紳勇謹擇其尤爲
出力者查明核實酌保並將案由逐起分列清單恭呈
御覽合無仰懇
天恩俯准分別給予獎勵俾資觀感而昭激勸各紳等
履歷另行開明咨部核辦臣等謹合詞恭摺具
奏伏乞
皇太后

皇上聖鑒訓示謹
奏

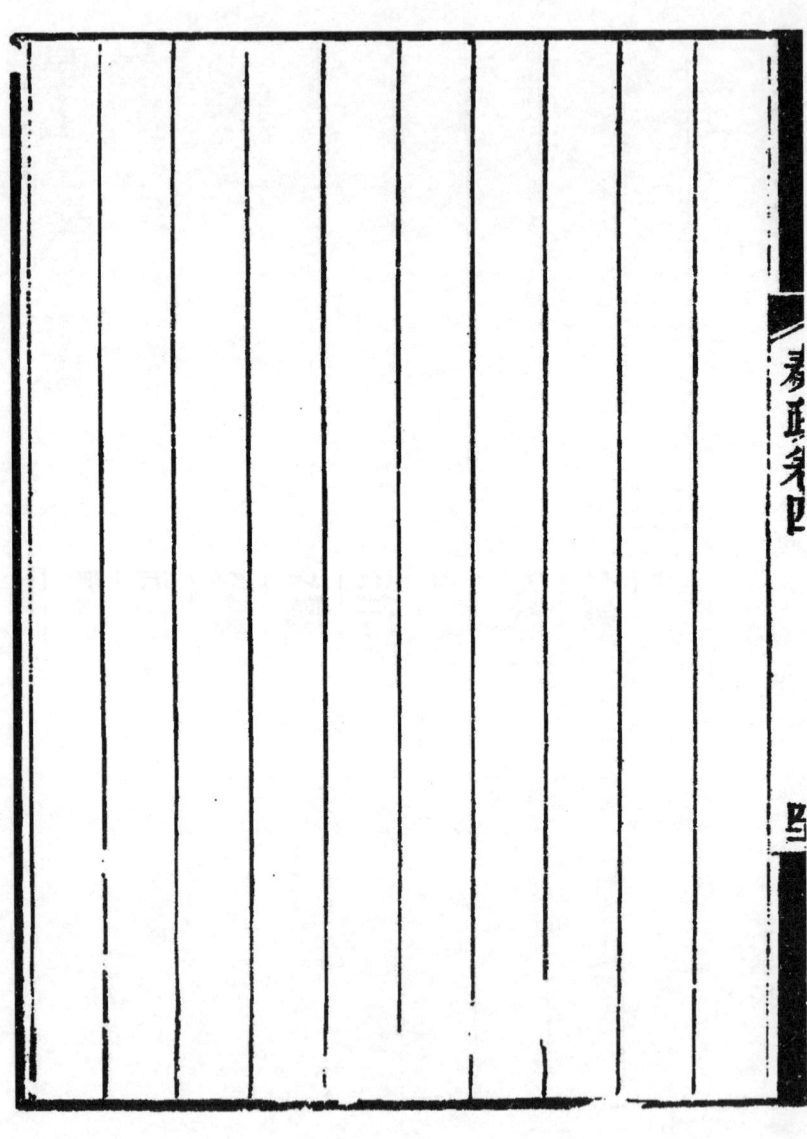

長隨虧餉爲子壻朦捐官職咨提審辦疏會總督銜

奏爲長隨虧餉爲子壻朦捐官職咨提審辦請

旨將朦捐各員革職解訊以肅法紀恭摺仰祈

聖鑒事竊照廣東各州縣長隨舞弊營私積成慣習其權力足以交通賂遺骫法橫行查有已故補用同知潘銘憲於咸豐九年代理揭陽縣任內批解是年地丁銀二千一百兩飭長隨唐福解赴藩庫投納該長隨挪移爲其子唐應坤朦捐同知分發福建竟將正項宕延直至潘銘憲續飭管解稅羨銀二千八百兩來省該長隨復擅移完前欠地丁解款餘銀七百兩又爲其女壻王

有源湊數報捐縣丞分發廣東並將交解稅羨文批及存房稿件抽出銷毀潘銘憲交卸回省查悉前情爲所脅持尚冀幸其照數歸還勉强容隱迨潘銘憲物故後其子潘福輝屢向追催另遣家人錢升具呈投控藩臬兩司衙門經查唐福即唐希燕又名唐錦籍隸湖北荆門州其子唐美中唐美謙唐美讓均經朦捐官職唐美中改名唐應坤以同知分發福建其壻王有源報捐縣丞分發廣東疊飭廣州府梅啟照署潮州府陳毓書候補府嚴家疇及南番二縣查明唐福前在潘銘憲揭陽縣署中充當長隨被控舞弊并妄爲事皆有因又經委員

密諭潘銘憲親子潘福輝歷舉各情均屬相符經潮州府飭差查拏唐福逃往伊子唐應坤福建寓所躲避由藩司詳請分別咨提參辦前來臣等伏查州縣批解銀款來省不能不假手丁役而款目有定不容挪移上庫有期不容延緩此案代理揭陽縣潘銘憲長隨唐福即唐希燕又名唐錦先後領文管解地丁稅羨等銀來省輒敢任意侵挪爲子壻朦捐職官事後復將解文稿件銷燬滅迹實屬膽大妄爲目無法紀見經移咨福建撫臣委員將該長隨拏解來粵從嚴究追懲辦至唐應坤係長隨之子縱未動挪公項亦不容冒濫衣冠況該長

隨唐福謬妄如此其子其壻未必無通同舞玩情事所有唐福之子唐應坤福建候補同知及其壻王有源廣東候補縣丞捐陞知縣上年領解廣儲司關餉進京兼請咨引見在部更名秉廉見已同省應請

旨一並革職由臣等咨提唐福唐應坤父子來粤與王秉廉質究明確分別追繳按辦以懲弊玩而肅官方唐福亥子唐美謙唐美讓朦捐何職見逃何處統俟唐福唐應坤到案究明分別咨革提究似此骫法營私不獨名器之所關抑亦風化人心之所係臣等不敢稍存寬

假以長姦頑謹會銜繕摺
奏參伏乞
皇太后
皇上聖鑒訓示謹
奏

廣東盜犯懇請變通例文辦理疏會總督銜

奏爲廣東盜犯有須變通例文辦理之處恭摺具陳仰
祈
聖鑒事竊查律例乃
朝廷之大法推本人情體察時勢舉其大綱而各省民情變幻百出有同一例文而情事迥不相侔者承平日久官吏習爲寬容皆務避重就輕不肯認眞辦理廣東民情獷悍用法尙嚴因循既久風俗日壞一二强幹之吏懲辦盜匪法外用刑駭人聽聞若已故潮州府知府吳均在任致斃盜匪動以千計至今民尸祝之咸豐四

年紅匪之亂前督臣葉名琛按捕餘匪至數十萬人地方安靜四五年之久洋人入城變端驟起而土匪無稱亂者良由各州縣縱盜養姦醞釀太深一經懲創亦可少收其效至使百姓以用殺爲快而當時盜風稍獲止息轉瞬又加熾者實以例文拘牽太甚中材以下以循例爲能一時之整頓萬不能敵數十百州縣之醞釀臣等體察情形歷考從前奏定省例有急需量爲變通者數端如例載打單捏造圖記夥衆嚇詐爲首發邊遠充軍爲從杖徒其無圖記者爲首亦止於杖徒此條專爲廣東沿海地方有此風氣而言臣等考求廣東盜風之

盛農夫販豎交耳密語卽起行劫惟盜賊之有根柢者
乃始託於打單凡打單必句結各路村莊分黨四出窺
伺盜首出具姓名圖記勒派數目惟所需索故行劫暫
而打單常行劫勞而打單逸行劫隱而打單顯行劫猝
至被劫者人手稍强猶或勉爲抵拒打單則沿途密布
黨羽稍拂其意登時號召擄掠一空從無敢與爲忤者
行劫打單相倚爲用而勢益橫獨恃有罪不至死之例
每破一案自認打單卽不能科以重罪道光三年拏獲
打單匪犯何靈忠等訊有搶劫擄贖重情仍分别擬斬
聲明打單輕罪不議臣等以爲打單行劫本無二致原

情定法各有攸宜應請打單夥衆至三人以上及帶有刀械火槍者均以盜論又例載捉人勒贖任意凌虐及自盡者爲首斬候無凌虐重情止圖獲利關禁勒贖爲首遣發新疆爲從均減擬其後續增條例分別擄捉人數次數及擄捉幼童婦女各依本罪加等問擬此條亦專爲廣東福建有此風氣而言 臣 等查廣東擄捉之案約分二端械鬬私忿互相擄禁以鬬很爲意不必圖利盜賊擄捉或起意擄禁勒索或因行劫見其家老父幼子擄去詐贓其家至不敢報案忍心出資囘贖有苛索不遂竟至斃命者此則專主圖利而兇很爲甚蓋盜賊

行劫劫所能取而已擄捉勒贖則所不能取者直令事主自括所有奉之臣等以爲其罪當加於强盜一等豈可更從輕擬各州縣積習相沿凡詳報擄贖之案必援例文加並無淩虐一語以爲從輕問擬之地縉紳大族被人扭捉關禁逼勒其爲淩虐何以加茲故以事論凡擄捉者罪惟均以情論則械鬬私忿當以有無淩虐定罪盜賊擄捉求財何庸更問其有無淩虐詳繹例文依本罪加擬之處亦因擄贖科罪太輕仍按所犯本罪情節輕重加等問擬而自咸豐五年經部議准盜案一依本律科罪各州縣辦案乃反因有擄贖情節遷就例文

區別等第是因擄捉而反寬其行刦之罪於義尤爲乖舛臣等以爲擄捉勒贖但係盜犯皆應斬梟其因私忿互相擄禁始行分別加擬以符定例又例載將腹裏人口用强略賣與境外土官土人峝寨去處圖利比依將人口出境律擬絞候誘捉婦人子女爲首絞候爲從杖徒若以藥餅及一切邪術迷拐幼小子女爲首絞爲從發極邊充軍廣東近年略賣人口出洋之案例無專條而情節特重緣英法各國開墾南洋諸島募人傭工姦猾之民因而略賣人口漁利屢經拏案未一嚴懲積久遂至橫行愚民被其脅誘動輒數十百人載出海外與

洋人交易多索買價被買者語言不通自以爲受雇傭工一經出洋永無下落其略賣人口夥黨船戶句通共謀並無分首從人口數十關閉倉底謂之買猪崽其事較之誘拐子女爲加慘其情較之人口出境爲倍重臣等以爲宜明定罪名凡洋人招工出洋准其開設招工所聽人投充但有指引情事即按人數科罪設計誘騙略賣者皆斬又廣東省例載道光二十四年奉部議拏獲洋盜供認行劫重情如無事主報案仍應照案行查勘訊明確不得以并無事主報案遽照犯供定讞等語

臣等查盜案緝捕參限甚嚴又例須賠贓各省地方呈

報盜案常至淩厲州縣亦恃例文之足以相脅制也廣東刦案繁多不獨不能追贓卽盜犯亦不易獲乃至以呈報盜案爲大忌需索磨難使不得伸訴百姓亦遂以報案爲累相爲隱忍被刦民戶或係鄉村居民或係店鋪或係經過客商江洋刦案則本省客商與外省客商參半大率報案者十之一未經報案者十之九至有致斃事主無人報案者各州縣鄉村小路詳報無名男子被殺報驗皆盜案而無主名閒獲一犯就所供認二三案行查各縣動須傳訊事主補勘補詳或事隔數年事主無可傳訊卽不能定讞盜賊享行查之利事主反受

拖累之苦滯礙已多至於洋盜行劫率在大海風濤之中搜贓殺人焚燒船隻即事主亦不知名姓行劫地方又不知坐落何縣故海洋報案更少於內地獲案行查之難亦更甚於內地武營拏獲盜船有贓有供有兇械有正盜有夥黨甚或有血迹可證而必責令地方官勘詳舍近而求諸遠舍實而求諸虛每訊一盜犯文移往復疑難萬端亦見數十年來釀亂之由此又省例之急當變通者也以上四條多係廣東專例與近年辦理盜案依本律科斷實多牴牾州縣官能顧考成已屬難得既難保其有奉公之心亦難望其有整飭地方之意每

於辦理此等盜案因循瞻顧不能成讞臣等身任封疆
爲
朝廷宣法禁姦自應明定例文使與本律不至參差庶
州縣有所循守以持刑罰之平而不以瞻徇廢法其廉
幹之吏亦可不至以非刑立威於廣東除暴戢姦之意
似亦甚有關係請
旨敕下刑部依照本律酌中定議俾有遵循是否有當
謹合詞恭摺具
奏伏乞
皇太后

皇上聖鑒訓示施行謹
奏

盤獲鄉試頂名入場人犯押發審辦疏

奏爲盤獲頂名入場人犯押發審辦恭摺奏

聞仰祈

聖鑒事竊照同治三年甲子科鄉試臣　入闈監臨督率提調督糧道郭祥瑞監試候補知府袁泳錫分派文武員弁暨各學教官嚴密稽查搜檢以防夾帶傳遞代倩鎗手等弊有新甯縣監生朱鴻逵一名經巡綽官候補從九品呂賢均趙帷歧於進號時盤查該監生形跡可疑據實面稟當交提調傳新甯縣學查驗該學教諭林澄輝以監生例不由學管束無從辨認隨訊該監生供

稱實係新甯縣童陳茂成與同縣監生朱鴻逵相厚朱鴻逵臨場陡患病證自以數百里赴省鄉試不肯甘心因囑陳茂成代一入場於歸號時遇一素相識者詢以何得來此卽經巡綽官盤查得實實非積慣鎗手亦無得財受雇情弊等語臣查科場

大典頂名入場應照例懲辦隨將該犯押發廣州府飭傳朱鴻逵到案質究據報朱鴻逵先已遠颺除催飭查拘務獲提同研訊實情并飭藩司查明朱鴻逵捐監年月咨部斥革外謹遵例恭摺具

奏伏乞

皇太后

皇上聖鑒訓示謹

奏

覆陳廣東大概情形疏會總督銜

奏爲遵

旨查明廣東大概情形據實覆陳恭摺

奏祈

聖鑒事竊臣等於同治三年七月二十八日承准議政

王軍機大臣字寄同治三年七月十一日奉

上諭有人奏蘇州勇丁散回廣東佛山等處一月內連刼至數次數十次不等番禺等處散勇至千百成羣帆檣絡繹有糾眾攻打花埭情事毛鴻賓不能安插等語該省有如此情形何以未據毛鴻賓等奏報現在揚州

師船又經富明阿裁撤分起回粵當此各路勇丁紛紛遣散該督撫等自當振刷精神妥爲安插豈可毫無措置致告捷之餘别生枝節重擾吾民著毛鴻賓郭嵩燾一面將各該處被劫情節據實奏聞無許遁飾一面將散回勇丁設法安置並遵前奉寄諭將應發師船欠款赶緊籌備儻一味顢頇致散回勇丁再生事端惟該督撫等是問原摺著摘錄鈔給閲看等因欽此跪誦之下悚惕難名竊查粤東山海交錯風俗素號强蠻無業游民往往聚而爲盜積弊相承由來已久近溯自咸豐四年紅匪倡亂蹂躪遍於通省屢經官兵勦辦殲戮不爲

不多而匪民如荑旋薙旋生是以臣　等上年九月涖任之初卽會議整頓捕務督飭各路水陸文武員弁廣購綫目設法查拏或出海遊巡或入山搜捕至於內河各處巡緝尤嚴臣　等復因各屬獲盜解勘進省聽候部覆展轉需時並經

奏定新章令各州縣將搶劫各案人犯就近解赴道府審明正法欽奉

諭旨遵行在案自上年九月後迭次獲辦洋盜佘亞宋等二百六名又自十一月至本年二月彙辦各屬盜犯賴亞旺等二百三名均經先後

奏報其二月以後彙辦各犯亦正在分起陸續具陳從未敢稍涉顢頇本年五月間聞南海之橫岡墟有匪徒嘯聚四出搶劫經派勇弁拏獲張亞鑒張亞昆陸溼眼有陸單眼允等二十餘犯人心稍定隨聞佛山機戶有聚眾拜會之案密飭員弁會拏獲犯陸亞坤嚴亞紀二名又於番禺之石牌村擒獲巨盜池亞敏池亞已等多名番禺之龍眼洞獲犯樊妹仔樊蘇喥等多名併供有起旂謀逆實據此數案均於該逆等尚未起事之先經

臣等訪聞明確密飭地方文武速往掩捕不煩兵力而犯皆就擒故近日匪蹤稍知斂戢至若南海番禺香山

東莞新會各縣地廣人稠盜匪出沒無常每月據報搶劫之案間有數起此誠事所不免若如言者所奏一月連劫四十餘次則聞所未聞即其所指佛山一月連劫七次臣等檢查報案本年二月間有店戶朱喬許被劫一案係在佛山大基尾地方又七月間有永生押店被劫一案係在佛山隔塘地方均係南海縣所屬此兩案失事相隔半年非惟無七次之多亦不在一月之內且係土匪搶劫並非散勇所爲案牘具在歷歷可查無能遁飾又花埭在省城之西十里許居民多以種花爲業並非城寨市鎮言者乃謂散勇千百成羣帆檣絡繹糾

眾攻打花埭實不知其得自何所傳聞至謂蘇州之勇散囘廣東則猶未能究知廣東之情形查廣東自上年至今由本省遣散者陳金釭餘黨十餘萬李復猷餘黨數千廣西容岑各股數千各起裁汰勇丁數亦逾萬由江南北遣散者江浙各軍原募廣勇數萬紅單船勇數千資遣降眾數千又由賊中逃歸者亦不下數萬至於蘇州遣散之降卒不過二三千人合之前數加增無幾

臣等每念此輩兇頑成性時虞滋事當檄飭各路營官將遣撤勇丁及各起降人分別造具名冊由各州縣妥爲安置責成各鄉紳耆及該戶族人等稽查約束並經

臣等出示曉諭喻之以禍福維之以恩義俾大眾咸知凡散歸本籍之人但能安分守法卽與平民無異百姓等不得追尋前憾私相仇殺敢有故態復萌生事不法者准鄉老族長報明地方官立時捕拏加等懲辦臣等不敢保其必無反側默計力猶足以制之故時刻小心嚴防而仍相與持之以鎮靜每於接見各屬官紳之時詳加查訪僉言此次安插人數雖眾然在鄉閒尙能相安至富明阿裁撤師船聞於七月閒開江現在尙未抵粵言者謂蘇州散勇不能安插亦不知其何所見而云然又查江西南安府與廣東南雄州接壤中隔大庾嶺

其會昌等縣與嘉應州接壤中隔筠門嶺定南信豐等處與連平和平各州縣接壤則山徑更爲叢雜皆無水路可通是以兩粵謂之嶺外自古爲昭而言者乃謂金陵潰出之賊難保不由江西水路窺伺粵東尤不知其何據抑臣等所深慮者廣東盜匪淵藪如北江英德連州一帶多係深山窮谷前此鄧二尺七馮九指等均以積年逋寇結連村寨負險自固儼然大敵臣等檄調張運蘭一軍攻勦數月竭盡兵力僅乃克之而東江西江各處河面向來盜匪窺伺行旅東莞縣屬之鐵岡河面嘯聚尤繁沿岸村民多與匪通爲之接濟亦經臣等飭

調兵勇前往圍捕刻下李世賢汪海洋等諸大股麕聚江西水陸撥師不下十萬人而贛南一帶防堵未能嚴密一入粵境則潛伏之姦聞風思逞積慣之匪乘機竊發原奏所論金陵潰賊所慮猶有未周蓋江西竄擾之賊不待金陵之增益其勢已極鴟張伏讀

諭旨深慮告捷之餘別生枝節臣等反復籌思汗流浹背不能不殫竭愚誠以期上副

朝廷邊嶠安危之寄下拯斯民水火深熱之憂惟有遵

旨振刷精神勤求吏事疏通民氣以爲弭亂之原庶可免於罪戾又原奏謂臣等一味勒捐罔恤民隱以致富

紳大賈紛紛逃匿死亡民間憾之切骨外國載之新聞則臣等有不敢不一辦者上年捐輸由前署督臣晏端書前撫臣黄贊湯
奏派太常寺卿龍元僖等勸辦臣等以廣東之富在商而不在農歷來廣東之捐多由地畝攤派轉累及平民而不及富戶迭次辦理京米捐輸由各州縣派辦艱難萬狀臣等稍爲更定章程但指捐商富以稍紓平民之氣乃巨富林青萍蔡贊等因而逃避香港陳守善徐瓜林等因而逃避澳門其平日皆比附洋人以財自雄一席之費動輒萬千歷年籌捐京餉從無報效臣等以此

輩豪惡習慣趨避無足深怪言者乃不責此輩之刁頑
而責勸捐之偪勒其果有無偪勒南海番禺捐生具在
可一問而知之臣等常以廣東人心之迷亂爲大可憂
原奏乃更加以逃匿死亡外洋屋房飲食之費數倍內
地此輩若不惜一死何不死於內地而乃走死澳門香
港耶是又大不然矣且此輩平日舉動嘗爲鄉黨之所
鄙薄縱令果死何關民間之休戚而爲之切齒洋人新
聞紙載其本國事蹟皆用英文上海香港則專以牟利
姦僞之民附刻一條納銀一元藉以散播謠言凌辱官
長此事在洋人且恥言之安可據以登之奏牘且亦不

知勸捐籌餉事處萬難原奏之指摘乃更甚於捐戶既
禁之籌餉又責之安插降民局外之議論不顧局中之
艱苦　臣等所爲不能已於言者此也
皇上如天之仁不加譴責而以原奏鈔給閱看以愧其
心　臣等若隱默不言此心益無由自明於
君父之前負咎滋大再富明阿裁撤師船聞已分起開
行一俟抵粵後當與管駕各官會商撤遣此時實無餘
力預籌閒款爲該師船彌縫積欠然亦不能不苦志經
營勉籌安置之法總期盡一分之力清一分之餉以冀
御慰

宸廑所有臣等遵
旨覆奏緣由謹合詞恭摺陳奏伏乞
皇太后
皇上聖鑒訓示謹
奏
此次原稿暢論粤東情事至爲詳實寄雲尙書用幕友徐灝之言直謂粤東竟無一盜怪問之曰原稿言盜案繁多御史之言皆實必言無盜御史之言乃爲虛耳予曰御史風聞言事不論虛實吾輩當求所以自立之道豈足與言者較勝負哉爭之再四始得將

辦理盜案始末略一申敘而意仍主於迴護未幾御史周星譽復以盜案為言奉

旨與督撫覆奏不符飭將軍瑞麟密查虛實情形明者可與深言不明者雖反覆言之亦無如之何也自記

清末民初文獻叢刊

郭侍郎奏疏

（中册）

［清］郭嵩燾 撰

朝華出版社
BLOSSOM PRESS

郭侍郎奏疏卷五

江西竄賊闌入粵界熟籌防勦情形疏 會督衔

奏爲江西竄賊闌入粵界熟籌防勦情形恭摺仰祈

聖鑒事竊臣前次因江南克復湖州踞匪尚在稽誅江右賊蹤時虞奔突審度形勢通籌全局似宜扼重贛南當經臣等於七月十八日具

奏在案查逆匪麕聚江西撫建一帶經鮑超攻勦許灣賊營斃賊數萬於是崇仁宜黃東鄉金谿各路踞賊陸續棄城而遁歸併南豐會集各股賊衆徑犯甯都由甯都分兩股一出洛口一出雩都而會集於信豐其南豐

踞賊接續竄據石城瑞金會昌與信豐之賊連屬於安遠數百里間賊勢蔓延南雄嘉應兩州屬及惠州之和平連平等州縣同時告急八月初八初九等日擾及南雄州屬之中站初十日分隊進偪州城城東龍口墟牙溪迤西至李木村瓦子墟牛岡地等處處皆賊經南韶道唐啟蔭派委都司銜鄧紹忠候補知縣張克艮督帶兵勇攔頭迎剿十一日在湖口墟地方遇賊前隊迎剿獲勝賊於州東之長鋪橋及中站等處紮立大營分股橫出大庾縣屬之游仙而南雄迤東之始興翁源迤西之仁化樂昌皆爲賊蹤所偪近據獲賊探供稱有云

取道南詔順流直下者有云江西上竄之賊分花旂黃
旂兩股花旂賊欲徑竄廣東黃旂賊欲由福建竄廣東
察賊情似趨重楚粵之交以圖四竄而惠潮嘉三屬界
連江西福建無在不可竄越賊之注意廣東爲最甚廣
東沿邊設防處所亦爲最多是以臣等前此兢兢以扼
守贛南爲急曾經分咨曾國藩楊岳斌沈葆楨等調撥
勁旅萬餘人繞越甯都石城以爲杜賊南竄之計並請
敕下遵行蓋以天下大局論之東南財賦之盛聚於江
浙江西兩楚皆處腹地廣東遠瀕南海地勢獨偏各路
統兵大員謀使廣東一省承其禍以紓東南之憂亦未

盡爲非計然近日軍情與江西初被賊時迥異近日事勢又與金陵未克復時迥異江西被賊之始僅有席寶田江忠朝韓進春等軍其勢難以圍勦金陵踞賊尚在賊亦首尾兼顧不能遠竄繼而劉典王文瑞等軍由湖南馳援王德榜王開琳等軍由浙江馳援鮑超周寬世等軍由皖南北馳援楊岳斌奉

命督辦軍務江西援軍多至七八萬人足以四面掩擊

聞仍定計開贛甯一路縱使入粵臣等初亦不敢置辯迨聞金陵克復之信知賊勢必圖遠竄卽經反復函商以爲賊之竄粵自在意中但得一軍截擊則以敗竄而

歸於粵與合撫建各股之賊整隊徐行以趨於粵情勢絕不相同江西援軍皆一時名將老於戰陣兵力又極有餘裕若不一謀截擊即萬非廣東之力所能支持且賊勢一蹙於江浙再蹙於江西兇悍之氣亦稍衰矣一入廣東所在伏莽羣起相應賊黨之散歸者廣爲嘯聚其勢必復加熾則亦天下之憂也近年廣東投誠散歸之賊黨及各路遣散兵勇合計數十萬人無時無處不憂其蠢動滋事歷春以來淫雨數月惠潮嘉各屬水災迭告西北兩江同時幷漲田禾廬舍淹沒頗多適於此時有大股賊匪之闌入官愈窮於轉輸賊愈便於擄脅

則尤廣東之憂也江西之力不足以制賊豈能望其兼顧廣東若專爲肅清本境之計休養餘力不以勦賊爲意而以偪賊他竄爲心臣等實未敢信爲正辦臣鴻賓前在湖南西路用兵東西枝柱進兵湖北越勦廣西援黔援川同告肅清又皆裹糧以從而接濟皖浙各軍錢糧軍火轉運如梭難以數計儼然東南諸路一總糧臺即如現駐江西之精毅營江忠朝精捷營席寶田均爲該省力持全局其始實由臣鴻賓奏派前往爲先手制勝之著奏牘具在歷歷可據假使臣當日少存畛域之見則江西之縻爛不待今日而早不可支湖南以一省

之餘力供數省之需而不辭徵調之煩江西以各軍之全力剿一股之匪而徒爲縱遣之計賊勢方蔓延贛南甯都兩府一州之地而遽舉杯相慶請補行鄉試若幷本境之南贛甯都各郡縣任賊蹂躪亦不在其意計中者此臣等所尤惘然不解其何意者也現在江西全境刻期肅清廣東既承其禍湖南之桂陽桂東亦恐受其害賊勢一逞又成不了之局臣等現以南雄軍情最爲緊急飭令南韶連道唐啟蔭統籌全局嚴密防剿鄭紹忠一軍已飭募足三千人潘其泰募足一千人與張克良管帶之親兵五百人擇要駐紮紳士葉德全等團練

雄武軍五百人即飭布置城守事宜另飭湖南記名總兵易榮華湘勇一千五百名暫行留駐龍南要隘以防竄擾始興翁源股匪添委陽江鎮總兵任星元選募郴桂勇一千名相機進勦龍南緊急則以始興防勦爲要著大庾緊急則以仁化防勦爲要著並飭署南韶鎮總兵衞佐邦募備壯勇一千名籌辦韶州防務兼爲各軍後路應援亦可分顧始興翁源一路又令參將張貴統帶北江巡船整肅江防仍歸任星元節制以期水陸互相策應此北江辦理防堵之情形也其東江一路自大埔以西至鎮平均與福建汀州府屬連界汀州鎮總兵

關鎮國勇敢能戰張運蘭凱字一軍亦已馳抵汀州此路情形略鬆惟嘉應所屬之平遠興甯與江西會昌長甯各縣交界惠州所屬之和平龍川連平與江西定南龍南安遠各廳縣交界賊勢緜延數百里之地廣東數百里邊防亦遂有應接不暇之勢石城瑞金之賊必由會昌入粵而以筠門嶺一路爲最著稍南卽平遠之八尺墟現飭方副將一軍駐紮八尺墟以扼其衝而和平之下車江口岑岡等處要隘均爲賊匪迭次竄擾熟路已咨請提臣崑壽就近撥兵一千另募勁勇一千派委遊擊常秀管帶馳赴和平擇要駐紮潮州鎮翟國彥惠

潮嘉道鳳安派委守備許步雲帶前隊勇六百名前赴嘉應協防一面預雇壯勇二千名探聽賊蹤馳赴援勦
臣等已飭翟國彥親行督師兼顧惠嘉一帶邊防以資得力仍令吳贊誠察看情形賊勢何路緊急兵力何路尙形單薄隨時酌量增加仍飭候補知府柯秉珪候補都司熊應榮馳赴嘉應以該二員帶勇勦賊素著聲譽如須添募勇營亦可就近挑選管帶仍飭辦理團練之張其翰楊元勳等選雇勇丁聯絡各鄉紳士擇要駐紮以輔兵力之不及此東江辦理防堵之情形也又另派委守備黃添元補用都司鄧安邦千總鄧奮鵬雇募綫

槍手二千名暫駐省城以備調遣安徽候補知縣麥佩金募勇五百爲省城巡防之需統計惠潮南嘉四府州邊防下至省城陸續添募勇營約計已二萬人合計卓興候勉忠辦理肇慶客匪勇數共不下三萬軍餉之艱難既早窮於籌畫地方之遼廓又難免於紛歧各處要隘防堵多者三四千少者一二千實形單薄而於各軍之策應後路之接濟亦頗會商全局竭力籌維此又臣等通籌東北兩江防堵之情形也江西各軍聞已進至甯贛等處跟蹤追逐至今並無一營繞前截擊臣等亦已咨商提臣鮑超請派王衍慶五營繞出贛州以南會

同廣東防兵四面掩擊意欲藉助此起百戰精悍之軍使此賊不得肆行猖獗區區愚忱亦惟有督率各路防師竭力籌辦以期保固邊陲仰慰

皇上綏靖海疆之至意所有籌辦防勦情形謹合詞恭

摺具

奏伏乞

皇太后

皇上聖鑒訓示謹

奏

廣東應解京餉請全數截畱稍供支放片會總督銜

再廣東省東北兩路防務喫緊現已將布置情形專摺奏報惟各營增兵添勇一萬數千人所需薪糧經費月計十餘萬兩探聞賊股衆多狼奔豕突儻匪蹤滋蔓添調兵勇堵剿將來餉需尙不免陸續加鉅粤省各庫存項本屬無幾但有實款均奉提解京餉及撥濟隣省本省一切支需甚少實款可用無米爲炊在平時已難自給今股匪十數萬全圖竄粤大敵壓境事機孔急苦於經費無出諸形棘手倍覺岌岌可危查藩庫額支兵餉積欠兩年有餘此時若不酌量補放無以足兵食卽無

以固兵心何能責令巡防聽候調遣而庫儲支絀竟無款項可籌近因各屬秋潦爲患地丁錢糧徵解減色愈爲拮据運庫鹽課一項原撥本省兵餉因又提解京餉遂致不克兼顧輸轉維艱本年雨澤過多沿海場竈被水淹浸塌曬短缺鹽價增昂埠商折配不前餉課更形竭蹷至粤海關庫徵收稅項入不敷出前去後空亦復無可轉注此外抽收釐金僅留本省三成杯水車薪罔不足以資實濟而勸辦捐輸多方搜索民力已極窮匱並無裨於要需且警報頻來商賈聞風裹足恐此後釐金日少更致抽無可抽即民間生計愈艱富者漸貧貧

者益窘捐輸尤無從勸辦是將本省各項儘數羅掘亦未足以應供支當此制用孔亟之時臣等具有天良但求就地可以自籌斷不敢遽請動撥協餉而各省同此艱窘即請協撥隣餉亦必徒託空言盱夕思維莫名焦灼至本年京餉奉撥地丁銀五萬兩鹽課帑息其銀三十二萬兩均於五月以前批解及半即所撥粵海關稅亦先解過五萬兩均係竭力措辦原擬地方軍務稍鬆但可周轉無論如何艱難亦當接續再解以副部撥詎意鄰省匪氛偪近本境防剿萬緊支應加倍紛繁若因餉需不繼致有疎虞則地方蹂躪民生塗炭害在眉睫

不得不先其所急以冀保全疆圉所有各庫應解下半
年京餉急應全數截留稍供支放儻荷
聖主威福此股賊匪卽時殄滅不至披猖仍當竭力籌
維隨時設法補解萬不敢藉詞推展膜視要需抑臣等
更有陳者廣東應解京餉情形原與他省不同他省本
有應解部庫之項用兵以來大半留供支放近年由部
酌量提撥原情則不免艱難按例則原應提解廣東歷
來舊制除海關例解內務府額款並徵存多少聽候部
撥外其餘藩鹽各庫均無例解部庫額款他省因軍務
繁興應解之款由部酌提不能科以常格廣東値軍用

緊急待支之款多因報解部庫以致本省早形匱竭是
用兵與他省同而連年籌解京餉其艱難實倍甚於他
省且賊一入境各州縣應解錢糧因籌辦防堵不能催
徵行鹽引地亦至阻隔雖幸荷
天恩准將應解京餉酌留支用而其徵收之盈絀催解
之多少將來能否敷用亦尚無從核計此又廣東艱苦
之實情不能不一一縷陳於
聖主之前者也謹合詞附片具
奏伏乞
聖鑒訓示謹

奏

廣東軍需緊急謹率同各官捐廉助餉疏會總督銜

奏為廣東省軍需萬分緊急謹率同各官捐廉助餉稍
效微忱恭摺具陳仰祈
聖鑒事竊照髮逆大股由江西竄至廣東省南雄州屬
邊界並與惠潮嘉等屬山路毗連在在奔突堪虞恐致
蔓延為患臣等添撥官軍兵勇在東北兩路水陸要隘
嚴密設防預籌堵勦恭摺
奏報在案惟增兵集勇經費浩繁各庫竭蹷異常不敷
支應實屬萬分艱窘不能不藉資捐輸無如粵省勸捐
之案至再至三民力已極疲乏之難期踴躍多方激勵總

無起色計惟由官先捐廉俸以爲倡率俾紳民咸知觀感或可資振作而濟急需茲臣毛鴻賓捐養廉銀六千兩臣郭嵩燾捐養廉銀四千兩並學政臣王淞捐養廉銀二千兩又粵海關監督臣毓清捐養廉銀五千兩及藩臬運司糧道等一體措捐其廣州等府縣以及廣協各營官弁並各量力助捐共計捐輸廉銀九萬五千兩陸續繳交籌餉總局兒收歸入堵剿逆匪經費項下隨時支用彙案報銷以昭核實據總局司道會詳請奏前來謹將各官捐輸銜名銀數繕具清單恭呈御覽臣等受

恩深重現因軍餉緊急稍竭涓埃俱不敢仰邀
甄敘至學政臣王澍粵海關監督臣毓清均無地方之
責報效本於至誠其司道府縣及副將都司守備等官
弁竭力輸將亦屬急公奮勉合無籲懇
天恩敕部查照現行籌餉新例准由各該員分別移奬
子弟之處出
聖主逾格鴻施臣等謹合詞恭摺具
奏伏乞
皇太后
皇上聖鑒訓示謹

秦

請　飭江西湖南撫臣分兵援粵片會總督銜

再現在金陵收復江浙蕩平東南各省指日可奏廓清想此敗殘餘匪延喘於江粵交界之間斷難久稽顯戮惟是粵省邊界毗連三省山徑叢雜谿洞重深和平龍川及江西龍南安遠之交地名湖頭尤爲自古盜賊出沒之所前明時山賊盤踞其中四省爲之擾動後於贑南特設巡撫逮王守仁任之經營數年始克蕆事則地形之要害可知今賊匪滋蔓之所適當其地侍逆李世賢等皆百戰之餘非烏合可比卽令臣等嚴密防勦不致闌入粵省腹地恐該匪狡猾爲心乘閒分擾非東竄

闖卽西入楚易成燎原之勢若晉之孫盧唐之黃巢皆以敗殘之餘偷息嶺南及餘燼復燃江表爲之糜爛可爲前鑒臣等考之往古揆之當今逆匪雖衰悍賊尙衆若不乘此聲威及早殲滅恐非徒江粵閩楚邊界之憂關係東南全局者甚大現在江浙一律肅清而江西爲東南之腰脊適當賊衝賊所必假道之區其地勢平衍兵力又已厚集賊勢萬不能久駐則竄楚竄閩竄粵惟其所便而閩地窮乏其民依山結寨尙能自守賊屢竄闖移時而卽自引去從不得一逞楚則自贛以西有楊岳斌之水師有劉典王文瑞之陸師趙煥聯等又已越

境防堵桂東桂陽一口防兵至逾萬人賊必不敢深入其邊防之多兵力之單又爲賊意所注無過粤東者目前竄入之匪爲數不過數萬堵勦已形喫力探聞瑞金信豐諸大股動輒六七萬駸駸跟蹤而入其勢恐難再支然臣等不患賊來之多所慮者餉絀兵單不敷分布耳伏查粤省之弊約有數端言乎營兵則原額雖有七萬之多而欠餉至三年之久責以累代豢養之恩效死固是其分揆以枵腹荷戈之苦情勢實有不能言乎募勇則舊募勇丁欠餉久而漸疲新募勇丁訓練暫而難恃言乎將則久經戰陣者不過衞佐邦卓興翟國彦等

數人其餘韜略過人者實少概見而卓與一軍又爲土
客所牽掣臣鴻賓赴任之先訪聞粤東無可恃之兵郎
經
奏派福建臬司張運蘭募勇三千副將楊虎臣候選道
楊安臣募勇三千隨同入粤以備緩急抵任後查知庫
款匱乏遂將楊虎臣等撤遣回楚專留張運蘭一軍清
理内匪藉作粤東保障旋經浙閩督撫臣
奏催赴閩臣等益少把握則兵力不足也至於餉項支
絀尤甚正項錢糧則所入不敷所出而況民欠之纍纍
釐金一項從前則協濟江皖留用無多目前則商賈不

來征收幾絕不得已而捐輸則臣等不避勞怨設法籌勸爲時幾及一年所得不過二十萬更不得已而至於借餉則數年以前借貸紳商不下數十萬並未還過分毫久已失信於民勢難再借應解部款雖經臣等奏請截留然亦不敷一月防勦之費則財力不足也臣等自到任後節次將本省艱難情形據實奏明在案益不敢重蹈粉飾之習務在力圖整頓之方無如元氣虧竭已久尚非一時所能補救夫以賊情地勢之緊要如彼兵力財力之不足又如此臣等通籌全局時切憂惶竊計圖大事者不顧目前之安必求萬全

之策顧大局者不貽事後之悔必圖先著之爭賊匪一日不滅粵東不能一日撤防江西湖南不能一日休息即東南各省亦不能遂稱安枕與其待至賊氛糜爛而徐籌埽盪之方何如通籌大局情形而急求制勝之術與其糜經費於防堵而仍無滅賊之期何如合羣力以殲除而早奏廓清之效江楚各省兵力極厚餉源亦裕以視粵省之兵單餉絀者迴不相同若僅以之防堵本境以鄰爲壑有負

朝廷登民衽席之心亦非臣子敵愾同仇之義應請

飭下江西撫臣沈葆楨湖南撫臣惲世臨飭令江西之

王文瑞一軍由贛南一帶長驅入粵會合惠潮各軍以

勦東江之賊湖南之趙煥聯一軍由桂陽桂東入粵會

合南韶各軍以遏北江之衝臣等已嚴飭臬司李福泰

南韶道唐啟蔭潮州鎮崔國彥署南韶鎮衞佐邦等督

率各軍跟蹤兜勦並請

皇上責成臣等以及江楚撫臣各路統兵大臣不以各

守各境爲事必以蕩平此賊爲心必以嚴密圍勦毋遺

後患爲重不以刻期責效苟求蒇事爲能江西撫臣沈

葆楨湖南撫臣惲世臨夙顧大局必能迅速籌畫贊成

分兵援粵之計惟出自臣等所

奏請各營或轉生我疆我理之心必出自
聖訓之指授機宜諸臣當益奮偕作偕行之志臣等爲
大局起見謹附片密陳是否有當伏乞
聖鑒訓示謹密
奏

調員差遣片會總督銜

再臣鴻賓擢任兩廣時訪知粤東軍務廢弛

奏調福建臬司張運蘭四川候補知府劉德謙等來粤

以資差委本年七月間張運蘭欽奉

諭旨馳赴福建而劉德謙先於春間遣撤回楚現在賊氛偪近籌兵籌餉在在需人查有廣西候補道王承澤精明幹練才能出眾前在廣西戰功卓著因黃逆平定後請假回籍又四川候補知府曾紀鳳與劉德謙等同在四川勦辦各股賊匪熟悉戎機聞亦請假在籍合無

仰懇

天恩飭下湖南巡撫檄令該員等刻日馳赴廣東交臣

等差遣委用實於軍務大有裨益是否有當謹附片陳

明伏乞

聖鑒訓示謹

奏

覆陳嘉應並未失守片會總督銜

再正在繕摺間承准議政王軍機大臣字寄十月二十四日奉

上諭前據沈葆楨奏廣東嘉應大埔均已失守毛鴻賓等何以並未奏報著卽將各該州縣失守情形確實查奏毋稍粉飾欽此臣等查江浙髮逆經南雄擊敗後退回江西橫竄平遠鎭平該縣城旋失旋復逆匪懾於兵威遂由大埔遁入閩境先後經臣等將詳晰情形奏明在案此起賊匪由南雄擾及大埔沿粤邊境所在堵截未令侵入腹地嘉應北距鎭平平遠均約百里東

距大埔約二百里非但未曾失守卽賊蹤亦並未擾近州城江西與粵爲比鄰該省駐師數萬人並未一入粵境會同截剿是嘉應一城在粵東爲腹地關係較重而在江西則全無所交涉沈葆楨雖屬隔省距嘉應亦不甚遠未知據何路稟報代爲粵中陳奏失守而於賊蹤之來去城池相距之遠近並未一加考究致煩

聖心之廑念近年來軍務之壞半由偵探失實承訛踵謬而不知其誤往往先事張皇臨時反無所依據其弊寔由於此伏查賊匪由浙而江而粵而閩雖僞孳伏誅而悍逆李世賢等尙稽顯戮江西內無伏匪外有楊岳

斌鮑超劉典等各路勁旅星夜馳援而各地方蹂躪之
慘與城池失守之多均蒙
聖恩不加譴責粵東爲髮賊注意之區外無援兵內多
伏莽幸賴
聖慈指授機宜得以暫保完區不致若江西之蹂躪腹
地原非初念所敢期及然失守各縣無不隨時參奏何
至專爲嘉應一城稍有諱匿自取罪戾沈葆楨所奏嘉
應失守一節委係全無影響臣等亦無所庸其粉飾謹
據實直陳仰紓
宸廑再王文瑞趙煥聯兩軍本應欽遵

諭旨催令赴粵惟粵境現尙犄安兵勇尙敷分布應請

暫緩飭催以免虛糜合併陳明伏乞

聖鑒訓示謹

奏

各省抽釐濟餉歷著成效謹就管見所及備溯源流熟籌利弊疏

奏爲各省抽釐濟餉歷著成效謹就管見所及備溯源流熟籌利弊詳細臚陳仰祈

聖鑒事竊維

國家承平日久營兵廢弛已極廣西賊初起調集山陝滇黔邊兵謂必優於腹地均因日久無功以次撤歸嗣後各省籌辦防勦專務募勇而營兵亦時就地調撥始終不能一得其力自古行軍皆由調撥近時則一出於召募此用兵之一變局也軍務初起

朝廷頒發帑金動輒數百萬或由戶部運解或由鄰省協撥軍營安坐以待支放師久而財日匱東南各省蹂躪無遺戶部之解款鄰省之協餉力皆不能自顧偶一辦理防堵捕勦土匪左支右絀無可爲計其勢又不能坐聽其決裂艱窘如廣西貴州亦須經營籌畫自求生理湖南經理得宜則竟以一省之力支拄數省此又籌餉之一變局也用兵既久籌餉之難倍於籌兵餉裕則兵强餉匱則雖有兵而不能恃以禦侮總計十餘年以來籌餉之方名目繁多其大要不過二端一曰捐輸一曰釐金捐輸起自漢卜式出私財佐軍流極於宋明之

季而有搜括之令
國家開捐納之例導之以仕進取之有節勸之有方巨富厚貲立致榮顯中下之戶亦樂有以自效爲法優矣而數行之則民怨官煩而法亦僘故捐輸可以救一時之急而不可爲經久之規釐金之制蓋緣始周官之廛布絘布以杜子春註意推之廛布者當如今之坐釐絘布者當如今之行釐而自周以前商賈之征數倍農民後世水陸鈔關額設極少稅課亦極輕此非徒以優商也王者節宣天地之宜田賦所入以制國用有餘商賈聚散無恆居盈虛無定勢官吏易緣爲姦故常弛其征

以便民軍興用繁則百稅並舉逐古以來國用之需無
不取給百姓王安石竊周官之意以擾承平無事之民
君子所深惡至於艱難籌餉而一切苟且之政行其勢
自迫於不容已四民惟農商二者爲有常業不取之商
卽取之農農民務本而生計微商民逐末而利源厚輕
重之宜亦易知也今之釐金與漢之算緡唐之除官錢
宋之經制頭子錢異名而同實漢唐之世所謂算緡諸
法者皆取之商賈之本錢故又有告緡手實諸法以窮
其根柢其餘百貨更加以稅史冊所紀令煩法密所以
括民財者甚至然而漢唐宋取之民者多而爲利反少

今取之民者約而爲利反多者何也漢唐之制爲定法以督之州縣而已督之州縣則吏胥之搏噬益繁而終無實際爲定法則商賈之豐儉或相倍蓰或相千萬而不能不著爲課額派之州縣通都巨鎭可以倍征而徒飽私橐山城僻壤並無貿易而亦須取盈又或於正供之外科以雜差故爲擾也今之釐金惟不限以科則不拘以程式一依唐臣劉晏之法引用士人因地制宜猶得任人不任法之意臣請歷言之所謂不限以科則者何也上海釐金抽收之法異於江北安徽異於江西湖北異於湖南貨行之通滯商情之順逆惟其所便而不

以相强上海釐金抽收最重以次推及廣東不逮十分之一不能比而同也甚至一省之貨此輕而彼重一廠之設此疏而彼密惟無科則而後事事乃稍可以核實可以便民所謂不拘以程式者何也凡商船經過之通津有卡廠行釐貨物囤積之巨鎮有門市坐釐其大較也間有支津汊港繞越偷漏則又添設分卡小鎮毗連大鎮或至居奇則又添設分局皆隨時酌量辦理一省扼要處所不過三四辦法亦因加密其餘稍寬其法設局多者不過一二十處或通數府縣無一卡局或小鎮舉辦而大鎮反未及舉辦推而至於各省或辦或不辦

或辦之有效或竟無效一聽督撫之自爲經理均無一定之程式强之以必行是以用兵十五年被擾亦十餘省其勢岌岌不可終日而募民以爲兵因地以籌餉士安於家農安於野商賈亦相與安於市督撫大吏委任一二員紳舉之而裕如自漢以來言利之稗政未有優於今日之釐金者也言者徒曰病商周秦以來天下大利歸於商賈漢興而力加之困辱誠惡其專利也歷周至明士大夫無爲商賈者取之虐而無所惜

本朝稍寵異商賈士大夫亦多出於其途利厚而權亦重釐捐所取於其歲入之贏餘百分中納其一二以今

制準之漢唐宋明以前誠不足爲病又凡完善省分羣以保護商賈爲言其籌辦釐金者大率兵燹之後盜賊出沒之鄉商民交困警報頻聞湖南北巨賈皆籍隸川陝使稍有病於商亦豈能强其閒關跋涉轉側兵戈之地自投完納毫無避就是言病商者既未考古又未知今徒爲商賈爭錙銖之利以代護其私亦稍惑矣或又曰擾民釐金按貨計捐絲毫皆出之平民人所知也富民日費錢數千以釐計之當捐錢數十中人之家日費錢數百捐錢數枚而已按戶責捐是爲口稅爲戶稅唐宋之制所以爲擾也準之日用之需則固可覈縮節省

以求相濟而不見爲累百姓難與圖始刱法之初動多阻撓其或至滋事者則又無藝之頑民乘風狡逞意圖劫掠商賈不任受也捕治一二人而已帖然開辦旣久從無抗違釐金之案亦足見商情民俗之利病從違矣且一意營私以免釐爲得計者商人之同情一端偶逞以抗官爲能事者奸民之恆態若因一二抗釐之案遂據以爲擾民則鬧漕抗糧江浙成爲積習拒捕毆官鬧廣視若固然苟求民情之順悅不顧政體之陵夷將并錢糧而不徵舍盜賊而不治乎勢固不能也或又曰中飽之弊太深天下無一事不壞於中飽而惟釐金之中

飽爲最輕蓋凡中飽者必一切惟所侵漁釐捐以數人而理一廠以數廠而治一事總局司其出納藩司核其成數上而督撫制之下而州縣制之衆注之耳目皆得指其是非納釐之商民亦不甘聽其含混縱云中飽蓋亦無幾自古有治人無治法苟得其人雖稗政亦無所擾苟非其人則緩征蠲賑及一切保甲社倉之美政皆足以滋弊端督撫切已之經營自愈於旁觀之臆度各省辦理釐捐號爲中飽者廣東爲最江北次之無他惟無章程而已矣江北之中飽在官紳道員郭禮圖一加整頓而弊立除廣東之中飽在商賈深固糾結較難斷

禁稍與清釐蓋亦把持之意多而侵蝕者有數可紀惟
任員紳而不任之地方官既不能盤踞爲姦又無差胥
爲之爪牙故爲弊輕而去弊也亦易若以紳員辦理釐
捐支銷薪水言之則尤非事實紳員之賢者多不樂任
事或由督撫延請或由奏派勉强從事其中材皆足以
自謀衣食用其力以籌餉急公月給薪水數十兩少或
數兩此何關國計之盈虛而相與痛心疾首實不能容
尤惑之甚矣或又曰休養之政宜講臣前在江蘇浙江
見其地把持釐捐辦論紛繁訖不能舉行被兵以後周
歷松太各屬常數十里無人煙上海辦理釐金歲常數

百萬而地方獨完商賈轉盛湖南支持數省專恃釐金接濟亦未聞民氣致有銷耗賊勢如虎狼水火不急籌拯救之術而日且姑安坐休息果足爲休息乎釐捐所以猶爲良法正以商賈贏餘之利取之無傷而得以其間與民休息也其取之約而法均行之簡而情親尤得籌餉之妙用漢法二緡而一算算者口出錢百二十二緡一算每錢千取六十唐之除陌錢宋之經總制錢皆千錢取百湖南酌定釐捐章程大率每錢千令捐一十二十最爲輕減上海蕃將倍焉廣東則尚不及其半故曰取約按貨估值計錢抽釐本厚者出多息微者出少

人各效其力無邀免者故曰法均漢唐宋課商之法名目至不可窮紀今總其名爲釐捐故曰行簡任之紳員與商賈朝夕相見利害盈虛可以互相參證不瘠以官威亦不督以成法故曰情親所以行之數年而無弊者存乎用法之人而法亦稍良矣必欲從征之士枵腹荷戈近寇之區開關延賊而後爲休養正恐古人所謂休養者不如是也近見金陵克復以後言事者動請停止釐金或請酌量裁撤卡局不知言停止者旣別無籌餉之法可以斟酌盈虛言酌量裁撤者亦未嘗考究各省辦法輕重疏密原自不同萬不能盡一省之水陸市鎮

概行舉辦一隅之見難與辨論而民情各私其財各專其利自古爲然但聞籌餉之說而已多阻難一聞停撤之言而更加附會湖南所以稍能盡利專恃地方紳士主持正論者爲多商賈百姓不敢有所異同苟以天下爲心則事勢之艱難百姓之情僞亦當稍具權衡獎之以忠孝使佐公家之急勸諭百端猶不能一應旣有停撤之議遠近傳述羣起爲難是徒據一二人之私論上以眩惑

朝廷之聽下以鼓動愚民之氣使有所藉口以遂其背公營利之私以之處平世而猶爲傷化以之獎衰俗而

適以長姦臣竊以為
國家愛民當規其大者遠者近年以來減蘇松浮糧豁
免江西攤賠款項軍務報銷不歸部核此數者實皆漢
唐以來未有之德政以是振厲天下之人心攘除寇亂
蔚成中興之業惟其所規者大而所及者遠也現在江
南巨寇雖已蕩平餘匪尚數十萬人麕聚江西閩粤之
交籌兵籌餉勢處萬難商民計釐繳課本屬些微軍需
累少成多藉資補救官不得已而與民爭利言事者又
欲私商賈以與官爭利而所據以為言者大率影響附
會於民生利弊實未嘗深加攷究自宋以來議論繁多

凡言利者皆不容於公論故斂怨以爲私君子之所戒而固爲小人之所趨至於斂怨爲公則賢愚同所兢兢軍興十餘年自江皖兩湖外籌辦釐捐亦未有能盡利者下之結怨百姓上之得罪清議一言捐而朘削聚斂之名已先無以自解一二辦事省分迫不得已艱苦經營粗有成效言者又取道路無稽之議論而急毁之徒使地方官事事掣肘斂怨益深籌餉益絀瞻顧周章進退兩無所據是

朝廷愛民尚爲虛語而地方公事已先受其實害所關於風俗人心尤大夫不念民物豐嗇之原而動以言利

爲事者陋也不顧時局艱難之寄而僅以不言利爲名高者尤君子之所愼也易曰何以守位曰人何以聚人曰財三代王者理財之道酌盈劑虛裁成輔相之義精矣而曰生之者衆有所以生之者也曰爲之者疾有所以爲之者也讀古人之書聞一二人之言而妄思興利不顧民生之休戚事勢之順逆無論爲公爲私而皆謂之陋讀古人之書聞一二人之言而遂欲據之以爲名古今得失之宜未接於目天下利病之數不關於心僅以邀流俗之譽使辦事者無所措手故宜愼也臣於古今事變名臣大儒奏疏論撰之文皆曾考求得失究知

其本末決非敢言利以病民者而身當其位事處其難稍求有益於國無害於民仍惟釐捐爲尙可以行久不敢不一據實直陳發明其義伏乞

皇上天恩諸言停止捐輸釐金者槪予留中使不至傳播庶斯民浮動之氣不至挾

朝命以圖與官相抗俟天下無緊急之軍需直省無積欠之兵餉戶部無竭蹶挪移之苦況而後斷自宸衷盡罷各省釐捐惠商而商實受其惠無焚掠之憂便民而民眞得其便無蕩析之警乃永以培養元氣涵濡

聖澤天下幸甚愚昧之見是否有當伏乞

皇太后

皇上聖鑒訓示謹

奏

廣東辦理釐捐情形片（會督銜）

再廣東釐捐舊設卡廠凡五處曰韶關廠當江西湖南兩省來源爲廣東之北江曰白沙廠附近惠州府城爲東江曰後瀝廠附近肇慶府城當廣西來源爲西江曰四會廠則賀水別由廣西之賀縣以達四會而匯於西江廣東竹木之所從出也曰蘆包廠爲省河上游總匯東西江三廠收數甚少而來源或數千里數百里皆巨川也韶關蘆包兩廠每月收數各萬餘金爲釐捐兩大廠又有陳村江門兩廠則皆抽收坐釐合之省城佛山潮州爲坐釐五分局竊查廣東海口紛歧諸江之水旁

穿側出而經流實會於省河其不由省河者潮州之韓江別會汀贛諸水自由汕頭入海名曰東海雷廉各屬名曰西海沿西海府縣地勢橢長內界廣西瓊州又南懸海外所產糖靛桂皮販運各省為出海大宗廉州海口最著者名曰北海雷州海口最著者名曰海安地方設卡抽釐據為私利已閱數年前署督臣晏端書委候補知府呂銓安徽候補知州江國華前往清理至於被毆並不一加懲辦紀綱法度廢弛為甚臣體察廣東情形民情非甚刁悍而紳士之把持能急公者少人才之蕭索能辦事者尤少數月以來稍將包抽之私廠一概

裁撤歸併官廠去其弊端之顯見者其餘石龍西南九江三多祝各處巨鎭無慮十餘處省河下游各國貿易及牛莊煙臺江浙福建之海船尤爲釐捐巨款皆以舉辦艱難未敢强行僅西海等處因地方私廠之舊裁撤整頓添設海西分廠此廣東辦理釐金之大概情形也其間穀米薪柴兩項各省辦理章程互異江西兩湖產米之鄉一律抽收上海則米價昂貴時暫一停止廣東以此兩項爲貧富所同需自開辦至今永遠停止抽收海西添設之廠又惟抽收出進海口之桂通靑靛油麩棉花沙紙糖包等共八大宗此外百貨皆無釐捐其抽

收既視他省爲輕其辦法又視他省爲略苟且將就以圖無事言者更欲裁撤北海釐捐臣等不解何以私收營利辦理數年官吏竟能相容改歸官抽商民已肆其阻難京師且傳爲過舉前訪聞新選長甯縣教諭王師祥主謀滋事經委員候補知府呂銓稟揭有案已咨部將該教諭暫行斥革研訊確情歸案擬辦原奏稱尚未得主名一似指陳前後釐捐情形而於此等案由竟全無所聞可見傳聞無實之辭影射規避挾私求逞斷難憑信恐部臣或照案擬准責成裁撤致商民藉端以相抗拒臣等雖能據情奏請照舊辦理而政體之傷損已

多謹先將廣東辦理捐情形詳晰縷陳伏乞

聖鑒訓示謹

奏

請將知縣陶慶等留粵補用片 會總督銜

再前署江西餘干縣候補知縣陶慶仍經兩江督臣曾
國藩調赴軍營歷著勞績又奉奏派來粵辦理釐捐稽
核精詳不辭勞怨近因粵東軍務喫緊經臣等委辦要
務皆能辦理裕如查該員清貧自勵質實耐勞以賦性
剛直屢遭擯斥而中懷淡定並不以榮進為意以之振
式浮靡尤足以資風示粵東現當用兵之際在在需人
合無籲懇
皇上天恩俯准將江西候補知縣陶慶仍留於廣東以
原官序補廣東多得一剛直耐苦之員於吏治亦實有

裨益又候選府照磨李荆門於江蘇糧臺保舉尤爲出
力案內奏
旨以從九品歸部銓選旋於南臺捐米案內報捐府照
磨亦經奏
旨允准在案上年經 臣嵩燾隨帶來粵委辦文案勤慎
詳密遇事留心旋派充巡捕一年以來於各軍營一切
事宜亦能隨同考求並應請將該員留於廣東補用以
資驅策查廣東無府照磨缺擬請仍照原保之從九品
遇有巡檢缺出酌量補用該員李荆門係未捐分發之
員仍飭令赴部補繳分發銀兩以符成例而杜倖進謹

附片陳明伏乞

聖鑒訓示謹

奏

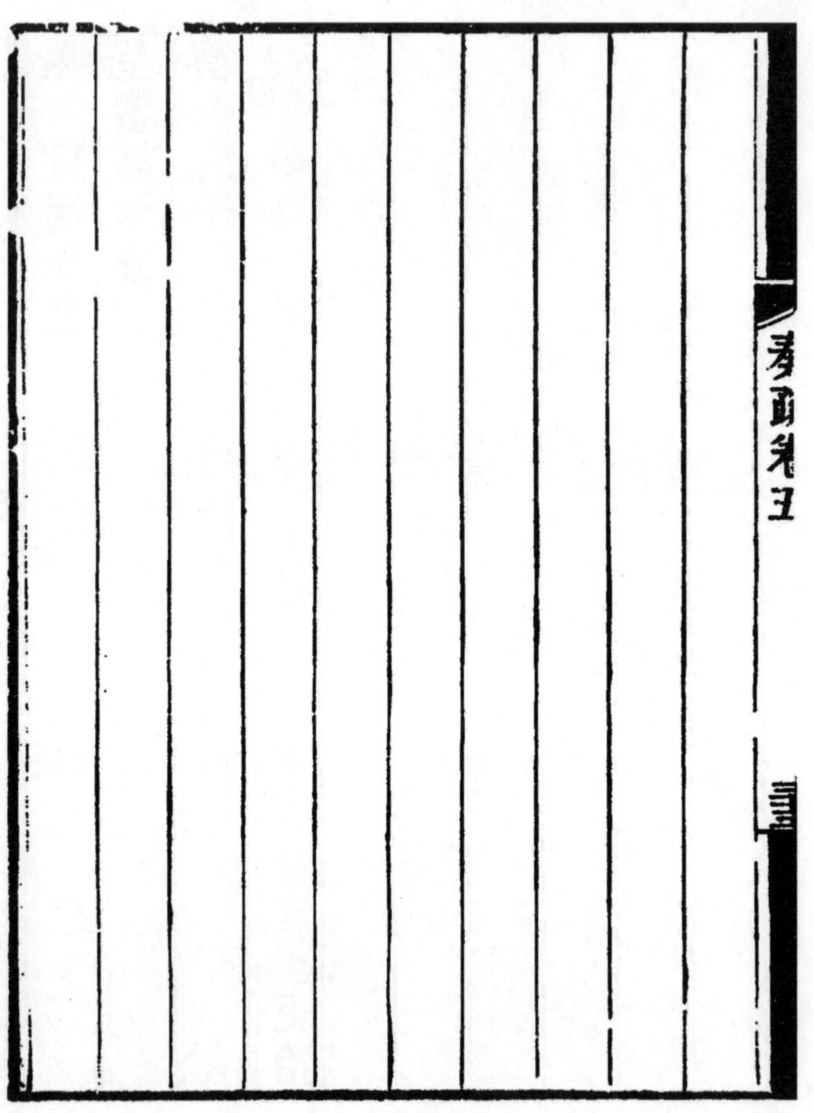

遵　旨甄別道員縣令分別降革疏會總督銜

奏爲遵

旨甄別道員縣令分別降革以肅官方仰祈

聖鑒事竊臣等自上年九月抵任以來察看廣東吏治

廢弛疊經據實舉劾冀挽頹風均已仰蒙

恩准本年迭准部咨由內外臣工陳奏以軍功捐納兩

項人員流品不齊薰蕕雜進議請各該員到省一年後

令督撫認眞考核挨次甄別等因奏奉

兪旨咨行遵照臣等伏查原奏雖係泛論官常而於廣

東積習尤爲切中肯綮當卽分別認眞考核藉資整飭

茲查有捐納道員羅上楨先經到省差委嗣赴部引見於同治二年九月回省旋因在福建本省汀州等處團練勦匪出力由閩省保奏奉

上諭以道員留於廣東儘先補用并加鹽運使銜該員係廩貢出身未經筮仕之前在粵年久熟悉貿易事宜

臣等量材器使委赴潮州整飭釐務詎該員措施乖方不能服眾商民嘖有煩言臣等訪聞當飭惠潮道鳳安就近密查屬實卽經撤令回省該員以素所諳習之事尚不能經理得宜其他公務安望其有所整飭且察看該員舉止輕浮實不勝監司道員之任惟前在本籍辦

匪曾有微勞應請

旨以同知降補歸部銓選又捐納知縣吳慶凱一員先經委署饒平縣事於同治二年十月抵任本無政聲本年五月間查辦湯李等姓鬬案並不體察民情率募該處仇鄉壯丁馳往圍捕以致鄉民不服抗拒傷差若非署潮州府陳毓書親督兵壯駐劄該鄉將主謀首惡監生湯其材鄭文澤等拏獲革辦幾至釀成巨案似此荒謬糊塗實屬不堪造就應請革職以示懲儆又捐納知縣呂瑛一員於同治二年五月委署長樂縣事該員性躭安逸在任經年於吏治全未諳習未便因其尚無劣

跡稍涉遷就應請降爲府經縣丞留粵補用以觀後效

臣等爲整飭官方起見是否有當相應合詞恭摺奏請

皇太后

皇上聖鑒訓示再此外各項到省候補試用已屆一年

堪以造就人員容臣等督同藩臬兩司詳細查察另行

加考奏報合併陳明謹

奏

設法撫卹被淹被擾各州縣疏會總督銜

奏爲遵

旨查明廣東省同治三年被淹被擾各州縣均經登時派員查勘設法撫卹來春無須接濟恭摺覆

奏仰祈

聖鑒事竊臣等於同治三年十月二十九日承准議政

王軍機大臣字寄十月初三日欽奉

上諭本年廣東惠州等屬江潦盛漲嘉應等州縣被水南海等縣圍基沖缺均經該督撫等奏明委員查勘堵築並酌予賑濟撫卹卽著迅速辦理並將來春應否接

濟之處一併查明於封印前奏到此外被賊擾害地方
應行調劑撫卹之處著一併查奏候朕施恩等因欽此
仰見
聖主軫念民依有加無已之至意當經行司轉飭欽遵
確查詳辦茲據布政使李瀚章詳稱查得夏秋間雨水
較多東西北三江水勢陡漲宣洩不及廣州府屬南海
三水順德東莞新安等縣惠州府屬連平龍川歸善博
羅永安等州縣潮州府屬海陽潮陽惠來澄海等縣肇
慶府屬高要四會高明等縣嘉應州暨所屬長樂縣陸
續稟報圍基城垣被水沖決坍塌雷州府屬海康遂溪

二縣瓊州府屬儋州瓊山二州縣稟報颶風疾雨海水漲發先後飭據委員會同該州縣勘得南海縣被決巾子等十四圍三水縣被決沙頭等五圍漫溢石版等十七圍順德縣潮田盡被淹浸東莞縣漫溢衝岸深至數尺增城縣隄基間被沖塌博羅縣四鄉基壆間有沖坍龍川縣沖塌民房傷斃人口永安縣連平州沿河田畝砂壓水沖海陽縣東津等隄段多被沖決惠來縣圍基隄岸傾倒多處澄海縣橫隴等隄被決十餘處高要縣被決赤頂等七圍四會縣被決白鶴黃岡等圍漫溢墩頭等二圍高明縣被決大沙等七圍而新安歸善潮陽

惠來澄海嘉應長樂城垣均有坍卸經該委員牧令會
同次第履勘所幸水退迅速田畝均已涸出各圍基城
垣亦已次第修葺其傷斃人口及被水貧民均經飭令
該州縣妥爲撫䘏不致失所至海康遂溪瓊山儋州等
處被風衙署民房人口均有倒塌淹斃亦已籌費修葺
撫䘏殮埋其被江西竄匪及本省客匪竄擾之南雄嘉
應兩直隸州連平和平龍川長甯興甯鶴山開平等州
縣受累尚輕晚禾亦有六分收成民力尚不至拮据惟
潮州府屬之大埔饒平嘉應州屬之平遠鎭平肇慶府
屬之陽江陽春新興恩平等縣被擾較重小民或至失

業晚禾收成歉薄亦經該管地方官隨時周卹等情詳覆前來臣等復查本年夏秋閒雨水過多各屬圍基沖決既據委員勘覆已飭令業戶自行修復尚無蕩析流離之慘見在糧價平減民情安謐來春可無須接濟惟髮逆客匪竄擾較甚之處農民失時廢業催科不免減色容俟奏銷出册時察看情形應否分別緩蠲再行酌覈辦理所有查明被淹被擾各州縣來春無須接濟緣由臣等謹合詞恭摺覆

奏伏乞

皇太后

皇上聖鑒訓示謹

奏

商議荷蘭換約情形片

再臣於同治三年八月二十九日接准統辦三口通商大臣崇厚專弁楊保安由輪船遞到總理各國事務衙門咨交荷國條約一本九月初六日由兵部火票遞到議政王軍機大臣字寄七月二十九日奉

上諭著派郭嵩燾將上年與荷蘭國所立條約妥為互換等因欽此並由總理各國事務衙門遞到換約禮節事宜各件適接荷國公使甞大何文照會請訂互換日期當經照覆訂期九月二十日在省城西關華林寺公所對閱互換臣覈其鈔錄副本並非原約與互換之義

未符囑令取回原本另行訂期辦理一面函詢三口通商大臣查明歷來辦理各國換約事宜是否必須原本互換抑果如欝大何文之言聽從鈔錄別本通融互換十一月十二日接准崇厚函覆當時議立條約彼此蓋印畫押議明一年後將所執原本互換該公使見在所請未合向章應俟賫到原本並綴用荷國君主國寶蠟餅方可換給等語其立議正與臣向欝大何文辯論之意相合復經照會欝大何文去後茲於二十日接准回文聲明已經遵照行文該國奏請君主定奪等語除備錄欝大何文照會咨送軍機處並總理各國事務衙門

備查外應先將荷蘭國公使礬大何文商議換約情形
附片陳奏仰慰
宸廑伏祈
聖鑒訓示謹
奏

粵東紳士捐助軍餉請分別奬敘疏會總督銜

奏爲粵東勸捐本省軍餉第一次請給實官封典職銜加級開列各捐生姓名員數銀數請給奬敘恭摺

奏祈

聖鑒事竊照前署督臣晏端書會同前撫臣黃贊湯具奏粵東用兵缺餉請派紳士勸捐以濟急需一摺於同治二年五月二十九日准議政王軍機大臣字寄同治二年五月初八日奉

上諭晏端書黃贊湯奏粵省缺餉擬辦勸捐一摺本省軍餉既經訪有紳士龍元僖等勸辦捐輸以資接濟著

卽責成該紳士等秉公覈實妥爲辦理總期有裨軍食
無病民生方爲妥善斷不准有不肖紳士混迹其中把
持侵漁及藉端擾害等情致干重咎等因欽此當經前
督撫臣欽遵轉飭各紳函致各州縣紳士分投勸辦臣
等抵任查悉廣東之富在商而不在農歷來捐貲多由
地畝攤派累及平民而寬於富戶近當京米捐輸之後
農民日益艱難未便再踵前轍當卽更定章程訪察的
實殷富之家派委幹員會同紳士指名勸諭捐輸行之
數月辦理稍得要領本年八月復
奏廣東大概情形捐內業經切實附陳在案茲查同治

二年冬季以後按季奏報軍需除欠餉抵捐外所收捐項半出貿易行戶半由此項捐輸在軍需局收捐雖不必多分銀款而奏請獎敘自應各歸各辦以清眉目據捐局將同治三年五六七等三個月捐生請獎姓名開列請奏前來臣等伏查此項捐輸先經奏明援照籌餉新例及見行常例並減成章程隨時專案奏請獎敘各捐生自同治二年冬季繳捐起至三年五月方始陸續開具履歷到局請獎計五六七等三個月請獎實官歷銜封職加級等項塡給藩庫實收者二百八十一員名計銀六萬七千三百五十九兩報捐封典職銜塡給空

白部照者五十九員名計銀一萬一千一百六十八兩
合計捐生三百四十員名共請獎銀七萬八千五百二
十七兩照依咨准部復每百兩提支勸捐紳士夫馬薪
水銀一兩共提支銀七百八十五兩二錢七分尚餘銀
七萬七千七百四十一兩七錢三分均據繳局儘數充
支本省軍餉之用自應分別給獎以昭激勸臣等督飭
在局司道逐一查明各捐生捐輸銀數及所請獎敘按
照例案逐加考覈均屬相符理合將捐生姓名銀數繕
具簡明清單恭呈
御覽仰懇

天恩俯准飭部分別獎敘其報捐實官各員竝准歸於
見行籌餉新例按班選補除將各捐生照根及副實收
竝履歷清册送部覈辦聽候繕發執照來粵給領外臣
等謹合詞恭摺具
奏伏乞
皇太后
皇上聖鑒訓示謹
奏

請獎剿辦東路股匪及西局防堵官紳疏會總督銜

奏爲續查剿辦東路股匪及省城西局防堵官紳並北江應行補獎各員擇其尤爲出力者遵旨覈實補獎恭摺仰祈

聖鑒事竊照粵東歷年防剿各路逆匪新舊獎案經前撫臣

奏准補獎未及辦理臣等設立獎卹局分案查辦於本年七月內將北路屢次防剿尤爲出力紳勇先行奏請補獎聲明東西兩路所屬州縣另行分起辦理一面出示曉諭以資鼓舞嗣奉

諭旨照准奬勵當經欽遵轉飭查照茲據軍需總局司道續將東江及省城西局各官紳並查出北路歷年著勞各官補具奬敘覈議具詳前來 臣等伏查東江長樂興甯龍川長甯海豐和平各縣於咸豐四五六七年間先後被各股逆匪或攻陷縣城戕官踞擾或圍攻多日羣盜如毛不可爬梳經各該縣在事文武督同紳民實力團練保守城池或於失守後隨時克復殲擒首要使不致蔓延滋擾又經接續辦理鄉團搜捕餘黨值省城多事之秋並無大枝勁旅四出搜捕該地方官紳艱苦經營力圖自效實屬著有微勞至省城自咸豐四年紅

匪倡亂亂民四起直犯會垣圍攻至五月餘之久附城
各紳士赶辦團練籌捐經費置備器械隨同在事文武
員弁協力堵勦迭次獲勝兼獲首要多名轉危爲安復
因近省各縣未能一時克復該官紳等接濟防勦事宜
數年之久艱苦備嘗未便以事更數案時逾數載終沒
其保境守城擊賊捕匪之績見在江浙餘匪竄聚福建
嘉應潮州各屬與之毘連東路一帶防勦約數百里官
兵駐紮之處皆有民團互相防禦艱苦撐持亟應逐案
清釐俾有所觀感興起所有以前東江暨省城西局出
力各官紳及查出北江尚有應行補奬各官擇其尤爲

出力者覈實酌保並將案由逐起分列清單恭呈
御覽合無仰懇
天恩俯准分別給予獎勵除西江所屬各州縣另行分
別辦理外所有東江及城西防堵各官紳並北江補獎
各官履歷另行開明咨送軍機處暨送部查覈再此係
補獎之案各該官紳或有前經出仕及外出調赴別省
者開造履歷多費周折且恐見請職銜亦不免稍有參
差統俟赶緊查明彙案咨送合併聲明臣等謹合詞恭
摺具
奏伏乞

皇太后

皇上聖鑒訓示謹

奏

請復還新會縣原設學額疏會總督學政銜

奏為請復還原設學額以廣

皇仁而昭激勸恭摺奏祈

聖鑒事竊照廣州府新會縣歲科兩試入學舊額取進文童二十名武童十五名原與南海番禺東莞順德香山五縣相同雍正九年肇慶府添設鶴山縣治將新會古勞一都割歸鶴山管轄并裁去新會文學額五名武學額六名移補鶴山縣學額嗣於嘉慶十七年該縣紳士譚大經等以割地少而割額多呈請復還舊額經前督撫臣具

奏由部議准酌還文武學額各三名纂入學政全書以
後遵照歲科兩試取進文童十八名武童十二名迄今
五十餘年該縣文風鼎盛應試文童多至三千餘名武
童亦六七百名不但較之曩昔人數倍加卽比之南海
等五縣亦屬有增無減而取進未復原額未免屈抑人
材且咸豐四年賊匪圍攻新會縣城兩月有餘該縣紳
民同仇敵愾捐資募勇誓死堅守力捍兇鋒卒能內保
危城外除强寇亦經前督撫臣等
奏准獎敘有案茲據該縣刑部七品小京官鍾應元等
聯名呈請援照閩省建甌二縣勦匪保城增加文武學

額成案除近年捐輸增額不計外請復回文學二名武
學三名以符各原額由縣府司確核具詳請
奏前來臣等恭查雍正二年欽奉
上諭令各省督撫學政會核人多額少文風最盛之州
縣准其小學改爲中學中學改爲大學欽此又咸豐七
年福建建安甌甯二縣紳民協力固守克保危城經閩
省督撫臣奏請加廣學額於咸豐九年五月初八日欽
奉
上諭江西逆匪闌入福建圍攻建甯府城建安甌甯二
縣士民同仇敵愾協力固守二月有餘克保危城四鄉

團練幷與團丁聯絡捐貲出力隨同大兵平燬賊營百數殲擒逆匪萬餘實屬深明大義所有建安甌甯二縣均著永遠增廣文武學額各三名以昭激勸欽此刊入科場條例通行遵照廣東新會縣人士修文講武爭自濯磨近來應試文武童生較前加倍核與雍正年間欽

奉

上諭意旨相符且咸豐四年該縣紳民捐貲募勇克保危城實屬深明大義亦與福建建安等縣剿匪保城之案情節正同現據該紳士鍾應元等請增文武學額係復還舊制尙非例外增廣合無仰懇

天恩俯念該縣多士奮興知方有勇准於捐輸增額之
外復囘新會縣文學額二名武學額三名嗣後照舊額
取進文生二十名武生十五名以隆作育而昭激勸之
處出自
逾格鴻施除分咨戶禮兵三部查照外臣等謹合詞恭
摺具
奏伏乞
皇太后
皇上聖鑒勅部核覆施行謹
奏

修復附省陸路各礮臺工竣派撥弁兵防守疏 會衔 德

奏爲修復附省陸路各礮臺工竣派撥弁兵防守以資
保衞恭摺奏
聞仰祈
聖鑒事竊照廣東省城北門外陸路山岡羅列道路紛
歧防範最關緊要附城一帶原建有永康耆定拱極保
極保釐各礮臺五座於咸豐七年間被洋人毁壞僅存
地址前督臣晏端書前撫臣黄贊湯曾委員勘估擬修
勸捐籌辦奏奉
俞旨允准旋以收捐無幾各路軍餉隨時撥放不能兼

顧未及興修臣到任後復經確加察看將水陸各礮臺
工程應分別緩急酌籌修理情形於上年十一月間附
片
奏明在案本年江浙竄出髮逆股匪十數萬由江西奔
突粵省境界臣等先事籌防調撥官軍於東北兩路嚴
密堵剿維時南雄韶州惠州潮州嘉應等府州屬毗連
江閩各縣同時戒嚴而各路擒獲賊供均稱該酋逆等
處心積慮實欲由南韶直趨省城以圖大舉等語一時
風聲鶴唳人心倍覺驚惶經臣等酌撥員弁兵勇並由
滿漢駐防旗營添派弁兵分布各城門城樓及城外要

隘晝夜巡防合力彈壓藉資鎮定所有附省陸路各礮
臺臣等前以永康耆定保極拱極四臺皆偪近省城居
高臨下急應修復以資扼守其保釐一臺距城較遠山
勢亦較低工程應稍從緩此次細心體察形勢永康一
臺爲附城主山相距不逾數丈其外四山環合耆定一
臺扼其前保極拱極兩臺翼其右永康縱有礮位不能
及遠南面俯視城中瞭如指掌置臺安礮轉非所宜其
工程亦較鉅暫應從緩附城山勢西注東路附城小阜
無數保釐一臺稍據其勝地勢正當城東北一面此處
礮臺仍應修築以固東路之防因其山勢低下而平衍

惟修築礮臺而不更築礮牆以爲附近紮營之計其酋定保極拱極三臺則礮臺之外築立礮牆倚山開濠期足自守當經臣等會商意見相同督飭軍需總局司道兼派候補道屠繼烈候補知府海廷琛署撫標左營參將喀郎阿署右營游擊尙昌懋會同旗營協領全濟承惠丁德源王鎮雄等分修四臺工程召集工匠核實勘估查看各臺舊日基石經洋人用火轟翻掩覆土內逐段剔出尙足敷用每臺添用甎灰等項計需工料銀一千二三百餘兩較之從前五臺歷次勘估銀數尙不逮十分之一所需經費臣等前籌商於附城民居店鋪舉

辦房捐一以充開募防堵勇丁急需一以備礮臺經費支銷擇期興工修築一律完竣統計礮臺四座共用過工料銀五千三十六兩一分四釐既未動用庫項亦並非捐輸請奬之比應懇

加恩免其造冊報銷其動用經費仍歸入七月以前軍需案內彙冊開報俾各項捐輸收放數目無相牽混以清眉目臣等仍會督司道親往周歷勘驗委係工堅料實悉臻完固並無草率減浮冒取具保固各切結存案隨飭挑撥大小礮五十九位配齊火藥礮具礮架等項運往四臺安置檄令廣州協副將循照舊章選派弁兵前

往駐緊認眞防守現在省城內外聲勢整肅民心安定

地方極形靜謐堪以仰慰

宸懷此次在工出力人員當軍務緊急庫款支絀之時

自備資斧守住工所歷三月餘之久實心實力昕夕勤

劬其工料之堅實費用之節省實歷來工程所未有該

協領全濟承惠丁德源王鎭雄等之力居多臣瑞麟與

左副都統臣庫克吉泰公務較簡日常親詣督工察看

在工各員實屬著有微勞可否由臣等擇尤酌保請給

獎勵以昭激勸伏候

恩旨遵行至水路各礮臺臣等仍當會商籌款分別內

河外海緊要工程酌量興修再行次第辦理據軍需總
局司道具詳前來臣等謹合詞恭摺具陳伏乞
皇太后
皇上聖鑒訓示謹
奏

江南撤囘紅單等項師船積欠過鉅設法酌成放給現銀以資遣散疏會總督銜

奏爲江南撤囘紅單等項師船積欠過鉅設法酌成放給現銀以資遣散其餘欠餉勸諭兵勇概行捐輸報效謹援照成案籲懇

天恩俯准加廣文武鄉試中額並瀝陳粵省兵勇積年欠餉艱窘情形恭摺具陳仰祈

聖鑒事竊臣等接准辦理江北軍務江甯將軍富明阿咨會裁撤江防之紅單拖罾各師船七十五隻由福建水師提督吳全美統帶分起遣撤囘粵其積欠餉銀奏

奉
諭旨由廣東分別補發散給等因當卽咨行欽遵查照
臣等伏查江南紅單師船先於咸豐三四年間由粤雇
募船五十隻前往助勦前督臣葉明琛奏明由粤省籌
款解江支放蓋其時奉
旨飭令富紳伍崇曜等籌備雇船經費方擬接續開辦
捐輸以資協濟先將義倉存款提銀四萬兩湊解一批
請加廣廣州府學學額四名續又起解五萬兩一批是
其所謂籌款者原屬憑空結撰之詞稍一取給捐輸勉
强報解後遂左支右絀無以爲繼又值四年以後粤省

軍事繁興迭遭兵燹庫項匱竭自顧不暇更致無可轉
輸至咸豐五年續雇紅單船二十七隻係江南自籌添
募已咨明由江省糧臺支發口糧迨同治元年復奉添
募紅單船三十六隻赴江協防除粵省發給船租口糧
外其到江以後應支租糧等項又經前督臣勞崇光奏
明廣東無力接濟請
旨飭下江南自行給發各在案今江省肅清師船凱撤
回粵所欠糧餉欽奉
諭旨由粵籌給臣等若存畛域之見則查照成案原不
難據理駁正第念此項欠餉江南糧臺已無力凊給而

該師船業經回粵亦萬無赴江請領之理各將士從征
多年艱苦備嘗此次凱撤師船尚有七十餘號之多竟
至無力回籍既無以仰慰
聖心即該師船停泊日久亦必至飢寒交迫別滋事端
前據管帶頭批師船賴鎮海管帶二批師船林宜華先
後抵粵當發給賴鎮海餉票銀二萬兩林宜華餉票銀
一萬六千兩稍供該船勇日食之需迨十一月間福建
提督吳全美管帶三批師船抵粵臣等查照富明阿來
咨與吳全美酌商撤遣之法當將此案先後奏辦情節
及粵省艱苦光景詳細告知勸令仿照鎮江捐輸辦法

向各船員弁竭誠開導速行清理𡍼全美之意以爲必
得現銀數萬暫將各勇撤遣回籍所餘船費等項尚可
緩至明年陸續清給核計各師船共約欠餉銀六十九
萬五千兩有奇除前發給船票抵銀三萬六千兩外尚
餘銀六十五萬九千有奇現已與𡍼全美商議停妥找
給欠餉一成銀六萬五千九百餘兩仍酌留銀三萬兩
於同治四年分限給領此外欠餉五十九萬三千餘兩
儘數捐輸查照馮子材散遣鎮江兵勇章程按照各省
兵勇積欠餉數一例報捐請
旨加廣鄉試文武中額此起紅單船欠餉至六十餘萬

之多所撥弁兵及雇募船戶勇丁悉皆籍隸廣東今經
吳全美曉諭各船員弁宣示
皇仁勸令報捐諸將士深明大義咸知
國家經費孔艱所餘九成欠餉銀五十九萬餘兩情願
盡行報效自應援照馮子材成案籲懇
恩施加廣廣東省文武鄉試一次中額各六名以昭激
勸此外尚有去歲陳國泰李新明等管帶撤囘紅單船
勇二批欠餉銀四十八萬餘兩臣等於奏報上年冬季
軍需案內聲明發給餉票銀二成至今未能清給尚須
另核辦理臣等更有請者粵省旗綠水陸各營官弁兵

丁歲需俸餉等銀一百數十萬兩藩庫地丁等款不敷
支放歲撥運庫課銀五十萬兩左右藩庫雜款得以節
省存積百餘年之久累積至數百萬道光二十年夷務
用兵以後挪用無存其時地丁徵收歲無短絀運課照
舊支撥課餉稍有欠闕仍從藩庫挪墊每年辦理奏銷
抵算歸款至近年以來運庫課銀奉提京餉不獨舊欠
藩庫之項無從歸還卽每年部撥新款亦徒成具文不
能應付藩庫雜款久已挪墊一空地丁徵收歲不過五
六成實屬支絀萬狀以致欠放各營兵餉遞積至三十
箇月之久銀數至三百餘萬之多前年因旗兵糧餉支

放愆期曾蒙
聖慈垂問經前督臣晏端書等督同司道設法補放至
今未能清款旗丁嚬飢號寒在所不免今春南韶連鎮
標營兵又有索餉之揭帖而陸路提標及惠州協營兵
因調防鎮平亦復索支糧餉幾至決裂若不亟籌放給
譁噪堪虞所關非細此兵丁欠餉之情形也卓興之勇
欠餉三十餘萬方耀之勇舊時欠餉核定四十餘萬兩
前議分限帶還尚未清給新餉又欠至十餘萬侯甂忠
已撤之勇欠餉十餘萬此外零星營勇舊欠約十餘萬
日積月累急難清釐此勇丁欠餉之情形也又東北兩

江防堵添募翟國彦任星元鄭紹忠鄧安邦戴朝佐陞奮鵰等十餘營勇數幾至二萬人方耀林保周陞等各營又六七千人越境會勦卓興曾敏行侯國柱各營又九千餘人分駐肇慶各屬勦辦客匪每月籌放餉銀共約十六七萬兩皆刻不可緩之款籌畫之力已窮而欠餉仍日益加增現在客匪求撫人數幾至二十萬欲遣回原籍則田廬盡失無家可歸欲挑選爲勇則糧餉虛糜無可調用安插之費計非數十萬兩不可臣等日夜籌思勉强支持無一日不在憂危悚懼之中曾國藩兩次奏請停解粤釐蓋亦深知廣東艱窘情形力實不能

兼顧欽奉本年九月二十九日

上諭曾國藩奏請將粵釐停止等語粵釐本爲江皖協餉一大宗此後全數留充該省軍需餉源不爲不裕惟當妥籌辦理撙節動支以期日有起色至廣東及粵海關應解京餉總未能如期報解該省既得此鉅款更不得以餉項支絀藉詞延宕等因欽此仰祈

聖訓周詳臣等曷勝感悚惟查粵東每月抽收釐金極多不過七萬餘兩卽全數留支僅敷本省前敵各營月餉之半臣等於搜羅俱罄之時思振作軍心之法時時勉以軍務稍平餉源漸裕則補餉有期使兵勇尙有所

希冀以期踴躍用命是以廣東釐金一項爲數併非豐裕而究屬例款之外爲餉源不竭之藏臣等所以勉强湊釐而保全之者其苦心實在於此伏讀
諭旨該省既得此鉅款不得以餉絀藉詞臣等倍加悚惕蓋自八月以後釐捐入款增加五六萬支放勇糧出款又增加至十餘萬曾國藩卽不奏請停解值此軍需緊迫之際勢亦不能不截留充用此廣東實在情形臣等不敢不縷陳之
聖主之前者也至粤東本年應解京餉前因東北兩路防剿喫緊經臣等奏請暫予截留旋以擊退賊匪軍情

稍定京餉爲根本重計臣等不敢不勉力維持當飭督
飭藩臬二司仍將奉撥地丁及鹽課釐息等項於年內
分批起解如期掃數清款至粵海關奉撥京餉係因徵
稅短絀又須按結扣交外國銀兩餘存無幾致難依期
完解荷蒙
恩旨准令減緩年內僅應解銀十萬兩臣等卽會商監
督臣毓科設法挪借分兩批起解大約年內外亦可以
陸續抵京現在籌解京餉已經力盡筋疲所有陝甘督
臣楊岳斌指撥軍餉銀八萬兩直隸省請撥餉銀每月
一萬兩此時斷不能協濟楊岳斌委員來粵採辦洋槍

軍火臣等已派員前赴香港買備應付至粵東奉撥各
省協餉前經奏明概行停止仰邀
俞旨允准有案應俟粵省軍務平靖庫項稍可支持再
行酌撥補解合併陳明臣等謹會同恭摺具
奏伏乞
皇太后
皇上聖鑒訓示謹
奏

前後辦理捐輸情形片會總督銜

再廣東自用兵以來取資於捐輸者甚巨當時賴有富紳伍崇曜深明大義屢次首先倡率故勸捐較易自臣等先後抵任伍崇曜病已垂危旋即物故其家亦漸中落既無有力之大戶可以倡捐又當疊次捐輸積疲之後臣等考求事實體念民艱甚非其所樂爲惟因同治二年四月內前署督臣晏端書撫臣黃贊湯以軍餉緊急奏派在籍紳士龍元僖等籌辦捐輸延至臣等到任時已歷半年之久尚未議定章程因查廣東之富在商而不在農歷年辦理捐輸有派捐包捐等名目大率按

畝派捐事同加賦寬於富戶而苛於平民大失
朝廷勸捐之本意小民勢微力弱忍受苛派敢怒而不
敢言卽言之亦非若紳富之聲氣可以上達臣等抵任
後體察情形知派捐包捐之積弊平昔所飫聞者實屬
信而有徵而當其時正項先顧京餉釐金半解江南若
非取資捐輸本省軍餉亦實無從取給因思派之農民
而其情可憫不如勸之富商而於心猶安因仿照湖南
江西勸捐章程添派委員指勸富戶務除包捐冒獎之
弊而歷來辦理捐輸積習相沿各州縣耳目稍遠申嚴
革除舊弊之條每苦於此情難於下究惟南海番禺兩

縣居省會之地稽查較易皆遵照臣等所定新章南海原派捐六萬兩遂已捐至十四五萬番禺原派捐六萬兩亦捐至十萬餘現繳已及六萬均由奏派之在籍御史梁紹獻編修史澄一手經理辦理極爲平允實屬無累於民而有益於餉伏思臣等雖至愚極陋豈不知不辦捐輸非但可以弭謗并可藉以沽名而身當其位勢處其難自未敢避一己之怨而置大局於不顧開辦之初紳富以不利於己頗有違言數月以後經各官紳會同勸導各富戶亦自信所捐纖微報效無損其毫末又漸知軍需實屬艱難而臣等防堵外寇搜除內匪勉强

支持之苦心大眾亦頗能其諒而帖然相安七月間蒙
諭旨垂詢捐輸情形臣等深愧奉職無狀乃以捐輸細
故上煩
聖心之厪系每一念及惶悚難安適值南海番禺香山
新會諸大縣捐輸略已定局其疲抗各戶亦不宜與久
持軍務亦漸得手遂將委員陸續撤回其未捐各戶亦
飭一律緩辦惟嘉潮各屬捐輸由地方紳士籌辦防堵
隨時報明一時未便停止自問地方公事矢勤矢慎足
以凜清夜而質神明而於捐輸一節體量貧富之宜斟
酌勸諭之方任之紳員以察其情偽示之章程以防其

中飽方謂辦理並無貽誤乃謠傳遠布愈出愈奇固由
臣等弭謗無方而粤東富民之造作謠言希圖挾制久
成慣習原無足怪惟造謠者不過數人而京師之傳播
又什倍於本地之浮言臣等實不解其自夫曾參殺人
慈母投杼衆口可以鑠金積毀可以銷骨憂心悄悄古
人所爲憎茲多口也臣等遭遇
聖慈明無不照智無不周乃千載一時之景運中外臣
工莫不矢精誠以共勵合勞怨而兼任所以成
中興之業者亶非偶然臣等渥荷
天恩膺茲重寄苟利社稷死生以之豈因浮言胥動遂

萌畏難巧避之思此次謠言之起謂臣等苛派擾民偪迫各富戶遷徙澳門香港臣等遵旨查訪終莫得其主名惟查香山富民陳守善徐瓜林二戶皆以依附洋人致富百萬始而避居澳門煽布流言及臣等飭縣訪查乃又避至天津此輩挾貲既富聲氣易通謠言之興未必不由於此該陳守善在澳門租買洋地造屋收租每日可得租息百餘兩時與洋人句結行蹤最爲詭祕徐瓜林家雇一地師歲脩至萬金皆以收買捐票報捐翎頂驕汰奢侈享用踰制均屬違例妄爲本有應得之咎而從未一報捐軍餉訪諸公正紳

耆亦莫不痛詆其非若因其遠颺逃匿捏造謠言竟令
逍遙法外適以長刁抗之風且亦不足以服人心而昭
公道臣等雖制於浮言而實不敢激於意見少涉因循
頹廢坐視時局之艱難而不思補救任聽奸民之玩法
而不爲究懲仍當督同司道飭令地方官設法偵緝嚴
密查拏務將陳守善徐瓜林獲案訊明實情再行按照
例案分別究罰從嚴懲辦以肅法紀所有臣等前後辦
理捐輸情形謹略陳梗概伏祈
聖鑒訓示謹
奏

此疏原稟持論甚明暢寄雲尚書有意解釋謠謗之言間加改易已覺未安末段欲正造謠之罪至於設法偵緝與捕盜無異則尤失政體也 自記

請暫留馮提督辦理東江軍務片 會總督銜

再頃據總稅務司赫德面稱適見新聞紙言侍逆李世賢現踞漳州句串洋人幫同襲取泉州進襲福州約將海口通商地面讓給洋人俟占踞福建各城再圖分股竄擾浙江江西以圖北犯此等謬妄無稽之言原不足據以爲信而各處流氓及無業洋人希圖罔利與爲句結亦事所或有應請

皇上飭下福州將軍及福建撫臣妥爲防範並飭總理衙門照會各國駐京公使轉飭駐紮閩省洋官及領事等務各約束商民人等不令與賊匪句結并防有接濟

軍火等事免至滋生他患至福建踞逆現已聚集漳州
漳州西面由南靖以達平和不過二百里平和迤南百
餘里爲雲霄迤北二百餘里爲永定現皆爲賊踞修城
濬濠意圖堅守偪處粵邊縱横四百餘里漳州東北之
德化西北之甯洋皆有官兵駐紮近閩龍巖亦已收復
江西援師可以由龍巖進勦浙江援師可以由漳平進
勦浙江調派高連陞一軍由海道赴閩省計此時亦可
進偪郡城是漳州東南北三面賊勢既未蔓延官兵之
力亦厚度其分竄浙江江西之說尚未必遽能如此横
行惟西面踞地甚廣皆與粵境毗連賊或不能逞志於

閫必仍全力趨注於粵乃理勢之所必然現在翟國彥一軍駐紮大埔當東江之東面情形最爲喫重前已添派鄧安邦戴朝佐兩軍協同防剿何雲章一軍駐紮饒平現已進攻雲霄方耀一軍當東江之北面現飭越境會剿克復武平兩城移紮上杭力援汀州臬司李福泰駐紮龍川居中調度合計防兵二萬餘人疊次派兵遠襲賊營時有斬獲目前軍威甚壯而每一念及邊境千餘里賊眾至數十萬近或半日遠或五六日皆可闌入粵境以二萬之眾分布各隘口不免罅漏臬司李福泰調度雖合機宜必得有重望之統帥親臨前敵庶防剿

可期周密不然開春賊勢設或蠢動恐尚難杜其竄越
臣等正在籌商間適廣西提臣馮子材請假回粵臣等
接見再三詢悉軍營情形所言皆有條理其管帶將弁
多屬質樸能耐勞苦規畫大局亦頗中肯要該提臣籍
隸廉州去家日久隨卽回籍省墓合無仰懇
皇上天恩飭令該提臣馮子材暫留粵東督辦東江軍
務如蒙
俞允臣等卽咨會該提臣無俟假滿赶卽馳赴大埔饒
平之交擇要駐紥責成堵勦漳州大股踞逆臬司李福
泰爲刑名總匯任內應辦事件甚多應卽飭令回省以

清積牘所有東江軍務應暫留提臣馮子材馳往辦理

情形謹附片陳奏是否有當伏乞

皇上聖鑒施行謹

奏

密陳司道知府考語疏

奏爲密陳司道知府考語仰祈

聖鑒事竊照司道府等官賢否例應於年底加具切實

考語陳奏道光十七年欽奉

上諭督撫職任封疆責任綦重凡屬員之賢否自當隨

時查察無稍徇隱乃近年各省督撫視爲具文僅以一

奏塞責經朕留心察看往往與所注考語大不相符嗣

後各省督撫惟當仰體朕用人之苦心事事求一實字

其考察屬吏尤應就其所辦公事認眞稽覈一秉至公

等因欽此又道光二十六年正月十八日欽奉

上諭嗣後各省督撫於年終密考務須格外慎重倍加嚴密毋稍視爲具文致滋率忽欽此又道光三十年十二月二十八日欽奉

上諭嗣後各直省督撫於年終密考務將各該員賢否實蹟指出確據臚列密陳不得僅以空言含混了事儻有保舉在先該員不能始終奮勉亦著據實直陳毋稍回護封疆大吏朕寄以耳目腹心旌别之公私卽以定勸懲之得失若考覈不精名實不副是上以實求而下不以實應安用此虛文爲耶將此通諭知之欽此臣仰承

恩命權撫粵東一年以來體察地方情形由於紀綱法度廢弛已甚遂使盜賊日益橫行民情日益鬱塞故於整飭吏事必以捕除盜賊疏通民氣爲務貪惰之吏嚴加參劾勤廉之官量與保薦同城司道及各屬道府亦尚能相獎以督率整頓相戒以袒庇因循自惟才力迂淺內守硜硜總期稍有實際仰副

皇上澄敘官方之至意茲屆年終注考之期謹將見任司道知府各員就臣愚見所及填注切實考語密繕清單恭呈

御覽伏乞

皇太后
皇上聖鑒再肇羅道缺請以王澍補授尙未奉文覆准
准補惠州府知府顧蘭生補授廉州府知府戴肇辰甫
飭赴任雷州府知府周毓桂調省當差尙未回任均毋
憑注考合併陳明謹
奏

番禺縣舉人梁葆訓請　賞加內閣中書銜片會總督銜

再臣等設立獎卹局溯查咸豐四年以後各州縣官紳辦理防勦勞績疊據查明東北兩江各案分別奏懇恩施臣等檢查舊卷歷年詳保各案卷牘紛煩獎卹局但能據案稽查酌量准駁歷時久遠各官紳存沒參半其力不能上達者卽無由推求底蘊以聚知其勞蹟臣等查舊卷內有番禺縣舉人梁葆訓一員以大挑二等選授陽江縣訓導自咸豐四年辦理安良局團練所居慕德里正當省城北路之衝屢次帶勇堵截賊匪省園既解搜捕各鄉土匪竭力整頓直至咸豐七年洋人之

原書闕

聖鑒訓示謹

奏

郭侍郎奏疏卷六

官軍越境勦賊大勝克復永定縣城疏會總督銜

奏爲官軍越境勦賊大勝克復永定縣城恭摺仰祈

聖鑒事竊臣等前以官軍進規雲霄平和各城疊次苦戰獲勝並先規永定後圖漳州各情於十二月二十六日具

奏在案嗣據臬司李福泰副將方耀稟稱永定踞逆丁太陽潘姓等勢甚兇悍深溝高壘有久踞之意方耀自進粲恩全後探知賊中丁潘二逆各不相能可以設法離閒卽購覓敢死之士混入賊中偵伺動靜相機辦理

十二月二十六日方耀偵知賊將赴永定城外之金砂鄉擄掠預於近城各處埋伏二十七日賊衆果至我軍號礮一聲伏兵齊起四面圍殺喊聲動地賊衆披靡殺斃六百餘名餘匪帶傷回竄我軍追至城外將礮樓土壘一律平毀二十八日知府吳贊誠都司鄭紹忠督兵來會方耀於城外踏看地勢有附城之鑊子嶺嗚岐山兩處可以俯瞰城中因移營分紮山脊槍礮火箭日夜俯擊賊衆死傷如積兼以城內舉動爲官軍所知各自驚疑遂於十二月二十九日開東門自龍巖州一路而竄我軍追至雷塘而還共計先後殺賊一千六七百名

查永定雖已收復而汀州之南陽爲康逆汪海洋踞紮
號稱十六七萬人漳州踞逆號稱二十萬人是潮嘉東
北兩路防務尚未能放鬆一路謹仍欽遵
諭旨咨催馮子材速赴東江督辦軍務先飭李福泰馳
赴潮州府城妥籌布置以固濱海門戶至已革副將方
耀自平遠挫衄後卽能振刷精神督兵克復武平縣所
兩城已經臣等奏明記功奉
旨允准在案現復設計苦戰越境攻克永定縣城實屬
能知愧悔奮勇可嘉合無籲懇
天恩俯准將花翎總兵銜署三江協副將方耀所有暫

行革職處分悉予開復以示鼓勵臬司李福泰自出省
督辦防勦以來運籌決策悉合機宜用能越境連克兩
城洵屬調度有方可否
賞戴花翎候補知府虎門同知吳贊誠前辦嘉應團練
力遏賊氛現復會同方耀出奇制勝攻拔堅城洵屬異
常出力可否以道員留於廣東補用都司鄭紹忠可否
賞加遊擊銜其餘在事出力人員可否由臣等查明後
擇尤保奬所有官軍越境克復永定縣城緣由謹合詞
恭摺由驛六百里馳
奏伏乞

皇太后

皇上聖鑒謹

奏

欽奉　諭旨敬陳管見疏（會總督銜）

奏爲欽奉

諭旨敬陳管見恭摺奏祈

聖鑒事竊臣等於二月初六日承准議政王軍機大臣

字寄同治三年十二月十七日奉

上諭沈葆楨奏照錄督糧道段起條陳安置凱撤勇丁事宜原禀呈覽一摺內稱今日各路遣散之勇丁不下數十萬必有膽略謀勇之輩投閒置散必致別生枝節若將此輩加以豢養自無構禍之事並可責成與地方官吏協同查拏匪類請酌留各州縣鼇金以供撤勇之

用自提鎭下至都守均各照本職每年應領俸銀數目
分四季向地方官吏支領並每名酌加米石或由釐金
稅項下支給或由丁漕正款報銷其餘千把及無職勇
丁或全數歸農或充補兵額所議四條立論不爲無見
惟酌給俸銀米石等項爲費甚鉅亟應先事籌畫方可
次第辦理銷患未萌著按照所陳各節妥議章程具奏
欽此等因同治四年正月二十六日奉
上諭據裔松年奏稱管帶之員并有實缺者極少遣歸
後補缺無期投閒置散既無向上之路並無謀食之方
未免可惜現請將此項人員或在立功省分或在原籍

省分准令歸標學習如果能勝任准同候補人員酌補
營缺藉資教練其有不願歸標者亦聽其自便等語所
奏不爲無見卽著彙入段起條陳一併明定章程具奏
欽此等因臣等跪誦之下仰見
皇上邇言必察防患未形之至意下懷莫名欽佩惟是
救時之策貴揆事勢所能行爲政有經不能每人而求
悅段起所陳雖爲弭患起見而臣等究其利弊要其始
終覺有窒礙難行者二有不必過慮者二行之而仍恐
無益者亦有二請爲
皇太后

皇上陳之綠營欠餉各省皆同卽以廣東一省言之欠餉幾及三年爲數不下數百萬旗兵之需索營弁之籲求幾於無計推延無詞批復雖經臣等勉强支持不至生事實則可慮之至不但此也各路防勦之師欠餉均已數月去歲年穀少歉一切捐輸皆經緩辦故籌濟尤難夫以額設之營兵前敵之弁勇尚有枵腹之虞豈獨於名遂身退之官弁轉能源源接濟之理如曰雖無其實姑予以名必至兵餉勇糧之外又增一項欠款是博一時之見好而貽無窮之後累也此窒礙難行者一也

承平之世

國家歲入四千餘萬而所出亦四千餘萬稍有水旱偏災卽虞不足至於今日或偏地干戈或瘡痍甫息江浙各省爲丁漕最重之地已蒙

恩酌減錢糧卽使及早承平歲出之數不加於舊已有入不敷出之患安能籌此鉅款豢養散勇乎釐金固不可議停而用度則必須有節目今需財甚廣正款既無可撥注捐輸又難乎爲繼惟特此戔戔釐金藉爲補苴之計臣等前此奏請緩停抽釐所慮至深且遠若僅爲散勇起見未免錙銖取之而泥沙用之矣況乎軍興以來各路保舉重疊自都守以至提鎮統計不下數萬員

卽照段起所陳各按所保官職俸銀籌給一品歲領銀八十一兩二品六十七兩零從二品五十三兩零三品三十九兩零四品二十七兩零五品十八兩零在各該弁按時支取每月僅得數金無加於毫末而

朝廷積少成多每歲卽需數百萬當此挖肉補瘡之時於京餉兵餉之外平添數百萬之餉額內旣不能有餘額外又無可另取雖桑孔復生亦恐無能爲役此窒礙難行者二也從來散勇之難不難於有官之人而難於無官之人故川楚教匪平定後嘯聚爲亂散勇多而官弁少尤未聞有提鎭參遊從而作亂者蓋豪傑之士固

不以溫飽為懷卽志氣稍下者一旦名位崇高亦必少知自愛若夫桀驁之徒兇悍性成如近時江蘇所誅之馮協坤官至二品家資數十萬尚且敢於通賊則雖加之豢養亦復何益如各省督撫皆如李鴻章之不事姑息雖有馮協坤之兇惡且不足慮何論其他此不必過慮者一也散勇之中固多智略謀勇之輩降賊之內亦正不乏其人勇固易於嘯聚賊尤習於性成今天下當勇之人莫多於楚其次則莫如粵天下首亂之人莫多於粵其次亦莫如楚　臣鴻賓在湖南巡撫任內其時降賊之遣歸者頗多散勇之被撤者亦不少仰賴

天威從未嘗別生枝節及調任廣東高州之首民四五
萬由江西江蘇浙江各省撤遣回籍之降衆不下十餘
萬其散勇更難數計雖豎旗拜會之事時所或有然經
臣等申明法令飭屬嚴辦亦無不隨起隨滅段起於立
功回籍之員乃爲之鰓鰓過慮不知降衆如林又將如
何籌款以羈縻之此不足過慮者二也原稟謂遣撤之
後可以資其鎭撫不知營官之所以能約束兵勇者視
乎
朝廷之制度不視乎一人之恩威常人之情畏法甚於
感德趨利甚於避害當其在營兵勇有趨利赴功之心

營官有賞功罰罪之權故强者知勸而弱者知懼一經
散遣權已不屬提鎭之與散勇等耳譬之自督撫下至
州縣在官則遞相統屬罷官則等若齊民夫以督撫之
重且不能行其權於家居之日而謂都守以上能約束
散勇於既撤之後乎此行之而仍恐無益者一也原稟
謂可與地方官共圖緝捕不知州縣有緝捕之責武營
有會緝之責嚴之以處分假之以事權猶且不能認眞
緝捕彼回籍都守以上各員既無處分之可畏又無事
權之可假而轉欲資之緝捕盜賊是猶欲前行而卻步
也且恐此輩粗人因之武斷鄉曲挾仇修怨紛紛而起

是養之而適以害之此行之而仍恐無益者二也總之
天下之治亂在乎用人之當否所用賢則紀綱振飭法
度修明雖亂世亦可以爲治所用非賢則紀綱倒置法
度廢弛雖平世亦可以致亂從古及今未聞費有用之
財養無用之人啗之以利而求其不作亂者無論此豢
養之名或非英異之流所肯受正恐啟人以輕量之心
非細故矣且夫既得隴又望蜀者小人之恒情逸思淫
勤思奮者君子所不免縱使國家財力能給足以饜其
所求竊恐都守以上之有所得者必將習於偷惰千把
以下之無所得者必且肆其怨謗欲弭亂而亂益滋欲

靖禍而禍愈甚此尤流弊無窮防不勝防者也抑臣等竊有請者方今內患未平外患猶伏正臣子臥薪嘗膽力求自強之時非天下已治已安高談偃武之日為今之計與其坐耗經費仍非弭亂之善方何如選練精良預籌防患之實用其甘肅新疆及雲貴福建之現偪賊氛者無論矣即如廣東境內現雖無賊而東則有漳龍之悍逆西則有岑横之餘寇南則有越南之黎匪無在不須用兵即無日不當講武臣等選將徵兵亦未嘗不於遺散勇弁中取材他若江南安徽浙江兩湖四川直隸山東河南等省或全境初清或鄰氛未靖論者或患

其兵氣之未銷而臣等轉慮其武備之漸弛竊謂除陝
甘雲貴福建不計外其江浙各省均宜酌留兵勇多者
萬餘人少或三四千人即以各該省在籍之提鎮協參
遊以下者爲營官爲哨官簡其精壯汰其老弱隨材任
使不拘資格分紮省會及扼要處所無事則恪遵營制
俾就範圍有警則迅赴戎機無煩徵調且使將材不致
廢棄軍餉不致虛糜而天下有備無患亦可以補綠營
兵力之不逮其月餉即從釐金項下酌量籌撥而不患
窘難三二年之後天下大定內外乂安立即裁撤歸農
亦不患別生枝節如此一轉移間化虛耗而歸實用事

易舉亦易停而不致有牽制之慮如蒙
俞允各省均有募勇舊章應如何酌量變通之處請
旨敕下各省督撫體察情形妥籌辦理至安徽撫臣喬
松年所陳各節審時度勢平易易行現在各省大略皆
係如此辦理自應如該撫所請
敕部施行臣等受任封圻於利弊得失之故因革損益
之宜不敢不悉心熟籌用竭兩端之叩勉抒一得之愚
冒昧直陳以備
聖慈採擇是否有當伏乞
皇太后

皇上聖鑒訓示謹

奏

請停補各省兵額片 會總督銜

再我

朝營制大小相維遠近相制立法可謂盡善惟是日久廢弛弊端叢出故川楚教匪之時論者已謂用兵不如招勇及廣西逆匪初起徵兵幾半天下乃調兵愈衆賊勢愈熾轉不如鄉勇之尚能抵禦於是識時務者相率改而募勇卒之肅清南服掃穴擒渠皆勇之效而兵不與唐臣韓愈有言徵兵滿萬不如召募數千由來久矣夫兵有節制而勇皆募充勇有功而兵無效其故何也蓋古之善用兵者貴乎兵識將意將識士心故能收指

臂之效今百里有營十里有汛在立設之初原謂耳目既近稽察易周一有嘯聚卽可圍捕然而多者不過數百人少者或十餘人逐捕尚或有餘禦寇實形不足迨其敝也將以扣餉冒額爲能無所謂訓練兵以窩娼查賭爲利無所謂營規於是上下雖有統屬之名而情睽意隔歲時雖有演操之制而實去文存及有徵調東抽一名西撥一隊兵與兵不相習將與兵不相知夫訓練既已不時心意又復不洽與驅市人而使戰者何異此所以不能得力者一也古者十金之士百金之士材力既異身價亦殊今卽不能優以厚餉亦不可不使之飽

騰乃綠營定制馬兵月給二兩戰兵月給一兩五錢步兵月給一兩在開國之初人少物賤按時籌給尚足以贍其身家承平既久生齒既繁百物昂貴兵之月入已不足以自贍況又加扣折而望其忍飢力鬬難矣且民間傭力之夫月入尙有得錢數貫者無惑乎老弱之充數而强壯之別圖矣故軍興以來駐防旗兵豢養較綠營稍厚而收效亦較殊其明徵也此所以不得力者二也今若如臣等所請各省留勇自數千至數萬不等緩急均有可恃必將謂兵可以盡撤營可以盡裁而於事勢又有甚難者額兵欠餉各省纍纍若欲裁撤必先發

餉營兵所以不能整頓坐欠餉太多之故又復議裁能
無譁譟此不可不慮者一也兵之實難返兵之名尚存
知者雖知其無用不知者尚惕於
國威若一旦裁撤奸民或因而生心此不可不慮者二
也臣等再四思維惟有以勇輔兵有缺勿補之一法查
江浙皖楚等省之兵幾經大亂物故流亡者爲數不少
直東豫晉等省之兵雖尚完善死亡病故者亦歲有之
擬請此後無論用兵及完善省分從前未足之額暫緩
召募此後再出之缺概停募補如此則無用之兵漸減
而不事紛更有用之餉可節而無乖定制至於營汛可

裁則裁老弱可汰則汰是在乎大吏斟酌時宜非執一

所能懸斷若年復一年不思變計恐欠餉日增一日必

有決裂之時此輩弭亂不足而爲亂有餘恐天下之憂

不在散勇而在額兵矣臣等愚昧之見倘蒙

俞允請

敕下各省督撫察看各省情形酌量施行是否有當伏

乞

聖鑒訓示謹

奏

革職留任謝　恩疏

奏爲恭謝

天恩仰祈

聖鑒事竊臣於同治四年二月二十九日接准部咨同

治三年十一月初二日奉

上諭前因毛鴻賓等奏率屬捐廉助餉加恩將毛鴻賓

等交部從優議敘兹據奏稱該督撫所得奬敘請照學

政司道等一體移奬子弟等語所見甚爲卑陋毛鴻賓

郭嵩燾前次所捐銀兩卽行發還並撤銷從優議敘交

部議處等因欽此欽遵到部應請將兩廣總督毛鴻賓

署廣東巡撫郭嵩燾各議以降三級調用毋庸查級紀
議抵等因同治三年十一月二十三日內閣奉
上諭前因兩廣總督毛鴻賓署廣東巡撫郭嵩燾請將
所得捐廉助餉優敘移獎子弟當以該督等意存計較
不知大體交部議處茲據吏部議以降三級調用毋庸
查級紀議抵等語毛鴻賓郭嵩燾均著加恩改爲革職
留任欽此跪誦之下感悚難名伏念臣權攝封疆罔知
大體冒
宸嚴而瀆請干譴逐以何辭乃蒙
聖恩曲賜矜全仍與留任

特示加恩於薄罰俾資補過於將來仰荷

生成曲逮之仁倍深惶恐圖報之義自去年三月以來

江西竄匪由甯都南安擾近粤邊東北兩江同時告急

臣一力倡捐催繳軍需局支放募勇經費耿耿愚忱但

有顧公之心實無營私之意曲荷

聖慈之戒飭衷隱難陳更蒙

淵量之包容旁皇累日有罪而邀

矜貸原期激勵臣工已捐而又領回何顏對諸寮屬惟

有仰懇

皇上天恩仍准容臣報捐軍餉

賞免發還雷霆雨露無非教

恩威所被一本至仁天地神明詎敢誣懲戒之餘彌深

私禱所有微臣感悚下忱謹恭摺叩謝

天恩伏乞

皇太后

皇上聖鑒謹

奏

此疏實礙難著筆而私衷憤鬱之氣又不能不稍自

明與此曹共事公私交受其累爲之拊膺浩歎而已

自記

特參二品職官訛詐有據疏

奏爲特參二品職官訛詐有據請

旨暫行革職歸案審訊以肅法紀恭摺仰祈

聖鑒事竊查廣東省河向設緝捕船隻時有假冒文武職官訛詐行旅之案均經隨時查明懲辦本年正月間據英領事羅伯遜函稱番禺縣民人黃亞發赴該領事處呈控副將銜李光向該船詐去洋銀二百兩復將其船奪去呈請追回給領等情時以該民人黃亞發赴英領事具控府縣並無案據其控副將銜李光訛詐情由亦頗涉支離當飭營縣查明李光因何在省河訛詐商

船竝有搶奪情事隨據副將銜李光呈稱同治二年在浙江管帶靖逆水陸全軍駐紮甯波添購廣艇派千總劉勝滄等管帶爲巡洋護漁之用被舵工黃和寬謀害劉勝滄等駕船逃駛曾經移請香山縣查拏去年七月由浙江銷差來粤隨時查訪適在發風墩河邊遇見此船即時駕囘又經移請南海縣拘兇究辦其言亦尚有因隨劄飭英領事羅伯遜將黃亞發解案發交廣州府審訊該民人黃亞發年甫二十向在洋船雇工其船係民人郭桂開自置在順德陳邨地方憑致祥店承買經分飭各該縣查覆均屬相符而李光移請香山縣拏辦

一案獨無卷可稽初次訛詐黃亞發洋銀二百兩有李
光隨丁郭亞歡書立收單飭令將郭亞歡交案又復多
方狡展其爲挾職官曾經帶勇之勢藉端訛詐確有明
徵自應從嚴訊辦以懲貪邪而肅法紀應請
旨將副將銜陞用參將李光暫行革職以憑勒限飭將
郭亞歡交出研訊確情再行分別定擬所有特參二品
職官訛詐有據請
旨遵辦緣由謹繕摺具奏伏乞
皇太后
皇上聖鑒訓示謹

奏

員弁爭索賭規請斥革嚴訊片會總督銜

再廣東賭風之盛甲於天下鄉村市鎭到處聚賭因之文武員弁皆有規費一二劣紳人等亦有規費凡經紳士收受規費以老師館爲名各有標目甚或夥開一館據爲利藪風俗之敝實由於此茲查有署新會江門汛千總梁北威與武舉陳元功以爭索賭規互相把持至於聚衆鬭毆該千總梁北威因將陳元功細獲並獲其黨武生陳紹基武監生陳慶元等八名誣以糾衆搶奪已獲之盜犯稟請嚴究臣等查辦盜案嚴實認眞從無寬假該千總與武舉陳元功等互爭賭規揑造夥搶盜

犯重情率意通稟實緣紀綱法度廢弛已久悍無顧忌
地方官紳行徑如此何敢稍事優容貽害人心風俗除
咨部將署江門汛千總粱北威武舉陳元功等先行斥
革歸案嚴訊定擬外應請
旨分别懲辦以警頽風謹附片陳明伏乞
聖鑒訓示謹
奏

官軍迎勦竄匪屢獲勝仗現仍防勦兼籌疏會總督銜

奏為官軍迎勦竄匪屢獲勝仗現仍防勦兼籌情形恭

摺由驛馳陳仰祈

聖鑒事竊前因方耀分勦白沙石碣各匪大獲勝仗情

形經臣等於二月二十八日具

奏在案茲據藩司李福泰副將方耀稟稱南陽之全股

竄併白砂營巢林立方耀慮其下竄粵境卽調分防水

鋪弁勇馳回並飛咨駐紥峰市之鄭紹忠蚺蛇渡之周

陞堅營嚴扼二月初八日派守備方鰲等由上杭東門

潭頭上渡河派候選知府方勳等由潭頭下渡河分頭

進攻白砂賊壘適遇賊於茶地方鰲方恭等大呼衝突槍礮齊施斃匪四百餘名陣斬偽官鈺天安陳幗輝偽御林護駕列王黃姓生擒十三名奪獲賊馬四十八匹旗幟槍械什物不計其數該匪不敢戀戰四路狂奔我軍追殺十餘里始行收隊查點各勇受傷九名此方耀截剿白砂逆匪獲勝之情形也二月十八日逆首丁太陽率匪萬餘由朱家山後三斷嶺下分路來撲大埔縣屬之柏嵩關勢甚兇悍守備李瑄芳等督率各隊兵勇奮力迎擊各鄉練亦前來助剿自辰至巳鏖戰兩時之久斃匪不計其數生擒賊匪十一名奪獲旗幟多件我

軍向前直偪奮力夾攻並用火罐拋擲槍礮如雨該匪
拒敵不住仍由三斷嶺下而逃兵勇亦有傷亡此鐃平
防軍迎剿竄匪獲勝之情形也二月十一日花旗股匪
繞由小路竄入大埔縣屬之維新甲漳溪等處縣城岌
岌可危守備蘇鎮超遊擊王傳訓等會督兵勇分途截
勦副將方耀參將林保都司鄭紹忠亦由閩界跟蹤馳
援同時齊抵大埔賊由湖寮白堠竄走先後斃匪甚多
此大埔防勦疊有擒斬竄匪之情形也臣等伏查閩省
龍巖股匪經康國器等軍攻克餘匪竄歸南靖南陽股
匪經劉典王開琳等軍攻克餘匪竄駐歸陽苦竹等處

偪近大埔縣城分股襲攻楓朗營盤爲戴朝佐梁仕光等軍擊敗遂徑趨撲詔安縣城經何雲章派遊擊李元順一軍馳援爲賊所掩襲退紮分水關該逆橫出朱家山襲破縣丞吳國泰一營進趨秀篆黃岡饒平同時告急粵東防閩之軍始分東北二路以嘉應所屬爲北路潮州所屬爲東路迨汪逆大股趨併漳州二百餘里之地粵東邊防乃歸重大埔饒平一路何雲章進攻雲霄以蒯爲堵故自饒平以南東界黃岡西界澄海皆無重兵駐防該逆驟撲詔安繞出雲霄之後直窺粵境倉卒告警幾至措手不及幸鳳潮道鳳安得信較速卽時商

請前西甯鎮總兵黃朝恩募勇千人馳紮黃岡分水關
一帶併飭署潮州府陳毓書督率民團幫同堵勦藩司
李福泰亦由三河壩赶至潮州調派鄧安邦方吉等軍
越境馳援詔安通何雲章一軍之氣以固潮南門戶飭
副將林保一軍專扼柏嵩關飭遊擊吉瑞一軍專扼老
虎關臣等並飭李福泰等將南澳澄海各海口妥爲布
置潮州防務稍臻周妥而沿邊滋擾各匪尙止汪海洋
一股其漳州李世賢一股至今未有蠢動之信閩軍高
連陞黃少春等環攻漳州之東劉典王德榜王開琳張
恒祥康國器等合防漳州之北江蘇撫臣李鴻章又由

海道派郭松林楊鼎勳兩軍從厦門進攻是漳州南路又得此大枝勁旅三面進勦惟西路與粤毗連數百里兵力獨形單絀臣等接據李鴻章來函即行移咨商令各軍由海道分兩路進攻一由厦門會合閩軍直擣漳州一由汕頭東出黄岡規復雲霄平和各城出漳州之西與翟國彦方耀鄭紹忠等軍分路并出庶可蹙之漳州一城且可斷其入海之路不至貽毒他處但恐郭松林等已航海入閩商辦不及則閩軍直成長驅之勢粤東防務尤費支持臣等現催卓興一軍由恩平赴省刻期馳往東江而欠餉既多軍行亦難期迅速籌防日久

轉餉愈艱惟有督飭司道竭力籌辦以期殲此大憝苯
孽餘孽其李元順赴援詔安吳國泰防守隘口未能實
力抵禦以致爲賊所乘均屬咎有應得相應請
旨將遊擊李元順縣丞吳國泰先行摘去頂戴有無闒
警先逃情弊容札飭李福泰鳳安查明後再行參辦以
肅軍政所有東路防軍疊次勦賊獲勝及現籌辦理情
形謹恭摺馳陳伏乞
皇太后
皇上聖鑒訓示謹
奏

羅定官軍越境蕩平河垌賊巢馳援信宜片會同總督銜

再羅定官軍越境攻克古眉大埮雲胎何家寨賊巢情形經臣等於二月二十八日附片

奏報在案茲據補用副將曾敏行署羅定州知州周士俊稟稱岑溪一帶賊巢惟河垌最爲險固逆首陳日昇卽陳兩頭口竄踞其中負隅死拒當卽馳調曾光漢劉金華等各勇於二月十七日進紮離河垌里許之磨刀坑地方節節進偪該逆見我軍分途築壘卽率衆二三千蜂擁來犯陳龍書盧滿江韋奇文劉金華陳璁洪瑞榮等呼噪而出躍馬爭先衝入賊隊手刃執旗賊目龔

賊數十名該逆潰散回巢曾敏行周士俊分督親軍進紮磨刀坑十九日黎明派都司盧滿江由左路出訓導陳龍書由中路出守備劉金華生員高錫鈞由右路出曾敏行周士俊帶領親軍督陣爲諸路接應該逆見我軍出隊即傾巢俱出拚死來衝勢如潮湧我軍槍礮齊施連環轟擊斃賊多名賊猶死戰不退曾敏行身先士卒躍馬衝鋒連斃悍賊數名各營奮勇而前呼聲動天酣戰兩時之久該逆勢漸不支奔回巢內閉柵死守是役也踏平賊匪礮樓三座斃賊三百餘名奪獲旗幟器械多件我軍亦間有傷亡曾敏行周士俊復與諸將弁

籌議欲乘該逆大敗驚餒之時漏夜往襲河堈攻其無
備遂派陳龍書盧滿江曾光漢劉金華高錫鈞陳璁粱
以文黃亨衢及軍功傅世魁等分隊銜枚疾進三更時
候各將弁率勇直抵河堈盧滿江曾光漢劉金華潛至
柵外點放火箭寨內同時火起並用大礮將寨門轟倒
各勇爭先殺入火勢愈烈烟𦡾迷漫匪眾奔逃無路中
槍礮死者甚眾立將河堈賊巢攻克搜獲器械馬匹僞
印無數曾敏行周士俊見賊巢已破匪眾由寨後狂奔
知逆首必在其中急率勇練繞過後路抄擊沿途截殺
百餘名生擒賊目何仲厚粱亞晚粱亞來李朝天等多

名先後生擒七十八名殺斃不計其數奪獲旂幟器械馬匹僞印共六十餘件陣亡弁勇周遇貴方濤等二十名受傷七十餘名餘匪遁歸南渡黎木等處等情前來查陳日昇卽陳兩頭口與羅阿光梁仕隆等逆首由大垭古眉擾及羅定州界實踞河垌爲老巢經曾敏行周士俊越境攻剿覆其巢穴該逆陳兩頭口在岑溪股匪中爲最巨盤踞河垌日久被剿逃竄軍氣爲之一振已飭周士俊等會同岑溪縣務將各股餘匪悉數搜除以絕根株信宜逆首李可鍾盤踞六荷地方黨羽甚衆屢飭信宜縣設法緝拏訖未得其要領迨岑溪股匪倡亂

李可鍾卽遣其姪李河娘李長腰等潛往充夥復遣姪李一貫等張貼僞示播散謠言乘機起事信宜縣黎正春督同紳士陳觀泰陸達務等以防堵爲詞招集兵勇驟出六荷將該逆李可鍾拏獲又繞出東鎭將該逆李一貫李四等拏獲正値陳兩頭口河垌被勦窮蹙之時李河娘李長腰等諸逆導使襲破新勝寨乘勢東趨又邀集大南南渡股匪霍十八羅定章等藉詞報復由安鶩小路直竄信宜縣之東鎭分三路撲犯縣城經該縣黎正春擊退仍遁回東鎭駐紮臣等前檄飭副將曾敏行募勇一千五百人馳防羅定副將潘其泰募勇一千

人馳防信宜潘其泰分募西勇及吳川靈山之勇尚未成軍因先飭曾敏行一軍移緩就急赴援信宜刻期埽蕩臣等因念廣西藤容岑溪北流陸川數百里之地伏莽滋繁與東省之信宜羅定等州縣緊相接壤全恃署羅定州知州周士俊署化州知州張欽泰信宜縣知縣黎正春等勤廉樸實政事稍爲修明信宜首逆李可鍾甫謀倡亂即被捕誅羅定驅綸王阿狂七一股亦懾於兵威不敢狂逞現在廣西撫臣張凱嵩派出弁勇巳抵容岑臣等意在肅清西路乃得專意防勦東江大股賊匪是以前奏派廣西提臣馮子材添募兵勇數千督同

曾敏行潘其泰等剿除藤容一帶賊匪使邊圉稍獲安
謐以整飭戎行爲攘除寇盜之實仍以講求吏治以肅
清禍亂之原所有在事出力官紳可否仰邀
天恩由臣等彙案奏奬至副將曾敏行自到防以來屢
次越境攻克賊巢擒斬要逆多名羅定藉以肅清未敢
沒其微勞應懇
天恩將該副將曾敏行賞給總兵銜以示鼓勵出自
逾格鴻施謹將羅定官軍越境蕩平河垌賊巢馳援信
宜及現籌辦理情形附片陳明伏乞
聖鑒訓示謹

奏

化州官紳追捕廣西竄匪全股撲滅片會總督銜

再廣東化州官紳殲勦廣西竄匪情形經臣等於本年

二月二十八日附片

奏明在案嗣據代理化州知州張欽泰稟稱我軍自二月初五日於合江墟地方大獲全勝生擒逆首江甲麟等二百七十八名殺賊千餘名又在城外盤獲內應奸細江亞六等八名其逃出匪夥約有三四百人仍由平定一路拚命窮奔當即飛飭拔貢彭步瀛會督練紳郭遠昌李鴻文鍾耿光黃文光等由合江北岸跟蹤追勦張欽泰親率張汝泰黃子斌等由合江南岸跟追初六

日未刻追及附近平定墟之天井地方該匪囘頭死拒我軍槍礮齊施四圍攻擊又斃匪二十餘名餘匪竄入池姓祠堂閉門堅守並於瓦面分佈銃械負隅抗拒適彭步瀛等會督練勇赶到張欽泰督飭各軍購備柴草引火之物初六晚潛載至柵外焚之並將火罐拋入賊巢風高燄烈立卽焚燬該匪被焚死者十之八九間有冒火逃出者均被我軍殲斃獲匪何信大李九油何亞翚等十餘名全股悉已蕩除等因前來臣等伏查江甲麟卽江二大糾合陳金缸舊黨數千在廣西陸川縣青湖地方舉旂稱亂直竄化州之上江招聚博白岑溪等

處股匪意欲狡逞又有巨逆陳永芳即木碌四林寶善
周應濂蔡七大李亞撈七等爲之句引該署州張欽泰
倉卒募勇分飭彭步瀛黄子斌張汝泰李鴻文郭遠昌
等四面攻剿出賊不意斬獲至千餘人又乘勝猛追擠
之羅江溺斃者七八百人窮日夜之力直追至天井地
方盡殲其餘孽行軍之速剿賊之鋭極爲難得臣等仍
一面檄飭該署州設法將陳永芳即木碌四蔡七大等
巨匪赶速拏獲以靖地方所有先後出力官紳勇練容
俟前案奉到
諭旨再行分别彙案酌保藉資鼓舞謹將化州官紳追

捕廣西竄匪全股撲滅情形附片具陳伏乞

聖鑒訓示謹

奏

閩氛日偪粵省兵單餉絀情形片會總督衘

再東路官軍迎剿竄匪屢獲勝仗情形業經臣等於三月十五日具

奏在案疊據布政使李福泰惠潮道鳳安等稟稱賊匪圍攻詔安於城外開鑿地道知縣趙人成竭力拒守潮州府陳毓書都司鄧安邦等現赴黃岡圖解詔安之圍副將何雲章進攻雲霄爲賊所包困守營盤大勢均屬岌岌平和之賊日聚日衆於逼柏嵩關等處鑿平道路意圖大舉入粵饒平黃岡一帶日形吃緊等情前來臣等査汀海洋一股衆約七八萬漳州李世賢一股約十

餘萬又有偽利王朱興潍偽天將丁太陽各股合計不下二十餘萬雖閩省各軍屢獲勝仗粵省方耀各軍疊有擒斬所殺不過十分之一而所擄脅句通者仍秪日見其增加而不見其減少是賊勢幷不得為窮蹙左宗棠所部浙軍一二萬人高連陞黃少春劉清亮等又皆一時名將合之閩軍曾玉明等所部圍攻漳州東面其由江西援閩之軍則有劉典婁雲慶王開琳王德榜張恆祥等軍數萬人均係大枝勁旅合之閩軍康國器趙均爵鎮國等所部會防漳州北面西至永定東至漳平層層布置江蘇撫臣李鴻章所派郭松林楊鼎勳兩軍

又由廈門進攻漳州東南北三面漸成合圍之勢而賊所踞南靖漳浦雲霄平和各城皆在漳州西面從前尙踞有龍巖一城北有出路今且幷集於偪近大埔之歸陽苦竹等處是賊之去路僅廣東一面現據李福泰稟稱探聞詔安縣城已爲賊陷是潮郡又失一重外蔽又據翟國彥報稱漳州逆匪數萬竄至平和粗溪地方幷屯駐上下坪等處距楓朗僅及三四十里前後竄擾邊境者均係南靖平和股匪續又添入南陽大股如翟國彥所稱漳州大股又已蠢動其勢必謀竄饒平大埔等縣漸及腹地統計粵東邊防各軍翟國彥三千餘人方

耀六千餘人鄭紹忠三千餘人其餘林保鄧安邦黃朝恩戴朝佐黃添元粱仕光李元順何雲章等或數千人或數百人卓興一軍六千餘人尚未到防合共三萬餘人縱横數百里隨處設防已形單薄加以西江防堵之馮子材曾敏行潘其泰等軍北江防堵之任星元等軍併水師沈玉遂王朝治張貴等軍每月需餉幾至三十餘萬竭力籌畫僅及十萬有零勉强支梧以防堵邊界之軍論則多慮其空虛以轉輸防兵之餉論則尚憂其缺乏是粵東之力幾不能旦夕支持臣瑞麟接任以來憂勞布置熟籌審處斷不敢存五日京兆之見臣蔣益

仰蒙
天恩署理巡撫辦理年餘幸無隕越惟有會同臣瑞麟
督同在事文武各員經營籌畫實心實力督率各軍殲
除大憝以仰副
皇上綏靖邊疆至意所有閩氛日偪及粵省兵單餉絀
情形謹附片具陳伏乞
聖鑒訓示謹
奏

官軍越境規復詔安屢獲勝仗現籌防勦情形疏會總督銜

奏爲官軍越境規復詔安屢獲勝仗現籌防勦情形恭摺由驛馳陳仰祈

聖鑒事竊前因官軍迎勦竄匪獲勝併閩省詔安失守各情經臣等先後馳

奏在案茲據布政使李福泰惠潮道鳳安等稟稱三月初六日閩省詔安城池被賊攻破當卽懸立重賞激勵諸軍乘賊初入詔安布置未周奮勇進攻迅圖克復飭令參將林保率所部駐守上饒之柏嵩關遊擊吉瑞駐守中饒之老虎關總兵黃朝恩遊擊李元順都司鄧安

邦等各率所部分扼下饒之分水關守備方文督勇穩
紮黄岡城外西校場防賊回竄其黄岡各要隘仍飭署
潮州府陳毓書督飭鄉團實力扼守副將何雲章攻剿
雲霄正在得手因賊匪繞陷詔城與粤軍聲勢隔絶全
軍拔回黄岡駐紮蚺蛇嶺潮坑等處隘口把總張捷成
分紮所城與原防上里之周國恩等勇互相聯絡以扼
詔安沿海由拓林入黄之路初九日卯刻詔安逆匪二
千餘往撲章朗鄉鄧安邦楊有鋆方吉等分路抄擊陣
斬穿黄馬褂賊目一名殲斃數十名生擒悍匪四名訊
明正法十五日黄朝恩督率方文方吉兩軍由西路進

楊有鋆督率霞繞鄉武生張大源團練由東路進鄧安邦全部由中路進直抵龍公山前賊匪四五千衝出接仗我軍奮勇突擊追剿至詔安城下殺賊數百奪獲大白旂數十面十九日辰刻復集諸軍協力猛攻鄧安邦偵知賊有埋伏先出奇兵將賊伏擊敗各勇繼進三面包抄賊衆披靡殺斃數十名此連日進剿詔城逆匪獲勝之情形也臣等伏查賊勢趨併漳州一帶南靖漳浦雲霄平和各城皆偪近粤邊詔安失陷以後潮州防務尤形緊要而漳州大股賊匪尚與官軍相持踞守如故康逆七八萬人盤踞苦竹歸陽等處近聞赴漳乞援移

紮洪坑李世賢給與洋槍洋藥分撥僞西王悍匪二三萬進紮平和屬之粗溪直偪金豐鄉饒平大埔兩城其勢均爲喫緊潮屬邊防分南北兩路自大埔至柏嵩關爲北路隘口十餘處稍大者爲湖寮風朗鴨母坑深圳等處自柏嵩關爲柘林沿海爲南路隘口亦十餘處而最大者三饒柏嵩關爲上饒老虎關爲中饒分水關爲下饒老虎關與柏嵩關相距差遠中間途徑分歧又以朱家山爲衝要李福泰陸續添募三萬餘人分防各隘口兵力終嫌單薄又苦乏大枝勁旅足當一面之寄臣等屢催卓興一軍馳援刻期抵省擬卽雇募洋船由海

道前赴潮州以期迅速一面札飭李福泰飭將各軍挑
選精銳酌量歸併約分三路饒平柏嵩關爲中路正當
漳州之衝必得大軍駐紮堵截大埔界內至風朗爲北
路以當康逆大股老虎關以南爲南路以當詔安雲霄
各股責成卓興翟國彥方耀三軍各當一路其餘各起
勇目挑選得力之軍分隸三營以厚兵力而歸整練其
水路則澄海縣屬之南港北港可以由海直趨潮郡大
埔縣屬之三河壩南可以趨潮郡西可以達嘉應均經
李福泰調派緝私巡船併雇募頭艋船分別駐防以資
扼守但使該逆不遽闌入粵境俟卓興一軍到防後商

定大局歸併各軍擇要穩紮則防務益屬周密庶冀會
合閩軍聚殲此匪以副
皇上綏靖海疆之至意所有官軍規取詔安及現籌防
剿各情形謹合詞恭摺由驛馳陳伏乞
皇太后
皇上聖鑒訓示謹
奏

西路官紳勦辦信宜股匪攻克賊巢地方肅清片會督銜總

再官軍由羅定越境蕩平河垌賊巢馳援信宜及籌辦

情形經臣於三月十五月附片

奏報在案嗣據副將曾敏行署信宜縣知縣黎正春等

先後稟稱岑匪李河娘等退踞水口後連日修柵築圍

以爲久踞之計水口離信宜縣城僅十五里二月十八

日黎明該匪糾衆數千一由西路直攻西北二門一由

東路直撲東門又分股潛由山背繞出河口意圖竄踞

鎭隆黎正春密飭高營兵丁嚴守縣城紳士李徽華統

帶壯勇潛伏河口山嘴約會鎭隆練丁分道出城迎敵

適派防石根勇練聞該匪竄撲縣城赶回應援併約六
承團練由後路截擊該匪望見疑爲埋伏卽時返奔其
潛攻鎮隆之匪亦適被我軍擊敗乘勝追剿斃賊數十
名奪獲刀矛大旗十餘件六承團練直薄水口柵旁練
紳廩生梁靖練目李貴誠中礮陣亡高廉道秀英高州
府瑞昌以信宜被圍緊急委派守備陸龍芝陳德銑把
總陸能富等各率勇練於十九二十等日陸續赶到信
宜二十三日卽行分路出擊小有斬獲二十四日該匪
率大股蜂擁而來陸能富李徽華向前迎擊該匪忽分
股由旁路繞出抄襲陸能富之後我兵首尾受敵適後

路兵勇赶到合力奮擊該匪始行敗竄二十六日該匪潛約南渡逆首曾五劉二等徑撲石根堡公豹嶺響水等卡意圖直達東鎮當經紳練陳仕邦余銘勳余廷誥等帶練設伏該匪甫至雙頭地方四面圍擊將該匪截成兩段首尾不能相顧四散狂奔追殺十餘里生擒逆匪歐柱九等九名轟斃偽軍師楊姓一名奪獲大旗擡槍火藥丸彈紅簿偽印多件又豐埇東鎮踞匪分股焚掠雲岫堡一帶亦經該堡練紳林巽珍等擊退三月初三日副將曾敏行統帶勁旅一千名由羅鏡一帶繞道馳抵縣境與黎正春等會商以水口賊巢偪近縣城先

克復水口則東鎮豐埇諸匪亦必不能久踞方謀紮營望天垌扼其衝要使與東鎮豐埇諸匪聲氣阻隔以爲進剿之計李河娘偵知官軍已到分股往踞望天垌內陸氏祠及洗氏廟以圖預佔地勢曾敏行登卽會合各營直攻陸氏祠該逆搶出抗拒曾敏行列陣小山坡以待洗氏廟踞匪亦出接應曾敏行直前衝突逆首李河娘退入陸氏祠由祠後毀垣翻山而遁黎正春等亦由北橋岸塘等處分路馳剿適遇水口援賊迎擊敗之乘勝跟追直薄水口賊柵該匪閉柵拒守槍礮雨下曾敏行飭各營傳餐休息候至夜分各勇齊然火把用擡槍

藥罐火包捲營急進焚其外柵督飭行斬關直入該匪猶力踞內柵地勢仄狹槍礮傷人稍多督陣官陳添潤奮勇直登各勇施放火箭內巢亦被焚賊衆擁護李河娘奪路狂奔與東鎮股匪合併三月初七日黎正春督率練勇規取東鎮豐埇賊巢督飭行亦於初八日赶至東鎮先派一營繞出賊前埋伏金埇地方以防杜南里大股援賊分飭各軍三路進勦東鎮之賊分踞六賀沙埇六蒙等處各軍奮力直前踏平賊壘痛加勦洗立將東鎮等處地方收復餘匪由白石一帶向岑容所屬之大南里及南渡水汶一帶竄去其豐埇匪巢亦經雲岫

扶三等堡練紳林異珍等鬬勇攻克餘匪竄踞牛士坪
亦經曾敏行黎正春拙撥兵勇會同克復前後斃匪數
千人生擒七百餘人內有逆首歐柱九劉二陳太尉僞
軍師楊姓僞都督李畹僞先鋒楊三聘僞司馬張十八
僞指揮邱二等多名陣亡哨官隊長張勝新黄廷楨李
福成程慶龍等及各營兵勇練丁等亦二百餘人信宜
境內百數十里叢奸伏莽盡數殲除地方一律肅清各
等情前來臣等伏查岑溪股匪自入信宜縣境後迭次
攻撲縣城曾敏行黎正春等連日大舉進勦乘勝急趨
將水口豐埇東鎮牛士坪等處次第收復使羣起鴟張

之賊不至蔓延辦理亦尚迅速各堡局紳練協同兵勇奮志前驅擒斬逆匪尤爲踴躍用命臣等惟有嚴飭曾敏行等確探李河娘等蹤跡會合西軍跟蹤追勦以期盡數殲除並飭高州道府招集流亡妥爲撫戢務使窮黎得所伏莽潛消以除後患而靖地方所有在事出力官紳可否由臣等擇尤彙案保奏之處恭候

諭旨遵行除將傷亡紳士兵勇另行查明咨部議卹外謹將西路官軍勦辦竄擾信宜股匪攻克賊巢地方肅清情形附片陳明伏乞

聖鑒訓示謹

奏

官軍疊擒首逆西江一律肅清片會總督銜

再正繕摺間接據廣西提臣馮子材咨稱三月十九日

馳抵信宜當派總兵關松志督勇前紮貴子墟接據曾

敏行等稟稱東鎮收復後該匪竄聚南渡水汶一帶縱

橫七八十里賊壘如林卽札諭留駐驅綸之都司盧潇

江卽日移營貴子相機進勦適接羅定州知州周士俊

緘稱探聞逆首李河娘陳日昇卽陳兩頭口等潛聚嘉

益王狂七家請卽迅往掩捕曾敏行以岑溪之由子墟

聚匪甚多與南渡水汶並爲嘉益後路若不先將由子

等處扼斷則此攻彼勦了事無期三月十九日由白石

進至水汶彼地素稱賊藪十年來未見官兵一旦振旅前來合堡紳民幾詫從天而下願起鄉團隨同殺賊適聞南渡股匪已被西軍擊敗水汶賊勢稍孤又見我軍層層進偪力不能支黨夜趨併甶子村僞都督吳春標僞軍師尹紀黨衆數千添築木柵十餘座建立礮臺東西對峙以鄧公覃梁兩廟爲外巢以楊昌瀾房屋爲內巢阻以溪水負嵎相抗訓導陳龍書督率哨勇進攻鄧公廟曾敏行自率親軍攻覃梁廟外委李廷桂等帶鄉導勇繞過賊巢後埋伏接應自辰至午相持三時之久未決勝負都司馮勝標手持雙刀帶親勇十餘名冒險

搶薄罩梁廟下連斫斷木柵三條各勇同時猛進生擒
僞軍師何得勝及匪黨張十九等五十一名殺斃無算
旋聞東邊礮臺上喊聲突起遙望見十餘人擁護一賊
狀貌兇悍詢所獲各匪知爲僞都督吳春標各勇直前
綑縛四面搜捕又生擒二十餘名匪勢窮蹙退保二層
柵內親兵楊星輝等急行衝入用連環洋礮轟擊該逆
亦以洋槍對敵互有損傷曾敏行胸前右手背均被礮
子擦過各哨弁勇因主將受傷拚死奮進遂將礮臺攻
破斃匪約七百名擒獲僞領軍梁亞洪僞先鋒朱子佩
等十五名匪夥一百零五名逃出餘匪皆焦頭爛額不

滿百人由子村賊壘一律平燬陣亡粱肇興等八名受傷七十二名曾敏行等以吳春標等雖已就擒若不將李河娘等盡數殄滅終恐餘燼復燃二十七日由由子移營加懸重賞一面緘致周士俊密派得力員弁分途偵緝務得該首逆等下落二十九日果探得李河娘陳日昇在嘉益王狂七家當卽嚴諭王狂七胞兄王丕烈勒令登時綑獻以免大兵進勦仍派訓導陳龍書督率哨勇連夜冒雨馳赴嘉益扼要駐紮使該逆無路潛奔並使王丕烈等懾於聲威不敢隱藏遂於四月初一日將李河娘陳日昇一併交出及其黨二十餘名李河娘

解送馮子材行營凌遲正法陳日昇解赴周士俊翺綸
行營正法又探聞陳英光卽獨角牛匿在排埠闌口現
飭設法嚴緝務期迅速拏獲以淨根株而清芽蘖各等
情前來臣等伏查李河娘爲信宜起事首逆陳日昇爲
羅定積年巨逆句結岑容股匪擾犯廣東地界化州羅
定一帶皆爲賊壘曾敏行迭次會同地方官併力攻剿
捲甲疾趨擒渠埽穴李河娘陳日昇及岑溪逆首吳春
標等皆次第伏誅洵足壯軍威而固疆圉總兵銜副將
曾敏行由羅定信宜轉戰岑容數百里之交破巢滅賊
謀勇兼資可否仰邀

天恩以總兵交軍機處記名遇缺題奏以示鼓勵之處出自

逾格鴻施再查此次廣西股匪闌入粵境沿邊各州縣偏地賊氛陳日昇陳永芳李可鍾李一貫李河娘王狂七等陰蓄狡謀乘隙思逞各該州縣或伺其將發之時設法掩捕或值其攻城之際督兵痛勦江甲麟一股由廣西陸川縣徑攻化州城知州張欽泰擒獲首逆並將其全股撲滅李河娘陳日昇等迭攻信宜城知縣黎正春倡議守城與紳士約不准一人出城親督練勇與賊搏戰羅定州知州周士俊與曾敏行越境攻勦河垌股

匪嘉益王狂七一股亦弭伏不敢狂逞所以能迅收埽

蕩之功者艮由吏治稍爲肅清各該州縣辦事認眞之

力署羅定州知州同知銜長樂縣知縣周士俊同知銜

署信宜縣候補知縣黎正春均請以同知直隸州儘先

補用

賞戴花翎周士俊并先開長樂縣缺署化州知州補用

同知直隸州張欽泰請以本班遇缺先補並

賞加知府銜其餘在事出力員弁應懇

天恩由臣等擇尤保

奏布政使司銜高廉道英秀前高州府調補潮州府知

府蔣超伯高州府知府瑞昌調撥兵勇支放口糧均屬
著有勞績英秀已得升銜請
記存錄用蔣超伯瑞昌二員可否
賞加鹽運使銜用資獎勵所有官軍勦辦疊擒首逆西
江一律肅清各情形謹附片馳
奏伏乞
聖鑒訓示謹
奏

廣西提臣馮子材應由西江馳赴新任片

再廣西提臣馮子材經前督臣毛鴻賓會同臣耆齡奏請暫留督辦東江防堵事務該提臣以在籍修墓未能迅速赴防又經調派南韶連鎮總兵卓興督率所部前往防剿緣卓興一軍六千餘人尙屬大枝勁旅該提臣籍隸海西之廉州卽令開募成軍而距潮嘉甚遠到防必需時日總兵翟國彥卓興副將方耀等皆非其舊部亦未必能俯受節制適廣西竄匪擾及化州信宜一帶西江各州縣所在驚擾又經前督臣會奏該提臣改辦西江軍務各在案現在該提臣新募之二千人行駐信

宜境界而曾敏行等軍馳擊各股巨匪剿辦尚能應手

並擒獲首逆陳兩頭口李河娘等西江地界幸已肅清

該提臣新募之勇可以就地裁遣稍節糜費應請

旨飭該提臣馳赴新任無庸留東至陽江鎮總兵任星

元一軍前經調赴西江適南陽康逆大股竄至石碣江

西瑞金廣昌等縣戒嚴仍留該鎮一軍辦理北路防務

屢蒙

諭旨垂詢合併陳明所有廣西提臣馮子材應由西江

就近馳赴新任之處謹附片馳

奏伏乞

聖鑒訓示謹
奏

審明革職拏問之知縣並無聞警先逃實在劣蹟分別

擬議疏會總督銜

奏爲審明被參革職拏問之知縣並無聞警先逃實在

劣蹟擬議恭摺仰祈

聖鑒事竊照已革大埔知縣陳慶麟於防堵喫緊之時

擅自赴郡懇求卸事一案經前督撫臣會同

奏參咸豐十一年四月二十日內閣奉

上諭勞崇光等奏請將聞警先逃之知縣革職拏問一

摺廣東知州銜大埔縣知縣陳慶麟因傳言福建連城

失守不察虛實輒攜眷帶印避赴潮州府城懇求交卸

竟置地方於不顧實屬糊塗荒謬陳慶麟著即革職拏
問交勞崇光等從嚴定擬具奏欽此遵即轉飭藩臬兩
司行提該革員陳慶麟到省委廣州府審解到司並無
聞警先逃情弊提同大埔縣紳士蔡惠疇等質明由司
解覆前督臣以現審情節多與原奏不符飭再復加妥
擬茲據廣州府知府梅啟照核議由司解覆前來臣等
親提該革員陳慶麟悉心研審緣陳慶麟籍隸江西清
江縣由監生於江蘇捐米案內議敘知縣加知州銜選
授廣東大埔縣知縣咸豐十年五月到任是年冬福建
汀州府被賊竄陷武平縣旋亦失守該革員陳慶麟因

汀州府屬之上杭縣與武平縣連界大埔緊接上杭爲
閩粵通衢門戶力籌防堵經潮州府海廷琛派委千總
周國恩帶領五百名協同守城其餘要隘各處該革員
自行雇勇防守因經費支絀所需勇糧無從籌款支給
赴府面求海廷琛給發維時該縣地方安靜並無賊警
縣民見地方官赴府相率謠傳稱福建連城縣有失守
之信紛紛遷避該縣典史陳俊把總嚴鳳章帶勇千總
周國恩疑該革員先得連城警信藉端走避稟請該管
道府查辦該革員抵郡經道府詢詰該革員懵然不知
該道府以汀州武平相繼失守卽欲請發口糧亦不應

於防堵吃緊之際擅離職守將其面加申飭該革員無
詞可答卽自稱才力不及懇求委員接署該道府以事
關防堵一面稟揭一面遴委潮陽縣丞戚開蓉先行接
印代理迨將該革員提省審辦經前臬司札委嘉應州
知州薩保署潮州府黃岡同知馮鏜馳赴大埔縣查明
大埔與福建連城縣相距四百餘里距武平縣二百餘
里十年十一年冬春之閒連城縣並無失守亦無賊警
卽大埔及鄰近各州縣均無賊匪竄擾已革大埔縣陳
慶麟當日委係赴郡請發勇糧幷無聞警逃避情事傳
訊紳耆蔡惠疇等亦屬相符取具各結錄供稟經前臬

司飭據委員廣州府等核明將案審擬解覆前督臣以現辦情節與原奏不符飭再覆加查核現據委員府州等妥擬由司招解到臣據該革員陳慶麟仍供認前情矢口不移伏查此案前據委員嘉應州知州薩保等查明當時福建連城縣並無失守亦無賊警卽大埔及鄰境各州縣均無賊匪竄擾此等事蹟昭彰科以聞警逃避之罪亦不足服該革員之心且大埔東北距武平二百餘里武平失守該革員並未逃避連城相距四百餘里中隔上杭永定二城卽令連城失守亦與大埔無涉遠爾逃避尤非事實惟其時防堵正形吃緊該革員以

赴郡之故致滋居民疑慮又以新春適其眷屬先後赴
距城四十里三河壩地方之觀音閣行香百姓之謠言
典史把總之稟揭亦屬事出有因此案已革大埔縣知
縣陳慶麟於鄰境福建汀州府武平縣失陷該縣係全
粵門戶防堵最爲吃重牽因請發勇糧擅自赴郡致令
人心驚慌幾至貽誤大局經道府申飭復懇求委員接
署蹟亦近於規避且任從眷屬入廟燒香地方官爲百
姓觀瞻所係種種乖謬未便因賊未入境尚無貽誤地
方稍事姑容應請即行革職爲不知緩急輕重妄動者
戒業經參革應毋庸議典史陳俊把總嚴鳳章千總周

國恩因陳慶麟赴郡之後聞有連城失守謠言倉卒未
及確查慮及賊匪竄擾並因其眷屬先後出城疑係聞
警帶印攜眷先逃稟請道府查辦係爲愼重地方防堵
起見尚屬情有可原應請免其置議紳耆蔡惠疇等訊
屬無干概行省釋除供招咨部外所有審明擬議緣由
謹合詞恭摺具
奏伏乞
皇太后
皇上聖鑒訓示謹
奏

拏獲盤踞香港招夥濟賊逆首審明正法疏會總督銜

奏爲拏獲盤踞香港招夥濟賊逆首審明正法恭摺馳

奏仰祈

聖鑒事竊上年官軍克復江南逆黨李世賢汪海洋等擁衆竄擾福建汀漳各屬偪伺粵疆臣等念沿海近邊香港澳門等處向稱逋逃淵藪早慮奸商匿匪私運洋槍火藥洋米洋布接濟汀漳踞賊派員嚴密輸查聞有僞森王侯玉田交通洋盜盤踞香港專辦闘賊接濟正在設法擒捕適據記名總兵補用副將陳擇輔禀稱有東莞人陳鎭傑曾於咸豐四年在上海販貨行至福山

江口被倭逆擄劫入船旋即隻身逃出情願充綫前赴
香港認拏當經臣等會商英國領事羅伯遜並照會香
港公使碼沙密飭署廣州協中軍都司保應熊偕同陳
擇輔帶領右營千總蔡釗候補千總曹焜等挾綫往捕
又値香港商民梁志兆爲倭逆夥黨在洋面劫去貨船
計贓數萬正與理論洋官等因會同保應熊等將該逆
綑縛押解到省據供本名倭管勝年三十七歲嘉應州
人咸豐二年投入賊營隨同攻陷金陵充僞水師主將
管帶礮船四五萬人節次抗拒官軍加封僞森王號六
千歲上年官軍克復金陵潛由上海逃至香港在上環

地方開設金成泰店假生意爲名私運軍火糧食接濟
漳賊隨時窺探官軍爲漳賊耳目與素好之淸遠人梁
振威通信尤勤等供臣等伏查侯管勝逆封僞王情罪
本重金陵克復後逃回香港復敢藉名貿易聚匪横行
邀劫商財資販軍火等物運濟賊中又爲之偵探軍情
密布黨與其蓄謀尤險其搆亂尤深初解到時發交廣
州府研訊植立不跪情詞悖逆迹其很毒允爲逆黨中
之兇渠臣等於審明後恭請
王命飭署按察使郭祥瑞督標中軍副將施溥將該僞
森王侯管勝綁赴市曹凌遲處死以伸

國憲而快人心所有出力之記名總兵補用副將陳擇
輔儘先遊擊署廣州協中軍都司保應熊廣州協右營
左哨千總蔡釗守備銜候補千總曹焜等與洋官商辦
數日之久設法拏解為粵省除一巨害實屬著有微勞
陳擇輔擬請
賞加提督銜保應熊擬請
賞加副將銜蔡釗請以守備儘先補用曹焜請免補千
總以守備儘先升補以昭激勸至英國領事羅伯遜事
事委曲商議顧全大局洵為可嘉香港公使瑪沙政務
司末士哦於商辦此案亦深惡該逆攔海行劫情形撥

兵看守旋將該逆拏交解省均屬深明大義應懇

天恩給予嘉獎至通逆之梁振威應飭該弁等設法購

綫嚴密查拏務期弋獲以靖地方所有拏獲盤踞香港

解運軍火逆首訊明正法緣由謹合詞由驛馳

奏伏乞

皇太后

皇上聖鑒謹

奏

香港藏姦之藪地方官求之愈急洋人護之亦愈堅

此次洋人解送侯玉田爲歷來未有之舉由鄙人稍

知夷情窾要鉤而致之澄帥遠加以鋪張反覆開陳
終以不悟卒使洋人往復駁詰無詞以應之此後香
港捕盜門徑永以杜塞矣 自記

西路官軍續擒首逆攻毀嘉益排埠賊巢片會總督銜

再西路官軍勦辦竄擾信宜股匪攻克賊巢並壘擒首逆西江一律肅清各情形經臣等於四月十二日附片奏報在案嗣查我軍自攻克甶子村等處賊巢首匪李河孃陳日昇吳春標等次第伏誅後又經守備陸龍芝等督率各路團練分路截擊搜捕斃匪五百餘名生擒九百餘名並獲僞將軍潘常典僞都督潘元濟黃六等三名訊明正法惟陳英光卽獨角牛匿在排埠闌口地方僞稱正元帥爲羅定積年巨惡總兵關松志副將曾敏行督隊前往嘉益三面設伏密飭該地武生陳進魁

拔貢生陳藜光等購綫引拏卽於四月初四日將陳英光卽獨角牛擒獲解赴提督馮子材行營凌遲處決至嘉益著匪王狂七陰結死黨依山立寨久爲兩粵邊界各匪逋逃淵藪當岑溪股匪未平之前曾敏行等稔知該逆狡悍異常慮其蠢動牽制我軍極力羈縻諭令綑獻陳兩頭口李河孃等卽貸以不死迨交出陳兩頭口之後再三喻以禍福令將其死黨案名交出撫慰歸團該逆一味支梧中藏詭譎益於所居村寨添築牆濠礮臺悍無顧忌該處紳士紛紛泣訴僉稱此賊不除終遺養虎之患四月初五等日曾敏行親督都司林隆祥盧

滿江等更番進擊該匪閉寨堅守從牆眼施放槍礮我勇偪近即傷未能得手適臣等解往炸礮四尊羅定州知州周士俊亦由州城運到千斤大礮一尊安放墟中晝夜轟擊將巢外木柵土壘次第攻毀巢內死黨仍堅守不出查訊生擒各犯稱巢內礮火糧食俱極充足其頭目除王狂七之外尚有偽都督張大眼二及其子張廷秀輪流持刀壓令匪黨開礮拒敵並徧地埋伏地雷我軍屢進屢傷幾成束手四月十五日副將潘其泰會敏行等督勇急取松毛稻草直薄逆巢放火焚燒各勇大呼有能自拔來歸及擒獻首逆者立予重賞該匪黨

果懷疑畏爭先逃走各勇冒死擁入賊柵橫衝直殺王狂七無計逃走自燃火藥與兩妾登時焚死守備楊昌雲率領各弁勇爭先入柵均致陣亡適潘其泰等督勇攻入立將要匪張應元即大眼二張廷秀及僞先鋒等二十五名一並擒斬王狂七之兄王丕烈丕緒及其一妻一子亦經把總陳璁會同團練在道截獲解交西甯縣分別訊明懲辦並將王狂七屍身認明戮取首級懸竿示衆現在嘉益排埠賊巢盡行攻毁逆首悉數就擒餘黨幸無漏網此皆仰賴

天威遠懾士卒用命使羅定積年之巨患一律肅清高

羅各屬稍獲安枕所有在事出力官紳員弁業經臣等
先後
奏請彙案奬敘廣西提督馮子材自勦辦西路軍務以
來妥籌布置調度有方相應仰懇
天恩交部從優議敘其尤爲出力之提督銜總兵關松
志統帶馮子材部勇擒獲首逆迅殄妖氛尙屬著有勞
績該總兵曾經奉
旨記名遇缺題奏應如何奬勵之處出自
逾格鴻施陣亡守備楊昌雲應請
旨交部從優議卹以慰忠魂其餘在事出力及陣亡各

員弁由臣等查明彙奏現在西路業已肅清副將潘其
秦勇丁一千名應即裁撤以節糜費所有西路官軍續
擒首逆攻毀嘉益排埠賊巢情形謹附片陳
奏伏乞
聖鑒訓示謹
奏

郭侍郎奏疏卷七

東路防軍屢勝現籌辦理情形疏會總督銜

奏爲東路防軍屢勝現籌辦理情形恭摺馳陳仰祈

聖鑒事竊前因官軍迎勦竄匪越境規復詔安疊獲勝仗各情經臣等先後具

奏在案茲據布政使李福泰先後稟稱詔安賊匪四五千人於三月二十四日攻撲詔東之蒲尾梅洲等鄉圖與雲霄漳州各逆聯爲一氣二十五日都司鄧安邦守備方文方吉等乘賊衆稍分各督所部會合前進直薄詔城將西門外僞稅廠焚燬擒斬賊匪多名二十七日

鄧安邦等復派撥各營疾馳猛攻陰伏大隊接應於後我軍斫柵而入踏平城外賊營數座丁逆親率死黨自城內撲出適分擾莆尾梅洲之匪紛紛折回鈔截我軍之後鄧安邦等飭大隊馳往夾擊都司楊有鎏復揮軍橫衝賊陣斬騎馬紅衣賊目一名殲斃不計其數營弁方五坐馬受傷下馬飛步衝殺手刃賊目一名賊勢立時披靡敗竄入城以大礮從城上轟擊我軍仰攻半日始行收隊平和逆匪亦於四月初十日傾巢而出直犯柏嵩關經副將林保奮前衝擊相持多時始將賊擊退此近日饒平防勦之情形也四月初九日康逆大股突

至永定縣屬大溪一帶屯紮距大埔城八十里當經飛
飭副將方耀遊擊鄭紹忠等扼要嚴防十二日逆黨由
大溪擾及蘇邊地方我勇巡哨適至槍斃數賊賊始驚
退十三日賊由蘇邊竄至距大埔十五里之小靖鄉方
耀鄭紹忠分兩路迎剿鄭軍先抵小靖見賊衆三萬餘
前敵俱薙髮穿忠勇二字號衣欲潛入鄭營以襲鄭軍
後鄭紹忠知其假冒官軍即派徐桂祖顏金劉順昌三
隊向前衝殺自督馬隊並鄭閏材梁五全陳達等折回
逆擊鄭閏材陳達以連響洋槍斃騎馬賊目七名徐桂
祖等見後軍得手併力攻突賊遂由演上演下竄去鄭

軍乃得與方軍合而爲一追勦至三層嶺下斃賊甚衆
十四日方鄭兩軍齊抵五通廟賊添黨數萬分九隊來
犯勢張甚時我軍未及成列該逆突撲鄭營鄭紹忠嚴
飭各軍毋許先動及賊偪近槍礮齊聲轟擊斃匪無數
賊卽狂奔復會同方耀督飭都司方鼇守備方茹林發
方恭徐桂祖顏金等合力追勦又派守備蔡申譚光謝
廷栴方敬候玉王敬庭等左右抄擊共斃賊六七百名
另股從後掩襲將方鼇徐桂祖顏金等重疊包裹方鼇
坐騎中槍徐桂祖顏金均身受數創幾致坐困適方耀
趕到揮令洋槍隊連環轟擊復親率馬隊橫衝入內賊

勢稍卻方龍等乘勢突出重圍各軍勇氣百倍呼聲震山谷斃匪二三百名斬黃衣賊目四名生擒髮逆陶光緒一名奪獲旂幟無數賊力不支仍由演上演下逃遁我軍收隊囘城已逾三鼓復慮該逆乘夜劫營於兩軍內抽派勁勇協守五通廟營盤並飭駐紮該處之梁五全陳達兩營密籌守禦方耀派候補遊擊方彩候補都司方意等往紮三河壩以防窺嘉之路候補遊擊林詩成候補守備林發方敬千總林材等防守縣城西北鄭紹忠派千總劉順昌等防守縣城東南並囑在城文武登陴守禦四鼓後方鄭兩軍出抵五通廟飭弁勇扼隘

設伏黎明僞康王僞平東王親率大隊傾巢來撲復分黨由兩傍山後包過我營數里勢如潮湧方耀飛諭各營賊近始准開礮鄭紹忠約定俟其親發一槍方准舉動合營屏息寂無人聲賊蜂擁至前我軍槍聲飆發各路伏兵聞聲疾起鉛彈如雨轟斃悍賊以千計方鼇方恭等洋槍馬隊分路邀擊匪衆死傷相積方軍斬獲僞九門御林天將曾曹等首級六顆長髮賊級五十二顆生擒黃紹等十三名奪獲旂幟礮械無算鄭軍斬獲賊首四十三顆大小旂幟一百餘件該逆猶拌死抵拒另分股繞由黃沙下馬洌僻路突薄縣城被營弁劉順昌

開礮擊退該逆復由羊桃坪山徑撲及西門被守城弁
勇團練併力攻退逆衆乃紛紛奔竄三層嶺黄沙車上
漳溪屯紥康逆退紥忠坑此又十二至十五日方耀鄭
紹忠兩軍在大埔勦匪獲勝之實在情形也臣等伏查
漳州踞逆蔓延於南靖平和漳浦雲霄詔安皆與粤壤
相錯逶長至二三百里是以臣等前議飭卓興由海道
馳赴潮州與翟國彦方耀兩軍分段防堵以專責成卓
興一軍以積欠過多日久未能開行而康逆十餘萬人
已擾及大埔屯聚三層嶺忠坑等處方耀鄭紹忠晝夜
苦戰力與相持而由大埔以南之燕坑湖寮等處可以

直趨嘉應之三河壩由大埔以北之箭竹隘柏公凹等處可以直趨嘉應之松口腹地各隘口均屬空虛是此時防務潮嘉並重此時辦理情形又當以兼籌腹地爲急已於初二日飭卓興由惠州前進察看賊勢如已闌入粤境郎駐守嘉應以扼其四竄之衝如尚在邊界相持郎仍遵前議分段扼防據李福泰陸續添募勇營及各營增加勇數已及四萬餘人仍擬俟卓興到後裁撤歸併使有所統屬以成大枝勁旅採聞漳州已於四月二十一日克復賊勢所趨舍潮嘉一帶別無出路已有全力注粤之勢粤東防兵不及賊五分之一而軍餉猶

時時告缺每一籌思憂惶無措惟有督飭諸軍視賊所
向嚴守穩戰以固疆圉而維大局此次方耀鄭紹忠兩
軍扼守大埔力拒康逆十餘萬之眾屢挫賊勢使不得
長驅直入臣等未敢沒其微勞合無仰懇
天恩可否將總兵銜副將方耀交軍機處記名遇有總
兵缺出請
旨簡放遊擊銜候補都司鄭紹忠免補都司以遊擊留
粵儘先補用其餘在事出力員弁由臣等查明擇尤保
奏以昭激勸出自
逾格鴻施所有東路防軍屢獲大勝現籌辦理緣由謹

合詞恭摺由驛馳陳伏乞

皇太后

皇上聖鑒訓示謹

奏

婁雲慶一軍無庸赴粵助剿並籌防海口緣由片會總督銜
再臣等於五月初二日承准軍機大臣字寄同治四年
四月十五日奉
上諭左宗棠徐宗幹奏官軍兩路進剿屢獲大捷現籌
辦理情形閩軍自永定至長泰北路要隘均有布置漳
州東北有高連陞黃少春兩軍連日將賊擊敗腹地亦
可無虞漳南一路有郭松林等軍扼截是東南北三面
布置均尚周密惟西面之雲霄平和漳浦詔安等處賊
氛甚熾左宗棠亦慮及閩軍攻急必以粵東爲退步徐
圖逞其竄江下海之謀現已調王開琳康國器等軍嚴

防永定一帶足以遏賊奔竄而婁雲慶一軍萬餘人現
在武平距粵較近正可移緩就急爲江西助粵之軍著
孫長紱即飭婁雲慶統帶所部迅速前進瑞麟郭嵩燾
一面迎提相機調撥以固邊防所有該軍餉需即由江
西廣東兩省源源接濟毋令缺乏之硿口銅山均係閩省
海邊要口徐宗幹已調蕭瑞芳紅單船六號駛赴硿口
左宗棠又調吳全美統帶紅單拖罾等船四十號駛赴
銅山即著催令星速到防並督飭該提督實力嚴密梭
巡不得稍有疏失粵東汕頭海口瑞麟等亦當加意嚴
防務臻周密等因欽此跪誦之下欽感難名臣等體察

賊情初無定向其悍黨數萬人裹脅賊眾以逃死爲心而又皆有家室輜重不肯捨棄所至佔踞城池以圖苟延而其意終求縱橫馳驟不肯自入絕地其竄踞漳州來去蹤迹尤瞭然易見葢漳州一城南面環海其西皆與粵境相錯形勢便利而又城堅民富蓄積甚豐賊潛師襲踞以全力抵拒東北二面而西面與粵毗連如南靖漳浦平和雲霄詔安各城悉行佔踞以厚其勢而紓其氣沿海洋一股駐紮南陽與爲犄角閩軍攻圍緊急則斂南陽龍巖之眾屯聚歸陽苦竹大溪梅林等處爲各踞逆北面屏蔽使閩省官軍不能兜勦得以專意疏

通西路預爲竄粵竄江之地迨蘇軍由廈門進攻漳州

南面出賊不意制其要害其勢尤不能不急圖西竄臣

等與左宗棠函商辦理同以竄粵爲慮經函商李鴻章

謀令郭松林楊鼎勳兩軍分由廈門汕頭進攻取夾擊

之勢蓋審知粵東兵力難以支拄大敵閩軍繞出嘉應

與粵軍會剿其勢逆而難蘇軍分赴汕頭會合粵軍規

復各城其勢順而易也左宗棠力籌全局慮驅賊入粵

以後辦理倍難奏請

飭派婁雲慶一軍入粵助剿妥籌接濟臣等伏查此時

漳州南靖均已克復賊勢趨併大埔一路汪海洋一股

壘經方耀鄭紹忠等軍邀擊繞出大埔以北竄入永定
縣屬之石上石下上杭縣屬之峰市摺灘等處李世賢
一股陸續屯踞大埔縣屬之樟溪黃沙一帶左宗棠所
調王開琳康國器嚴防永定遏賊奔竄之軍未能攔截
劉典王德榜各營移紮金豐大竹盡成尾追之勢賊勢
或由高陂風朗屯踞粵境使潮嘉兩屬承其害其禍猶
輕或出摺灘蝻蛇渡兼窺江西湖南則所在蔓延其禍
將至不可收拾是以此時江閩各軍宜不急於助粵而
急於防堵江西之邊境應懇
天恩飭下左宗棠將婁雲慶一軍專責嚴防江境毋庸

赴粤助剿貽誤事機至海口之嚴防誠爲急務臣等前
准左宗棠來咨飭令福建水師提臣吴全美在粤洋雇
募紅單船二十號拖罾船二十號馳駐福建銅山海口
當飭廣東軍需局配就八千斤以下大洋礮二百尊酌
帶軍火並支發口糧銀一萬二千五百兩於四月二十
一日催趲開行查碇口上距漳浦銅山上距雲霄各百
數十里得水師戰船十餘號足資堵截而閩粤交界之
大理海口距詔安爲近上遊環抱黄岡之西饒平澄海
各城恃此一水阻隔較之目前汕頭海口形勢尤爲緊
要臣等已飛咨吴全美分派四五船駐紮大埕柘林一

帶兼顧閩粵而嚴海防所有現在賊勢欲竄無庸另飭

婁雲慶一軍入粵助剿及遵

旨籌防海口緣由謹附片陳奏伏乞

聖鑒訓示謹

奏

惠潮嘉道鳳安積勞病故請　䘏片會督銜總

再惠潮嘉道鳳安由部曹出任監司抵任以來講求地方利弊釐奸剔蠹在在力圖整頓上年秋閒江西逆匪擾及粵境經官軍擊敗盡竄福建汀漳等屬與惠潮嘉一帶接壤該員督率所屬文武辦理防堵籌濟軍餉調撥兵勇駐紮各隘口紳民恃以爲安迨藩司李福泰赴潮督辦軍務該員遇事籌商調度疊次遏賊奔竄保全地方又以兵勇日有增加餉源乏竭一力支持至廢寢食終以積勞成疾三月望後猝患咯血之症纏綿委頓於籌兵籌餉事宜猶照常經理遂於四月初八日開缺

臣等接信之餘深爲惋惜查該員實心任事精密周詳
輿情素爲感戴以軍務殷繁拮据綢繆積勞身故殊堪
憫惻合無仰懇
天恩俯准將已故惠潮嘉道鳳安追贈布政使銜
敕部照軍營立功後病故例從優議卹出自
逾格鴻慈謹合詞附片陳明伏乞
聖鑒訓示謹
奏

李遊擊吳縣丞查無聞警先逃情弊片會總督銜

再遊擊李元順前次赴援詔安縣丞吳國泰防守隘口未能實力堵禦爲賊所乘先已請

旨摘去頂戴飭查有無聞警先逃情弊再行參辦現據李福泰稟覆確查二月十六日逆首丁太陽率匪萬餘竄襲平和屬之朱家山營盤吳國泰督率守勇五百名奮力截擊賊匪分路圍攻吳國泰力難抵禦乃退守饒屬之分水凹與柏嵩關各軍夾剿賊始由三斷嶺下竄詔安縣城時遊擊李元順帶勇一千名與署黃岡協何雲章所部一同進紮詔安前七十里竹仔前地方攻剿

雲霄賊匪聞詔安圍急拔隊回援詔城邀擊獲勝紮營仕渡鄉二十三日五鼓賊起大隊來攻將近營前李元順督勇嚴列守禦正在酣戰間詎賊分股先由小路潛伏營後乘機掩襲縱火焚營李元順猶躍馬挺刀指揮所部往來衝突殺賊無數所部多有傷亡乃退紮分水關以顧粵疆門戶查李元順係廣西提督馮子材舊部前在江南各省卓著戰功夙稱驍將縣丞吳國泰奉委越境防勦數月之久尚屬勤奮此次失利之由實因賊眾兵單委無聞警先逃情弊應請責令隨營勦賊以觀後效等情該遊擊等既經查無聞警先逃情弊應如該

司所請責令隨營勦賊李元順並經潮州局紳募勇千
名交其帶往高陂三河壩一帶會同遊擊熊應榮礮船
實力援勦均俟能否立功再行分別核辦所有遊擊李
元順縣丞吳國泰查無聞警先逃情形謹合詞附片馳
陳伏乞
聖鑒訓示謹
奏

知縣張興烈勦匪被戕懇　恩優卹片（會總督銜）

再韶州府翁源縣與英德長甯等縣界址毗連山深路險素稱盜藪本年四月間翁源縣屬利陂塘土匪糾合長甯縣匪搶劫滋事經長甯縣知縣宋錫庚署翁源縣知縣張興烈會商圍勦張興烈前往偵探長甯遊匪二百餘人與利陂塘涂姓土匪相倚爲姦卽經會同磜下汛把總曾向陽英材汛外委刁文龍督帶兵勇二百名前往按捕十七日行抵六里鄉該處土匪實已聚有數千之多竟敢恃衆拒捕兵勇堵擊逾時各已潰散張興烈竟爲土匪所戕曾向陽刁文龍均受重傷經南韶連

鎮總兵衛佐邦南韶連道陸心源等揀派中軍遊擊湛
恩榮帶兵馳往剿辦並據會稟前來臣等查翁源長甯
等縣爲惠韶兩府所屬地方風氣極爲獷悍明臣王守
仁剿辦㴁頭墟賊匪稱爲官兵向所未至者即在長甯
縣境其民人習爲盜賊椎埋爲姦釁經懲創無所畏難
張興烈署理翁源縣事一力以懲治盜匪爲已任每遇
鄉村行劫輒自督勇掩捕前後拏獲許老蟒郭吽古陳
灘端陳㦧欣陳道蒼陳善琪等多名疏通民氣清理詞
訟勤幹廉明民情極爲愛戴乃該屬利陂塘土匪竟挾
長甯遊匪屯聚該處之勢拒捕戕官行同叛逆已飭駐

桀南雄防堵之陽江鎮總兵任星元會同該鎮道弁兵
迅赴圍拏務將利陂塘匪鄉痛加勦洗首要各犯悉數
殲擒以儆兇頑而肅法紀至該署縣張興烈到任以來
遇事實心講求吏治於緝捕尤爲認眞往往身先兵役
奮勇直前不避艱險此次勦辦長甯遊匪致被戕害地
方又失此一員吏深堪憫惜相應請
旨將已故同知銜署翁源縣事候補知縣張興烈
敕部從優議䘏以勵忠勤謹合詞附片具
奏伏乞
聖鑒訓示謹

秦

官軍越境勦賊克復平和詔安兩縣城疏會督銜總

奏爲官軍越境勦賊克復平和詔安兩縣城又經大埔防兵合力堵勦疊獲大勝逆匪遁入閩省永定上杭一帶現在防勦兼籌恭摺馳陳仰祈

聖鑒事竊前因東路防軍獲勝及妥籌辦理各情形經

臣等於五月初四日具

奏在案茲據布政使李福泰先後稟稱平和逆匪自四月初十日經官軍擊敗後閉城不出副將林保疊次督率營勇糾合鄉團四面圍攻該匪仍踞城拒守嗣於二十一日閩軍收復漳州各逆奔聚平和境內潮屬饒平

縣境與平和毗連正當漳州之衝康逆大股與大埔官
兵相持方急恃逆大股再由平和直犯饒平兵力益恐
難支二十六日林保探聞閩軍漸次偪近可以夾攻郎
飭派千總楊浮嚴守朱家山以防後路都司張周明王
熊彪守備宋鑾貴等帶隊由左路進把總謝大高楊作
利邱亮邦等帶隊由右路進親率巡檢陳彬守備林武
烈把總陳高邱果等由中路進直薄城下與賊接仗署
饒平縣謝樹棠亦督帶勇練赶至助戰適會福建提督
高連陞統領閩兵先後赶到併力夾擊賊勢不支遂由
北路長樂墟逃逸二十一日將平和縣城收復由高連

壓派兵駐守計我軍槍斃僞官永天福和天預等四名
拨獲僞印四顆生擒悍匪九十餘名救出難民甚眾總
兵翟國彥復乘敗匪奔竄督同遊擊王傳訓千總方賞
參將戴朝佐守備梁仕光等於白土等處沿途截殺斃
匪無算該匪不能駐足狂奔永定一路與康逆合康逆
大股屯聚三層嶺一帶疊次攻撲大埔縣城均爲方耀
鄭紹忠等軍擊退四月十六日由磜上等處直撲大埔
縣城東門經鄭紹忠督飭劉順昌等馳往迎剿賊退回
南山由洋桃坪再薄西門方耀派林詩成林發方敬林
材等率洋槍隊分路進擊擒斬多名二十日該匪由漳

溪繞撲五通廟營盤方耀與鄭紹忠揮軍鏖戰伏礮齊
發方鼇方恭蔡申林發方茹王敬庭等乘勢衝擊殲匪
數百名斬取首級三十八顆生擒十六名奪獲旂械槍
礮無數二十四日康逆分竄虎頭沙石下壩青溪掐灘
蝌蛇渡等處意圖偷渡經周陞方恭方敬劉順昌徐祖
桂等督隊邀截殺傷甚多侍逆大股與各城踞匪偽陪
王偽利王偽平東王偽來王等衆二十餘萬由平和敗
竄橫岀小溪至漳溪黃沙大靖一帶與康逆大股屯踞
百餘里之地烽火連天人心洶懼二十九日辰刻方耀
鄭紹忠會督諸軍由山徑小路繞抵蘇邊適侍逆等巨

股自漳溪前來漫山漫野並以馬隊殿後剽悍異常方
耀鄭紹忠等與候補知縣王炳文督飭洋槍馬隊出其
不意橫衝突擊派方鼇蔡申顏金陳達鄭潤材等帶勇
從旁抄殺鄭潤材方鼇陣斬騎馬繡衣賊目二名賊勢
披靡陳瑞熹梁五全鄭膺杰等復揮兵馳突賊猶拌死
抵拒我軍勇氣百倍槍礮齊轟斃賊匪二三千名賊遂
棄馬奔逃自相踐踏頃刻尸如山積哀號乞宥之聲震
動山谷忽値雷雨泥濘紛紛顛崖墜澗共殲匪以萬計
至擒三百五十六名內有僞天將潘大用林開國陸建
萊等十一名奪獲騾馬旂幟不計其數直追至閩境下

洋忠坑五十餘里日暮始行收隊其雲霄踞逆竄越平和又經林保飭派千總楊浮潛伏兵大溪鄉截擊殺斃僞進王劉逆及僞天將多名詔安踞匪經官軍攻勦勢已窮蹙黄朝恩何雲章鄧安邦等各帶隊伍於五月初一日由北路烏山溪東一帶迎擊殺傷甚多隨將詔安縣城克復各路竄匪盡沿閩省邊界奔逃與康侍諸大股會合盡撤永定之圍直趨上杭等情前來臣等查侍逆竄踞漳州直接饒平康逆屯聚歸陽苦竹近偪大埔兩處最爲喫重其餘雲霄詔安各城與粤境毗連縱横數百里布勢甚遠閩省兵强力厚自永定以至漳平防

堵嚴密賊勢不能不注重西路盡力竄粵此次會合死黨二十餘萬由平和永定闖入大埔勢甚猖獗屢獲生供僉稱侍逆等堅欲趨嘉應以擾惠韶爲死灰復燃之計經方耀鄭紹忠制勝出奇以少擊眾血戰數十里誅賊萬餘人俾積年鴟張之巨寇技窮力竭繞道潛逃而沿邊郡縣乃得不罹鋒鏑而幸免於蹂躪惟賊蹤飄忽靡常上杭連城等縣皆與嘉屬之鎮平平遠接壤又可由會昌瑞金上竄南雄下走甯贛在在均應防範臣等已飭卓興專駐嘉應以固惠韶門戶飭林保戴朝佐梁仕光黃添元鄧奮鵬等軍移紮平鎮一帶扼要嚴守任

星元專防北路兵力較單已飭察看緩急再行抽撥一
面飛咨江閩各省乘賊奔敗之初設法兜圍方耀鄭紹
忠兩軍仍飭跟蹤追剿會同江閩各軍視賊所向協力
掩擊以期淨埽餘氛至方耀本係粵中名將素與卓興
齊名鄭紹忠沈毅多謀勇敢無敵且能馭軍嚴整洵爲
綠營中不可多得之員兩軍部曲中尤多勇略之士志
切同仇是以逆匪屢犯埔城均經該將等麾兵擊退此
次蘇邊之戰風馳電發莫不以一當百合兩軍萬餘人
而能摧敗悍逆數十萬之眾實屬異常出力懋著勤勞
當茲用人之際應請破格拔擢以資鼓舞補用副將擬

保記名總兵方耀可否仰乞
天恩賞加提督銜補用都司擬保遊擊鄭紹忠請以副
將留粵補用升用遊擊林詩成請以遊擊儘先補用並
加參將銜補用都司陳乳請以遊擊補用藍翎補用守
備方鼇蔡申方恭方敬謝廷南黃灼均請免補守備以
都司補用並
賞換花翎候補千總升用守備候玉方柱補用千總方
茹王敬庭譚光羅瑋均請免補千總與雲騎尉方傑俱
以守備補用並各加都司銜候補把總林材請以千總
儘先拔補並加守備銜六品軍功徐桂祖劉順昌梁五

全陳逵顔金鄭閏材賴英龍均請以千總歸營儘先拔

補並

賞戴藍翎徐桂祖劉順昌仍加守備銜出自

逾格鴻施其餘沿邊防勦各軍及收復平和詔安等城

在事出力員弁容臣等擇尤另請獎敘所有官軍越境

克復平和詔安兩城大埔防兵屢獲大勝逆匪遁入上

杭等處現籌防勦緣由謹合詞恭摺由驛六百里馳陳

伏乞

皇太后

皇上聖鑒訓示謹奏

前後辦理土客一案緣由疏會總督銜

奏爲欽奉

諭旨查辦土客一案謹先將前後辦理情形據實縷陳

恭摺仰祈

聖鑒事竊臣等同治四年五月十一日承准軍機大臣

字寄同治四年四月二十五日奉

上諭都察院奏廣東舉人馮典夔等遣抱告以客匪焚

掠懇請妥爲安插等詞赴該衙門呈訴據稱客匪馬從

龍等自倡亂以來前後殺土民十餘萬該匪退守五坑

老巢時勢頗窮蹙而阜與意存袒護竝不認眞辦理迨

客匪假意投誠卓興輒捏稱恩平縣之那扶金雞水等處與土鄉隔絕稟請安插帶領該匪在恩平縣占踞田莊殺斃土人商民數百名搶奪貨物焚毀貨船數百隻將那扶金雞水土著村莊百餘焚毀殆盡殺戮鬧平新甯土人擄掠婦女不可勝計等語所控各情與毛鴻賓郭嵩燾前奏安插客民爲土人擄殺數百之語又屬兩歧土客讐衅已深處置稍不得宜必將報復相尋釀成巨禍該客民等如果焚毀村莊肆行殺戮是就撫竟屬空言而土民又豈肯相安無事卓興辦理此事是否意存偏袒庇匪虐民其客民妄肆焚殺各情是否確實著

瑞麟郭嵩燾督同臬司秉公查辦並將安插客民妥議
章程無致再生枝節其該舉人等呈請改擇別處曠土
遠地分黨妥爲安插之處並著斟酌妥籌辦法毋得固
執一偏之見原摺呈均著鈔給閱看欽此仰見
皇上勤求民隱審勢揆情務協其平無任欽服伏查肇
慶土客一案源流本末及節次辦理情形均經臣嵩燾
會同前督臣毛鴻賓縷悉上陳不獨無飯服剿撫之可
言亦並無是非曲直之可論其始客民與土民雜居各
自爲黨積不相能咸豐四年恩平土匪圍撲縣城知縣
郭象晉專募客勇以攻土匪於是開平高明鶴山諸客

籍羣起以剿辦土匪爲名或幫同地方官克復城池因以積年仇憾土民之心乘勢報復肆意屠殺致成械鬭巨案土客交相擄殺各至數十萬人客民奔竄流離蹂躪陽江陽春新興新甯數縣四處盤旋終不肯舍其田山廬墓而遠去故論事之緣始爲匪者土民助官攻匪者客民客民順而土民逆論事之終竟爲匪者亂民與士紳無與客民因與土匪爲仇而助官其蓄意已深因剿匪而戕及士紳鈔蔓無已其用殺尤慘迨後竄踞廣海寨城至於抗官犯順是土民順而客民又逆而總論其大勢則土客兩家同不可以理喻不可以情感不可

以勢壓客民殘殺土民掘毀墳墓洗蕩村莊而以爲固
然土民殘殺客民屠滅種類霸占田產而亦以爲固然
使土客兩家稍有一二正派辦事之紳士持平立論亦
不致釀此巨禍卽馮典夔等原呈內稱客紳馬從龍等
豎旗倡亂不顧前後事理之參差任意指斥大率類此
其謂該匪退守五坑老巢卓興意存袒護竝不認眞辦
理則竝客匪奔竄情形亦多未合土民驅逐客民起於
開平譚三才各縣從而效尤大都攔截其輜重占踞其
田山因以爲利惟高明縣屬之五坑鶴山縣屬之附城
土民攻之不能下附城一都最富紳士亦最多原呈所

控馬從龍卽附城客籍同治二年經臣嵩燾會同前督
臣勸諭附城客民與古勞土民聯和委員經理數月飭
傳土紳李龍章古熺客紳張國勳馬從龍等來省反覆
開諭始能定議馬從龍方在省城而開平鶴山土民已
紛紛控其句引外匪同聲一詞無從置辦至五坑客民
憑山爲守土民本未能攻克其後鶴山雙橋客產爲土
民占踞客民陳疇萬餘人四處奔竄無所歸乃投入五
坑恩開客產爲土民占踞客民黃亦泰數萬人四處奔
竄無所歸又投入五坑卓興屢次進攻終以匪多山險
未能蕩平迨該客民綑送戴梓潰一犯卓興乃定議以

那扶金雞赤水三處分地安插當時臣嵩燾以客民產業十倍於此數處指名安插原不爲過然此議倡之自官必將有任其咎者益亦預知土民之必不能相容也卓興持議太堅辦理亦稍激切致令土民糾衆相抗進退兩窮勉强安插明知不能相安而其勢舍此別無辦法臣等亦無從禁制原呈遂以五坑爲客匪老巢謂其勢已窮蹙假意投誠並稱卓興帶領該匪占踞田莊豈知客民分居各縣烏有所謂老巢客民各縣田莊爲土民占盡自應量與安插之地烏有所謂假意投誠乎至其由恩平前赴那扶土民實亦聚衆截殺客民殺土民

數百土民殺客民亦數百皆實有之事彼此各習以爲常亦彼此各據以相咎土民仕宦者多情能上達客民直不能一求見官以言其情安插那扶等處之後客民數萬甫得有所棲息自尚可以相安數年而土民到處鬨聚相持不下故生波瀾愈激愈横其陳疇一股則尚未有安插之地日來設法調處尋求端倪曉諭彈壓其能勉强撫輯數月之久相安無事　未敢信此土客原委及前後籌辦安插之大概情形也總而言之土客積怨已久無可解釋而客民之懷毒也深土民則氣洩言囂以詬誶爲能而機已淺客民之伏謀也險土戶則嘗

私爭勝以占踞田產爲利而計已疏客民之發難也慘
土民則以百倍客民之衆烏合嚮集臨事各不相顧而
力已苶故殘忍嗜殺者客民也而土民又一以無道施
之臣嘗以爲刼運生於人心人心知悔則刼運立消人
心交相爲搆則刼運滋烈反復諴諭終不能悟卓興意
主安插客民本爲土民所惡又以迅速定局近於操切
而以此責其庇匪虐民恐亦未足以服卓興之心而爲
持平之論那扶客產原居十之七八赤水金雞居十之
二三客民始以分散居住與土民仇殺而終爲所併今
以數萬之衆併集於此三處附近土民心懷惴惴急謀

遠徙之此其實情其所呈情形則固未可以爲確據也土民據客民舊有之田山盈千累萬不一謀清還而原呈乃欲徙之清遠英德及廣西等處此次安插客民之始有呈請願赴廣西依傍親友者四千餘人已給咨前往廣西撫臣慮滋別釁堅執攔回清遠首民回籍者數萬人已苦於無可安插英德伏匪尤多誰甘客民之滋擾而聽官吏之安插乎卽使客民俯首聽命亦萬無此辦法何況客民之强狠倍甚於土民誰能驅而遣之敬繹

聖訓以處置稍不得宜必將報復相尋釀成巨禍伏讀

惶懼而其實土客一案早窮於處置之法搆禍至十餘
年彼此仇殺至數十百萬人爲歷來未有之浩劫此時
更無可釀客民始占土民之業不完錢糧土民繼占客
民之業亦不完錢糧高明一縣以剿辦客匪爲名數年
不能開徵人民互相屠噬互爲傲很至於此極每一懷
思心魂俱碎欲求處置得宜尤屬茫然罔措原呈又謂
恩開紳士往督撫衙門遞呈均被收禁查同治四年二
月內正值籌辦安插客民有關平民司徒家任開列數
十人名具呈阻撓前督臣謂其有意搆難札飭廣州府
提訊隨值臣瑞麟接任卽飭將司徒家任交回原保實

未收禁至臣嵩燾辦理土客一案前後接收兩造控呈皆親自批發反復勸諭期使省悟亦知土客一案本無是非可以科斷稍有偏重祇益其憤一切平情處論不惟未曾收禁一人亦竝未嘗偏重一語臣瑞麟到任未久尚未據土客呈控謹繕錄臣嵩燾前後批呈恭呈御覽亦略足見土客始末及辦理艱難情形見在飭派委員會同肇羅道肇慶府專辦達和善後事宜其果能使相安與否尚無把握然欲別籌所以驅遣之方則雖賢者亦窮於術臣等於土客一案籌畫年餘之久委曲情形差能洞悉謹先陳其梗概以慰

宸廑能否安插妥帖及奉
旨查辦情形應俟從容籌辦稍有端倪再行具
奏所有前後辦理土客一案緣由謹合詞恭摺具陳伏
乞
皇太后
皇上聖鑒謹
奏
肇慶土客情形盡於此奏督轅一意殉卓興之私聽
其愚弄而已馮典夔控案亦由督轅庇護卓興畸輕
畸重有以激成之誅戮强梗以順土民之情清查客

產酌量安插以平客民之氣獨鄙人始終持此一議而訖不能見之施行惜哉 白記

知府狄玉麟積勞病故請　卹片　會總督銜

再候補知府狄玉麟於同治元年十一月初九日到省

臣嵩燾到任後察看該員有守有爲遇事認眞於三年春間飭委赴潮清釐交代業經逐案查出端倪續委辦理捐輸及潮州釐務亦能認眞整頓民情貼服迨至是年九月江匪闌入粤疆潮嘉告警飭令該員會同潮州道府在潮設局籌辦防勦維時臬司李福泰方駐龍川各路防兵未能驟集沿邊各口多屬空虛郡城一日數驚該員竭力籌措會同該道府添募勇營扼防隘口轉餉籌兵一身兼任屢據已故惠潮道鳳安稟稱該員精

嚴勤能深資其力竟以積勞致疾至於纏綿困憊猶在
局辦公不敢休逸遂於同治四年正月十六日病故合
無仰懇
天恩將該員狄玉麟照軍營立功後病故例交部議卹
出自
逾格鴻慈臣等謹附片陳明伏乞
聖鑒訓示謹
奏

東路防軍追賊獲勝賊由閩竄入鎮平縣境現飭各軍堵勦疏會總督銜

奏為東路沿邊防軍追賊獲勝賊由閩省上杭繞道竄入鎮平縣境現飭各軍分路堵勦恭摺馳陳仰祈

聖鑒事竊前因官軍越境克復平和詔安兩縣城及大埔防兵疊獲大勝逆匪遁入閩省上杭一帶各情形經

臣等於五月十五日具

奏在案維時福建漳州等郡縣相繼恢復各股逆匪盡由閩粵邊界極力衝突由永定一路屯聚上杭四月二十八日雲霄之匪竄抵大溪副將林保督率千總楊浮

等軍馳往截擊斬首級二百餘顆生擒僞利王朱逆之叔朱得與及逆黨七百餘名五月初二日詔安各匪向溪東竄走黃朝恩督同千總邱石蘇徒泰等分爲三隊並西潭高塘各鄉團練奮力追截生擒賊匪三十三名傷斃無數時値昏暮大雨賊復屯詔屬之太平墟地近老虎闘初三日遊擊吉瑞督飭都司林春候補外委邱育秋林大英前往攻擊派遊擊黃相奎帶隊先至長徑口埋伏舉人王澤布政司理問銜林文炳帶勇從官寨嶺抄出截勦林春行抵太平墟首斬巡哨悍賊二名賊驚走林春尾追至下河黃相奎伏起會合林文炳及武

舉王三重鄉團練丁四路兜勦黃相奎身先士卒用洋
槍擊斃騎馬賊目三名邱育秋等俱奮勇陷陣賊知勢
窮路絕拌命拒敵鏖戰五時之久黃相奎被槍傷左骰
裹創戰益力共斃匪二百餘名生擒五十四名奪獲旂
械不計其數賊折向秀篆竄百花洋署饒平縣知縣謝
樹棠調勇擊退初四日賊至峽子崎謝樹棠會同遊擊
李元順等率勇夾擊殲匪四十餘名賊復由山路逸出
茂芝之前地方副將林保派千總楊浮率所部扼守朱家
山以截其犯饒之路派都司張周明把總謝大高楊作
利選帶精銳繞至下善山下遙作疑兵派都司鄭紀勳

林大順王熊彪守備宋鑾貴帶隊伏於茂芝鄉外以防
後路林保親督候選知縣林大年吉安司巡檢陳彬從
九衛黃祿守備林武烈等攔頭奮擊逆眾十三隊約齊
死拒林保激勵各軍協力衝突茂芝之鄉團繼至夾攻槍
礮雷動呼　辰山谷賊屍塡滿澗壑約計殲匪二千餘
名生　燕隊得勝並悍匪七十餘名奪獲旂械
九逆首丁太陽棄馬與羣匪爬越山嶺由第三
溪　去初五初六日各路逆匪復麕集東船鄉總兵翟
國彥督率遊擊王傳訓參將戴朝佐守備梁仕光等帶
隊至張公凹迎擊調千總翁朝升方賞兩軍分路包抄

鏖戰七時斃賊數百生擒十餘名我軍躡尾緊追翟國彥恐該匪分竄蔓延飭千總黃大光外委余高等帶勇馳往弔流嶺扼守要隘該匪果蜂擁而來黃大光等迎頭直衝賊陣生擒手執令旂賊目搜出僞照二張係新天燕僞朝將吳新有羣賊披靡斬騎馬賊目五名生擒二十一名匪竄至白𡼖我軍前後攔截四面剿殺共斃賊千餘名賊窮蹙不知路徑被我軍偪至深渡河邊賊爭泅水溺斃二三千名各軍生擒僞朝將胡汞新僞先鋒何大發等共三百二十三名救出難民五六百名餘匪由葛溪竄至漳溪漳溪與大埔毗連離副將方耀大

營甚近初七日方耀派都司方鼇蔡申林發林詩成帶
隊出三層嶺以擊其前都司孔乳候選知府方勳守備
林才方茹譚光並守備黃添元鄧安邦鄧奮鵬等帶隊
由下馬湖中路截擊親率大隊並守備劉開方惠由黃
沙漳溪掩襲其後各匪雖喘息未定猶率衆抵拒我軍
屢勝之後勇氣百倍無不以一當百擒斬賊匪不計其
數賊紛紛潰敗追至永定屬陳東坑一帶陣斬僞天將
汪傳根錢永廷王合義等五名斃賊二千餘名斬首級
一百五十餘顆生擒二百六十六名各匪覓路竄至永
定屬塔蹊地方又經閩軍殲擒無數餘黨均逃歸康逆

聚集上杭縣屬之罏峰安鄉上都中都一帶該處接壤
鎮平四月二十九日五月初三初六等日賊至䄍灘蚺
蛇渡黃坑口等處搭造浮橋希圖偷渡經都司周升把
總邱興等督勇壘次擊退賊復由上杭繞道至大姑灘
渡河闌入鎮平縣境都司鄭紹忠聞賊已渡河由豐市
拔隊馳抵洪山寺十五日行抵蒸開口進紥新鋪賊衆
巨萬分兩路而來當卽驅軍疾趨見有大龍旂數面排
列五六千人而對河之賊可抄我軍之後隨派鄭潤材
陳達梁五全甘文鑑各率勇渡河以塞其衝派劉順昌
何文杞率勇爲前鋒令顏金徐桂祖陳瑞燾帶隊匿謝

村松林內時鄭紹忠督親兵馬隊爲後軍策應前鋒甫
及慈開該逆直撲我營劉順昌等迎擊賊少卻而龍旂
大隊三千餘如風雨驟至劉順昌等且戰且退由謝村
一路佯敗賊衆狂呼追入鄭紹忠率馬隊抄出賊後手
斃龍旂賊目二名賊猶輕視兵單抵死不退至謝村而
伏兵齊起劉順昌等折回復戰三路夾擊賊奪歸無路
被斬首六十八顆奪取騾馬旂幟耳級無算賊衆鳧水
而逃我軍渡河追之時鄭潤材等亦已開仗獲勝至九
玲材與全軍會合直抵三圳墟踞匪二三千望風遁走
我軍爭先復斬髮首七十二級生擒殿左三旂僞帥曾

天夷一名僞領軍蘇秉惲大燕二名髮逆三十一名將
數十里賊壘一律焚燬提訊曾天夷蘇秉惲大燕等均
供向隸來逆部下來逆現與康逆會聚一處侍逆李世
賢於永定渡河時聞後軍在大埔潰敗自刎身死其餘
匪歸康逆管帶現屯上都象洞等情據藩司李福泰先
後具稟前來臣等伏查髮逆數大股入閩以來衆號二
三十萬其兇悍桀黠以侍康二逆爲最著丁來等逆次
之歷經閩粵官軍痛加勦辦誅戮解散殆將過半逆燄
亦已稍衰李世賢之果否自刎固未可知而遺黨無幾
與丁太陽之勢已摧殘諒俱不能復振現惟康逆猶擁

死黨及收合各逆餘燼不下十餘萬竄宅於上杭鎭平之交縣亙百餘里南可以進擾惠韶北可以橫竄江楚是以遺黨四出搶掠爲蓄裹餱糧之計臣等前議派卓興駐守嘉應現在藩司李福泰已由潮移紮嘉城卽飭卓興嚴堵龍川縣屬之老隆而惠韶之防益固令林保戴朝佐鄧安邦等分守隘口杜賊走興長嘉應之路方耀鄭紹忠兩軍飭赴鎭平協攻賊如他竄卽令仍遵前札跟蹤追勦務合江閩三省兵力共淸餘孽而臻底定至沿邊各軍防堵數百里已覺不敷分布乃該將士等遇賊血戰奮不顧身不特屢挫兇鋒保全本境且越境

追勦巨寇節節埽蕩艱險備嘗數日內生擒要逆千餘名殲脏以巨萬計使侍丁二逆大股悍黨散亡略盡洵屬異常出力卓著勤勞其勇略超眾各員弁擬請先予獎拔以作士氣潮州鎮總兵翟國彥擬請

賞加提督銜補用副將林保擬請

賞加總兵銜補用參將水師提標前營都司戴朝佐擬請

賞加副將銜藍翎補用遊擊黃相奎擬請免補遊擊以參將補用並

賞換花翎藍翎都司銜儘先守備粱仕光擬請免補守

備以都司補用並
賞換花翎升用都司廣州協左營千總鄧安邦擬請以
都司儘先補用並
賞加勇號撫標左營候補守備升用都司周丹擬請以
都司儘先補用都司銜水師提標後營守備黃添元香
山協右營守備鄧奮鵬均擬請以都司補用升用守備
陸路提標前營千總楊浮擬請以守備儘先補用並加
都司銜擬保藍翎千總顏金鄭潤材均擬請免補千總
以守備補用並
賞換花翎同知銜張權請以同知選用候選從九品陳

瑞熹擬請免選本班以縣丞即選其餘在事出力各人

員容臣等查明後彙同前案擇尤保奬出自

逾格鴻施所有東路沿邊防軍追勦獲勝及賊竄鎮平

地方現籌防勦各緣由謹合詞恭摺由驛六百里馳

奏伏乞

皇太后

皇上聖鑒訓示謹

奏

叛勇竄至粵邊籌備剿辦緣由片會總督銜

再昨准護理江西撫臣孫長紱咨稱霆字營叛勇由湖北咸甯等縣擾及袁州並安福永新等處難保不由龍泉至南安府屬之上猶崇義窺伺入粵請飭嚴防邊境等因當經飛飭南韶鎮道督率所屬地方文武嚴加防範並令駐守南雄之陽江鎮任星元部勇實力堵剿該叛勇萬餘人隨於五月十五日竄至樂昌縣屬九峰地方查九峰至樂昌六十里至韶郡九十里均可朝發夕至北江一水建瓴直下徑趨省會而沿邊一帶均未設防東由仁化以至始興則翁源長甯俱至震動西由宜

章臨武以窺連州則連山四會俱至震動該叛勇飄忽
異常一月之內橫竄四省風馳電閃剽悍可知黨與闖
逆句結首尾互應狠狽為奸為害滋大 臣等飛飭遊擊
湛恩榮募勇一千名馳赴樂昌截擊任星元部勇二千
尚覺單薄飭添募勁勇一千由南雄赴韶協力守禦稟飭
參將朱國雄遊擊梁瓊共募精勇二千名馳赴韶州聽
候韶州鎮衛佐邦調遣復飭靖安水師左營總兵王朝
治右營副將張貴統領各礮船駛往曲江英德一帶河
面嚴扼上下渡河之路惟念該叛勇驍健絕倫立功累
年轉戰數省此番因欠餉滋事或未必出其本心 臣等

一面速籌防勦一面張貼告示剴切開導啟其悔悟自新之念俟其能否輸誠再行分別辦理所有叛勇竄至粵邊籌備勦辦緣由謹合詞附片馳陳伏乞

聖鑒訓示謹

奏

粵東釐金目前萬難協濟陝甘片會督銜總

再同治四年二月十六日承准議政王軍機大臣字寄

同治四年正月三十日奉

上諭楊岳斌奏遵旨赶緊募勇並籌撥各省協餉情形

一摺甘省餉需奇絀都興阿等軍現有兵勇已不能案

月給餉將來楊岳斌募勇赴甘並益以蔣凝學金國琛

李鶴章等三軍共計二萬餘人其支絀情形更可想見

若不早爲籌畫深恐停兵待餉貽誤事機現在東南數

省漸次蕩平商賈百貨日見流通著毛鴻賓郭嵩燾於

該省每月鹽釐項下分撥三成百貨釐金項下亦每月

分撥三成接濟楊岳斌軍餉並著楊岳斌派員徑赴各省案月提解慶陽糧臺以應急需該督撫等務當不分畛域極力設法共濟時艱不得稍存推諉之見致負委任等因欽此自應恪遵

諭旨設法轉輸以顧西陲而維大局惟粤省近日之匱之與昔日迥殊而今年之支絀較上年尤甚其力難撥解情形有不得不縷陳於

聖主之前者餉源所出不外捐輸庫款釐金三大宗自軍興十有餘年全藉捐項接濟疊次勸諭數逾巨萬是以前年釐金提解江南本省軍需猶賴此一勺之泉稍

資灌溉近則民力已竭民情亦漸澆科及素封而謠詠
四起語及捐借卽怨讟繁興察其拮据之情實亦難乎
爲繼案月所辦獎案大都舊捐各戶及搭放裁撤各營
票餉開具履歷補請議敘現銀上兌百不獲一自去年
九月以後認捐尾數延欠不能催齊情形已可概見此
捐輸之難也粤海關庫向非奏撥不准動用自外國賠
款案扣四成廣儲司解項虧短甚鉅其餘指撥之數不
一而足斷無餘力兼顧軍儲藩庫地丁歲收七成兵餉
已逾八九季積欠未發運庫鹽課以近年提解京餉案
年奉撥協濟藩庫兵餉尚難解足卽令各庫歲徵無缺

全數支放勇糧猶虞短絀今則一無可恃憑空支持勇糧則日見其多支放則日形其少空匱如此何能久持此庫款之難也近來支放軍餉全恃釐金一宗合省釐金極旺之月收銀不過七八萬兩上年秋閒逆匪由江西竄入閩粵邊境北江江西道路梗塞至今未能暢行東江惠潮一帶商賈販運全以汀漳爲歸宿此兩路來源亦已久歇西江岑容等處匪徒滋擾行旅亦爲之減少此次鮑軍叛勇擾及樂昌湖南商販久無至者每月所收不及往時之半而自去年三月潮嘉一帶防堵添勇至三四萬人南雄防務數千人勦辦容岑股匪又數

千人近因霆營叛勇擾及南韶又添募數千人東北兩江水師四營又數千人計每月所需總在用銀三十萬兩以外全釐照舊支給不及四分之一似此日形短絀更至無可依恃前督臣毛鴻賓曾經會同臣蒿燾奏留撥奉江西釐金不獨以金陵克復事局稍鬆實因粵東防兵日增情形萬分緊迫之故當時初辦防堵即謀停止江南舊撥之釐金今已防剿年餘精罷力竭更何從添籌協撥之款在楊岳斌指撥協餉至七八省之多果能全數協解每月可至數十萬且有存積贏餘其意亦知軍情有緩急之殊事勢有順逆之異不妨多指數省

此贏彼絀通盤籌算以期稍資周轉非欲舉數省錙銖收集之利盡數囊括備一隅之需也此時粵省竭蹶情形實在未能兼顧即如直隸督臣劉長佑奏請協撥鳌金每月一萬兩以

畿輔重地練兵之需尚不能一籌協解仍於藩運二庫酌量指款並商之銀號勉强挪墊是鳌金無可通融尤屬顯而易見況甘肅遠逾萬里轉輸之費已耗其半撥解兌收相距總在半年以後即使力能籌濟事勢亦有所難行又值拮据萬分經畫尤苦於無術臣等曾將力難撥解實情懇咨移咨楊岳斌查照茲又准委員揀選

知縣彭焯到粵守提應懇
皇上天恩准免粵東釐金協濟甘肅俟粵東軍務稍獲
就緒再行奏請
諭旨每月協濟甘肅餉銀
飭定若干臣等自當勉竭心力設法籌解共濟時艱斷
不敢稍存推諉之見自干咎戾除酌給委員路費並給
咨回營銷差外所有粵東釐金目前萬難協濟陝甘緣
由謹合詞附片陳明伏乞
聖鑒訓示謹
奏

原稿精透之語多被節删亦斯文之一厄也自記

咨調蘇軍由潮嘉一路進防江楚片 會銜 督

再臣等閏五月初八日承准軍機大臣字寄同治四年

五月十八日奉

上諭前據李鴻章奏蘇軍會克漳州府城郭松林楊鼎

勳兩軍請飭令駐紮湖南江西邊境以備迎剿而固腹

地門戶現在該軍赴漳浦雲霄一路能否調赴江楚邊

境或另派一軍前往顧全腹地之處著左宗棠就近妥

爲調派等因欽此臣等查郭松林楊鼎勳兩軍駐紮雲

霄距粵邊爲近康逆大股已由大埔遁北竄至武平鎭

平地方閩軍由永定上杭等處進紮中都象洞一帶東

北兩面已可合圍是該逆竄擾江楚僅有長甯安遠一路各軍調防江楚邊界亦僅有郭松林楊鼎勳兩軍應急由潮嘉遄西取道平遠以出長甯乃可顧及江楚藩籬臣等現經移咨閩浙督臣左宗棠迅調郭松林等軍自雲霄移赴潮州上至三河壩以達嘉應如可合圍進攻卽會合粵軍遮擊以期一鼓盪平如賊勢蔓延有闌入江楚之勢則由長甯安遠與江西會昌之軍聯絡取徑既捷遮遏賊勢亦稍能得其要領並派員馳赴潮州採備米石支應該營軍食其每月應領口糧仍留隨營之候補道段喆移知上海轉運局改由汕頭運赴接濟

以資捷徑除分別咨行查照外合將調蘇軍由潮嘉一路進防江楚緣由附片馳陳伏乞

聖鑒訓示謹

奏

霆營叛勇被勦現竄南雄信豐等處片會總督銜

再霆營叛勇由江楚竄至樂昌九峰地方曾將籌備勦辦緣由於五月二十七日附片具奏五月十六日該匪撲至風門坳鵝頸坳等處經樂昌縣葉金會同營弁督勇擊退十八九等日大股蜂擁抵樂昌縣城圍攻城外鹽埠民居盡被占踞葉金率團練登城開礮轟擊斃匪多名生擒悍匪陳王駐一名該匪退紮城外修築土城以絕援兵紮造木排以圖順流下竄二十二日午刻該匪探知城中無水率眾四面環攻葉金督同兵勇極力抵禦匪愈聚愈眾城中火藥將盡

存亡正在呼吸適南韶鎮衞佐邦南韶連道陸心源等札調參將張惟貴把總張承恩礮船陸續駛至遇賊於蛇筒灘我軍槍礮齊施轟斃匪徒數十名匪即退竄各船銜尾疾進礮聲震天遊擊湛恩榮陸路之軍亦同時赶到賊見援兵大集回頭死拒湛恩榮躍馬當先衝入賊隊城中亦呼譟相助鏖戰三時之久斃匪甚多擊倒騎馬匪首二名匪避入土壘是晚張惟貴與湛恩榮張承恩會商乘賊無備三更潛往劫營火箭噴筒並發賊眾驚擾張惟貴張承恩當先攻入湛榮恩督隊直進左右衝突殺匪無數奪獲器械數百件餘匪奪路狂奔向

仁化一路而逸適任星元派出遊擊任玉田督兵自南雄馳抵韶城卽飭湛恩榮跟蹤追勦并飭任玉田馳往仁化迎頭截擊二十四夜湛恩榮追賊至距仁化十里之大肚嶺任玉田亦由韶城赶到距仁化城三里之麻坑該匪已進偪仁化縣城卽於是晚五更湛恩榮等會商分路進攻任玉田居右湛恩榮居中派千總廖正魁居左三面夾擊賊衆抵死力拒自卯至辰我軍再接再厲賊衆披靡紛紛渡河而逃城圍立解我軍追奔十餘里先後槍斃賊匪無數生擒僞太平忠義陶雲致等二十五名二十五日匪竄至仁化曲江始興交界之黃坑

地方經該處鄉團鳴鑼截擊擒斬僞太平忠義田丞才等二名搜出僞諭一紙匪遂由南雄百順長崑頭村馬市一帶逸去滍恩榮會同管帶星字營勇參將彭觀濤幷任玉田兩軍沿途追勦該匪晝夜狂奔從山僻小路逃竄二十八日由奇仙竄至河旁乘水淺偷渡竄至馬子坳該處至古彔三十里古彔距南雄亦三十里由古彔旁竄郎通江西龍南信豐等縣並聞該匪前隊已擾及信豐地方等情據南韶連鎮衞佐邦等先後稟報前來竊查募勇擊賊流弊滋多原屬萬不得已之舉嘉慶初年川楚教匪滋事迨賊平而鄉勇復叛又三年始就

緒昭然近鑒事有明徵霆營叛卒從前戰功最著其兇殘狠毒亦最深不顧前赴甘肅借欠餉爲名遽爾謀亂騷擾數省實用兵十餘年未有之變局婁雲慶一軍近在咫尺皆霆營舊部近聞屢次索餉不甚安戢康逆等股尚擁死黨時思橫竄合此數端一時皆聚江楚閩粵之交臣等每一設想寢饋俱廢前有

旨令鮑超親往招諭鮑超到後能否即就範圍尚未可知若再遲迴延誤裹脅日衆恐更難於收拾伏乞

諭飭鮑超星速抵江設法辦理以杜延蔓而免效尤臣等現飭參將朱國雄遊擊粱瓊添募勁勇二千名分赴

南雄韶州聽候衞佐邦任星元調遣防守仍敦飭認眞
堵禦毋稍大意必須覘賊所向跟蹤追勦以靖地方所
有叛勇被勦現竄南雄信豐等處緣由謹合詞附片馳
陳伏祈
聖鑒訓示謹
奏
此同治四年閏五月奏件當時濇繕正揩片稿未及
繕也偶檢閱及之補繕於此自記

逆匪大股尚踞鎭平縣現在迅籌合勦疏會總督銜

奏爲逆匪大股尚踞鎭平縣城屢圖竄擾均經官軍擊敗現在迅籌合勦恭摺馳陳仰祈

聖鑒事竊臣等於閏五月十八日承准軍機大臣字寄

同治四年閏五月初二日奉

上諭汪海洋李世賢等逆現踞上杭武平嘉應等處此次嘉應州境被匪竄入何以未據瑞麟郭嵩燾奏報卽著瑞麟等督飭官軍迅速埽蕩該逆現竄何處並著隨時奏報以聞等因欽此仰見

聖懷軫念邊陲時廑宵旰跪誦之下感悚交縈查逆匪

由閩省上杭竄入鎮平縣境及鎮平解圍後續被康逆
大股闌入各情形均於五月二十七日並閏五月十六
日先後
奏報在案侍逆李世賢久無蹤跡遺黨盡隸康逆故現
惟康逆最强合以來逆等爲之輔翼衆不下十餘萬康
逆自陷鎮平盤踞城内北至白泥湖南至三圳墟及平
遠屬大柘石正一帶俱分紮賊卡互爲犄角來逆花旂
等則出踞東石壩頭柚樹等處赴鄉擄掠五月二十八
日賊率黨下竄五星橋偪近松口總兵翟國彥督所部
弁勇分三路進剿自統親兵及潮陽軍由梅嶺亭中路

而進遇賊於五星橋賊倉卒未及成列我軍槍礮齊轟斃賊甚眾賊由獅前坪藍坊一路遁回其上犯州境之匪另於二十六日擾及白渡千總楊浮擊走之二十七日賊至五里坪圖撲石峰徑營盤副將林保擊走之二十八二十九等日賊焚搶長田烏坑各鄉局紳李學愉張其翽等率練勇擊走之其旁竄興甯之匪於閏五月初四日自平遠壩頭直撲興屬之老虎嶺該縣知縣周連甲會督營團截擊殺賊無算追至黃坭坪而回初五日賊在三圳小樂挑濠築壘以扼要路都司周陞帶隊潛伏魚子湖突起轟擊擒斬多名賊紛紛敗潰乘勝將

賊壘平毀都司鄧安邦會督各軍於初五日進攻石正
賊營賊數萬出拒鏖戰三時之久鄧安邦與黃連安首
先領隊衝入賊陣東西盪決我軍勇氣百倍斃匪甚多
斬首級二十五顆奪獲旂幟礮械不計其數當將石正
前面九嶺茶園一帶賊巢七座埽蕩淨盡等情據藩司
李福泰先後稟報前來 臣等竊查該逆雖殘敗之餘尚
擁死黨十餘萬挾負嵎之勢而懷必死之心其分黨肆
擾原爲牽制官軍起見從前賊在閩疆我軍當以剿爲
堵剿勝則邊防自固現在賊入本境我軍又當以堵爲
剿堵密則擒埽可圖毗連平鎮各州縣要隘林立現經

密布各軍節節兜圍江閩諸軍亦分紮交界地方近相聯絡擬將大柘石正之賊先行埽除免被牽制然後以全力進攻康逆較爲得勢惟潮防各隊陸續裁撤現留嘉應兵勇止三萬餘人以之分守隘口似尚有餘以之進埽巨憝時虞不足經費萬分支絀現餉延欠日多斷難添募數營以厚兵力臣等再四思維惟有仍照前議飛催郭松林楊鼎勳二軍速自雲霄取道嘉應並由李福泰與補用道吳贊誠就近移會督帶閩軍之康國器高連陞黃少春及督帶江軍劉典王開琳等約期前進併力合勦或可冀聚殲於一隅即令乘間竄軼以三省

得勝之師追躡經敗衂之匪跟蹤並擊亦不難迅奏蕩
平除將續辦合勦情形及賊竄何處遵奉
諭旨隨時奏報外所有逆匪尙向踞鎭平縣城現在迅籌
合勦緣由謹合詞恭摺由驛馳陳伏乞
皇太后
皇上聖鑒訓示謹
奏

霆營叛勇復由江竄粵現籌剿辦片會總督銜

再霆營叛勇前由江楚竄入粵省樂昌仁化等縣疊經

官軍剿敗由南雄逸入江西信豐經臣等將籌辦堵剿

情形於閏五月十六日附片具

奏並請

諭飭鮑超星速抵江設法辦理在案茲據署南雄州朱

燮惠州府顧蘭生署嘉應州程培霖等先後稟報該叛

勇被總兵任星元督帶各隊兵勇節節追剿擒斬多名

遁入江西信豐龍南各縣境閏五月初七日竄至安遠

擾及定南廳潛入廣東和平龍川交界之江廣亭初十

日已抵興甯縣所屬十三都司羅浮司地方等情前來臣等查此起叛勇經過江楚粵三省地方官軍鄉團隨在攻勦匪眾裹脅號稱二萬餘人實已不盈一萬自知孤立無助亟思附依髮逆大股暫延喘息又因沿邊要隘防堵正嚴無從闌入輒擇江廣接壤邊境樵採路窮之處猱騰鼠伏翻越山僻每竭一晝夜之力狂奔二三百里故自粵至江又自江回粵瞬息卽達興甯實屬飄忽異常兇狡已極查興甯與平鎮壤地交錯其句結髮逆不問可知現在黃添元鄧奮鵬兩軍駐紮龍川鄭紹忠移紮老隆卓興駐軍興甯縣城可絕其內犯及回竄

之路又經李福泰抽撥方耀勁旅二千人令方耀親赴
龍虎墟會商吳贊誠約同鄭紹忠等乘該匪初至亟圖
圍勦撲滅臣等仍敦飭在事文武妥密辦理以杜蔓延
而靖地方所有叛勇復由江竄粵現籌勦辦情形謹合
詞附片馳陳伏乞
聖鑒訓示謹
奏

官軍疊破賊壘肅清平遠縣境現籌進勦鎮平踞逆疏

會總
督銜

奏爲官軍疊破賊壘肅清平遠縣境現籌進勦鎮平踞逆恭摺馳陳仰祈

聖鑒事竊前因逆匪尙踞鎮平各軍截勦獲勝情形經

臣等於閏五月二十五日具

奏在案緣康逆盤踞鎮平縣城分黨擾及平遠縣屬大柘等處來逆等四出搶掠屢被勦敗亦自東石壩頭移紮大柘石正超竹一帶與鎮平聲勢聯絡爲康逆之先導適霆營叛勇竄至興甯縣屬十三都司與石正各逆

暗相句結腹心之患滋大目前大勢自應先清平遠節節進埽然後直擣鎮平方免跋前疐後之慮閏五月初九日補用道吳贊誠馳赴龍虎墟察看撫理總兵方耀於十三日帶領六營並親兵三千餘人行抵距賊營三里之馬山下駐紮初擬先剿叛勇因叛勇尚在十三都司遠隔一百餘里石正附近咫尺亟應先事埽除是夜利逆朱興隆率親黨一百餘人隨同熟識間諜潛赴鄧安邦營盤伏地懇求招撫吳贊誠等察其求撫尚出眞誠飭令薙髮易名朱朝安留營効力贖罪並詢知石正踞逆自安仁至老墟連營十餘座在坑口堅築大巢豎

栅挑濠賊氣已餒利在急攻遂約會各營於十五日黎明出隊方耀率都司方敬蔡申等由左路進守備劉開方樹方記隆等部繼之鄧安邦與守備梁仕光方吉等由右路進把總鄧帶喜武舉鄧榮璋五品軍功吳寬劉維義等部繼之另派都司方鼇謝廷南等隊伏匿山左截賊走黃陂之路卽以接應左軍千總鄧鏡河守備黃龍翔等隊紮右山頂豫斷大柘援賊卽以接應右軍首民朱朝安率眾先驅將近老墟賊卽擁出方耀鄧安邦揮軍進攻槍礮如雨鏖戰逾時賊漸不支我軍益前奮擊連破賊營一十六座賊眾退入坑口大巢死拒方耀

等指揮士卒四路齊進勇氣百倍午刻破柵賊大潰向
忠坑狂奔我軍追擊三十餘里斃匪二千餘名落崖墜
澗者無數斬馘四百二十八級內有僞天安陳景賢僞
闓天豫鄧展僞澥天豫凌珠連僞斆天福駱信言僞鍘
天燕曾鑽連僞天侯徐文馥等六名並拏獲僞印僞照
旂幟騾馬等件甚多生擒老長髮賊三百八十五名經
吳贊誠迅明就地正法救出難民一千六百餘名口分
別安撫遣散餘匪翻越山嶺紛紛四竄時超竹大柘兩
處股匪甚眾聞石正已破各皆驚懼吳贊誠方燿等熟
商乘勝速剿以通嘉應要路傳齊各營於五鼓出隊黎

明齊抵超竹賊營該逆倉黃出拒我軍大呼直前縱橫
衝擊該逆自知不敵棄去營柵且戰且走我軍一面將
賊營焚毁跟蹤追近大柘賊巢逆衆擁出救援敗匪併
入巢内閉柵堅守放礮抵拒劉開方樹朱朝安鄧帶喜
陳盛星高得順許李榮等皆奮不顧身冒礮直前立將
守柵悍賊殲斃數十名鄧安邦方吉梁仕光等復從右
路抄出巢背奮力攻擊該逆恐斷退路從巢後拚死冲
出我軍破柵直入賊衆自相踐踏斃匪無算我軍焚毁
賊巢併力追殺二十餘里生擒髮匪二百九十四名斬
取首級一百八十七顆奪獲旂幟器械多件追至快湖

地方賊已竄遠各軍因連日冒暑追勦各皆困乏收隊回營餘匪由八尺墟一路遁去等情據李福泰吳贊誠等先後稟報前來臣等查石正超竹大柘等處踞逆原爲牽制官軍使不得進勦鎮平築卡樹柵爲死守計經方耀等督兵進擊兩日之內埽蕩一空平遠縣境業已肅清鎮平康逆大股勢成孤立亟應乘此聲威四面會勦殲此巨憝此時分防守隘兵力尚單郭松林楊鼎勳兩軍雖經咨調亦無到粵確期而事機湊拍深慮稍涉延宕致長寇心現飭李福泰迅籌規復鎮平嘉應東路有翟國彥二千餘人駐紮松源松口一帶輔以康國器

一軍可以由東路進攻方耀鄧安邦等軍漸由石正太柘等處出鎮平之西相機會剿期使此賊一鼓盪平臣等一面飛咨江省迅飭防軍堵截扼其西竄長甯安遠之路以免繞越延蔓至霆營叛勇困守十三都司築圍自固誠恐其煽誘土匪日久鴟張卓興現駐興甯縣城即責令剿辦此股鄭紹忠近在長樂亦可遥爲聲援杜其囘竄朱興隆向知順逆應即准其投誠改名朱朝安留營劾力除飭令立功自贖分別辦理外所有肅清平遠縣境現籌規復鎮平並飭剿叛卒緣由謹合詞恭摺由驛馳陳伏乞

皇太后

皇上聖鑒訓示謹

奏

派署臬司查辦土客一案片 會總督銜

再臣等於同治四年五月十一日欽奉
諭旨查辦土客一案當於五月二十六日將辦理此案始末艱難情形先行據實具
奏竊自土客區分兩籍已如涇渭之判然不侔自彼此殘殺相加遂至冰炭之難以再合本年二月間安插客民於那扶金雞赤水三處冀幸暫獲粗安徐圖善後經
臣等屢飭肇慶道府會督委員地方官設法綏輯妥議章程而各該土紳堅持意見積不相下議論紛繁辦理尤無善策茲據該道府等稟稱恩平縣紳民近因展轉

開導遵照設立聯和局商定清理客產條款漸有端倪
而開平縣屬司徒關譚各姓恃有京控一案力梗和局
忽於閏五月初旬開平土民聚衆往攻赤水客民旋聚
旋散不遵約束等情臣等伏思土客滋釁十有餘年殺
氣滿野屢至上廑
宸慮此次安插客民土民仍持異議自應遵照
諭旨飭署臬司郭祥瑞前赴那扶等處體察情形傳集
土客各紳宣布
朝廷德意共籌善處之法或幸批郤導窾獲有轉機巳
於閏五月二十一日飭令郭祥瑞帶印馳赴肇慶所屬

恩開等縣彸第周覽情形認眞經理其刑名審轉要件事務殷繁若遞至差彸核辦往返未免稽延查現署督糧道屠繼烈精明强幹辦事認眞堪以委令代辦臬司事件以專責成除分札飭遵外所有派署臬司查辦土客一案謹合詞附片陳明伏乞

聖鑒謹

奏

奉旨密籌大局情形疏

奏爲欽奉

諭旨密籌大局情形恭摺仰祈

聖鑒事竊臣五月二十四日准兼署督臣瑞麟知照同

治四年五月初八日奉

上諭直東軍務緊要曾國藩統帶各路兵勇北來剿辦

需餉甚多自應寬爲籌備僧格林沁各營官兵見已統

歸曾國藩節制所有山東每月協解該營月餉五萬兩

河南三萬兩山西二萬兩著閻敬銘吳昌壽沈桂芬迅

即籌備按月如數解往曾國藩直東軍營不得稍有貽

課其兩淮鹽釐項下原協月餉曾國藩亦可就近酌量
提用惟前項協餉尚恐緩不濟急該大臣先就近在江
海關稅銀內提銀二十萬兩以資分給卽著李鴻章劉
郇膏迅速如數撥解毋誤要需並將起程日期先行奏
報曾國藩所帶各路兵勇數目並僧格林沁營中見存
官兵若干每月共需餉若干著卽查明咨報戶部以便
該部覈辦直東軍餉戶部無款可提難以協濟著閻敬
銘於地丁項下欠解本年京餉銀十五萬兩留充該省
軍糈劉長佑卽將長蘆鹽課及旗租項下應解本年京
餉銀內各扣留五萬兩以供防勦其各省應解直隸固

本軍餉報解寥寥見在直隸增兵募勇需餉孔殷若再
視爲具文不思籌解則餉項立見缺乏著瑞麟左宗棠
駱秉章李瀚章徐宗幹郭嵩燾劉郇膏孫長紱迅將各
該省積欠銀兩趕緊照撥剋期起解官文鄭敦謹吳昌
壽閻敬銘沈桂芬除業經抵撥解過外各將積欠應解
之數遴行籌撥各該督撫等務當權衡緩急顧全大局
不得再分畛域是爲至要欽此仰見
皇上籌維大局精密詳審之至意竊臣比聞僧格林沁
戰歿曹州愴恨屢日靡釋於懷伏承
聖諭籌撥軍餉默念事機之旁午重增

宵旰之憂勤旁皇焦思無能自效竊以爲曾國藩接統此軍其可慮者有三僧格林沁剿辦各起賊匪專恃馬隊縱横馳騁近聞捻匪馬隊較多於官兵其勢遂至猖獗曾國藩所部楚軍專習步戰宜於山徑崎嶇而不宜於平原廣漠又楚軍克復金陵精鋭之卒多半散歸而欲使以步當騎以驟募之師當方張之寇慮非所以制勝接統各軍恩誼未足以相感威望未足以相服取決倉猝之間指撝駕御進退從心恐亦有所未逮此其可慮一也曾國藩起文臣部署將帥爭勝一時所以能建立功績攘除大憝者皆將帥用命之效也十餘年來凋

殘略盡僅存者楊岳斌彭玉麟黃翼升劉蓉等數人皆各獨當一面無與効馳驅者曾國藩處遺大投艱之地而無威名素著之將帥與之戮力一心共濟時艱此其可慮二也曾國藩始任軍旅一切自立規模艱難籌畫軍情利鈍親與將官會議而營務處別無文檄餉糈支放酌量撙節取決一心而糧臺別無報銷凡此者實由將帥皆所擢拔兵勇皆所召募軍餉一切皆所經營故能緩急足以相維豐歉足以相諒今總步騎之衆以備征討轉數省之餉以資供億規模既異事勢益艱而又當兵革繁興各省一律窮匱之時此其可慮三也 臣愚

以爲曾國藩此次辦理軍務略須建置者有二一曰設立翼長曾國藩規模閎遠居中運量有餘臨敵指揮實有所不足宜擇地駐紮以爲各營根本行軍之節要臨敵之操縱一責成翼長臣愚以爲曾國荃當此任尤爲相宜惟其名望已立與曾國藩爲兄弟各營將帥皆能其信亦恃以權衡事勢通達軍情佐曾國藩所不及應懇

皇上飭令曾國荃前赴曾國藩軍營幫同辦理以資其濟一曰設立糧臺協餉之應催者軍實之應籌者以及支收之繁劇製造之取給別簡廉幹之大員司之庶使

曾國藩不以糧臺事務紛擾其心專意經理軍務臣愚以爲降調湖南巡撫惲世臨當此任尤爲相宜應懇
皇上飭令惲世臨督辦曾國藩直東軍務糧臺凡有可以籌畫軍餉之處聽從便宜辦理於事裨益必多曾國荃攻城戰野爲勞最著其克復金陵城池環攻數晝夜緣城而入相持巷戰又一晝夜兵勇所以利於攻城者利在得財耳水陸四五萬人爭先乘城誰肯悉其所得之財輦而歸之私第又曾國荃所部不過數千人其餘將帥黃翼升蕭衍慶等皆别將一軍亦豈能攘諸將之利而獨踞之果有此則諸將必至憤爭軍士必至怨怒

而臣面詢黃翼升李鴻裔等皆力爲辨證其誣臣在軍久見攻克城池無有能以利歸公者處飢乏之時御召募之軍其勢尤難無端蔽以貪汙之名致令恐懼憂虞無以自解臣竊悼之惲世臨久仕湖南廉明精幹無賢不肖皆所深知其清理積弊破除人情崖岸甚峻躬任勞怨而無一毫邀名見好之心臣獨所服膺勉力企之而自愧精力百不能逮乃以偶爾違例之細故致被有意蒙蔽之汙名臣以爲

國家無事一切以成例繩治天下積久法敝而名實寖乖整齊變化責在封疆大吏苟於例無甚乖忤不能不

稍示變通以求實有補濟但辨其心之公私而已臣往見胡林翼張亮基用人行政一切破格行之兩楚轉旋之大機實在於此稍一違例而責以蒙蔽使其心終以不白於

朝廷臣尤悼之自古平大亂勝大任者宏亮之才忠貞之節常不能見諒於流俗而持論者遽取反復無稽之言從容一節之失加之苛論消沮士庶之心而摧折辦事者之氣此又

聖明所宜援古證今深防其弊者也臣曾隨僧格林沁在天津軍營辦理文案從事年餘又與曾國藩至交其

於此軍應辦事宜苟有所見不敢不一盡其愚至於曾
國荃爲人智慮精詳居家治事皆有條理心懷忠義識
解尤絕於人決非苟貪者惲世臨曾相識京師並無深
交湓任湖南罕與相見而於曾國荃惲世臨辦事之才
與派往曾國藩軍營之必有所裨益則亦知之甚明信
之有素謹就愚見所及縷悉上陳臣自知望淺言微冒
昧瀆陳必蒙
嚴譴然如臣等輩去一二人無關
朝廷輕重而如曾國荃惲世臨用之而必有裨於
國家廢棄不用徒爲人士所惜是以顧嫌言之至奉

旨協撥直隸軍餉以直隸全境肅清粵東軍務屢見壘
出無憑協撥今東匪猖獗直隸籌辦防堵畿輔重地自
與他省協撥不同臣謹當會商督臣從此次奉
旨之日起酌量籌解以冀仰答
宸廑所有密籌大局情形謹繕摺具奏伏乞
皇太后
皇上聖鑒訓示施行謹
奏

郭侍郎奏疏卷八

西江勦匪各案及克復靈山橫州竝勦辦石門等鄉出力人員補請獎敘疏會總督銜

奏爲查明西江勦辦股匪各案及克復靈山橫州竝勦辦石門等鄉出力人員覈實補獎恭摺仰祈

聖鑒事竊照粵東歷年防勦各路逆匪新舊奬案經前

撫臣

奏准補獎臣嵩燾與前督臣毛鴻賓設立奬卹局分案查辦於上年七月十二月內將北東兩路防勦各案分次

奏請補奬聲明西江所屬各州縣另行查明辦理一面

出示曉諭以資鼓舞嗣奉

諭旨照准奬勵當經欽遵轉飭查照茲據軍需總局司

道續將勦辦西江股匪及克復靈山橫州並勦辦石門

等鄉歷年著有勞績各官紳補具奬敘覈議具詳前來

臣等伏查西江於咸豐八年克復梧州府城及十年解

四會城圍暨八年克復靈山縣城十年克復橫州城池

四年十月勦辦石門石井各鄉餘匪七八兩年防勦逆

匪張句七謝濆三等聚衆分踞東安電茂信各縣滋事

同治元年攻勦封川開建土匪李植槐侯十五等各案

均經奏奉
恩施准卽擇尤保奬而遠或十餘年近或三四年訖未
彙奬一案歷年既久各文武員弁存沒事故及官階之
遷轉戰功之累積有應覈除者有應覈改者反復查覈
以求昭晰若遂聽其湮滯各州縣遇有募勇籌餉事宜
輒據爲口實無以動其激勸之心若概與優敘則時過
境遷局勢屢變亦不足以發揚觀聽臣等補奬各案先
行定立章程凡屬補奬員弁均於舊時擬定優奬力加
覈減其曾因他案得邀奬敘者卽將其名開除或本案
勞績最爲優著亦准酌量補敘期以發潛德之幽光清

積年之案牘謹就原案應奬官紳擇其尤爲出力者覈
實酌保並將案由逐起分列清單恭呈
御覽仰懇
天恩俯准分別給予奬勵俾資勸勵所有各官紳履歷
另行造册咨部查覈辦理此外把總以下賞給頂戴各
員弁一併列册咨送以免繁冗外再此次係補奬之案
歷年久遠各該紳員或有前經出仕及外出者開造履
歷多費周折且恐見在職銜及有無事故亦不免稍有
參差統俟彙案查明咨部合併陳明臣等謹合詞恭摺
具

奏伏乞

皇太后

皇上聖鑒訓示謹

奏

[illegible]

彙次內江勦匪兩案請　獎片
再前歲勦辦新安岡邊村盜匪兩次飭派水陸各軍進勦經於上年六月內奏奉
諭旨准其擇尤保奏去歲勦辦東莞鐵岡盜匪經於十二月內彙同各案奏奉
諭旨俟軍務平定准其酌保各在案臣等詳查各案有地方文武員弁設法籌辦者有臣等札飭查辦者或經臣等記功或飭彙附防勦各案分別覈辦惟岡邊鐵岡兩案以數十年聚衆負嵎之匪鄉肆行劫殺遠近騷然同治二年前署督臣晏端書前撫臣黃贊湯調派兵勇

數千剿辦鐵岡盜匪反致爲其所挫斂兵而退情形日
加猖獗臣等調撥師船雇募壯勇用兵無多幸尚能毀
平賊巢擒斬渠逆水師記名總兵王朝治副將沈玉遂
兩營尤爲奮勇出力陣亡者數人受傷至數十百人之
多似未宜與地方零星搜剿盜匪各案一律辦理廣東
十餘年來軍務繁興列保員弁至不可以勝紀而於攻
克城池剿平巨匪彙請奬敘各案頻年壓擱愈積愈多
大率各該員弁隨同出力聲氣不能上達雖有出色勞
績多歸泯滅不獨各該員弁據爲口實臣等每思及此
未嘗不內疚於心見在東北兩江防務緊急沈玉遂一

營已調赴惠州防堵王朝治與張貴等營分防北江各
要隘省河緝捕巡船亦經設法整頓各營奉
旨給獎之案若再至延擱亦實無以作新軍士之氣俾
知所奮勉謹彙次內江剿匪兩案另行開具清摺隨同
西江舊案奏懇
皇上逾格鴻施俯賜照准以昭激勸謹附片陳奏伏乞
聖鑒訓示謹
奏
粵東保獎舊案百餘起鄙人始為之清理新案又積
至十餘起矣若為督轅幕友徐灝所持乃彙次兩案

出力者皆楚軍也終竟爲所持不得出奏盭督轅幕友專以此爲利不欲使人參與諸公憒憒聽其愚弄而已錄存此稿聊志予慨自記

康逆大股分竄嘉應州移軍進剿疏會總督銜

奏爲康逆大股分竄嘉應州屬石峰徑白渡地方經官軍擊敗遁回鎮平縣城現在移軍進剿恭摺馳陳仰祈

聖鑒事竊前因官軍攻破石正大柘等處賊巢肅淸平遠縣城經臣等於閏五月二十八日具

奏在案維時來逆餘匪敗走江西長甯縣邊境總兵方耀等軍尙駐龍虎墟鎮平康逆探知嘉應防軍稍單萌窺伺州城之意十八日卯刻逆匪傾巢出擾分撲白渡石峰徑兩處營盤都司周升以五百人守白渡副將林保以二千人守石峰徑賊萬餘圍攻白渡周升部勇無

綫以重賞激勵眾心堅壘固守約俟賊近齊用擡槍轟
擊相持至酉殲斃偽天將林楊等六名斬取首級二百
餘顆生擒偽都尉陳占魁一名奪獲旂幟槍礮馬匹甚
夥另股紅旂賊復由布荊窩突至周升豫伏勁兵從傍
掩擊斃匪多名藩司李福泰派參將戴朝佐督軍赴援
賊退走老墟周升乘夜多製地雷埋伏營外十九日賊
再集周升暗然藥綫地雷迸裂轟斃逆匪不計其數賊
遂循遁去石峰徑賊約五六萬人蜂擁來犯林保抽調
四營勇扼守前山花旂股匪首先衝突我軍以槍礮環
攻斃騎馬賊目二名賊勢少卻紅旂賊續至千總鄭紀

勷躍馬衝出中槍戰歿林保立斬退勇一人各勇奮前
壘擊夔賊無算黃旂股匪另由石扇翻山抄襲後營直
薄濠邊火箭然燒帳蓬逆黨愈聚愈眾鉛彈雨集都司
楊仁守備王熊彪千總林恩黃點俱死之賊乘勢圍困
各營兵勇盡銳血戰鉛藥垂盡林保帶勇潰圍而出退
紮象村路口以扼州城之路賊仍紛紛踵至適方耀自
龍虎墟折回州城李福泰商令速赴援勦方耀親督所
部精銳星馳前進我軍望見勇氣百倍方勷手放洋槍
先斃騎馬賊目一名方金馳入賊陣斬執大旂賊目一
名賊氣稍餒林保亦揮軍合攻賊大敗向新鋪墟逃走

方耀等縱追二十餘里殺賊二百餘名斬首級二十二顆日暮收隊十九日賊由石峰徑三坑黃竹洋分三路攻撲象村營盤方耀派方龍方恭等帶隊抵三坑之匪方茹謝廷枏等帶隊截黃竹洋之匪方勳方豐仍向石峰徑迎擊方耀領親軍隊目劉開方樹等在象村居中策應午刻三路同時接仗鏖戰逾時各勇疊有擒斬方耀督親軍馬隊由石峰徑馳出夾擊賊分隊抵禦方勳等督勇奮前沖殺賊勢披靡三坑賊知中路已敗恐斷歸路相繼潰退方茹等驅軍直偪黃竹洋賊且拒且走我軍分途追剿賊退守新鋪墟旋即遁回鎮平縣城據

李福泰吳贊誠先後稟報前來臣等查康逆竄聚鎮平勢成孤立鋌走困鬭時思一逞其狂悖爲暫延喘息之計江閩隘口防軍林立猝難竄逸知方耀鄧安邦等大枝勁旅尚在龍虎墟乘虛出犯圖竄嘉應以入腹地偵方耀等自大柘回州督軍往援連日追剿獲勝始將全股驅出州境現在霆營叛卒尚踞與甯羅浮司句結花旂股匪擾及長甯龍川接壤之平越汶水等處當調副將鄭紹忠一軍駐紮龍川豐稔總口以資堵禦花旂本係惠州逃出土匪既近鄉里徘徊不前密飭李福泰督令鄭紹忠可撫則撫否則痛剿之毋留餘孽以滋後患

另調黄添元鄧奮鵬移紮長樂縣城卓興仍駐興甯固守惠詔門戶與鄭紹忠互爲聲援方耀全軍進紮新鋪墟漸薄鎮城道員康國器率閩軍自松源移赴嵩山派鄧安邦等軍徑抵嵩山爲閩嚮導務期節節偪緊以奏聚殲之效惟康逆黨與尚衆粵軍只此數營戰守兼籌時形拮据屢經咨催蘇軍郭松林楊鼎勳速赴嘉應合勦若獲及時齊集辦理較易得手總兵銜副將林保帶勇勦賊屢著戰功前於克復永定及克復平和詔安揢內先後給予奬敘此次派守石峰徑係屬嘉應要區關繫甚重汎爲逆匪所乘所部員弁丁勇傷亡多名雖因

眾寡懸殊疏忽之咎究無可辭臣等未敢以先經保奏

稍涉迴護應請

旨將林保暫行革職責令戴罪立功以贖前愆都司楊

仁守備王熊彪守備銜儘先千總鄭紀勳千總林恩黃

點力戰捐軀請

敕部照例議卹以慰忠魂其餘陣亡營弁兵勇容另飭

査明咨部請卹所有康逆攻撲嘉應州屬石峰徑等處

經官軍擊退及移軍進勦緣由謹合詞恭摺由驛馳陳

伏乞

皇太后

皇上聖鑒訓示謹

奏

逆匪麕聚一隅現籌合力進勦以收全功疏會總督銜

奏爲逆匪麕聚一隅現籌合力進勦以收全功恭摺馳

陳仰祈

聖鑒事竊前因康逆攻擾嘉應州屬白渡等處經官軍擊退遁回鎭平各情形業於六月初九日具

奏在案茲據藩司李福泰稟稱來逆花旗一股近與康逆離而爲二踞伏龍川長樂交界地方欲乞撫而心懷疑懼已派幹員馳赴龍川相機辦理仍飭副將鄭紹忠等嚴軍以待毋稍疏虞康逆汪海洋盤踞鎭平結壘營叛卒爲輔翼分築三十餘壘縣亙百十里內賊卡相望

附城增堞濬濠收穫稻穀謀積儲以自固官軍屢次誘之不出攻之未下現在趕緊籌商設法勦辦等情前來
臣等伏查髮逆跳梁十餘年蹂躪十餘省仰賴
聖謨宏遠東南底定追勦餘黨自吳越江楚轉戰而麇諸海濱之一隅原謂旦夕可期肅清而該逆以百戰積悍之餘氛挾十餘萬致死之狂寇踞城結壘與官軍相持勦辦動形棘手上年賊入江西合各省精兵近十萬會辦半年而驅之入閩又合各省精兵近十萬會辦八九月之久而驅之入粵其時粵軍專顧潮州東面嘉防本屬空虛該逆徑從北路武平上杭之交囘竄粵境其

勢日益蔓延以賊勢論之李世賢一股較多於汪海洋故自李世賢敗潰以後人皆謂髮逆必易殄滅而以軍情論之李世賢入閩後疊經懲創氣已消靡無餘汪海洋則屢挫官軍逆燄方張又收合李世賢餘匪歸其統屬閩粵之交伏匪充斥兼值饑旱連年從亂者日眾且得霆營叛卒助其鴟張之氣粵軍自潮州解嚴撤遣各小營存兵不滿四萬欠餉既多財愈匱而兵愈罷若使垂盡之遊氛乘風復熾不獨粵境遭其蹂躪江楚邊境亦萬無安枕之日竊思賊勢利在分不利在合兵勢利於合不利於分兵分則力薄難支賊合則兜勦易盡此

賊羣踞鎮邑百數十里之地乘此時會集三省兵力節節進埽四面合圍而困之外無他賊爲之救援飛走路窮或可望其剿滅現在江閩兩省秖康國器一軍移紮稍近其餘防軍多在贛南會昌信豐龍南武平等處或百餘里或數百里桴鼓不相聞烽火不相見其閒崇山僻徑偷越甚易是賊在粵與各軍無相及之勢賊或鋌而他走江楚惟所奔馳在防各軍恐難從旁遮遏臣等再四思維江閩各軍經歷百戰其將皆一時之選與其株守門戶任曠日持久之勞何如共擣腹心奏埽穴擒渠之效合無仰懇

聖恩敕下閩浙兩省各令防軍進偪賊壤與粤軍聯爲
一氣新放廣東提臣高連陞現駐武平與平遠相距百
餘里臣等已咨請督率所部移紮平遠藉資聯絡亦可
扼截該逆西竄之路臣等仍一面咨商江閩督撫臣會
合各軍設法進取以赴事機毋使再致猖獗所有賊聚
一隅現籌合力進剿緣由謹合詞恭摺由驛馳陳伏乞
皇太后
皇上聖鑒訓示謹
奏

前保都司保應熊請　賞加副將銜片會總督銜

再臣等前訪聞逆匪侯管勝自金陵逃回潛匿香港私運軍火糧食接濟閩漳賊匪當飭記名總兵補用副將陳擇輔署廣州協都司保應熊帶領千總蔡釗曹焜並照會英國領事羅伯遜香港公使碼沙等將該逆侯管勝緝拏解省訊明正法於本年四月二十八日會摺具奏並將在事出力之記名總兵補用副將陳擇輔擬請賞加提督銜儘先遊擊署廣州協左營中軍都司保應熊賞加副將銜廣州協右營左哨千總蔡釗以守備儘先

補用守備銜侯補千總曹焜請免補千總以守備儘先
陞補以昭激勸其英國領事羅伯遜香港公使碼沙政
務司末士喊仰懇
天恩給予嘉獎隨於閏五月初八日接准兵部火票遞
回原摺軍機大臣奉
旨該衙門議奏欽此六月初五日准總理各國事務衙
門咨覆鈔錄遵
旨議奏內開兵部查文職章程除攻克城池斬擒要逆
其餘不准越級保陞又越次請銜者改為應得陞銜又
奏定獲盜章程如本任內有承緝盜案未獲如能拏獲

鄰境首夥盜犯一案數在五六名以上者無論應議降
留降調均准其議抵案數多者照此以次抵銷若本任
內先有四參議以降留之案亦即准其計案開復各等
語應請將記名總兵補用副將陳擇輔改爲侯補總兵
後加提督銜侯補千總曹焜改爲侯補千總後以守備
儘先陞用都司保應熊改爲加遊擊銜再侯補千總曹
焜臣部官冊並無其名係何營實缺之弁應令查明報
部再行註冊至千總蔡釗任內有承緝未完盜案八起
應以此次優奬抵銷本任內承緝郭昭奮被賊降一級
留任及洗暢時被賊停陞限緝二一案免其開參報部所

請以守備儘先補用之處應毋庸議等因於閏五月初

十日奏本日奉

旨依議欽此咨行欽遵查照前來伏查部臣所議自係

循照定章辦理惟當日訪拏此案逆匪侯管勝解辦該

署都司保應熊實屬出力異常緣侯管勝係著名要逆

其在金陵曾受偽封夥黨實繁有徒此次潛匿香港與

閩賊句通接濟若不迅行拏辦必致滋蔓難圖一經張

揚疏漏又恐聞風逃逸且香港係外國人所居往拏逃

犯尤非易易保應熊接奉札飭多方設法密購綫目不

惜重貲不動聲色馳往掩捕會同外國人將該逆侯管

勝拏獲解省辦理實爲妥速未便沒其微勞且該署都
司前因拏獲盜首葉烏欖頭等案內於同治三年五月
二十日欽奉
上諭著以遊擊儘先補用茲兵部議將該員加遊擊係
照都司品級辦理合無仰懇
天恩俯如臣等所請將廣東儘先補用遊擊署廣州協
左營中軍都司保應熊
賞加副將銜以資鼓舞出自
逾格鴻施再候補千總曹焜現在署理廣州協左營外
委把總並非實缺之弁除飭造具履歷冊咨部外臣等

謹合詞附片縷陳伏乞

聖鑒謹

奏

此次辦理倭管勝一案陳擇輔一人之力爲多指授機宜一受成於鄙人列保多名勞績亦寥寥矣自記

特參貪婪不職之知縣疏會總督銜

奏爲特參貪婪不職之知縣請

旨革職歸案查辦以警官邪恭摺仰祈

聖鑒事竊查粵東吏治媮敝門丁差役通同罔利無能

窮詰其底蘊臣等考覈吏事不敢稍有假藉尤以清理

詞訟緝捕盜賊約束幕友門丁爲課程以求漸引而使

之各軌於正茲查有海豐縣知縣于奇峰涖任未及一

年控案纍纍多涉門丁詐贓私款經飭署臬司郭祥瑞

委員前往密查具得其門丁方永順楊陞夥同差役蔡

錦劉立等贓私狠藉情狀竟至因案帶勇赴鄉擄搶當

將該員撤任勒令將該門丁交出距今日久據稱門丁
方汞順等已逃赴香港其爲分肥故縱情形略可想見
又河源縣知縣張燿堂初赴河源縣任適値縣屬仙塘
鄉潘姓匪徒攔劫糧差征收餉銀聚衆抗官粤東歷來
積習惠潮等屬懲辦匪鄉率以納賄銷案託爲募勇辦
案經費名曰打兵費臣等深鑒其弊諭飭張燿堂無稍
沾染舊習經飭由惠州府籌給經費並調撥勇營幫同
辦理乃張燿堂於勇營未到之先赶速寢事率稱罰捐
彌補倉穀臣等以張燿堂才具尚佳未肯遽加參辦暫
與撤任以示薄懲飭委候補知縣俞文萊前往接署據

查該員不獨罰捐倉穀未嘗彌補並舊穀二千餘石盡
爲該員到任以後陸續挪用似此二員之膽大妄爲毫
無顧忌若不據實參辦則紀綱法度廢弛日甚吏治何
由整飭風俗何由挽回據代辦藩司方濬頤署臬司郭
祥瑞查覈具詳會揭前來相應請
旨將海豐縣知縣于奇峰河源縣知縣張燿堂先行革
職歸案查辦一面勒令于奇峰交出門丁方永順等研
訊確情分別定擬所有特參貪婪不職之知縣革職查
辦緣由謹繕摺具
奏伏乞

皇太后

皇上聖鑒訓示謹

奏

互換荷蘭條約日期片

再臣於同治三年八月二十九日接准統辦三口通商大臣崇厚專弁楊保安由輪船遞到總理各國事務衙門咨交恭用

御寶荷國條約一本九月初六日由兵部火票遞到議政王軍機大臣字寄七月二十九日奉

上諭著派郭嵩燾將上年與荷蘭國所立條約妥爲互換等因欽此並由總理各國事務衙門遞到換約禮節事宜各件適接荷蘭使臣辯大何文照會請訂互換日期而查其齎到者雖有荷國君主蠟餅爲憑而係鈔錄

副本並非上年天津三口大臣蓋印原約與互換之義未符當囑取回原本另行訂期辦理並於上年十一月間附片陳明在案茲於同治四年閏五月二十九日接准荷蘭使臣礬大何文照會內開見接到在天津定立條約原本並去歲鈔錄副本均綴用荷國君主國寶蠟餅訂期覈對互換等因到臣當即照會該使礬大何文訂於同治四年六月初四日將同治二年八月二十四日在天津所立和約於廣東省城西關華林寺公所互換屆期該使礬大何文將荷國君主綴用蠟餅荷約原本副本共二件齎捧到臣查驗無異經將總理各國衙

門遞到
御覽荷約原本交該使臣接收除將換來荷約委員齎
送總理各國事務衙門投收備案外所有臣與荷國使
臣麐大何文互換荷約日期緣由謹附片具
奏伏乞
聖鑒訓示謹
奏
是日麐大何文言此事兩費清神私心感激甚爲不
安本來辦法應如此西洋諸國互換條約亦皆如此
而中國換約十餘起從未取回原約是以我亦照辦

幸阿見罪始知歷來辦理之謬自記

前保知縣龍甘霖等九員懇　恩照原保給獎片會總督銜
再臣嵩燾會同前督臣毛鴻賓遵保勦辦后逆竄粤匪
黨及英德逆匪兩案出力之龍甘霖俞昆周秉禮鄭以
南龍顯翶張汝若鄒士達江林藻葉舒翚等各員同治
三年七月初六日內閣奉
上諭知縣龍甘霖著以同知直隸州知州不論雙單月
遇缺卽選並賞戴藍翎俞昆等五員均著以知縣不論
雙單月遇缺卽選俞昆並賞加同知銜知縣鄒士達著
以知縣仍留湖南儘先補用從九品江林藻著以府經
歷遇缺卽補訓導葉舒翚著免選本班以教諭不論雙

單月遇缺選用等因欽此由部咨行轉飭欽遵查照茲
又接准部咨覈與定例章程不符彙案駁正於同治四
年正月十四日具奏奉
旨依議欽此鈔錄粘單知照到臣當查粘單內開各項
勞績保舉攻克城池斬擒要逆其餘不准越級保升及
免補免選龍甘霖周秉禮鄭以南江林藻龍顯翺張汝
若葉舒翠均俟選補後升用所請免選本班及越級請
升之處均毋庸議俞昆鄒士達應令另覈請獎其餘各
員或另行簽掣或詳查報部再行覈辦各等語除簽掣
詳查各員另文咨部辦理外臣等伏查攻克城池斬擒

要逆係於打仗出力之中提出兩項以示優異而此兩項出力人員有一二人勇敢倡先餘衆附從者亦有衆軍合力齊進者援案敘功不能過相軒輊此次㕛逆餘黨李復猷竄擾湖南四川廣西貴州等省最爲悍逆及英德土匪鄧二尺七踞險築寨梗化多年經福建臬司續經陣亡張運蘭督率楚勇分路進勦旋將要逆生擒解辦餘匪全數殄滅不致佔踞城池蔓延貽害龍甘霖等九員均經張運蘭報稱帶隊合圍用能殲除大憝似與部臣援引斬擒要逆成案尚屬相符張運蘭前在汀州陣亡從征將士無一在粵者惟周秉禮一員見在安

肅道蔣凝學軍營辦理營務據稟稱前𦍒訓導於咸豐十一年克復湖北孝感德安府縣城池案內保奏是年十二月初一日內閣奉
上諭著以通判不論雙單月遇缺儘先即選並賞戴藍翎欽此旋奉部駁隨營出力不得越級請升准其免選訓導本班以應升之階指定一項照原保班次選補仍准戴用藍翎等語是此次未保以前之本銜已得指定教諭選補應請隨案更正等情臣等因查各該員在營日久漸能帶隊立功所保官階並無陵越兩次擒斬要逆例得以免補免選注保合無仰懇

天恩俯准飭部仍遵前

旨將龍甘霖俞昆周秉禮鄭以南龍顯翱張汝若鄒士

達江林藻葉舒翚九員各照原保分別獎敘注册出自

格外

鴻慈謹合詞附片陳明伏乞

聖鑒謹

奏

安徽知府李應棠懇准回皖補缺後以道員用並賞

加鹽運使銜片會督銜

再南海縣紳士道員用安徽池州府知府李應棠於咸豐七年三月奉委回粵催餉札委該員勸捐九年三月留辦佛山鎮釐務截至本年二月止先後共解過釐金五十四萬兩之多接濟軍需該員先於咸豐四年會辦佛山團練隨同官兵進勦袁洞等處股匪頗著戰功委辦釐務多年又能清勤自矢勸諭多方有裨軍實而亦尚能取信閭閻臣等詳細察看該員在籍辦理諸務勤廉謹愼頗著勞績而以疊次留辦釐務致開池州府本

缺查該員於咸豐九年十一月內經前督臣勞崇光保

奏奉

旨李應棠著以道員用欽此合無仰懇

皇上天恩俯准李應棠回皖補還知府缺後以道員留

於原省儘先補用並

賞加鹽運使銜出自逾格

鴻慈謹附片具

奏伏乞

聖鑒訓示謹

奏

南韶連道陸心源請暫緩送部引　見片會總督銜

再南韶連道陸心源奉部援引保至

記名

簡放道府從前未引

見之例行令給咨赴部引

見當經轉行遵照茲查該道管轄各屬當省城北路之

衝隘口林立刻下東路鎮平踞逆屢經粵省官兵進逼

該逆時有竄動之信而江西福建各省邊界均有重兵

扼守該逆或內犯腹地或外趨江閩勢必由龍川連平

等縣直達南韶以圖鋌走是北江一帶防務更難稍鬆

必得幹練熟悉之員妥籌布置方免貽誤該員陸心源於本年四月到任適霆營叛勇由湖南竄犯樂昌仁化等縣籌辦堵剿悉合機宜業已著有成效見當軍務喫緊之時未便更易生手且查該員先由舉人捐知府分發廣東引

見奉

旨照例發往欽此領照來粵竝非未經引

見人員追調赴直隸軍營保舉補缺後以道員用捐免本班又與保至

記名人員有異蒙

恩簡放斯缺例無送部引
見明文合無仰懇
天恩俯念地方緊要准令陸心源暫緩赴部引
見之處謹附片具
奏伏乞
皇太后
皇上聖鑒訓示飭部知照謹
奏

官軍擊敗花旂股匪現擬規復鎭平情形疏會總督銜

奏爲官軍疊次擊敗花旂股匪及現擬規復鎭平情形

恭摺馳陳仰祈

聖鑒事竊逆匪麕聚鎭平縣城前將籌商會剿緣由於

六月二十五日具

奏在案維時花旂一股自平遠被剿潰走江西長甯復

被江軍截擊回竄龍長交界之雉雞籠鐵場等處匪衆

二三萬人結壘自守遣逆黨出懇投誠乞貸一死念該

逆窮蹙之餘求撫自屬眞誠隨派參將林才親赴賊巢

諭令繳械輸忱立功自贖詎該逆首鼠兩端詭詞推宕

顯係中藏叵測託爲就撫以緩我兵當經飛飭總兵卓興副將鄭紹忠戴朝佐等移營進紮速加剿洗藩司李福泰復添派千總鄧帶喜督同朱朝安等隊馳赴岐嶺交戴朝佐統帶六月二十日鐵場踞匪竄至長樂縣屬羅昴坳署長樂縣粟賁源率領親兵會合留防之都司黃添元鄧奮鵬局紳鍾光昭張重瀛等各帶兵勇鄉團齊赴羅昴坳逆匪數千蜂擁而至鍾光昭首先接仗粟賁源張重瀛等揮衆繼之黃添元鄧奮鵬分左右並進鏖戰移時陣斬僞朝將林成春生擒四十七名斬首級二十九顆餘匪退走二十日該逆句結土匪徑撲岐嶺

經戴朝佐黃龍翔鄧鏡河各率所部疾渡急攻斬騎馬
賊目二名斃匪甚眾賊遁回鐵場七月初一日戴朝佐
會同各營出隊進攻鐵場該逆率大股迎敵我軍分隊
抄襲墟後奮力夾擊轟斃逆匪無算賊力不支紛紛敗
潰朱朝安等衝入逆巢各軍乘勝追殺數里將鐵場鯉
魚嶺竹園圍滻坑四處逆巢一律埽平賊盡回雉雞籠
屯聚初二日鄭紹忠督軍進剿谷前平毀賊壘數座卓
興亦於是日由興甯移抵岐嶺連日合攻雉雞籠屢獲
勝仗該逆復分竄長樂縣屬滋擾現飭跟蹤追剿毋稍
宕延此花旂反復無常現在亟圖撲滅之情形也康逆

汪海洋被我軍擊退之後屢次出犯武平崖前一帶閩
軍屢勦獲勝逆匪仍回守鎮平壟營叛卒竄慈溪鄉高
田等處恃康逆爲援互相犄角近獲奸細供稱康逆有
由嘉應出竄之意李福泰調派都司鄧安邦副將林保
守備楊浮把總邱興等軍扼守要隘以防奔突方耀與
福建道員康國器進紮新鋪及高思地方偪近鎮平約
同進取並設法離間匪黨以分賊勢六月二十一日僞
天將譚富率衆三千餘人潛自鎮平逸出康逆遣黨追
截譚富且戰且走沿途散失迫抵大營僅存所部千餘
人立即薙髮呈繳軍械續經逃回部衆二千餘李福泰

飭選精鋭八百名留營效用餘俱分别遣散此康逆仍
踞鎮平及逆黨率衆就撫之情形也據李福泰吳贊誠
先後稟報前來臣等查康逆各股匪滋事日久兇狡異
常必不肯株守一隅自取坐困花旂逸入長甯原欲爲
逆衆先導遂其全股竄江之志迫被剿折回潛伏龍川
邊境實據嘉應大兵之後牽綴我軍不能兼顧姑借乞
撫爲名以窺惠韶門戶儻剿辦日迫則與康逆由連和
一路同走南雄信豐勢將再擾江楚臣等通籌全局飛
調副將朱國雄參將梁瓊兩軍自南雄移紮連和以扼
竄江要路飭同知會紀鳳添募楚勇一千馳赴南雄會

同總兵任星元全隊擇險固守令戴朝佐駐兵岐嶺以
防賊入永安而顧惠州並飛飭卓興鄭紹忠等併力合
勦花旂務將此股先行撲滅而後康逆之勢益孤惟東
路大枝勁旅秖有卓興方耀鄭紹忠三軍卓鄭兩營會
勦花旂股匪而賊勢蔓延長樂興甯龍川數縣官軍已
形單薄方耀一軍專顧嘉應各路兵力尤單但幸龍川
迅速蒇事各軍調集嘉城彼時江閩防兵亦能應期畢
至斯辦理更易得手臣等仍當嚴飭方耀會商康國器
等節節偪緊相機圖克鎭平一面移催提臣高連陞速
紮平遠以資聯絡並謹遵七月初九日欽奉

諭旨飛咨江閩各省催調防軍約齊會剿用副

聖慈綏靖邊陲之意譚富自拔來歸應請准其更名譚

德恩隨營效力仍俟能否立功再行分別辦理所有疊

次擊敗花旂股匪並規復鎮平緣由謹合詞恭摺由驛

馳陳伏乞

皇太后

皇上聖鑒訓示謹

奏

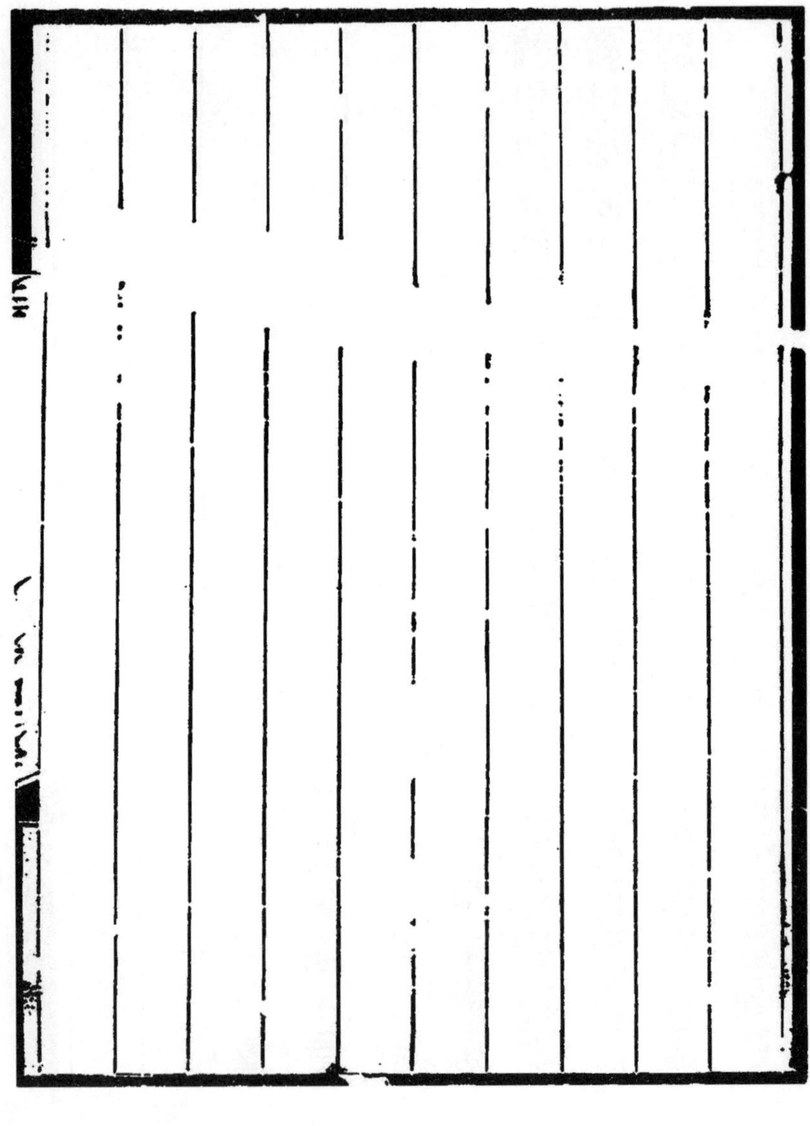

恩平縣那扶等處客民逼竄出境現在亟籌辦法疏會總

督銜

奏爲恩平縣那扶等處土客不能相安客民逼竄出境現在亟籌辦法恭摺馳陳仰祈

聖鑒事竊粤省恩開等縣土客歷年互鬭臣等前因欽

奉

諭旨卽將前後辦理艱難情形及札委署臬司郭祥瑞馳往查辦緣由於五月二十六日閏五月二十八日先

後具

奏在案維時客民越界生事土民迭攻那扶金雞赤水

三鄉互相仇殺郭祥瑞初抵開平縣屬赤墈地方傳齊
數縣士耆紳衿宣布
朝廷德威與禍福利害之理復由恩平縣城親赴那扶
客民集眾至千餘人環立讙囂以土勇屢次圍攻攔輿
呼冤力求彈壓經郭祥瑞嚴加誡斥客眾亦各散歸郭
祥瑞以案經十餘年固結糾紛牢不可破察看土客情
形俱屬面從心違斷非剋期所能解釋當卽回省與臣
等晤商辦法正在籌畫間旋據署恩平縣知縣劉維楨
稟稱土民復攻那扶等鄉愈聚愈眾客民勢漸不支於
六月十九日退出白廟二十三日全數遷赴那吉墟分

竄清灣沙岡黃欖角三洞一帶屯紮等情前來臣等查土客仇讎日深各率其恣睢險很之常無復問曲直是非之義本年二月間總兵卓興強爲安插明知土客兩不相安猶冀痛深創鉅之後宿怨漸消但獲一二公正曉事之衿耆出而調停其閒或可撫綏數年輯睦無事詎客民棲息有所尚不忘未復之舊業而日肆侵淩土民報復相尋反深恨盡棄其前功而再謀攘奪是以兩造決計挑釁各懷致死之心而土著則挾數縣之資財物力醵集而共逞於一隅客籍不堪其擾孤立無援勢不得不拋棄田廬去而他徙土人秪以驅逐出境爲無

事用洩其忿而快其私卽貽害鄰封在所弗顧同治元
二年閒客民蹂躪六七縣實爲前車之鑒現在麕聚那
吉墟毗連陽春陽江等縣其衆不下三四萬徬徨失業
窮無所歸若輩飢困之餘豈肯甘心溝壑又別無閒田
曠土足以安置其衆而資其生其中良莠雜糅鋌走之
虞禍於胡底況髮逆尙踞鎭平東路軍務正値喫緊萬
一別滋枝節辦理益費周章臣等再四熟商亟須委員
察看實情分別辦理查有准補肇羅道王澍才具開展
辦事實心補用同知郝有金樸誠穩練久辦土客事宜
客目人等皆所稔熟現經札委馳抵恩平曉諭該客民

循分守法毋得別滋事端如果願求解散卽應給與路
票為之設法保全儻仍肆行搶掠騷擾完善之區勢不
能不調集兵團另籌剿辦仍一面飛飭地方文武督率
弁兵將水陸要隘嚴密防守毋俾竄擾而致蔓延除俟
籌辦稍有端倪再行具
奏外所有恩平縣那扶等處客民逼竄出境緣由謹合
詞恭摺馳陳伏乞
皇太后
皇上聖鑒訓示謹
奏

查明紳士籌借軍餉請仍由關庫撥還疏會總督關督銜

奏爲查明紳士籌借軍餉擬請仍由關庫撥還本銀分期清理並將伍怡和等行欠繳公項分別查辦追補恭摺覆陳仰祈

聖鑒事竊照咸豐八年間廣東省軍餉緊急前督臣黃宗漢飭紳士伍崇曜籌借銀三十二萬兩每兩月息銀六釐由粵海關發給印票經前督臣勞崇光於咸豐九年間奏明欽奉

上諭著俟粵海關稅續行徵有成數陸續給還以符原議欽此欽遵在案嗣因粵海關徵稅入不敷出欠未給

還又經前署督臣晏端書暨前督臣毛鴻賓於同治年
間節次奏奉
諭旨著傳諭伍崇曜家屬妥爲籌捐經理等因欽此旋
據美國公使在總理衙門呈遞照會以伍崇曜係轉借
旂昌行商銀兩請催還給卽經總理衙門會同戶部議
奏飭查伍怡和等行歷年欠繳公項撥還清款於同治
三年十一月二十四日欽奉
諭旨此項銀兩既經發給印票自應早爲清理現由戶
部查有伍怡和等行欠繳公項銀二百六十八萬餘兩
著將積年欠繳公項截至本年止究竟有無按限完繳

據實查明勒限催解一面在於應繳各項內准其先行
撥抵或由伍氏自行劃扣抑或仍歸藩庫轉發務須迅
速妥辦將印票仍由海關收回以免轇轕此外應繳各
年款項已未完解亦即分晰造册報部查覈等因欽此
當經咨行欽遵查辦嚴飭伍怡和行商故紳伍崇曜家
屬伍崇暉等將前項籌借本息銀兩迅在應繳公項內
全數撥還繳回海關印票以清款項惟㬎據美國領事
裨理申陳以此項本銀三十二萬兩會於咸豐年間欽
奉
諭旨著在關稅撥還再三求照前奉

諭旨由關庫還給以符原議又經節次剴覆剴切開導
無如裨理等堅執前說未能議結現復接准戶部咨催
飭速酌量情形迅籌妥辦等因臣等當復邀集美國領
事裨理帶同旗昌行商前來反覆勸諭該行商仍以所
執原係海關印票請由關庫撥還本銀方昭誠信辯論
不已察看情形非照原議將本銀由關庫給還難以折
服惟關稅極形支絀秪可撥還本銀不能另還利息且
必須推緩還本之期庶資轉注臣等公同酌議擬俟關
庫將英法兩國賠項埽數清償後再過一月每月由關
庫撥還此項本銀八千兩分年攤還以清給本銀三十

二萬兩爲止使外國人無可藉口所有息銀概由伍崇曜等籌撥還給與關庫絲毫無干不得再有轇轕如此分別定議美國領事禪理及旗昌行商人等始無異詞情願遵辦已據呈遞申陳存案其舊票十三紙俟將來屆期撥還銀兩卽陸續繳銷清理至伍怡和等行應繳公項前經戶部分限飭繳自應嚴查催追惟查舊行商原有伍怡和盧廣利潘同孚梁天寶謝東興潘中和馬順泰潘仁和吳同順易孚泰等十家所欠公項除新疆軍需尾數銀四萬九千三百九十八兩已於同治三年以前繳還藩庫清款已陸續墊放各營兵餉外另應繳

茂生萬源行欠餉及糧道放關分頭等銀四十三萬五千九百餘兩截至同治四年六月共繳還關庫銀一十一萬三千九百四十兩由關先後湊解京餉等項尚未繳銀三十二萬一千九百七十餘兩據伍崇暉自認伍怡和行名下尚應分繳銀三萬九千九百餘兩現已勒限先行繳庫尚餘各行商未繳銀兩亦即督飭藩司查明各行商分別著落追繳其道光年間借領藩關運道各庫歸還英商遺欠尚未繳銀二百二十萬兩據伍崇暉等稟稱當時係羈縻英人義律之用經前督撫臣奏明有案委非行商欠款等情臣等稽查案卷所稟雖

非無因而庫項攸關久經部議飭繳斷不容藉詞推諉

但事歷多年數倍百萬一時勒令清繳商力實有未逮

若過於操切從事亦恐徒託空言轉致庫款懸宕無裨

實濟應如何妥籌善法分别追補臣等現復督同司道

細查例案悉心妥議責成次第歸結再當據實

奏明辦理並先飭藩司將各年已未完解款數分晰造

冊送部稽核以重庫款茲據廣東布政使會同軍需總

局司道詳請

奏咨前來除咨呈總理衙門暨咨戶部查核外臣等謹

合詞恭摺覆

奏伏乞

皇太后

皇上聖鑒訓示謹

奏

現奉續撥京餉恐難如期措解片（會總督銜）

再臣等承准軍機大臣字寄同治四年閏五月二十五

日奉

上諭戶部奏請催本年京餉以供開放一摺所有欠解

之廣東地丁銀二萬五千廣東運庫應繳新舊兩息銀

二萬五千粵海關稅銀十五萬著於年內掃數解齊並

督飭藩運各司赶緊籌畫分起報解另片奏現在神機

營添練兵勇秋間恭居奉安

山陵各衙門借用之款甚鉅本年京餉即各省掃數解

京已覺不敷周轉請另行添撥等語自係實在情形所

有該部擬行添撥之廣東積年鹽課銀十萬釐金銀五萬司庫雜款擬抵運庫報撥銀五萬兩著按照指撥數目督飭藩運各司設法籌畫務於年內解到以濟要需勿得飾詞延宕致干咎戾等因欽此當經恭錄轉行查照臣等竊惟京師重地又恭屆奉安

山陵用款攸關至嚴且重若不早將廣東現在情形縷晰備陳以期酌量廣爲籌撥則臨時恐至貽誤而臣等之負咎滋大查廣東出入各款秖有此數歷年艱苦經營臣等已經疊次奏明然數年以來西江之軍務雖煩而事機尚非甚迫東北兩江之防堵雖久而兵力尚非

甚多停額兵之餉以充募勇經費節本省之用以供京
餉轉輸挪東掩西勉强枝柱從不敢稍涉推諉自去秋
籌辦東江防剿增兵四五萬人北江韶南等處防兵仍
不敢裁撤每月餉需至三十餘萬康逆大股屯踞鎮平
縣境已歷三月之久東江各營縣警報一日數至竟無
力籌添一軍所有添募湛恩榮會紀鳳粱瓊朱國雄扼
防北路南韶及連平和平一帶地方者又已數千人東
北兩江兼通江楚爲粵省釐務一大宗軍情日緊商賈
聞風裹足收數大減餉源日絀臣等多方搜括錙銖取
之不足敷各營數日之用而釐局藩庫運庫隨收隨發

莫不支放一空故粵東富饒久著訖於近歲而獨見艱難目前警急萬分比於他省而尤爲跼蹐現在賊踞鎭平埽盪之期遲早實無把握儻竟曠日持久則以後兵增餉竭羅掘胥窮臣等每一籌思憂惶靡措伏念奉安山陵爲最重之鉅款尤爲應時之要需使臣等未能如期起運而尤不先事陳明則恐待批解以開支必至貽誤於事局據藩運兩司及抽釐局司道會詳請

奏前來合無仰懇

天恩敕下部臣察看東南各省緩急情形及早廣爲籌撥以期無誤支應但幸粵省東江軍務稍獲肅清臣等

仍當督飭赶緊籌備分批報解斷不敢藉詞宕延自干
罪戾所有現奉續撥京餉恐難如期措解緣由謹合詞
恭摺陳明伏乞
聖鑒訓示謹
奏

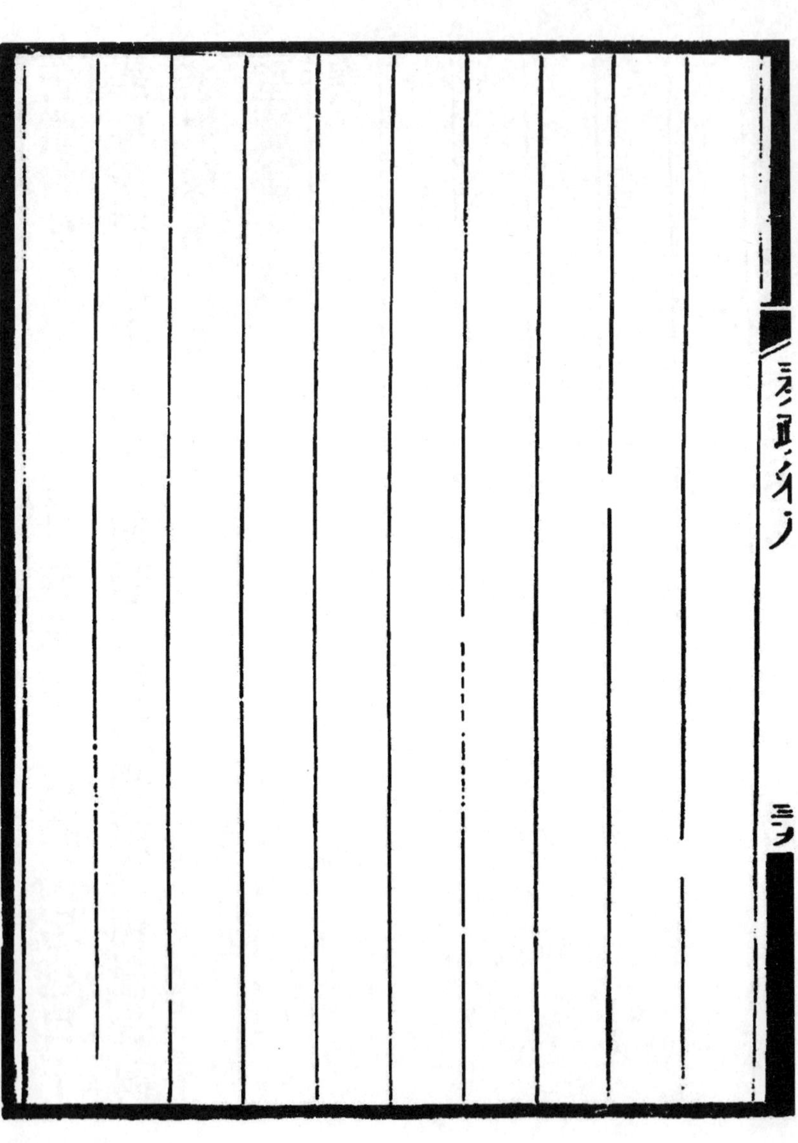

奏請開缺另簡能員接任廣東巡撫疏

奏爲微臣多病蹇詘難期裨益地方請

旨俯准開缺另簡能員接任廣東巡撫恭摺奏

聞仰祈

聖鑒事竊臣渥邀

恩命權撫粵東已近兩年深惟

朝廷設官之義決非徒資豢養之

恩粵東又當紀綱廢弛風俗頹敝之餘亂機已伏於蕭牆無能究知其底蘊寇蹤環集於邊境何敢自便其逶迤蚤作夜思以圖補救爲一而才力淺薄百不從心年

餘以來疾病侵尋衰態日作重以心血消耗偶一構思
怔忡昏眩甚至心氣作痛終夜不能成寐本年五月賊
勢沿潮州北竄軍務稍紓臣即擬具摺陳請開缺會聞
直東軍情緊急値
宵旰憂勞之日非臣子可圖自便之時濡忍至今病軀
漸至增劇伏念粵東尙屬有爲之地巡撫又兼得爲之
權而臣疾病餘生逾分叨榮百端支絀屬時事艱難之
會而有防賢竊位之譏此心之負咎已深地方之貽誤
滋大惟有仰懇
天恩准與開缺調養另簡端直嚴毅威望素著之員巡

撫廣東庶

朝廷爲地擇人仍期與臣子以自全之分奮及時引退

倘得貽後任以可爲之資謹披瀝愚忱冒昧上陳伏乞

皇太后

皇上聖鑒謹

奏

縷陳粵東大局情形片

再廣東軍務已有江河日下之勢綜其大要約有數誤本年五月賊勢沿潮州北竄由武平以趨陷鎮平其時郭松林楊鼎勳兩軍駐紮雲霄屢函與臣約由閩赴粵而鎮平失守二十日李祖泰並未禀報迨臣得楊鼎勳書始商之兼署督臣瑞麟委員運糧往迎而已由左宗棠奏飭回蘇矣坐令窮賊復張闌入粵境而無大枝勁旅剿辦以收蕩平之效此一誤也馮子材自江南回粵臣與接見談軍務具有條理其將弁若楊武賢關志松楊

青山湛恩榮大率樸幹椎魯為可倚恃力言之前督臣

毛鴻賓暫留馮子材督辦東江軍務以李福泰本非知

兵又素性慈柔過於粉飾宜令馮子材接辦亦使粵軍

粗知紀律規模以期漸開風氣毛鴻賓具

奏後又以卓興調赴東江改奏馮子材辦理羅定股匪

臣爭之不能得洎羅定事竣霆營叛卒適逼樂昌軍事

益棘臣又屢言之瑞麟飭馮子材督辦均未允從用兵

至四萬餘僅恃一李福泰輾轉周旋無能一加調遣此

又一誤也湘淮各軍所以能戰由曾國藩定立營制以

五百人為一營整齊約束粵民強悍甚於湘淮而自來

募勇章程極爲疲敝竟至支放數千人口糧而營勇並無名冊開募亦無期日臣念粵軍如卓興方耀本屬能戰之將徒以營制廢弛一意寬縱以枉其材前與毛鴻賓商定營制仍以五百人成軍設一營官統之期使分合調遣略可稽查而制由臣定終亦視爲具文方耀始留三千人爲六營漸次增至九千餘人鄭紹忠五百人爲一營漸次增至五千人訖未依照辦理僅賴軍需局曾經立案勉强開報名冊方耀防堵平遠數月聞賊至而先期避去致令全軍潰散經臣與毛鴻賓奏參鎮平賊退鄭紹忠跟蹤收復數日而賊返撲致損銳氣卓興

住省兩月索舊欠二十萬以行由老隆調赴興甯徑報
率勇歸家已而復稱各勇均經招回瑞麟概不查問作
輟自由上下相蒙一意包含養成尾大不掉之勢此又
一誤也伏查粵東軍務積習相仍專以利相炫未嘗一
講求實際從前用兵額餉之外動懸賞數萬以資奮勉
圖功其間浪費營私又不知所紀極咸豐四年紅匪之
變各庫存餘動數十百萬捐輸無算用兵萬餘人保全
一省城支銷略盡徇私見好已成風氣伉直如吳昌壽
亦最以此邀譽臣初至詢問庫儲及軍務情形悚然增
懼近年用兵至四五萬人百計搜括支放不及數成粵

東民情與他省絕異重以十餘年之縱弛餉糈稍缺則益至驕蹇不服徵調所以稍求核實躬任勞怨而不辭者蓋審知此後之艱難日甚一日辦理必致兩窘易窮則變變則通此亦窮而必變之時也咸豐四年致亂之由及石達開李復猷股匪疊次竄擾粤境得失利病尙可計數謂當引爲鑒戒反至據此以自寬解謂粤東疊經大亂均係如此辦理可以安坐而致底定臣愚以爲豐歉盈虛今昔迥異功且不可深恃理且不可常據而欲援積習以定萬變之事局乎軍情之利鈍不能預知而事必求其無悔營規之整散不能驟變而法必先其

可行臣奉職無狀於用兵尤無所知賦性戇直遇事盡

言討論得失不知隱飾尤念粵東辦理軍務幕客門丁

書吏扶同漁利惟懼事權旁假聳弄督臣防臣干預頃

因長樂失守惠州戒嚴沿江盜賊蜂起經司道等會商

請臣駐紮惠州藉資鎮壓乃蒙督臣面斥司道責臣越

職侵權有意陵冒臣實茫然竊查

國家定制督臣專任兵事水陸各營悉歸節制撫臣不

得與聞專主額兵言之近年辦理軍務撫臣駐紮省分

各營仍聽節制至於募民爲兵防堵邊界保守城池撫

臣例當會辦粵東額兵七萬餘人較各省爲最多歷來

軍務及捕治一二盜匪均須募勇撫臣隨例列銜諸事
一無關白臣忝攝封疆於地方安危利病豈能晏然坐
視隨同畫諾或因語言積忤亦所不免惠州爲省垣屏
蔽漸次向前督率仍係正辦瑞麟兼任將軍職在居守
臣以身禦賊仍請瑞麟具奏似非越職而以此大觸忌
諱爲公爲私均難理測且至對衆宣言撫臣欲加整頓
一參卓興而卓興反一參方耀而方耀反此二人憾撫
臣方深一出省且舉兵圍之索餉臣於卓興方耀周旋
款接無異於人惟公事交涉稍加勸戒使軌於正卽令
臣出視師亦但能聯絡各營稍期盡力自揣誠無可恃

瑞麟一意交歡一時負氣昌言於衆萬一輿亂咎將誰歸是直使後人無所措手足不獨臣心爲之沮喪而已查瑞麟慈柔寬裕狃於見好如去年九月旗營因積欠譁譟立時籌放數千金本年五月譁譟又籌放數千金始終不懲儆一人以處粵東獷悍之區人心浮動之日而又當軍務繁興庫儲空乏竊憂其難以持久體察粵東事局如臣愚弱尤非所能勝任疾病因循徒滋怨謗內計之心竟亦無可爲自効之術現賊屯踞粵境觀望周章或繞竄江楚或深入腹地負嵎偷生終亦歸於殄滅非臣智慮所能逆睹惟是紀綱法度人心風俗之所

關灼然有以知其本末非有剛彊嚴毅之員接任巡撫
幫同瑞麟經理直恐隱憂日積日深終至不可收拾仍
乞
嚴飭瑞麟先將該署幕友徐灝擯退稍清其流無任盤
踞把持敗壞風氣臣病困孱軀萬難力圖報稱冒昧自
陳分干
嚴譴而於粵東大局情形仍不敢以因病乞休不一據
實縷陳致辜
聖恩謹附片密陳伏祈
聖鑒謹

奏

請　飭左宗棠督辦此股賊匪片

再鎭平一城適當江西閩粵之衝江閩兩省防軍東起永定西訖長甯屯駐數百里康國器關鎭邦兩軍駐紮松源其意猶恃爲永定南路之屏蔽左宗棠屢次奉旨越境勦賊而邊疆各有專守以情以勢皆不能越境而勤遠略察看賊勢旦夕搶割田禾必至竄動或由和平連平旁空竄逸或深入粵境負嵎偷生防堵各軍皆無從遮遏臣於鎭平再陷之際商請瑞麟奏飭左宗棠移師督辦以賊衆尚多至二十餘萬敗殘之餘觀望局章互相攜貳其勢宜於近攻而不宜於遠防宜於急乘

其敝而不宜於緩失其機三省兵力曠遠不相聯屬將
自爲營人自爲戰日久相持使賊得以其間休養餘力
師老財匱隱憂實多左宗棠深悉賊情江閩各軍皆其
舊部又經派委康國器關鎭邦兩軍入粵會勦聲氣較
易聯絡連數省之地通數省之兵言哤心異本難措手
而非有左宗棠之威望亦不足以一事權而利攻戰此
賊滅亡有日通籌辦理情形計無逾此應懇
皇上天恩飭令左宗棠督辦此股賊匪期於全數勦滅
不以疆域爲限庶有所憑恃以籌畫全局會同江粵督
撫審度緩急機宜調撥勦辦於軍務必稍有裨益愚昧

之見不敢不縷陳於
聖主之前以備採擇謹附片密陳伏祈
聖鑒謹
奏

御史潘斯濂所陳兩條始終辦理情形片

再同治四年六月初十日承准軍機大臣字寄同治四年閏五月十八日奉

上諭御史潘斯濂奏粵省捕務因循盜風日熾並開列清單請飭廣東督撫認眞整頓一摺若如所奏南海番禺順德三縣劫案甚多而獲案者不過十之一二州縣官置民事於不問實堪痛憾著瑞麟郭嵩燾按照單開逐一清查嚴飭地方文武上緊緝拏如捕務不能振作即行從嚴參辦另片奏桑園圍爲粵省糧命最大之區當西北兩江之衝稍遭缺陷工鉅費繁向有生息銀兩

以爲歲脩之費近年將本息銀兩全數提用從此歲脩
無措水患難免於兩縣民生大有關係等語著瑞麟郭
嵩燾將咸豐四年從用桑園圍原撥帑本暨歷年存庫
息銀一項查明已還未還各數目設法歸款照舊發商
生息爲禦災捍患之計原摺片均著鈔給閱看等因欽
此仰見
皇上防患衞民勤求治理感佩私忱繼以惶悚伏查粵
東盜賊公行歷年已久臣始涖任東北兩江無日不稟
報劫案省城以內每年劫案動至數起幾於人人自危
體察粵東情形實以懲辦盜匪爲尤要而歷年積弊太

深莫可窮詰御史潘斯濂所奏粗知其流弊而於本原受患之地則尙未能言其恍惚略舉其要一曰文武員弁幕友丁差之朋比一曰紳士之包庇其根源皆由於吏治廢弛積之久而邪氣充塞正氣銷靡無餘雖有廉能之吏力求整頓亦無能一發其覆而吏治所以縱弛至此之極則又由於處分太繁案費太多粵東盜案本與他省絕異稍嚴以參限則涖任三月卽須罷斥無得免者每辦一案招解有費押送有費經歷各衙門偶一翻供事主佐證無憑傳訊仍須發回各州縣不勝其煩而盜賊反得夤緣開脫於是相率以諱盜爲本計劫盜

横行匿不詳報漸至連村比寨公行刼掠常有紳富爲之營謀保縱名曰包頭供給食用名曰米飯主窩留停頓名曰財東凡屬著名大盜皆能上下交通多方安頓以圖狡逞臣愚以爲粵東辦理盜案非稍變通成例竟無措手之處經會同前督臣毛鴻賓具奏又查同治元年十一月內欽奉

上諭搶刼盜匪准兵役及居民行旅格殺勿論其拏獲者立即訊明正法等因欽此因思粵東盜案十九傷斃事主草菅人命而地方懲辦盜犯反多詳審瞻顧現值軍務煩興人心浮動尤應從嚴示警又經申明

上諭辦理而於其間飭派水陸各營捕勦新安之岡邊村東莞之鐵岡香山之古鎮海洲曹步等村番禺之石䃥龍眼洞等村其他海西各江路亦時調撥水師圍捕從前東北兩江設立巡船弊端百出臣經營年餘始將各巡船悉數裁撤添設水師四營至今行旅晏然往來客商稱爲三四十年所未有該御史所奏州縣呈報刦案需索規費實爲粵東錮習臣通示曉諭一應盜案州縣不爲申理准徑赴臣衙門越訴並准攔輿呈遞每出接收盜案控呈或至十數起無不立時查辦據該御史稱近年捕務廢弛較前更甚而所開列盜案均在同治

二年臣未到任以前自是而陳金缸餘黨招降至數萬
李復猷餘黨亦萬數千金陵克復以來撤遣之勇丁逃
歸之逆黨前後至數十萬皆足以滋害地方而各州縣
盜犯無加於前省城年餘尚無劫案江路轉較靜謐亦
由近年吏治略清各州縣尚時有一二能懲辦盜匪者
又經設立省團總局飭派在籍紳士刑部郎中劉錫鴻
江西安福縣知縣陳璞內閣中書陳維新梁葆訓等經
理稽查省城民戶督率鄉團通各州縣紳民之氣綑送
盜匪爲多聯絡支持細意講求本非臣愚劣所敢自信
循覽該御史之言尤念粵東民氣鬱塞已久疏通較難

盜賊之充斥捕務之廢弛誠有如該御史所云者要以臣區區之心勉圖自效才力已盡於此撫膺內疚常自怨懟值時多艱尤懷兢兢懼滋隕越至桑園圍一項該御史條列頗詳由臣每月飭軍需局開報收放款目內有八旗月支息銀一款考求原委則八旗公項發商生息支給無米養育兵餉及文武舉人會試盤費等項本銀三萬八千七百八十餘兩咸豐四年經軍需局提用歷年積欠息銀又至二萬五千二百五十餘兩臣以軍需局籌還息銀既多艱窘八旗生息又屬要需時方開設籌餉局所有官捐及一切罰款另款存儲備緩急之

需陸續收存至四五十萬兩爲軍需局提用幾盡因飭將八旗生息本銀全數提還另飭軍需局查明咸豐四年提用款目據開呈八旗生息各款外尚有一十七款之多計本銀三十六萬二千四百餘兩嗣又提用義倉穀價銀一萬兩羊城書院生息銀二萬兩臣查公項支銷極易興復極難義倉書院教養之源兼係新提款目隨飭籌還其各款內有借用桑園圍基歲脩生息本銀三萬六千兩除陸續籌還司庫尚餘本銀二萬二千七百五十餘兩息銀三萬一千三百六十餘兩關繫百姓生計輾轉籌思勢難全數淸完先將本銀提交南海番

禺二縣仍行發商生息皆由籌餉局提還其餘本息銀
兩已前經提存司庫挪用一空原擬設法籌撥歸款本
年軍情日緊籌餉尤極艱難幾成坐困之勢萬無餘力
及此該御史遠在京師於桑園圍本末縷舉無遺而提
用各款十餘年之久未聞議及臣勉力籌還乃反加之
苛論良由臣積誠未至恩信未孚又謬思整頓於地方
一二紳士誠懼不免稍有參差動輒得咎實分所宜伏
乞
天恩鑒臣病軀准與罷斥使臣居官不能稱職之狀昭
著於天下庶略以示警臣工而於臣負疚此心亦稍藉

以自釋除各案辦理情形應由督臣查明會
奏外謹就臣涖任以來於御史潘斯濂所陳兩條始終
辦理情形縷縷悉上陳伏祈
聖鑒謹
奏

籌解滇餉緣由片會銜

再同治四年八月初三日臣嵩燾准軍機大臣字寄七月十四日內閣奉

上諭林鴻年奏請飭催滇省協餉並會辦捐輸及請獎楊盛宗等各摺片滇省軍務日亟餉項無出本省既無可自籌之法不得不藉外省捐輸協餉以爲進取之謀著駱秉章馬新貽孫長紱郭嵩燾李瀚章王榕吉師曾酌量緩急速爲籌撥剏得十之一二以贍滇軍亦可以資接濟各該省關毋再置之膜外致誤事機將此由五百里諭知官文駱秉章馬新貽鄭敦謹李瀚章林鴻年

郭嵩燾竝傳諭孫長紱王榕吉師曾知之欽此等因當經分別咨行欽遵查照辦理伏查滇省指撥餉銀爲數甚鉅要皆數千里外懸揣肊度隨意指撥日久遂爲積欠從前廣東之力尚紓已不能遠應滇省之求近年以來艱窘萬狀事勢較滇省爲勝而實同苦無力支持林鴻年委員方桂芳在粵守催幾至一年實無可爲支撥之計仰蒙

諭旨殷拳不敢不一竭力籌解再四商之師曾竝督飭在省司道於關運兩庫各湊銀五千兩彙成一萬兩之數尤飭委員方桂芳迅速起解赴滇以濟要需其餘指

催協餉容俟庫款稍可周轉再行酌量籌解謹將臣等

籌解滇餉緣由會同粵海關監督臣師曾附片具

奏伏乞

聖鑒謹

奏

天和等店闈姓罰款催繳完竣片會總督銜

再粵東賭風甲於天下名目至不可勝紀每屆鄉試年分預卜榜上姓氏多寡以決勝負名曰榜花亦名闈姓雖藉科名角采與開場聚賭者有別要亦賭博相沿之惡習上年甲子科鄉試臣嵩燾與前督臣毛鴻賓先期出示嚴禁省城內外無敢開設闈姓標廠者竟有天和等店倚附香港地方私自開設而分遣其黨入城散給所刻底單經飭廣州府拏獲到案訊認闈姓廠開設香港省城但有散夥照料並無分廠該店自知罪戾情願比擬納贖例認罰軍餉銀十四萬兩臣等以該店既經

承認罰捐軍需援法揆情尚屬可原又值軍餉搜括殆
盡之餘亦得暫資急用當卽飭行各局司道首府縣催
令將罰項陸續繳局統歸措備軍餉數內由軍需總局
支用報銷幾及一年之久陸續催繳完竣先後解歸軍
需項下動支由總局司道詳請具
奏前來理合附片陳明伏乞
聖鑒謹
奏

廣東試辦牙帖緣由片 會總督銜

再查咸豐六年准戶部咨議復湖北撫臣胡林翼奏請由部頒給牙帖勸捐案內聲明通飭各省詳查如有商人請領牙帖仿照湖北章程裁革陋規算入正款由督撫臣奏明辦理等因咨行到粵前督撫臣因廣東向無額設牙稅刊在戶部則例卽各行戶亦向無繳官規費無可裁革與湖北等省舊有牙行者不同維時軍需經費由捐輸抽釐及各庫移緩就急次第提用尚可支持是以未及舉辦牙帖嗣於同治元年部行洋藥進口仿照牙行領帖之例給票征銀歸補購買火船鉅款粵東

亦係酌量變通於省河設卡征餉咨准部覆未照各省牙帖章程辦理臣等查各行貿易皆有牙商爲之經紀大而通都巨鎮小而墟市村莊商情自趨便利非官法所能強增各省牙行例當官差一切本有規費飭改捐輸其勢順而易廣東則私設之牙行既不一領官帖私抽之用銀又皆據爲常利責令出其贏餘報捐軍餉給以官帖反得據往事以相阻難求遂其把持之計故其辦理逆而難頻年軍務繁興康侍各逆竄擾閩粵交界地方一年有餘調兵募勇經費日益增多按月所需總在三十萬兩以外月入釐捐各項不過十萬兩左右將

藩庫額支正雜餉款一律暫停以資接濟每月仍短一二十萬兩無項可支兵勇待哺嗸嗸萬分急迫臣等不得已督同在省司道仿照部行捐辦牙帖成案出示剴切曉諭招充牙行派委候補道朱啟仁總司其事並先後遴委補用知府羅瀚隆迴避對調知府鳳貴補用同知于沆試用知縣程崑年紳士前江西安福縣知縣陳璞等先就省城佛山一帶妥爲試辦其領帖捐數卽依湖北章程上則行帖捐銀一千兩中則捐銀七百兩下則捐銀五百兩次下則捐銀三百兩以示限制並因捐領部帖之案續經部議停止卽照各省向例由藩司發

給印帖准其經紀本行買賣據該局司道詳報自同治四年六月十三日開辦以來陸續據各行戶取具鄰保甘結到局按則投充者已有四十餘行計一百餘家繳到帖餉洋銀六萬五千兩陸續解交總局湊應軍餉急需一俟省城佛山查辦竣事即將行戶姓名年籍捐數詳細列册報部並推廣省外市鎮一律辦理以裕餉需所有廣東軍務支絀萬分試辦牙帖暫資接濟稍有端緒緣由臣等謹附片據實陳

奏伏乞

皇太后

皇上聖鑒訓示再捐辦互行續經部議停給部帖一節

粵東祇見邸鈔未奉明文臣等見在咨部補行俟接准

部覆再行參酌辦理合併陳明謹

奏

吳藩司辦事竭蹶不勝煩劇之任疏會總督銜

奏爲藩司辦事竭蹶不勝煩劇之任諸務難資整飭恭摺據實密陳仰祈

聖鑒事竊維大學平天下之道不越用人理財而此兩大政在各直省實總匯於藩司廣東當積弊已深之餘人才罷靡用人倍難於他省兼値繁華就敝之後事變環生理財尤窘於平時此卽上下同心力圖整飭猶恐不能有所補救若仍循疲玩之故轍習粉飾之虛文狥俗沽名以圖僥倖苟安臣等捫心自思實所深恥查藩司吳昌壽性情耿直操守廉潔頗爲時譽所推臣等共

事日久亦深許其廉靜惟該員以卽用知縣在粵候補洊擢今職前後已二十年現時屬吏半係舊日故交習知其平易近人故狎暱之意多而嚴憚之心少該藩司亦遂遇事寬假不能破除情面徒邀流俗之稱譽不顧公事之廢弛廣東自道光二十年辦理洋務以來各州縣交代久未清釐候補人員歲一更換虧空纍纍民生國計兩承其弊臣等愚昧以爲交代虛懸於會計之盈虛所關已鉅而於州縣相沿之積習爲累尤深抵任後適准部咨責成清理交代勒限四月特派候補道屠繼烈督催核算而該藩司一味遷就務以拖延歲月含糊

搪塞爲意屬員樂安其便舉國莫知其非又如釐務捐輸二者前督撫臣辦理多年釐務之包抽捐輸之攤派經手紳員多據爲利而商富有氣力者交通聲勢所捐常屬無幾臣等首先革除中飽改定章程酌取商富羸餘之資不准科派平民該商富亦明知此次辦理之平允獨以不便於己妄興謠詠臣等苟求於餉有濟於民無傷即浮言有所弗恤錙銖積累輸之藩庫以供該藩司支放而該藩司茫無籌畫於重輕緩急之序略不置意反狥偏私之議論造作謠言專意見好紳富此在事權不屬者無興利除弊之責模棱兩可無足怪也該藩

司切己之事而避就恩怨至於如此無怪聞者推波助瀾全失立法之苦心也大抵該藩司爲人以氣節自矜而識量未免淺陋以剛方自詡而學問太覺迂疏理財有難易多少之分其要不外開源節流用人有寬嚴繁簡之別其要不外激濁揚清該藩司職任實所兼綜而專務以崛强之性爲鄉愿之行臣等甚所不解廣東積習太深本難整頓現在各庫一空如洗左支右絀兵勇之索餉愈譁東北之邊防且亟即竭力補苴整飭已虞弗及該藩司顢頇如此復從何而求吏治之肅淸庶務之就緒乎臣等以該藩司薄有聲譽其操守亦尚可取

無不曲意包容前因餉需緊迫該藩司窘於計畫兩次
引病乞退經臣等開導慰留實冀其力加振作共支危
局詎料執持意見愈復莫展一籌察其才力足以爲安
常處順奉公守法之員而未足當事會艱難理繁治劇
之任若竟隱默不言於事爲無濟於心爲有悔而於位
置人才之道亦慮未得其宜不敢不據實密陳伏乞
皇太后
皇上聖鑒訓示謹
奏

清末民初文獻叢刊

郭侍郎奏疏

（下册）

［清］郭嵩燾 撰

朝華出版社
BLOSSOM PRESS

郭侍郎奏疏卷九

彙保出洋捕盜及勦辦沿海各處匪徒出力文武員弁

疏會總督銜

奏爲查明出洋捕盜及勦辦沿海各處匪徒尤爲出力

文武員弁擇尤彙保仰懇

天恩給予獎敘以照激勸事竊粵東山海交錯盜賊滋

繁近年高瀾一帶洋面匪徒嘯聚恣行劫掠該處港汊

紛歧島嶼林立非厚集兵勇不能圍捕先經前督臣毛

鴻賓暨臣嵩燾咨商水師提督溫█選派幹練將弁

督率巡洋舟師添雇拖船前往圍捕上年春間署水師

提標左營遊擊衞明英督同守備楊秀華等捐貲雇駕拖船會同香山協舟師先後在高瀾横洲三竈口等處洋面追捕礮斃賊匪數十名生擒何元得等十七名並獲賊船礮位四月間護香山協副將湯騏照署水師提標左營遊擊衞明英統帶大小拖船在涙白滘乾霧涌等處焚擊頭猛匪船一隻斃賊百餘名拏獲盜首張容得四及賊夥共三十四名起出被擄事主工伴三名奪獲賊船九隻大礮十一位又據署順德協副將黄廷彪等稟報千總吴迪文黄廷耀追捕洋盜至大涙環洋面焚燬賊船一隻各賊被燒落水淹死無數生擒賊匪陳

志滿等七名並獲賊船礮械等件分別解辦又東莞縣屬之椵頭村新安縣屬之岡邊村均有匪徒私造長龍艇出洋肆擾飭委前任潮州府海廷琛補用知府聶爾康等會同署順德協副將黃廷彪等前往查辦先後拏獲迭劫巨盜鄧亞洋等三十一名並據新會營參將尹達章稟報節次在西海一帶拏獲盜匪黃亞昌等三十七名解省審辦經於同治三年五月十五日附片陳奏

六月二十日奉到

諭旨知道了粵省洋面盜風日熾亟宜上緊緝拏著飭文武各員認眞辦理不准徒託空言有名無實其在事

出力各員著准其擇尤保奏毋許冒濫欽此是年冬閒復委靖安水師左營記名總兵王朝治署順德協副將黃廷彪龍門協右營都司許連陞暨前任潮州府海廷琛補用知府文星瑞督帶巡船及三板船隻協同東莞新安香山各縣前往圍捕十二月初五日夜分三路乘潮而進該匪開礮拒敵王朝治等揮兵進擊連開大礮擡槍斃賊甚多生擒盜匪十餘人斬級六顆匪眾棄巢而遁各員弁跟蹤追捕隨又陸續拏獲匪犯蕭亞日等二十八名割取首級六顆起獲礮械多件長龍賊艇九隻並據守備楊秀華在黃角村北水洋面拏獲匪首蕭

後才等三名分別解辦又東莞縣鐵岡至石龍一帶河
面有匪艇多隻爲害商旅上年七月間札飭副將沈玉
遂黃廷彪督同都司張兆桂等會同署東莞縣吳經采
管駕巡船前往圍捕拏獲土匪王老虎錢等十五名解
省審辦又經毛鴻賓暨 臣 嵩燾於同治三年十一月內
彙同各案奏奉
諭旨知道了所有出力文武官紳俟軍務平定准其酌
保毋許冒濫等因欽此當經恭錄轉行欽遵查照茲准
廣東水師提 臣 溫□□並據王朝治黃廷彪等將在事
尤爲出力各文武員弁開列請獎前來 臣 等伏查高瀾

三𪓟一帶洋文嶴嶼衆多素爲逋逃淵藪其沿海之岡
邊板頭等處　爲蠻俗互鄉習慣强梁肆行劫殺遠近
騷然前督撫臣　經派委員弁馳往圍拏迄未大受懲
創情形日加猖獗今經先後遴委幹員督帶兵勇前往
查辦擒獲著名盜匪及其夥黨共計一百八十餘名殲
斃及落水死者無數起獲賊船礮械多件各文武員弁
冒險嬰鋒水陸圍捕實屬著有微勞似未便與地方零
星緝捕一律辦理應請優加獎敘以勵其餘謹彙次事
實勞績另繕清單恭呈
御覽各員弁或但保升階或秪加虛銜或單請翎枝俱

無重複加獎於從優鼓勵之中仍示限制內如護理香
山協副將湯騏照新會營參將尹達章暨東莞新安香
山各縣均係本境應拏應毋庸給予議敘再近年接准
兵部咨行官員獲盜鼓勵不准請獎翎枝自當遵照惟
現辦各起多係積年逋寇負嵎不下甚至開礮拒敵戕
傷兵勇情同叛逆各員弁衝鋒打仗擒斬多名實與尋
常緝捕有間仰懇
天恩俯准照給獎敘俾資鼓舞至各員弁履歷容俟飭
造齊全分送軍機處及送部查核傷亡兵勇飭行查明
另行造冊咨部照例議卹是否有當臣等謹合詞恭摺

具
奏伏乞
皇太后
皇上聖鑒訓示謹
奏
罔邊鐵罔兩案靖安中左兩營著有勞績彙保多名
已稍失實至與高瀾一案竝敘則誣矣自記

越南匪徒攻破海甯府城欽州文武會同收復片會督總銜

再前因越南國匪徒黎惟明等統率匪黨攻破越南國

海甯府及菘街緣由經前督臣毛鴻賓會同臣嵩燾於

本年二月二十八日附片

奏報三月十八日欽奉

上諭越南匪徒黎惟明等自稱越南舊王率黨攻破海

甯府菘街等處該國蠻觸相爭惟當防其內寇著飭令

欽州沿邊文武遴撥兵弁及五嵒各團練丁扼要嚴為

之備以期自固藩籬欽此當經轉行欽遵查照茲據署

欽州知州王振榮稟稱越南國匪徒黎惟明等攻破海

甯府及葩街而後分黨佔踞該國委員潘廷妥於本年六月初五日帶領兵勇進勦被黎惟明率匪擊敗焚燒至欽州屬羅浮峝地方擄掠甚慘王振榮聞報復派勇一百名前往竝飭五峝練丁集團嚴防署欽州州判李燕紋與署龍門協左營守備盧世澤挑選幹勇三百餘名會同潘廷妥在交界之松柏地方駐紮黎惟明旋復撲營李燕紋等督勇擊退遂即移營至栅木山七月十一日李燕紋會同潘廷妥督勇進勦該匪敗潰是日午刻攻入葩街未刻克復海甯府城該匪被勦窮蹙下船駛逃出洋當場拏獲匪徒多名奪獲器械等項均交越

南國官訊明發落暫行撤勇轉回等情前來臣等查欽
州文武此次因越南國匪徒侵犯州界會同越南國官
將葩街海甯府城收復拏獲匪徒多名堵勦尚屬出力
惟該處地方逼近越南地界匪徒雖已敗逃出洋難保
不復竄滋擾除批飭飛諭五峝暨移知東興文武實力
嚴防不得以該匪遠颺稍涉鬆勁並移會龍門協督飭
巡洋舟師認眞緝捕以靖海氛外所有欽州文武會同
越南國官收復海甯府城情形臣等謹合詞附片陳明
伏乞
聖鑒訓示謹

奏

康逆竄陷和平縣城旋卽收復現約閩軍會合進剿疏

會總
督銜

奏爲康逆由江右回竄粵境和平縣城旋失旋復逆匪

奔竄連平長甯地方現約閩軍會合進剿恭摺馳陳仰祈

聖鑒事竊臣等承准軍機大臣字寄同治四年八月十三日奉

上諭孫長紱奏遵旨調派各軍赴粵會剿一摺康逆一日不靖江閩邊防迄無了期自應合三省兵力圍偪夾攻迅圖殄滅第主客各軍營數既多職分又各不相下

且該將領進止機宜須俟各該省督撫指揮調度勢必遷延觀望坐失事機左宗棠廓清浙閩威望素著著卽督率高連陞等軍馳赴粵境調遣三省之軍相機合力攻勦所有江西廣東援勦各軍均著歸左宗棠節制以一事權務將鎭平踞匪剋日殲除林翟諸逆次第埽蕩俾粵省一律肅清全功克竟方爲不負委任汪海洋以殘敗餘孽竄踞鎭平粵軍進攻數月迄未得手殊屬疲玩著瑞麟等嚴飭李福泰方耀等認眞攻勦迅拔堅城如敢再事因循卽著左宗棠從嚴參辦等因欽此仰見聖慈規畫精詳軫念邊陲之至意臣等莫名感悚查長

樂鎮平兩縣城先經次第收復花旂股匪林振揚翟明
海等俱縛送首逆乞降餘黨遣散康逆大股遁入江西
龍南定南等處均經八月十四二十三九月初一等日
先後具
奏在案是時東路逆蹤稍遠而南雄始興各州縣與江
省龍定信豐在在毗連北江防勦又復喫緊當飭副將
鄭紹忠馳赴南雄參將朱國雄遊擊梁瓊兩軍副之飭
都司鄧安邦紮邑下以固邊隘令總兵卓興駐興甯彈
壓土匪兼扼賊由羅浮司出入之路專責總兵方耀跟
蹤出境與江軍會勦八月二十三至二十九等日臬司

席寶田提督婁雲慶總兵王開琳等合數軍全力扼賊
去路疊獲大勝康逆攻龍南未下走信豐鐵石墟復敗
回龍南再走定南之淩江該逆知南安南雄防兵林立
又不能循邑下舊徑而回連平州已將朱國雄一軍稟
留州城嚴備守禦該逆遂於九月初一日乘夜潛越山
徑小路突至和平圍撲縣城賊衆兵單初三日致被闌
入藩司李福泰時駐興甯查辦匪案聞警馳回龍川飛
札方耀鄧安邦方文方吉等軍迅赴援剿知縣錢廷熹
等糾集鄉團進攻斃賊甚夥該逆知大兵踵至初五日
盡竄連平州屬忠信司初六日直犯州城圍築土牆晝

夜環攻署知州福多朱國雄會同團局紳士顏培豫顏鍾光江有輝等登陴堵禦城上施放大礮轟斃逆匪無算賊暫退初七夜朱國雄等挑選敢死士三百名激以重賞三更銜枚出城分三路掩襲賊營我軍奮勇爭先破柵而入賊出不意蒼黃宵遁生擒二十餘名斬馘甚多初八日該逆以馬隊衝至我軍槍礮齊施火箭火箭颷發斃匪百餘名賊志不得逞乃由麻坡上坪九連山等處陸續退出並蔓及長甯大蓆翁源邊界等情據李福泰吳贊誠並地方文武先後稟報前來臣等伏查康逆自鎮平逸入龍南旁擾信豐志在竄江即由江入楚

爲死灰復燃之計因江軍四面兜勦無可托足粵軍阻
於南雄入楚路絕遂乘隙突抵連和冀延喘息查連和
一帶南通廣惠北至翁源仁化仍可橫竄江楚且該處
浰頭九連二山素稱盜藪前明正德中山賊池仲容竊
宅於此者十二年明臣王守仁平之九連山縣亙江粵
九縣以此得名尤爲險奧之區儻被深入屯踞辦理較
費周章 臣等悉心籌畫賊竄長甯則應防腹地現派鄧
安邦黃添元鄧膏鵬等八軍一萬餘人從東水船塘入
連追勦兼可顧河源長甯內犯之路賊竄翁源則韶州
喫重現派總兵王朝治副將張貴等統帶水師沿江扼

守阻其西渡飭總兵任星元會紳行同知曾紀鳳等擇隘駐紮以杜奔越惟逆匪雖殘敗之餘而黨類尚衆粵省兵力稍單戰守兼籌實不足以制其死命臣等現在飛移提臣高連陞督同道員康國器總兵劉清亮斟酌會合閩粵各軍由龍川橫出連長扼賊四竄之路痛加勦洗另札李福泰再派得力數營隨往嚮導以資應援務期就地撲滅不留餘孽庶爲東南十餘年蕩清此股殘寇提督銜記名總兵方耀於賊抵龍南追勦迄未出境及賊回連和又不馳往截擊以遏兇鋒觀望遷延無可辭咎應請

旨將方耀撤銷提督銜暫行革職以示懲儆該員平時
打仗尚屬奮勇歷著戰功仍令帶兵剿賊俾贖前愆而
觀後效和平縣文武失守詳細情形容俟另行分別查
辦連平守城出力官紳存記彙獎除咨會督辦三省軍
務閩浙督臣左宗棠查照外所有康逆回竄粵境現約
閩軍會剿緣由謹合詞由驛馳陳伏乞
皇太后
皇上聖鑒訓示謹
奏

黃陂等處土匪截劫閩軍現飭嚴辦片會總督銜

再臣等准陸路提臣高連陞函開八月十四日閩軍追擊康逆路過興甯縣屬黃陂地方隊伍在前輜重軍火在後相距十餘里黃陂土匪竟將押行之弁勇及挑夫概行戕斃軍裝火藥被搶一空當令哨長參將鄒朝瑞千總胡得貴李起生帶勇二百名趕回彈壓十五日早剛到黃陂又爲該處土匪殺害殆盡槍械旂幟號衣概行劫去時與知府康熊飛會合追勦先向羅浮司一路進發行抵白水寨該地方土匪助賊喊殺施放槍礮以轟我軍鏖戰兩時之久始將康逆及土匪擊敗十六日

冉往追剿土匪復出劫殺並搶奪衣物馬匹等因並據
李福泰稟同前由臣等接閱之餘殊深詫異查高連陞
以客兵入境剿賊該地方鄉民理宜接應前進爲之嚮
導而資護衞乃敢乘機劫殺助髮匪以肆狓猖實屬兇
頑之尤行同叛逆當經札飭李福泰會督各營就近查
明嚴辦據李福泰稟稱由龍川馳抵興甯諭飭黃陂官
莊和鄉寮黃泥坪何謝邱彭各姓紳耆起出洋槍二十
八杆擡槍馬匹鉛藥等件衣服大小十三包轉交高康
兩營查收惟要匪迄未擒獲送案現復飭催李福泰督
率嘉應州知州程培霖與甯縣知縣周連甲等從嚴查

辦務將搶失軍裝全數起繳另派已革副將林保都司周陞各帶部勇駐紥該鄉仍候嚴切開導查明係何村何姓匪犯濾惡肆搶痛加勦洗以申法紀而儆兇頑所有興甯縣屬黃陂等處土匪截劫閩省官軍緣由謹合詞附片具陳伏乞

聖鑒訓示謹

奏

奉撥京餉酌籌解部情形片（會總督銜）

再臣等前奉

上諭戶部奏請添撥廣東積年鹽課銀十萬兩釐金銀五萬兩藩庫雜款擬抵運庫報撥銀五萬兩著於年內解到以濟要需等因臣等當將廣東軍餉萬分支絀恐難如期起解情形先行據實附片陳明本年八月二十四日奉

旨戶部速議具奏欽此茲准戶部咨議以續撥京餉若俟肅清後再行批解豈不貽誤部庫要需應令陸續籌備分批報解統限年內解齊等因八月十九日奏奉

旨依議欽此恭錄咨會前來當經轉行欽遵辦理查廣
東軍務繁殷百端支絀而於奉撥京餉設法挪解從未
敢稍涉延宕上年八月內因軍餉緊急奏請截畱下半
年應解京餉稍供支放奉
旨允准隨於十月十一月委員准補潮州府通判徐詠
部鹽大使恩奎兩次領解赴部投納完訖此次汪海洋
大股初由龍川和平屬境竄赴龍南臣等即督飭藩運
兩司籌解京餉甫經具詳該逆又由龍南竄陷和平仍
飭按期起解誠以奉撥京餉義無推諉而查照戶部撥
款有萬不能不據實縷陳以求稍寬一分之力者查廣

東報解京餉多由藩運二庫出具借帖由各銀號匯兌各庫收有餉課陸續給還從無由庫提撥現銀起解之事戶部指撥款內如釐金一項專放勇糧每月收款儘數支放不及三四成而後撥羅藩運各庫儘數湊撥放至六成七成爲度釐金無一定之收數故爲虛款藩運各庫皆有常則故爲實款釐金之緣始徒以募勇剿賊權宜辦理因支放不能及半遂至挪用正款而額兵例餉停放至三四年之久是釐金本屬有絀無贏名爲指撥釐金而其實皆取之藩運各庫又動由銀號匯兌先撥後還以藩運兩庫之實款抵釐金之虛款報銷亦多

滯礙又藩庫雜款擬抵運庫積欠一項曾經前署督臣晏端書查明雜款均無存儲請免撥解臣等查雜款名目一曰扣存平餘一曰米耗變價盈餘一曰臺兵口糧一曰普濟堂經費廣東入

國朝二百年來號爲沃區各庫收數年清年款又向無例解部款每年坐支之外存數儘多積年平餘及米耗盈餘皆成巨款迨咸豐四年紅匪之變庫款挪用一空迄無存者近年額徵不及七成支放軍餉指撥協餉開支數倍從前平餘等項支銷雜用已屬纖微何能存儲候撥至臺兵口糧即係溢坦變價一款舊時支放臺兵

之經費已盡爲民田升報溢坦之價銀又已盡充軍餉此款尤爲無著僅普濟堂經費由關庫歲解糧道庫銀四萬兩積欠甚鉅近年關庫收數日益短絀而京餉日益增多海關不能兼顧本省糧道因之庫無存銀無可轉解藩庫藩庫更無由撥抵運庫是藩運各庫雖極艱窘猶爲額徵之實款報銷尚有著落藩庫擬抵運庫積欠一經指撥轉增一挪墊之名目籌解益覺艱難假令藩運各庫向易騰挪則以廣東徵存之銀充抵廣東無名之款挹彼注茲劃抵歸款略煩筭之勞於收放仍無出入而各庫艱乏之情形既已如此更有挪墊轉益張

皇合無仰懇

皇上天恩俯念粵東籌解京餉十分竭蹶於續撥京餉二十萬兩內開除釐金及擬抵運庫兩款臣等督飭運司先將奉撥積年鹽課十萬兩報解五萬所餘五萬趕於年內解清庶爲廣東稍紓籌解之力俾得略資周轉以不至於坐困而各項款目轇轕紛紜多無著落亦稍省他日清理報銷之煩謹將奉撥京餉酌籌解部情形縷悉上陳不勝悚慄待

命之至伏乞

聖鑒訓示謹

奏

英國領事進入潮州府城旋卽回汕疏會總督銜

奏爲英國領事欲進潮州府城現已竭力商辦由惠潮嘉道約會進城旋卽回汕恭摺由驛馳

奏仰祈

聖鑒事同治四年九月十七日承准軍機大臣字寄八月三十日奉

上諭據總理各國事務衙門奏廣東潮州府城尚未准英人進城與條約不符請派大員妥籌辦理等語潮州府城准英人進城通商載在條約久已頒行並奉

文宗顯皇帝諭旨令該省督撫按照條約辦理何以五

年之久尙未准該國人入城現據英國照會勢難中止瑞麟於接奉此旨後酌帶妥員馳往潮州揀擇通達事理之紳士斟酌情形督飭該地方官曉諭開導使知外國和好已久彼此相安此番照約入城係奉旨允行之事斷難阻止無爲浮言所惑俾該領事得以按約進城用符定約方可以示誠信將此由六百里各諭令知之等因欽此伏查此事先經臣等迭飭惠潮嘉道督同該府縣悉心籌辦秖因潮州民風强悍最易滋事必須設法開導確有把握方可施行溯查咸豐十年六月間英國領事堅佐治以面商要件爲詞欲至潮城與惠潮嘉

道邱景湘相會彼時潮郡士民羣相驚駭徧張揭帖欲
與爲難經該地方官力爲禁阻據該國領事申陳亦有
恐滋事端請出示調和萬民之語是彼國未嘗不知潮
民蠻悍之情嗣於十一年夏閒英國卜啓斯復照會總
理各國事務衙門謂惠潮嘉道不令進城非因民情不
順又援引條約內有商民人等准持執照前往內地一
條謂未發執照不得進潮城皆非確論彼亦明知此中
底蘊特藉條約爲進城左劵以期必遂所求前督臣勞
崇光前撫臣耆齡欽奉
諭旨當經嚴飭該地方文武傳集曉事紳耆剴切開導

一面布置彈壓謂可無事及至英國領事行抵城濠倉猝之間突有數百千人拋擲瓦礫蜂擁鼓譟勢不可遏該領事即時退出嗣是迭次要約必欲入城同治二年冬間由省派委候補道屠繼烈馳赴潮州會同該道府等設法調停潮民聚眾數千圍擁委員寓所其勢洶涌幾致激成事端委員竟無從勸諭而回自是以來潮民之違抗愈力而英人之求進愈堅各自固執兩不相下

辦理實無善法臣等欽奉

諭旨斟酌辦理敢不竭盡心力以期仰副

宸懷惟桀驁之性未易猝平膠固之形難以遽釋誠恐

事有決裂上虧
國體下拂民心必須妥爲設法使進城之後中外相安
方爲盡善因思潮民之所以堅不欲洋人入城必有原
委須先洞悉民隱然後辦理方可措手當經札飭惠潮
嘉道張銑等悉心體察務令中外渙然冰釋俾該領事
得以早入潮城隨於九月初七日據張銑稟稱此事業
經再三開導潮郡紳民所深慮者約有數端蓋恐該領
事入城之後必執條約通商一節開張行店設立關卡
且外國天主堂巍然矗立其高數丈潮民最信風水恐
其在城內建造此堂有所傷犯是以加之竣拒張銑旋

派委員馳赴汕頭向該領事據實告知該領事聞之喜出望外稱說以上數端俱可概不舉行並云洋人一言爲定從不翻悔又稱從前地方官未肯實心籌辦今既代爲籌辦只須速成爲佳自此再不稟催京使以省煩瀆等語經張銑具稟請示臣等查此事時閱五年尚未了結今既先與洋人約定得有把握應卽速行辦結當經批飭照辦臣瑞麟隨於十七日奉到

廷寄因進城之事已有定議自可毋庸前往並傳聞該道張銑已於十三日約會洋人進城至二十四日接據張銑及潮州鎮翟國彥遊擊吉瑞等稟稱會集同城文

武邀約紳耆面爲剖析並出示徧貼曉諭俾知此次洋
人入城係欽奉
諭旨遵守條約萬無中止之理並諭知先與洋人定約
不來多人不住多日以後不設關卡不開行店不立天
主堂以期盡釋羣疑一面派撥弁兵丁勇在於城廂內
外彈壓護衛委員至汕面見英國領事堅佐治再申前
議該領事卽於九月十二日帶同繙譯官一員通事僕
從等十餘人偕同委員李鏞孫克昌乘船晉郡張銑翟
國彥等分飭員弁兵勇沿河迎護並另派委員同知丁
祖望帶同紳士三人前往接候十三日卯刻同至郡登

岸入城到惠潮嘉道衙署同城文武俱往會晤相待以禮留住署中三日仍分派文武員弁彈壓百姓護送洋人回汕等情具報前來臣等伏查潮民素號强梁著聞遠近其剛勁果敢之氣竟至百折不回是以洋人欲入潮城時閱六年迄無定議此次曲盡經營多方設法該領事始得入城小住護送出城尚未至別滋事端所有英國領事進入潮郡實在情形謹會同繕摺由驛六百里馳

奏伏乞

皇太后

皇上聖鑒訓示謹

奏

接據英領事申陳緣由片

再據張銑稟稱此次辦理洋人入城一案先留總兵翟國彥撤回防勇布置彈壓又刊刻小方告示至萬餘張挨戶散發委曲開諭紳民人等均已輸服無詞仍責成各營將弁約束兵丁府縣學官約束文武生員局紳約束團勇各衙門差役約束無藉游匪層層布置周密始約該領事入城乃入城之先二日潮民又復沿街徧張揭帖肆意阻撓張銑急邀集局紳出具公啟聲明堅領事僅一入城毫無別故極力彈壓隨派紳士二人隨同委員潮防同知丁祖望前赴汕頭約會該領事防護入

城쬴往道署幸保無事次日繙譯官佛禮賜倡言欲往
一月竝議另覓基地自建公館邀求給予照會其隨從
多係廣潮人民又出外傳揚百姓因之大張揭帖商賈
均至罷市人情洶洶該鎮道等一面設法彈壓一面婉
勸該領事前約往城兩日別無要求今請寬至三日護
送回汕遂於十五日酉刻出署往拜鎮府兩處順道登
舟百姓一例安堵等情臣等正在核飭該道府等籌畫
日後交涉事宜閒接據英國領事堅佐治申稱此次進
入潮城各官禮義相接詎百姓不悅鬨論紛紛竝有揭
帖歌謠辱罵及乘轎出城百姓沿街擁塞拋擲石塊此

回進城險中做事拚命而爲誠非美善探得潮州百姓猖強無理係由靖安靖河兩局紳衿挑唆擺布請委員來潮查取職名褫革嚴辦等語臣等查該領事中陳與該道所稟事實略同情形特異該道以一時之約爲憑曉諭百姓權宜之暫討原期以爲徵信之地該領事以條約之言爲據意在久居中外之成議亦不能責以違約之愆而百姓持之益堅地方官辦理益加艱窘至於爭道擁觀自係愚民之常習拋擲石塊或出無知之兒童此等小嫌似亦無足深究其靖安靖河局紳歷年籌辦防堵勸諭捐輸此次出具公啟彈壓與該鎮道等籌

商辦理亦頗盡心該領事疑其擺布尙須查覈而以後
洋人或有來往面商事宜尤應加意體察漸期相安旣
據該領事申請委員查辦當卽飭委候補道朱啓仁馳
往潮州會同該鎭道妥協籌辦相應懇請
聖慈飭下總理衙門照會駐京公使轉飭該領事互相
體諒該道等辦理入城事宜實屬竭盡心力該領事遵
照條約辦理事件亦當徐與紳民熟商以求彼此相安
地方官無不剴切開導以符條約至該領事所稱局紳
挑唆擺布臣等自當分別查究亦不敢稍有含混俟委
員朱啓仁查明稟覆到日如有需臣瑞麟親往籌辦之

處卽當遵

旨星速赴潮斟酌辦理總期於事有濟方爲妥善所有

接據該領事申陳緣由謹附片陳明伏祈

聖鑒訓示謹

奏

此次辦理英領事入城一案鄙人指授方略張道得

此依循諭飭士紳始行定議詎入城後往拜潮州府

方守先將栅門封閉拒而不見海陽縣亦仿照方守

所爲拒之堅領事惱甚因有留住一月之語士紳見

府縣之拒之也乃集詬於張道倡言焚燒道署張道

乃詐稱方守請見徑送之登舟張道不敢直揭府縣而飾辭以自解經鄙人傳集潮紳十餘人給以條約乃始定議而李星衢丁雨生諸公紛紛敘功坐致開府矣自記

查明英領事前次進出潮州府情形現籌妥辦緣由疏

會總督銜

奏爲委員查明英國領事前次進出潮州府城情形及現籌妥辦緣由恭摺具

奏仰祈

聖鑒事竊照駐潮州英國領事堅佐治於本年九月十三日進潮州府城經官紳循禮接待於十五日護送出城回至汕頭堅佐治復以出城時潮民私貼揭帖擁擠抛石係局紳挑唆擺布申請委員查究當卽派委候補道朱啟仁馳往查辦各緣由先經臣等恭摺具

奏並附片陳明在案茲據朱啟仁查明堅佐治此次得
進潮城經地方官紳往返訂約多方籌議剴切開導潮
民始釋猜嫌聽從官紳接待進城暫住三日並護送回
汕均獲安全實爲竭盡心力間有愚民私貼揭帖並於
出城時擁觀拋石亦即登時撤銷禁止嚴密訪查局紳
委無挑唆擺布情事等由會同道府稟覆並取具紳士
切結聯呈前來臣等查潮州民情强悍素著其倡議阻
止洋人入城事隔多年起自何人無憑查究而愚民浮
動之氣一發而不可遏反復開導持之愈堅此次惠潮
嘉道張銑等經營彈壓不遺餘力局紳邱步瀛等隨同

道府委曲勸諭始得接護洋人進出郡城保全無事道
府及委員均言之歷歷責以挑唆擺布實無確據人情
以發端創始爲驚奇至於相援爲例則亦無有異議該
領事堅佐治此後進入潮州郡城潮人有無阻難現亦
不能預計然入城係循照條約奉
旨遵行之事局紳等旣已通曉此義隨同彈壓於前又
遵具切結於後地方民人亦必能逐漸省悟辦理當較
易爲力領事堅佐治此次入城以後潮民復張揭帖聚
衆喧呼實因通事佛禮賜邀求建立洋館以暫住一月
爲詞一時鬨傳遂致復滋疑議道府等一面彈壓一面

護送領事出城堅佐治以此不甚愜意其實事出有因應請免其深究而道府與局紳等竭力籌辦亦實足以應洋人入城之請而釋百姓猜忌之心現摘傳潮城紳士數人來省面加開導熟籌經久善策以期中外相安不至再滋釁端所有前據英國領事申陳委員赴潮查明情形及現籌妥辦緣由謹恭摺馳陳伏乞

皇太后

皇上聖鑒訓示謹

奏

逆匪竄陷嘉應州現籌合勦疏會總督銜

奏爲逆匪回撲和平縣城經官軍擊退沿途追勦賊復乘隙奔竄闖入嘉應州城現籌會軍勦辦迅圖殄滅恭摺馳陳仰祈

聖鑒事竊前因髮逆由連平州屬上下坪敗走龍南之楊村白沙復竄至和平縣大利壩地方分飭各軍堵勦緣由業於十月二十一日具

奏在案康逆汪海洋自大利壩復抵興隆壩窺犯和平縣城總兵劉清亮駐紮該縣與縣營文武會商守禦十月十一日逆黨數千由興隆壩蜂擁前來徑撲東西北

三門城上槍礮木石更番轟擊賊受傷稍卻劉清亮督飭補用總兵李運榮參將陳武職都司徐福䇄知縣錢廷壽千總鄧鏡河等各率部勇紳團亦分三路出城夾擊槍礮環施鏖戰兩時之久我軍奮力衝突賊紛紛倒退殲斃甚多生擒髮逆二十五名奪獲馬匹旗幟器械無算當將興隆壩九子岡一帶賊壘全行平毀賊敗由大利壩遁往長塘下車時候補道吳贊誠會同總兵方耀督帶鄧安邦方龍譚德恩等軍由白沙涮頭追至下車該逆飛奔芒洲壩渡河譚德恩跟蹤緊躡乘賊半濟揮軍要擊之斬馘多名我軍皆渡河而東進至石含章

田等處正擬由蔴布岡黃貝嶺分途截剿該逆知大兵
追及一晝夜疾走三百里自蔴布岡突抵嘉應州城署
知州程培霖署遊擊英秀督同兵團登陴防守二十一
日午刻賊率馬步死黨攜帶竹梯四面撲城城上施放
大礮斃賊無數賊拌死直抵城根屢墮屢登援梯蟻附
而上兵勇力竭遂被闖入程培霖督勇巷戰受傷倒地
團勇將其掖出時英秀尚在血戰身中數槍隨與文武
各官不知下落現在方耀鄧安邦等已進紮嘉應州屬
闌石徑心郎日約齊合攻等情據藩司李福泰候補道
吳贊誠並惠潮嘉道張銑等先後稟報前來 臣 等查汪

海洋喪敗之餘逆燄已衰屢思由江逸出被勦折回有隙即乘志求逃死論目前事勢不患賊之屯聚而患其輕竄聚則可殲於一隅竄則恐延及四境也粵兵防多而力分卓興一軍因欠餉過鉅部勇時時借爲口實已於九月開裁撤回潮東路止有方耀等與提臣高連陞劉清亮康國器數軍專事追勦高連陞等已赶抵興甯力圖會攻而各營皆疾疫過多日馳逐於山嵐谿瘴之中每値百十里曠無人烟糧食俱斷飢病交侵情形實多拮据嘉應東接潮州可以順流徑下西界惠郡東北則江閩邊境均屬犬牙交錯在在可通儻被逆匪竄出

蔓延辦理轉恐棘手臣等昨接閩浙督臣左宗棠咨稱

即日起程赴粵居中調度臣等一面飛飭李福泰移紮

龍川控扼惠潮門戶飭張銑與總兵翟國彥等多募勁

勇固守全潮調鄭紹忠督帶全隊由南雄馳赴東江以

厚兵力一面移會江西撫臣劉坤一飭令邊防一二軍

越境會辦若獲三省大兵合圍小醜游魂不難殄除淨

盡署嘉應州知州程培霖身任地方被匪闖入實屬疏

於防範咎無可辭惟因倉卒賊至衆寡不敵且巷戰踰

時身受槍傷經百姓救出號召鄉團亟圖克復仰懇

天恩免其治罪仍准革職留營効力以贖前愆其餘文

武下落俟查明分別辦理除咨會左宗棠查照外所有

逆匪竄陷嘉應現籌辦理緣由謹合詞恭摺由驛馳陳

伏乞

皇太后

皇上聖鑒訓示謹

奏

軍餉竭蹶籌議暫借洋款片會總督銜

再據代辦廣東布政使事鹽運使方濬頤會同軍需總局司道詳稱粵東自逆匪竄擾東北兩路添募兵勇防勦加以彈壓土客每月軍餉多至三十餘萬兩藩運各庫撥羅淨盡每月釐捐僅收銀七八萬兩不及支應軍糧之半此外設法補苴杯水車薪左支右絀現當康逆回陷嘉應勦務萬分喫緊各軍月餉積欠纍纍時虞譁潰值此無可通融之時大局極形危急適有英國商人囒志知軍需局軍餉竭蹶情願出資借助經英國領事羅伯遜議明暫借洋銀十萬兩以濟急用每兩以一分

五釐行息約於半年內先還一半其餘於一年內清還分限兩期將本息陸續歸款由藩司給票爲據業經委員向洋商兑收撥給各營支作軍餉稍濟目前之急查借用洋商銀兩按限歸還刻不容緩此次因軍餉窘迫異常外國人既願借助急公不能不爲一時騰挪之計權宜暫借濟用而轉瞬即行歸還又實不便多借將來屆期當在各庫應撥軍需項下照數籌措撥還以昭大信等情詳請

奏報前來臣等覆查無異除飭代辦布政使事方濬頤會同總局司道屆期照約如數撥還以清款項並分咨

逆匪竄伏嘉應現添軍會勦及親往督辦緣由疏會總督銜

奏爲逆匪竄伏嘉應現籌添軍會勦及臣嵩燾親往督

辦緣由恭摺馳陳仰祈

聖鑒事竊查康逆汪海洋由連平上下坪竄入江西邊

界復折而東趨乘虛闌入嘉應州城業於十一月初七

日具

奏在案該逆竄陷嘉應適值收割之時四處擄搶屯聚

州城又於城外四面建立土城望臺暫圖扼守以爲偷

生之計官兵稍集必將乘閒旁竄滋擾惠潮嘉一帶伏

莽繁多又近年降人散勇甚眾難保不乘勢附從隱憂

方劇現在藩司李福泰駐紮興甯已革總兵方耀都司
鄧安邦等駐紮興甯縣東之藍口僅當嘉應西面一路
節次檄調記名總兵曾敏行署羅定協副將鄭紹忠扼
防南路已據曾敏行一軍進紮水車林保梁任光兩軍
副之鄭紹忠一軍已抵興甯現飭令赶緊到防江閩各
軍環集東北提督高連陞總兵劉清亮兩軍已由新鋪
白渡一帶進紮葵嶺建延邵道康國器進紮鎮平之三
圳墟總兵王開琳前抵丙村與潮州遊擊何雲章三河
壩各軍相爲掎角幫辦軍務劉典一軍分紮武平上杭
爲北路之後勁署浙江提督黃少春福建藩司王德榜

總理各國衙門暨戶部查照外臣等謹附片陳明伏乞

聖鑒謹

奏

隨同臣宗棠進勦又爲東路之後勁其東南三河壩水路又飭由惠潮嘉道張銑等添募巡船二十號水陸兼防西北一路平遠相公亭大坪石正一帶可以橫竄江西之長甯又可由平遠舊路北竄龍定西出南雄始興以窺楚境此路專候鮑超一軍進紮西北要隘恃以扼截而後此賊旁竄之路始窮臣等因念粵軍除前裁撤卓興一營及潮防各營所存尚三萬餘人防堵西南二面而精練可恃之兵無幾李福泰督辦東江軍務已歷年餘亦難調遣如意各營星羅棊布少或一千再少或數百勢又不可無統帶之員歸竝整頓聽候臣宗棠調

遣臣等再四思維李福泰既無督帶兵勇之權臣瑞麟
兼管旂營及洋務事件未便遠出自應由臣嵩燾馳赴
各營相度形勢以圖扼守已檄飭肇慶協副將楊青山
馳赴廉州招集馮子材舊部三千人分立選勝軍六營
由該副將統帶候鮑超一軍進紮相公亭卽調駐防始
興之知府銜曾紀鳳一軍益以陽江鎭任星元一軍隨
同臣嵩燾進剿一俟調集此二軍臣嵩燾卽由惠州馳
赴言嶺閩及興長一帶擇要扼紮就近與臣宗棠商議
亦稍得約束各軍聽候進止機宜不至仍前散漫一任
此賊之縱橫竄逸仍候臣嵩燾成軍出省卽飭李福泰

交卸軍務以免紛歧現在各軍雲集需用軍火一切不能不由粵接濟以免缺乏臣等已分別札委候補同知秦汝燮前赴潮州候補知府文星瑞候補知縣闞持緯等馳赴龍川分設東西兩局而鮑超一軍萬二千人日需食米經臣宗棠
奏飭粵東採辦臣等前聞鮑超入粵之信已飭軍需局籌解銀一萬兩由龍川一路向前迎護兼爲採辦食米之計所行多山谷小徑不通江路又屢遭兵燹商旅無至者各處村莊頑獷仇法公行劫掠不獨經費難籌亦且求一完善地方設立轉運局而不可得惟當竭力籌

維期使此軍食米不憂缺乏以資合圍掃蕩之力嗣後
一切軍情應由臣宗棠主稿會銜馳奏所有臣等現籌
添軍會勦暨臣蒿燾出省督辦緣由謹會同督辦三省
軍務閩浙總督一等恪靖伯臣左宗棠恭摺由驛五百
里馳陳伏乞
皇太后
皇上聖鑒訓示謹
奏

甘肅西甯鎮總兵黃武賢請暫留潮州會辦防堵片 會總

督衔

再甘肅西甯鎮總兵黃武賢籍隸潮州前因在籍辦團

欽奉

諭旨催令迅速赴任當經臣等轉飭欽遵於本年八月

十四日由驛附片覆

奏九月十九日接准兵部火票遞回原片軍機大臣奉

旨知道了仍著催令迅速前進不准耽延欽此復經恭

錄咨行在案兹據藩司李福泰具稟現在賊踞嘉應逼

近潮疆在在均虞竄越情形尤爲緊要查甘肅西甯鎮

總兵黃武賢前在籍督辦防堵頗著成效續因事竣奉
催赴任刻下晉省請咨道過龍川適嘉應告警當與籌
商仍回潮郡會辦防勦事宜又福建提標前營遊擊李
元順籍隸海陽尚稱驍勇本年曾隨黃武賢在潮辦理
團防亦屬妥協此次仍請派隨黃武賢差遣等情稟請
具
奏前來 臣 等伏查康逆汪海洋竄踞嘉應州城潮郡防
堵正當喫緊合無仰懇
天恩俯准將甘肅西甯鎮總兵黃武賢仍暫留潮州會
同該郡官紳將一切防堵事宜妥為舉辦並令遊擊李

元順隨同差遣以資得力一俟防務稍鬆即飭迅速赴
任除札飭該員等遵照並咨陝甘閩浙各督臣查照外
謹合詞附片具陳伏乞
聖鑒訓示謹
奏

軍營病故人員請卹片 會督銜

再據軍需總局司道詳稱廣東水師提標後營右哨外委千總利龍彪於同治二年隨勦廣海寨殺賊立功是年八月初九日船抵新甯縣屬曹冲洋面遭風淹斃打撈屍身無獲又撫標右營藍翎候補千總盧逢泰於同治四年隨同參將朱國雄赴東江勦捕冒暑從征感患暑疾於同治四年七月二十四日病故又據南韶連道陸心源稟稱候選知縣吳楚珵本隨署理南韶鎮總兵任星元在南雄幫辦營務該道就近飭辦東關釐務本年秋間賊竄連平逼近翁源復經該道飭赴翁源隨同

記名總兵曾敏行辦理防堵冒暑奔馳積勞成疾於同
治四年十月十九日病故又據統帶廣東潮普勇暫革
總兵方耀稟稱本年八月初十日克復鎭平後弁勇沿
途追勦感受暑雨疫癘交作有花翎儘先遊擊潮州鎭
左營千總方彩於本年九月初三日病故花翎儘先都
司黃岡協右營千總方豐於九月十九日病故藍翎都
司謝且於九月十六日病故藍翎守備方錐於九月十
五日病故藍翎候選未入流諸文淦於九月二十五日
病故上杭紳士從九品職銜何冠南於九月十六日病
故該員等於克復武平永定及大埔勦匪獲勝案內方

彩方豐均擬保參將謝且擬保遊擊方錐擬保都司諸
文淦何冠南擬保各以本班留粵補用尚未出奏病故
請照擬保升階各照軍營立功後病故例從優議䘏等
情前來臣等覆查無異相應請
旨敕部將水師提標後營右哨外委千總利龍彪照陣
亡例議䘏撫標右營藍翎候補千總盧逢泰候選知縣
吳楚珵均照軍營病故例議䘏擬保參將方彩方豐擬
保遊擊謝且擬保都司方錐未入流諸文淦從九品銜
何冠南各照擬保官階照軍營立功後病故例從優議
䘏以慰忠魂謹合詞附片具

奏伏乞

聖鑒訓示謹

奏

奏報出省日期疏

奏爲恭報徵臣出省日期專摺馳陳仰祈

聖鑒事竊查江閩各軍圍攻嘉應現籌出省會辦經會

同督臣瑞麟先將籌商大概情形具奏在案隨檄飭肇

慶協副將楊青山馳赴廉州本籍募勇三千計廉州距

省約一千四五百里往返必需一月臣即定期正月初

十日由省起程一面飛催楊青山刻期抵省以憑督率

前進另調北江防兵知府銜四川候補同知曾紀鳳一

軍三千人由始興馳赴龍川聽候調遣現在江閩各軍

漸次逼近嘉應四面環攻惟南路鄭紹忠一軍六千人

曾皦行一軍一千五百人防堵各隘尙嫌單薄但幸此賊稍緩竄逸俾臣此軍行抵水南堡一帶地方會督諸軍相機扼紮或可杜其內竄之路臣出省以後署內日行事件照例委代辦藩司運司方濬頤代拆代行其緊要事件仍包封寄臣核辦應行題本及咨移各部公文就近在省城蓋用總督關防一切循照舊章辦理所有恭報臣出省督師日期謹繕摺由驛五百里馳奏伏乞
皇太后
皇上聖鑒訓示謹奏

奉　旨嚴行申飭謝　恩疏

奏爲懔遵曡次

諭旨恭摺叩謝

天恩仰祈

聖鑒事竊臣於同治四年十月二十八日承准軍機大

臣字寄同治四年十月十二日奉

上諭左宗棠奏覆陳廣東軍務貽誤情形各摺本日已

明降

諭旨將瑞麟郭嵩燾嚴行申飭此後該督撫遇有公商

事件總當以國事爲重毋許各懷私見再蹈前非等因

欽此又准前後部咨同治四年八月二十一日十月十

四日內閣抄出奉

上諭郭嵩燾懇請開缺及奏廣東軍務約有數誤各情

著傳旨嚴行申飭等因欽此跪讀之餘慙惶靡措伏念

臣以庸愚仰荷

聖恩特達之知畀以封疆重寄屬時事艱難之會處軍

務敝壞之時小人以樂禍爲心君子以苟媮爲術臣以

憂惶失據之愚慮迫爲冒昧見小之瀆陳自揣疾病昏

庸分甘罷斥乃蒙

聖恩不加嚴譴猶復

諄諄訓誨曲予優容緬

裁成化導之多方俾黽勉率循之有準恭讀

聖訓當以國事爲重無許各懷私見捧誦循思感悚無

地内省讀書之初願與典謨訓誥而同凜

至言深惟

求治之淵衷舉土地人民而俾資其濟臣惟有凜遵疊

次

諭旨遇有公商事件與督臣瑞麟和衷酌辦同濟時艱

以冀仰答

高厚生成勤求治理之至意所有愷感悚下忱謹繕摺

叩謝
天恩伏乞
皇太后
皇上聖鑒謹
奏

粤餉可籌約有三端片

再臣在粤籌畫軍餉稍盡心力兩年以來辦理防剿增兵至四五萬竭力支持而於撥解京餉亦尚無貽誤各省購辦軍火催提協餉兼能斟酌應付亦頼添設籌餉一局藉以稍資周轉臣出省以後軍餉既加增於前江閩各軍供支食米接濟軍火需費浩繁而餉源日益耗竭實有不能支持之勢統計粤餉尚有可籌者三端敬爲

皇上陳之一曰海口釐税查上海釐税每年三百餘萬多取給於海口視正税增加一倍福州一口釐税每年

約一百六七十萬廈門一口釐稅每年約四五十萬均與正稅相捋其餘天津煙臺甯波通商各口均經舉辦釐金粵東江路四達湞水東通江西武水北通湖南合爲北江設立韶關一廠又下設立蘆包一廠兼扼四會連陽諸江之衝統計北江釐金每月約二萬有奇西江兼受潯梧二水爲廣西江路總匯設立後瀝一廠每月釐金約五六千東江爲古龍川水僅及惠州屬境設立白沙一廠每月釐金約二千餘而北江之韶關西江之肇慶關正稅所入均不逮釐金之半獨省河以南通海諸口訖未能舉辦以事論之遠自牛莊天津煙臺以及

江蘇浙閩近則海西之高雷廉瓊海東之潮州商賈貿
易無一不由海運而西洋貨物例收之子口稅亦可准
作釐金辦理臣因查廣東海道紛歧原視各省海口爲
易繞越又香港孤懸海外爲洋貨屯聚之所其勢足以
伺閒居奇要其入省總匯終不能越六門內江未通商
以前廣東尚可遠攬江西湖南之貨與上海一口爭勝
利厚則趨廣東利薄則赴上海自內江通商東南利源
全窒所能攬者廣東及廣西桂梧一隅之利百貨來去
必經海口無可飛越所可籌一也一曰沿海沙坦查沙
坦之起皆由潮淤其始出水略辨形迹謂之沙影以首

先報墾爲業主官爲履勘丈量司給照承墾稅以斥鹵爲則積久悉成膏腴謂之稅坦而海潮積淤多在江路廣闊地勢回互之區是以香山一縣有澳門之遮遏有橫門磨刀門兩口之吸翕沙坦爲最多順德新會番禺南海東莞等縣近海受潮之處均有坦業舊坦既成潮淤日加附益漸漲漸廣相接成坦歲有增加謂之子坦其初報墾領照必假勢力加築圍基必藉資本是以坦業一歸於豪强兼幷又因其接生日廣羣懷爭競有以此坦承墾之執照影射彼坦者有兩坦各據一執照互爭接生之子坦者有子坦畝數倍於承墾之執照者有

原坦久經轉售而賠予[illegible]出爲業並無執照者有承墾時
隱多報少并舊坦畝數亦多參差者有霸佔謂之沙棍
而要皆富强有勢力者爲之查例定沙坦三年大丈隱
匿畝數一頃以上分別議處責懲其田入官所隱錢糧
按數追納今則隱佔畝數一無稽查又例定具報承墾
每人不得過一頃今則隱佔動輒數百頃亦無限制艮
由州縣遷調無常勢豪之兼幷又足以把持一切書差
人等利其侵佔爭訟藉端罔利以故各州縣控案一涉
沙坦多至數年不能斷結甚或相與聚衆搶割釀成巨
案無他年愈久而弊愈深羣思據以爲利爭奪之風一

成而不可禁遏也臣愚以爲援例請查計畝升科既稍資以籌餉亦足以革除豪强兼幷之習而清爭訟之源所可籌二也一曰紳富捐輸查廣東商賈貿易全盛之時捐修虎門各礮臺捐備義倉動輒數十萬由紳民自爲報效不假勸諭道光二十一年辦理洋務咸豐四年辦理紅匪兩次勸捐皆至數百萬嗣是軍務疊興需用繁多或歲一派捐或間歲一派捐皆豫定成數假手地方官紳聽從逐村科派按畝攤捐捐數多少從無稽查所領實收又由官紳轉售爲利是以粵東捐戶邀獎者甚少又以湊集之捐款爲減價之招徠捐輸條例亦因

以大壞臣在上海卽已深悉其弊同治二年前署督臣晏端書撫臣黄贊湯派捐銀四十萬臣稍懲其弊另派委員勸辦惟取殷實之戶而不泛及平民酌取有餘之資而不科及田畝各州縣積習相仍亦幷未能遵照章程辦理而一時謠言四起反指以爲煩苛所捐富戶僅及數成懼而中止而視原派之數已增加至十餘萬之多以大致情形言之粵之民力困敝極矣而比附洋商居奇營利致富數十百萬者所在多有其生計舍本而趨末其民情忌樸而喜華核實勸辦猶可少助軍需所可籌三也伏查天下之本計在民而時會之艱難不能

不藉貧民力疊次籌商辦理其間阻隔滯礙誠所不免
要之農民之捐不可籌而商民之捐可籌平民之捐不
可籌而富民之捐可籌反復推陳無以逾此伏乞
皇上天恩於此三者之中酌定一項責成督臣督飭司
道辦理現在粵海關監督臣師曾精練明决綜覈有餘
可以責成督辦海口釐捐往籍太常寺卿龍元僖督辦
團防經營沙田爲日已久可以責成幫辦清丈沙坦而
候補道屠繼烈精識果力能任勞怨所有籌餉事宜應
飭該員會辦臣誠知一言籌餉犯時論之大忌搆百姓
之私怨而提兵遠出庫儲匱乏餉項一有不給弱者乖

離强者譁索其隱患有不僅如滇黔之束手坐困者聲名之美惡百姓之恩怨繫臣一身所不敢計而惟餉源所自出實繫

國家之本計得失利病所關至鉅不敢不一盡言伏乞

聖明垂察謹

奏

東江一帶兼資鎮壓片

再查粵東民情獷悍由地方吏治婾敝醞釀太深之故而其隱患尤莫甚於惠潮嘉三屬自頃數十年地方官徵收錢糧動須募勇下鄉力勝則尚能催徵三四成力不勝則通縣錢糧皆抗不完納總計各縣徵收無能及五成者委署人員必經嚴催赴任始肯勉强就道甚甯一縣至由各府縣津貼錢糧并戶口魚鱗冊亦無存者百姓習爲械鬬日以兵刃相接地方官又日與百姓以兵刃相接言之駭心念之傷氣近年惠潮風氣浸淫至於廣屬東莞新安諸縣尤與惠潮風氣相近富鄉大族

均各築立土城廣置礟火以刧掠爲事卽番禺所屬之龍眼洞石籬村簸箕村洗村匪鄉林立距省近者不過十餘里派兵接拏人少則拒捕人多則逃避一空耳目消息尤極周密積弊之深至不可窮詰近年招募勇營不講營規不擇帶兵之將弁專募潮勇東莞勇取其强悍嗜殺而已又幷不責以殺敵致果聚而爲勇散而爲盜兩無區分用兵一日地方之隱患亦日深一日從前賊踞鎭平潮陽揭陽澄海各縣姦民拜會舉旗謀起應之疊經破案亦無從懼嘉應失守以後人情日益驚疑而歸善博羅一帶散歸之匪黨招降之巨股動以萬計

沿江村莊幾於步步荆棘寸寸戈矛臣此次出省檄飭
肇慶協副將楊青山招集馮子才舊部三千人四川候
補知府曾紀鳳北江防兵三千人另揀本標擡槍兵三
百爲親兵期會合江閩各軍進剿分任西南兩路之勞
亦藉以鎮壓土匪使各州縣得稍倚臣軍爲重竊查東
南各省患氣之深未有如粵東者臣知之獨詳憂之獨
切不敢不一勉竭愚忱以稍圖補救萬一所有東江一
帶兼資鎮壓情形謹據實密陳伏祈
聖鑒謹
奏

此上兩摺三片同治四年冬謀出省督師所具會賊平遂未及拜發姑存其草如此自記

郭侍郎奏疏卷十

保舉實學人員疏

奏爲方今要務莫急於崇尚實學振興人文敬舉所知以隆

聖化恭摺仰祈

聖鑒事竊惟六經遺訓垂二千年升降隆汙以成治亂每覽漢臣董仲舒之言諸不在六藝之科孔氏之術者皆絕其道弗使並進惟其行之有本而後推而崇之乃羣知有所歸我

聖祖仁皇帝沖齡踐祚值三藩之亂征調頻仍而急延

訪儒臣

詔書徵聘不絕於道耆儒宿學聚集京師用以成一代

人文之盛而開億萬年治平有道之基竊見近年以來

捐例廣開人尙虛浮士鮮實學武臣之效力者功業稍

著於一時儒臣之在列者學行遠遜於

前代臣在粵兩年所見績學之士踐履篤實堅持一節

者二人一曰番禺舉人陳澧行誼淵茂經術湛深近年

廣東人才由該員陶成造就者爲多臣愚以爲宜置之

國子監使承學之士稍知學行本末光益

聖化一曰南海生員鄒伯奇木訥簡古專精數學臣愚

以爲宜置之同文館使與西洋教師會同課習算學闡示源流又臣里居習知者四人一曰保舉同知湘鄉朱宗程究心理學精練世務與羅澤南李續宜劉蓉至交出入軍幕十餘年以親老堅辭仕進劉蓉等亦不忍强也一曰長沙貢生丁敍忠質行精粹深明易理年老而學益篤一曰巴陵舉人吳敏樹文修行潔學識崇深一曰湘潭拔貢生羅汝懷篤於古學廣博易良在江蘇所訪知者二人一曰嘉興生員顧廣譽研精經學力敦實行一曰揚州生員劉毓崧覃思博覽崇尚樸學文臣咸豐九年奉

命查辦山東海口稅務至膠州館書院旁詢知掌教爲
布衣方潛詣談竟夜知其學識堅强卓然有以自立臣
愚以爲朱宗程宜由
皇上特召簡用丁敍忠吳敏樹羅汝懷顧廣譽劉毓崧
方潛等並宜置之八旗官學特選肄業諸生責以講課
又浙江諸生李善蘭淹通算術尤精西法宜與鄒伯奇
並置之同文館以資討論以上各員學誼各有不同而
立心純實德性堅定皆足以矜式浮靡以化囂陵奔競
之習而開敦龐博厚之風
朝廷擇尤獎擢使學者有所觀感奮興不獨人才日盛

郎遇
國家議論建置猶可資其諳習掌故斟酌道要以知得
失利病之原臣愚昧之見謹據所知上陳伏乞
聖明採擇謹
奏

審明參員動款確情埠商控涉誣罔分別擬結疏會總督銜

奏爲審明參員動款確情究出埠商控涉誣罔分別擬

結恭摺仰祈

聖鑒事竊照前署連州直隸州補用知府張崇恪因防

剿賊匪提借鹽餉抽捐鹽銀變賣倉鹽據連陽埠商陳

兆典等控經前督臣黃贊湯飭查收支銀鹽數目不符

將張崇恪撤任提審延不來省復經前督臣勞崇光奏

參咸豐十年正月二十三日內閣奉

上諭勞崇光奏特參擅提鹽餉並擅賣倉鹽之署知州

請旨懲辦一摺廣東署連州直隸州事補用知府張崇

恪因地方防勦土匪支發勇糧並未稟明各該上司輒行擅提鹽餉至三萬餘兩又提賣倉鹽抽收鹽包軍需銀兩自行動用及被控行查復含糊稟復推諉紳士並不將提用支發實數分晰聲明經該督等撤任提省審辦猶復任意耽延顯有藉端侵蝕情虛畏審情事張崇恪著卽行革職拏問交勞崇光提同埠商及經手紳士人等嚴切審訊究明實在銀數若干嚴追懲辦餘著照所議辦理欽此經前督臣勞崇光等欽遵督同司道催提張崇恪來省並節次行提連陽埠商陳兆與沈德三卽沈泰來金際亨鄒怡德沈晴午沈德安盧同發李復

興暨州埠司事諸大慶鄒道湖及連州紳士俞揚純黃
德純謝國衡莫祖文黃允武唐榮棣曹槎漢等先後集
案確審而埠商陳兆典等於未經提審之前以原控情
詞失實自行稟首由軍需總局司道催齊人卷逐細查
核質審明確究結擬詳前來臣等當復督同司道提訊
緣張崇恪於咸豐五年六月間到連州署任維時各路
逆匪朱四黃潮陳金缸何六朱洪漢黃泰紫臣包爾鞍
等分股入境圍撲州城均經督飭紳民團練調集兵勇
痛勦擊退又募勇籌餉赴援清遠縣城解圍至咸豐九
年二月交卸計在任三年有餘其用防勦經費銀二十

餘萬兩僅領過省局經費銀二萬三千兩餘俱由州設法籌措交州局紳士俞揚純等支用不經官吏丁胥之手局紳隨收隨發未能即時造冊繳州是以張崇恪申報軍務時止將籌借情形籠統聲敘未經詳細稟報尚非別有情弊如原參張崇恪勒匪勇糧勒借埠商鹽餉銀三萬餘兩一節查咸豐六年十二月內廣州府屬清遠縣城被賊圍攻危急經前督臣奏明札飭張崇恪募雇朱岡勇三千名在連州地丁項下動支銀二萬兩交朱岡司巡檢張清鑑帶勇赴援張崇恪將勇雇齊因連州地丁錢糧止徵存銀一萬三千八百三十三兩四錢

二分三釐不敷支給當提所屬陽山縣嘗維潮徵存地丁銀二千六百六十六兩五錢七分七釐又借提連陽埠商盧同發應解鹽餉銀三千五百兩共湊足銀二萬兩交張淸鑑收領帶勇起程前赴淸遠縣援勦解圍凱撤回連州據張淸鑑冊報勇糧賞卹等項除將前項銀二萬兩及由省局解餉支給外尙欠勇糧等銀四萬三千四百七十八兩四錢四分三釐張淸鑑赴省請領省局查係應給之項數目相符祇因省局支絀急切未能籌給各勇在州不能久待隨擁至連州署懇求墊給經張崇恪督同紳局就地勸捐給過勇糧銀八百四十八

兩四錢四分三釐傷亡卹賞銀一萬一千一百三十兩
尙欠口糧銀三萬一千五百兩無力再籌經鹽埠督銷
委員林威儀向埠商沈德三等公議借出銀三萬一千
五百兩墊給勇糧稟明運司有案張崇恪隨將壯勇遣
散始不致滋生事端質訊紳士俞揚純等及埠商陳兆
興等供俱相同又原參張崇恪每年抽捐鹽包軍需銀
約二萬餘兩一節查咸豐五年八月間賊匪朱四黃潮
等圍撲連州張崇恪因州城疊遭兵燹民間十室九空
軍需匱乏當傳集埠商陳兆興沈德三郎沈泰來金際
亨鄔王裕隆鄒怡德郎王宜順沈晴午沈德安盧同發

李復興與局紳俞揚純等會議捐資接濟該商等因欲
保全埠地情願每鹽一包捐銀五分以資急用自咸豐
五年九月間抽起至八年八月停抽止陸續抽捐過鹽
銀一萬六千三百八十兩九錢均交紳士俞揚純等收
支有該埠報單及各紳歷年收支册簿可查質之埠商
及紳士俞揚純等供俱符合實無每年二萬餘兩之數
又原參張崇恪提借鹽餉二萬兩復將倉鹽三萬數千
包約值本銀十二萬餘兩全數封提變銀繳進州署一
節查咸豐八年四月間懷賀逆匪包爾鞍等圍困州城
兩月之久至六月初三日攻踞老城外之新城官軍經

費捐輸告罄老城萬分危殆而赴省道途梗阻又無由
稟請撥餉張崇恪不得已遂又向埠商陸續借過陽山
埠及州城星子東陂等埠餉銀暨商人盧同發潘祥發
等鹽餉並東陂鹽包變價銀共一萬九千四百三十七
兩四錢六分二釐均交局紳俞揚純等收支并非二萬
兩整數張崇恪因經費仍不敷用復與守城紳上傳集
埠商沈德三等商議借鹽變價以救危急該商亦因鹽
倉在新城已被賊匪搬搶過半亦願出借以期事平歸
款又恐運鹽爲賊阻截議請連陽營守備朱鸞及局紳
俞揚純等各帶兵勇鬧出老城與賊接仗使其不得兼

顧一面由該商沈德三等多集人夫搬運新城倉鹽共
計搬出鹽九千四百三十五包經沈德三等經手交該
商埠子店變賣銀三萬一千九百二兩一錢四分一釐
內除該商等收回銀三百四十二兩七錢七分五釐外
實借出銀三萬一千五百五十九兩三錢六分六釐由
該埠子店繳交紳局俞揚純等支用並非由局紳變價
繳署亦無三萬數千包之多有該埠單及局紳收支册
簿可核並據司事諸大慶供稱鹽倉原存鹽二萬八千
一百九十七包除提借外實被賊搶去一萬八千七百
六十二包質之紳士埠商各供無異迨州城解圍以後

張崇恪飭交經手局紳查數稟報局紳因款項繁多一
時未及查報陳兆興等誠恐延欠無著又奉催餉緊急
遂赴總督及運司衙門呈控指望領回前項完解鹽餉
並因當時商店陸續將銀付局未查確數遂以張崇恪
提借鹽餉二萬兩並將提借鹽包及賊搶鹽包籠統核
計約有三萬數千包值本銀十二萬餘兩指爲張崇恪
封提變賣又約計從前抽捐銀數有二萬餘兩與前墊
朱岡勇糧三萬一千五百兩誣指爲張崇恪勒借勒提
一併牽砌入詞希圖聳聽經前任督臣暨前運司飭據
張崇恪查覆情形數目不符隨將張崇恪撤任提省審

辦因張崇恪延未來省奏參奉

旨革審茲據埠商陳兆興等於未經提訊前查明原委以原控情詞失實自行稟首提集質訊供認前情不諱所有張崇恪借用連陽各埠商及鹽包變價銀共一萬九千四百三十七兩四錢六分二釐又新城倉鹽變價銀三萬一千五百五十九兩三錢六分六釐又埠商代軍需局墊給凱撤朱岡勇糧銀三萬一千五百兩共銀八萬二千四百九十六兩八錢二分八釐業經報銷局核明合例准銷已備具文領赴軍需局領出交還各埠商批解運庫兌收歸回鹽課轉解前藩司收入奉撥兵

餉項下開支又張崇恪動支地丁等款銀一萬三千八百三十三兩四錢二分三釐又陽山縣常維潮徵存地丁銀二千六百六十六兩五錢七分七釐又連陽埠商盧同發將應解鹽課銀三千五百兩共銀二萬兩遵奉文行墊給朱岡勇糧亦經各自備具印領文批赴軍需局按款分別領解清楚歸入地丁鹽課各案奏銷造報又張崇恪與各紳士續支朱岡勇糧及賞卹銀共二萬一千九百七十八兩四錢四分三釐均係代軍需總局支發之款其就地勸捐支發一切經費亦由局紳開造歸張崇恪復核造册由軍需報銷各局核明數目相符

歸案准銷再核案據張崇恪等領解各款並核銷銀數悉皆符合其抽捐及提借鹽餉鹽包變價有簿單可稽僉供實止此數張崇恪實因軍需支絀與紳商公議抽提借用並非擅提擅賣事由局紳經手委無推諉侵蝕情事案無遁飾應即議結此案已革前署連州直隸州候補知府張崇恪經埠商具控查核前後借支鹽餉鹽價及抽收鹽釐多至鉅萬責以擅動餉課該革員亦無從置辨惟該革員在任幾及四年值賊圍城三次援勦清遠圍城賊匪一次中間勦捕大小龍山潭源洞揚家觀西岸墟麻布水星子墟東陂觀各起土匪又越境勦

辦陽山縣之西江外塘黄坌嶺背犁頭青蓮英德縣之長山大灣等處股匪防勦幾無虚日左支右絀艱難籌畫其提借鹽項銀兩隨時支放軍餉保全地方毫無虚糜浪費又支放款目一任之紳士均有簿據可稽其心主於爲公其勢又迫於不容已以功抵過自不應科以擅動餉銀之罪且其時州城被圍鹽倉已爲賊據非該革員力保危城則倉鹽盡資賊糧餉課亦更無著落功罪昭然人所共喻廣東積年辦理防勦於守城出力人員既未能逐案查明隨時鼓勵反以控告之游詞加之嚴議案經數歲未能議結亦不足以服該革員之心而

作興辦事者之氣應請
旨將已革候補知府張崇恪開復原官以昭公允埠商
陳兆興沈泰來郎沈德三金際亨郎王裕隆鄒怡德郎
王宜順沈晴午沈德安盧同發李復興等因提繳餉課
期限嚴迫又恐變賣之倉鹽張崇恪無力籌還藉詞搪
塞致成誣控甚至將被賊搶失之鹽一萬八千餘包亦
指爲地方官封提種種有心誣罔殊出情理之外雖於
未集訊以前自行稟首究屬不合應請各照不應重律
杖八十惟事犯在累奉
恩詔以前應請援免其到案一同供明之司事諸大慶

鄉道湖等均免置議紳士俞揚純黃德純謝國衡莫祖
文黃允武唐榮棣曹槎漢等經管收發軍需各銀數核
銷相符尚無浮冒並無經手提鹽變價情事亦無庸議
其被賊搶失鹽一萬八千七百六十二包已經前運司
核准照例補配該革員張崇恪動用軍需總局應由軍
需局司道核明彙案補銷本任交代倉庫款項亦據查
明並無虧短另行結報除備錄供招咨部外謹合詞恭
摺具陳伏乞
皇太后
皇上聖鑒訓示謹

奏

此案顛倒虛誣一由幕友徐灝主之鄙人擬此稿兩年至劾逐徐灝乃能出奏能無慨歎自記

髮逆蕩平酌量撤留兵勇查辦土匪疏會總督銜

奏爲髮逆全股蕩平現將各營兵勇分別撤留籌辦地方土匪情形恭摺仰祈

聖鑒事竊首逆汪海洋被誅後逆黨由嘉應州城逸出江閩粵三省大軍跟蹤追勦圍捕淨盡業經督辦三省軍務閩浙督臣左宗棠會同臣等於上年十二月二十九日恭摺馳

奏在案溯粵匪滋事以來跳梁十六年蹂躪十餘省迨江南底定猶復肆其狂悖展轉於江閩粵三省之交各股逆酋以次殄除而汪海洋奔突靡常屢蹶屢振實屬

兇狡之尤粵軍分防太多兵力較薄嚴扼腹地而未能
力奏全功仰賴
聖謨宏遠
特命知兵重臣節制三省軍務督師進勦四面合圍而
鮑超劉典席寶田等謀勇軼羣俱極一時之選是以三
戰三捷殲厥渠魁埽清餘孽俾積年巨寇得滌蕩於崇
朝率土臣民同深懽忭臣等查廣東民氣強悍因循日
久紀綱廢弛尤甚上年四月內翁源縣利陂塘土匪涂
洪古等戕斃知縣張興烈一案經派遊擊湛恩榮前往
查辦旋因霆營叛勇擾及樂昌韶郡戒嚴湛恩榮所帶

兵勇撤回守城辦理防堵經年無暇旁及僅據該鄉捆送案匪四十餘名而逆犯涂為益等漏網尚多該處利陂塘涂姓族匪乘間添築礮臺加修土牆日肆橫行而磜下周陂各處土匪相率聚眾劫搶縣城以外寸寸荊棘又上年閏五月內永安縣候選訓導黃遇周挾仇劫殺中心壩劉姓一案經署縣敖翊臣帶勇捕拏竟敢恃眾抗拒適會花旂股匪攻陷長樂黃遇周遂踞所居之中鎮地方為老寨句串橫坑嶂下龍窩黃田黃花下洋各處土匪抄掠墩頭李洞李井羅洞高子坑鴨子塘橫岡梅墩羅田東坑鷓鴣塘楊莊數十村併製備長梯聲

言圍攻縣城經派遊擊黃相奎前往查辦以兵力單薄僅能駐防縣城日久相持未能進勦又上年八月內提督高連陞由鎮平追賊至興甯縣屬黃陂地方爲該處及黃泥坪岡背等鄉土匪攔截輜重殺斃長夫一百餘名高連陞遣派參將鄧朝瑞千總胡得貴李起生帶勇二百餘名前往查辦復被戕害殆盡高連陞會同康國器闗鎮邦各軍由羅岡羅浮司追賊至徐田壩又被白水寨土匪抄襲官軍軍火馬匹多被搶掠闗鎮邦遂至陣亡經飭藩司李福泰派撥副將林保都司周陞會同嘉應州興甯縣查辦據黃陂等鄉繳出案匪石爛裙葉

大花臉鍾駝子黄已發等十四名白水等寨繳出案匪黄㕮八袁四肢曾東木古劉鬼精等二十餘名未及懲辦而賊已回陷嘉應州城各犯乘勢逃脱又上年十月内總兵方耀由和平追賊至龍川縣屬送坑地方亦被該處土匪攔截輜重殺傷頗衆均因大股賊匪與官軍相持未暇分兵勦辦而東江一帶東莞縣屬之萌下羅屋㙐下鐵岡江邊厚街錦堂倒滘博羅縣屬之布上禮村陳屋龔屋吳屋邊蘇村深湖歸善縣屬之楊屋源頭上村唐屋東岸數十百鄉匪徒充斥公行刼掠由來已久近年遺散之勇招降之匪黨無慮數十萬人兼值東

江軍務緊急乘勢滋擾悍無顧忌僅東江一綫江路解
運軍火餉需接遞文報恃有副將沈玉遂水師一營晝
夜抄擊力與支拒其餘惠潮一帶之匪鄉尚未暇議及
即肇慶之客匪宜藉兵威處置亦未能兼顧此等緊要
應辦之案已多至十數起若仍事因循亂機一發將不
可收拾若留兵辦理則舊餉之積欠者已無可清釐新
餉之遞增者更從何取給臣等再四籌商方耀鄧安邦
等各大營均應全數裁撤以節縻費仍酌留二十餘營
分三停辦理北江曾紀鳳六營三千人飭令剿辦翁源
利陂塘土匪參將朱國雄二營一千人飭令會同長甯

縣宋錫庚剿辦長甯沙田遙田臘溪等處土匪其參將
任玉田遊擊湛恩榮各營已飭裁撤仍應由南韶連道
陸心源體察各路情形分別撤留東江曾敏行三營一
千五百人鄭紹忠六千餘人裁留六營三千人飭令次
第剿捕黃陂白水送坑中鎭等處土匪即移會提臣高
連陞就近勘辦以資督率其參將梁瓊都司鄧奮鵬周
陞各營已飭裁撤仍應由藩司李福泰體察各路情形
分別撤留臣嵩燾前擬出省辦理東江軍務檄飭肇慶
協副將楊青山募勇三千分立六營甫經成軍啟行而
嘉應踞逆全數蕩平即飭該副將督率各營剿辦東莞

歸善各鄉土匪併飭管帶靖安水師中營記名副將沈
玉遂廣州府梅啟照由水路會同查辦所有擬撤各營
積欠新舊口糧挨成發給實銀分限清釐尚須另議章
程核辦而江閩各軍招降餘匪三四萬之多籍隸江西
兩湖者由內河委員護送籍隸閩浙江皖者由汕頭雇
覓海船護送經費浩繁亦須分別籌辦臣等惟當勉竭
心力撫綏整頓以期稍慰
宸廑此次康逆大股竄擾粵境在事文武員弁籌辦防
勦均屬著有微勞除方耀鄭紹忠鄧安邦三員已由左
宗棠會同臣等隨摺保奬外其餘尤爲出力人員合無

仰懇

天恩由臣等查明保奏以資激勸所有逆匪蕩平酌量撤留兵勇查辦土匪各緣由謹合詞恭摺由驛馳

奏伏乞

皇太后

皇上聖鑒訓示謹

奏

此鄙人經營兵事之首政也嘗論粵東軍政之敝窮於思議非滌蕩更始無可整飭既劾逐督轅幕友徐灝乃得以次經理規模亦稍具矣自記

請開復藩司李福泰降調處分片曾總督銜

再臣等承准軍機大臣字寄同治四年十二月二十六

日奉

上諭前因左宗棠奏參李福泰軍務多涉粉飾當照部

議將該藩司降三級調用等因欽此當經轉行欽遵查

照本年正月十三日接據督辦三省軍務閩浙督臣左

宗棠咨稱上年十二月十九日提督鮑超率隊進至平

成鋪廣東布政使李福泰亦至州西藍口令總兵方耀

都司鄧安邦所部至古塘坪列隊與鮑超爲犄角之勢

賊分三路猛撲粵軍數次方耀等迎擊自午至酉鏖戰

四時擊敗賊衆時閩軍迤紮而西粵軍迤紮而東二十
二夜賊由嘉應州城竄出副將鄭紹忠等跟蹤追勦進
至黃砂嶂旋經會合江閩各軍蕩平餘孽等因到臣臣
等查藩司李福泰服官粵省二十餘年素著循聲同治
三年九月內委辦東江軍務已逾年餘中間克復武平
永定等縣防堵大埔克復長樂該司皆身歷行間悉心
調度疊經臣等先後具
奏在案左宗棠入粵以後軍威日振賊勢漸靡該司激
勵各營會合江閩各軍相機堵勦親至藍口督戰乘時
埽蕩一律肅清茲幸逆首殲除大功告蕆該司委辦軍

務馳驅險阻克竟全功亦屬著有微勞除方耀已由左
宗棠隨摺請
旨開復原官外合無仰懇
天恩將廣東布政使李福泰可否開復降調處分另候
簡用之處出自
逾格鴻慈臣等謹合詞附片具陳伏乞
聖鑒謹
奏

准補南雄州直隸州華廷傑請開缺以道員留粵補用

片會督總衔

再鹽運使銜候選道華廷傑以進士卽用知縣分發來粵補香山縣調補南海縣以軍務勞績保升同知直隸州准補南雄直隸州捐輸軍餉奏准以道員不論雙單月選用赴部捐免離任領有部照昨因辦理釐務出力經臣等保奏奉

旨賞加鹽運使銜欽此轉行遵照各在案茲據呈請開缺赴部投供候選前來臣等查該員在粵二十餘年歷任劇邑壘著循聲兩次署理東莞縣正值紅匪滋事岌

鋤奸暴撫輯瘡痍尤爲實政在民自咸豐九年准補南雄直隸州交卸南海縣事前督撫臣派管軍需各局事務前後七年近值江匪竄擾經臣等派委該員隨同辦理軍務實心實力不辭勞瘁合無仰懇
天恩俯准該員先開南雄州缺以道員仍留粵東酌量補用俟補缺後送部引
見俾臣等獲收指臂之助實於軍務地方均有裨益如
蒙
俞允仍飭該員赴部照例補繳分發銀兩該員准補南雄直隸州尚未赴任並無交代及違礙處分其東莞等

縣交代均已清楚分案咨部合併陳明謹

奏

妥議變通報銷章程疏 會總督銜

奏爲遵

旨查明廣東軍需用款分別開單存案及變通報銷妥

議章程恭摺條列具奏仰祈

聖鑒事竊准戶部咨內閣奉

上諭戶部奏請將軍需報銷變通辦理一摺據稱軍需

報銷向來必以例爲斷然其閒制變因時亦有未能悉

遵之處各省軍需歷年已久承辦既非一人轉戰動經

數省則例所載征調但指兵丁而此次成功半資勇力

兵與勇本不相同例與案遂致歧出在部臣引例核案

往返駁查不過求其造報如例而各處書吏藉此需索糧臺局員借以招搖費無所出浮銷苛斂等弊卽由此起請將同治三年六月以前未經報銷各案開具簡明清單奏明存案並請飭禁勸捐歸補名目等語所奏係爲因時杜弊起見軍需報銷一事本有例定章程惟近來用兵十餘年蔓延十數省報銷款目所在多有若責令照例辦理不獨虛糜帑項徒爲委員書吏開需索之門而且支應稍有不符於例則難核准不得不著落賠償將帥宣力行間甫邀恩錫旋迫追呼甚非國家厚待勛臣之意著照該部所請所有同治三年六月以前各

處辦理軍務未經報銷之案准將收支款目總數分年
分起開具簡明清單奏明存案免其造冊報銷此係朝
廷破格施恩各省督撫具有天良務須督飭糧臺委員
核實開報不得因有此旨任意影射浮冒並著嚴禁勸
捐歸補名目及私設釐卡等弊如有不肖委員仍將前
項情弊巧爲嘗試別經發覺除將承辦各員嚴辦外必
將該省督撫等從重治罪部中書吏如有在各處招搖
撞騙朦混包攬者並著嚴行拏辦以懲奸蠹其自本年
七月起一應軍需凡有例可循者務當循例支發力求
撙節其例所不及有應酌量變通者亦須先行奏咨備

案事竣之日一體造冊報銷不得以此項特恩妄生希
冀將此通諭知之欽此欽遵轉行查辦復欽奉
上諭向來糧臺造冊本易矯誣此次開單更恐肆行冒
濫儻封疆大吏不能破除情面認眞刪減將使朝廷逾
格隆施轉爲屬吏侵漁地步殊非國家實事求是之心
所有同治三年六月以前各處軍需用款准照新章奏
報者無統兵大臣省分責成各該督撫辦理各省巨萬
軍需由該督撫一言而定儻有不實不盡之處必惟該
督撫是問至開單存案事屬搿始其中款目繁多應如
何分年分起核實開報之處著該督撫等各就實在情

形先行妥議章程具奏如有吏胥人等在外藉端撞騙者著凜遵前奉諭旨嚴行查拏從重懲辦其同治三年七月初十日以前已經咨題到部尚未核覆之案即由戶部查照收支總數暫行存案無庸題覆仍行文各該省自行覆加確核遵照新章開單奏報毋許稍有含混至從前已經題覆各案內有指款駁查之件並著各該省詳細查明應刪減者核實刪減應聲明者據實聲明各歸各起奏報存案以歸劃一而杜流弊欽此仰見皇上慎重軍需審端竟委於破格矜全之中仍寓核實求詳之意捧誦欽服莫可名言當查廣東辦理軍務十

有餘年一切章程先經奏明仿照道光年間洋務軍需
及廣西章程辦理而時值軍務緊急隨地隨時酌量加
增仍未能悉符例案前時具題各案祇能核其總數與
實用之數相符即經照案
題銷臣等澈查近年用兵與道光以前情形迥別道光
以前偶有軍需皆先設立糧臺聽候部撥銀款由委員
支放責成一手辦理報銷軍餉本有贏餘浮支浪費在
所不惜又始終由委員經理於承辦糧臺之時即豫爲
報銷開支之地兩粵軍務初興辦法尚係如此嗣後軍
務日繁餉糈日絀各省設立軍需局歸現任司道公同

經理並無專責一切籌餉事宜督撫竭力經營支放不能及半部行催辦報銷而所欠勇糧尚有未能清理者是以相率因循推延時日仰祈

聖慈加恩准予開單存案變通辦理而後報銷之案始可以核實稽查不至多所瞻顧檢查廣東軍需局案卷歷十餘年之久司道交涉數十員局存底案前後移交承辦各員無切身之利病案據昭彰局員及司道等公同核辦無所庸其弊混竊以爲單開各案決不至有肆行冒濫之弊而其中款目繁多支放參差實有難於畫一者即同治三年七月以後報銷接續前案辦理亦不

能過涉參差均應明定章程以期有所循守臣等督飭
在局司道妥籌辦理之法蓋有數端謹爲
皇上一一陳之
一欽奉
諭旨分年分起核實開報臣等以爲分年者各案之綱
分起者一案之綱廣東連年辦理軍需此案未完彼案
復興有數年辦結一起者有一年同辦數起者宜分起
截清各繫以起止年月而各案調撥兵勇多由此處調
赴彼處或增或減人數旣各不同起止尤多牽搭歷年
軍需局支放均止能核其名數銀數並不能劃清各案

月日自同治二年前撫臣黄贊湯奏定改爲按季奏報亦止能就本季用數據實陳明其案數仍未能分晰而欠發之數又未能劃清一經檢核轇轕百端應以各案起止月日爲綱凡有征調之勇總以起程日截支前案起支後案

一動用款項應請通准作正開銷廣東歷年軍務急需疊經奏明動用各庫銀兩並無專款其大要約有三端一係歷任督撫臣指明奏撥之款一係司道各庫湊支應急之款一係各府州縣報明借墊之款自咸豐八年開辦釐捐及節次勸諭捐輸專供勇糧支放略及三分

之一中間釐金一項提充江南軍餉由本省開支者前後七八年間均有實數可稽歷年辦理軍需仍以提用司道各庫爲最多其中款目或照例應歸部撥或係坐支雜款出入相抵並無存儲軍需動用過多則常例應放之款亦致積欠日鉅必待接款歸還分別動用則永無清理之日至各府州縣防剿緊急報動征存正雜羨耗等銀亦各有額支要款臣等查明所報不實或先未報明事後抵算者隨時駁詰核刪其虧挪有據者亦經據實參賠而由局核實之銀向止准其劃抵征存本款歸入軍需案內由局核辦並不准朦混領回而各州縣

籌辦防堵捕剿大股賊匪較之各省亦最著有勞績萬不能不准其報銷惟有將一切湊支借墊之銀隨同奏撥款項據實列單作正開銷款目庶免糾纏辦理亦歸核實其積欠俸餉等項應另歸善後案内籌核辦理至同治三年前湖南撫臣惲世臨請以墊項抵作捐輸給獎經部臣議准通飭各省照辦葢爲朦混具領現銀者言之廣東向無此等情弊其防剿挪用已經核實之款亦無從飭令報解抵作捐輸轉致追賠無著公私交承其敝

一京餉協餉宜倣照軍需各款開報查廣東正雜錢糧

惟海關有例解廣儲司等銀三十萬兩歲收贏餘仍撥給本省兵餉藏在戶部則例並無額解京餉及協濟各省之款近年京外餉需緊急部臣指款撥解或飭不拘何款移緩就急不惟未指定款目者無可動解其有款可指者文行到省總在各庫搜括殆盡之後百計搠揣再三攢湊始能起解並有代外省製辦火藥軍裝購買洋人槍礮作價劃抵奉撥餉項是以列報每多轇轕如所動之項不指明款目則易滋牽混如指款開單則與原撥多不相符斷不能再留懸而未定之款以待將來撥還所有前時已解將來續解之銀及軍火抵解之數

擬請查明係在何款內籌出卽聲明用何款起解毋庸輾轉撥冋而一收一支於庫項仍無出入似亦核實辦理之一道

一欽奉

諭旨嚴禁勸捐歸補名目應分別查辦地方有司藉稱辦理公務派累民間誠爲弊政亟宜嚴行禁革況此次軍需經手款項准予開單具報祇期核實並不以例案繩之詎容不肖員紳再以勸捐歸補藉口惟是常平倉穀一項昔年積儲之始半屬捐自民間自被賊擾以來礮缺毀失情形不一咸豐六年少詹事翁同書奏通籌

財用案內擬請勸捐歸補給予獎敘經部臣奏奉
諭旨通行遵辦此項倉穀一經停止勸捐別無可以給
發買補之款荒歉緩急關繫匪輕應仍通飭查明實缺
之數照案勸捐辦理其地方公項如基圍修費書院經
費等類關繫民瘼文教之款上年經官暫提應急隨時
撥還未能足數者照依現擬各庫辦法歸善後案內分
別緩急次第辦理地方紳局團練借動者應仍聽地方
紳士籌捐歸款不准官吏牽涉此外一切官紳經手款
項不入報銷開單又與民瘼文教無涉者由官紳自行
措辦不准勸捐歸補如此分別辦理庶幾各有責成不

致全歸懸宕

一欠餉抵捐宜分別核實查廣東捐輸軍餉係以實銀上庫並無錢文鈔票折算之事即如各營裁勇欠餉抵捐請獎亦係照依捐數一收一支統作實銀核算應槪歸實銀開單毋庸另行聲註惟近年有願將積欠勇糧鉅萬報效專廣中額學額不請獎敘之案先後分案奏

奉

諭旨准行此項報效與捐輸微有不同將來軍需開單奏報時應將某案內報效銀數據實聲明又同治二年戶部議准紳民自辦團練捐擬照依例定銀數酌加四

分之一給予封典職銜粵東此項最多應另案辦理不入軍需開單報銷亦不准牽混抵捐軍餉

一江南紅單船經費宜各歸各省開報查粵東自咸豐三年起至同治元年止三次雇赴江南助勦紅單師船共一百一十三號先後由粵籌給船價口糧置辦軍械並陸續籌解接濟數累鉅萬當咸豐三年初辦之時粵東並無軍事措置裕如迨咸豐四年紅匪滋擾徧地寇氛自顧不暇在江南疊次

奏咨視紅單船爲粵東例應支給之款在粵東接濟鄰省視力所至豈能據粵東雇募之船强加科派同治二

年以後陸續凱旋各船由江省咨粤代爲清理積欠支發現銀填給餉票暨勸諭報効又百餘萬兩實以大局所關不能不勉强料理中間由江南糧臺關放軍餉無歸粤報銷之理所有此項經費由粤東經理者應由粤東開單由江南經理者應由江南開單其同治三年七月以後續支者並各歸各省開報以免混淆

一欽奉

諭旨有應酌量變通者先行奏咨立案臣等伏查粤東軍需用款以壯勇口糧一項爲大宗歷次奏定章程勇糧之外每名另給安家銀十兩五兩不等遇剿辦不力

將勇撤換安家銀兩無從追回募補之勇又須重支其工食鹽菜又辦別隣境本境核給多少數目而日給一錢三分或八分之外別給口糧米八合三勺轉輸運脚費既倍增勇丁取攜亦多不便至官兵隨餘丁原以代長夫之用廣西章程於餘丁之外奏明另設長夫計兵百名設立餘丁長夫凡八十名廣東軍營壯勇既無例帶餘丁又未議設長夫每遇拔營追勦輒因待夫搬運軍火輜轉躭延於事機殊有關繫營中未議公費該營員隨時赴局更換號衽旂幟及醫生書識工匠薪糧亦復漫無限制臣嵩燾於同治二年秋間與前督臣毛鴻

賓先後抵任查悉前情計非變通營制無以整飭戎行當經倣照江楚章程以五百人爲一營每營營官一員親勇七十二名設前後左右凡四哨每哨哨官連勇一百零七員名其長夫仿照廣西餘丁長夫酌給十成之四其公費薪糧分別次第連長夫價共計每營出省長征大建月支銀二千七百一十八兩二錢小建月支銀二千六百三十四兩二錢六分統領數營之營官月加公費銀一百兩明定章程據此以爲供放卽據此以爲報銷所有弁勇糧米跟役安家銀兩概從節省其旂幟號袿號帽等項止准於成軍之日在局領取一次嗣後

更換添補以及營中書識醫生工匠之薪糧統由營官
薪水公費項內動支不准另行開報較舊時章程撙節
已多此次酌定營制鈔錄咨送軍機處及戶兵工各部
備查再同治三年侍康諸逆竄擾所至多以馬陣衝鋒
我軍以步勇接仗每易挫失前據各營請添馬隊壯勇
馳騁合圍著有成效其馬乾等銀應准照例開支同治
四年歲底竄逆肅清郎於五年正月將馬隊首先裁撤
因係暫添應急是以未經列入營制
一製辦軍裝火藥應照時價開報查廣東近年百物昂
貴如製造火藥一項每百斤例價止得銀三兩九錢零

現在時價非銀十六兩不能成造較之例價計增三倍有餘其製辦槍礮軍械帳房號衣等件亦較例案加增溯查道光二十一年辦理洋務軍需成案前撫臣怡良會同靖逆將軍臣奕山援照浙江奏案議請製造軍裝各項工料於例價外酌加四成部臣議駁隨將例價不敷之銀歸入軍需外銷迄今尚未籌補足數近年工料物價例外不敷之銀浮於例內准銷之款更非道光年間可比而外銷弊政日積日深斷無在事官員自甘賠墊之事始終貽累於

國家若仍效尤辦理不獨非

詔旨覈實求詳之義亦非臣等清查開報之心溯查道光年間洋務案內購買洋礮洋槍及櫶木礮架據實開報部臣已經議准此次軍需購買之洋礮洋槍及外洋火藥空心礮子並洋槍上應用之銅帽等件暨內地製造火藥鉛子彈礮子火繩並擡槍鳥槍線槍軍裝帳房等項惟有仰懇

聖恩概准照依時價造銷則事歸核實而百弊可以肅清矣

一陣傷亡故兵勇卹賞醫調分別酌給查粵省歷年防勦兵勇陣亡傷故應得卹賞及養傷銀兩向照洋務軍

需及廣西章程由軍營驗別等第照例定銀數先行支給近准部咨兵勇陣亡傷故燒埋養傷銀兩仍由軍營給領其卹賞銀兩由軍營知照原籍省分查有妻子親屬卽照例給發如無妻子親屬承受者彙總派員致祭以慰忠魂等因廣東軍營所募楚勇東勇一營之内多係父兄子弟數人踴躍從公遇有陣亡傷故槪由親屬代領卹賞爲之醫調棺斂相沿已久本不能再事變更近因軍需支絀逐日口糧未能依期給足尚待凱旋時設法清釐若戮力疆場爭先効命之卹賞再俟輾轉行查不准卽時核給實未足以昭激勸臣等體察情形壯

勇所領卹賞較步守兵丁減少一半是以酌議陣亡壯
勇有親屬在營者全數給領陣亡兵丁有親屬在營者
酌給一半餘俟行查辦理均不另給燒埋遇兵勇無親
屬隨營仍依部議先給燒埋以待行查至養傷一項例
定銀數稍可節省現經酌定不分兵勇頭等傷給銀七
兩二等傷給銀四兩二錢三等傷給銀二兩一錢因傷
成廢者照陣亡減半給銀一十二兩五錢局中照此支
給卽照此核實開報
一隨營文員公費例支不敷應行籌給查調赴軍營及
派辦軍務局務之文職各官例支鹽糧跟役馱折各項

約計道員月支三十四兩知府月支三十一兩八錢同通州縣月支二十四兩八錢佐雜月支十六兩近年各物昂貴月食實有不敷在事人員苦累不堪言狀前於同治二年春兼署督臣晏端書飭軍需總局司道詳定道員月支銀二百兩知府月支銀七十兩同通州縣月支銀三十二兩六品以下佐雜各員月支銀十八兩均連例支在內議除照例開支之外另歸軍需外銷辦理

臣等伏查軍營當差候補文員苦累屬實晏端書權宜酌辦洵出於萬不得已第軍需外銷名目久已奉

旨禁革而軍營文員薪水又於咸豐三年由侍郎宋晉

以糧臺濫支奏奉

諭旨飭部核議不准開報臣等何敢再事瀆陳惟查戶部則例載調赴軍營之實缺文員准支本任全廉署缺文員准照所署員缺支食半廉而軍營得項仍准一律開支計道府以迄州縣全半養廉每年由數百兩以至二千數百兩不等署缺人員一經離署卽係候補人員未署缺者艱苦備嘗會署缺者過予優厚殊無以示持平隨查軍需則例昔年雲南四川軍需各案文員本有月給盤費之文嗣改爲專支鹽糧跟役馱折係指現任人員有養廉者立論至候補人員是否照辦例內並無

明文近年各省議奏變通章程亦從無以現任候補之甘苦分別上陳者晏端書所定之數專爲候補人員而設以之比較軍營例支每月道員多領六十餘兩知府多領三十餘兩同通州縣多領七兩零佐雜多領二兩而較之現任署事例支全半養廉已少十之八九軍營當差人員亦實有萬不可少者歷來均係派委候補人員自當稍示體卹酌給公費兼補例支之闕臣等仍飭局核議扣計候補道員月領七十兩知府月領五十兩足數辦公當將晏端書所定兩項各予照數核減其現任實缺文員調往軍營有本任養廉可支者照例專支

軍營鹽糧跟役馱折不准支領公費而署缺文員自調
營離署日起概照候補人員辦理停支署任半廉此係
於萬難節省之中實力節省而未符例案之處不敢不
切實陳明以上各條臣 嵩燾先與前督臣毛鴻賓再四
熟商一面飭局查照列單開報一面核議陳奏嗣臣瑞
麟兼署督篆又經會同反覆稽核茲幸江閩竄逆軍務
告蕆而本省辦理各案亦當逐案查核報銷亟應明定
章程聽候
飭部核議以憑遵照辦理據總局司道遵照
前旨籌議章程具詳請奏前來相應縷晰

奏懇
天恩飭部議覆當
國家經費支絀積弊已深之餘正中外諸臣所宜振刷
精神覈實推求之日臣等徵有所見不敢不據實上陳
謹會同恭摺具
奏伏乞
皇太后
皇上聖鑒訓示謹
奏

廣東各員應得請豁之項懇照恩詔條款辦理片會總督銜

再廣東軍需動款最轇轕者咸豐年間先後奏報抽釐濟餉一案現據總局司道稟稱咸豐十年閏三月初四日戶部議駁兩廣總督勞崇光奏續撥關稅三十萬兩接濟軍需案內聲明廣東省現辦釐捐百貨充物商賈往來絡繹卽此抽釐一端經理得宜足敷軍餉之用不得以關稅正款再行動支所請續撥稅銀三十萬兩之處未便准行等因咨行查照是年四月兩廣總督勞崇光具奏咸豐八九兩年試辦抽釐情形開辦日期抽收

銀數一摺奉
旨飭部查案戶部不提是年閏三月議覆前奏緣由忽
以不合動用奏奉
硃批著落該省大小吏一律賠補戶部旋議分作十成
總督巡撫藩司各分賠二成軍需局各員共分賠二成
收釐各局印委各官共分賠二成自八年四月起至九
年十二月底止各案在任月日攤賠遵照三箇月完繳
等由奏奉
硃批依議分賠期限著再展三箇月欽此於咸豐十年
六月初六日咨行到粵遵經飭行查開各員在任月日

分別追賠去後嗣於咸豐十一年十月初九日欽奉
恩詔凡分賠以及牽連著賠者一概豁免等因戶部經
將例應按成按日分賠及奏明統在歷任各員名下按
成按日分賠者於
恩詔一概豁免本條內分晰聲註繕具清單具奏奉
旨依議欽此文行到省前司道查核咸豐十年奏報抽
釐銀兩原爲支給軍餉之需戶部甫於是年閏三月議
覆續撥關稅案內聲明抽釐足敷軍餉旋於四月內議
駁前後兩歧實非本省弊混較之一切照例分賠款項
情節實輕而議賠文內聲明分作十成各按在任月日

攤賠又與一概豁免
恩詔條款部議清單纖悉相符係應得請豁之項前司
道未及詳奏卸事茲值欽奉
恩旨飭將軍需收取款目開單具奏未便稍涉含糊司
道等均非當日經手之人無所用其迴護相應呈請奏
懇
聖慈飭部照依
恩詔條款辦理俾得分别歸案開單免滋轇轕再咸豐
十年全年及十一年春季收支釐銀均經具奏奉
諭旨戶部知道欽此戶部又以未經奏報請

旨飭令籌還廣東軍務未完餉需支絀無可籌還以致
懸宕至今此亦係同治三年六月以前應行開單具奏
存案之項並請附奏同近年釐金一律歸案收支等情
臣等復查該司道所禀均屬實在情形相應附片陳明
伏乞
聖鑒訓示謹
奏

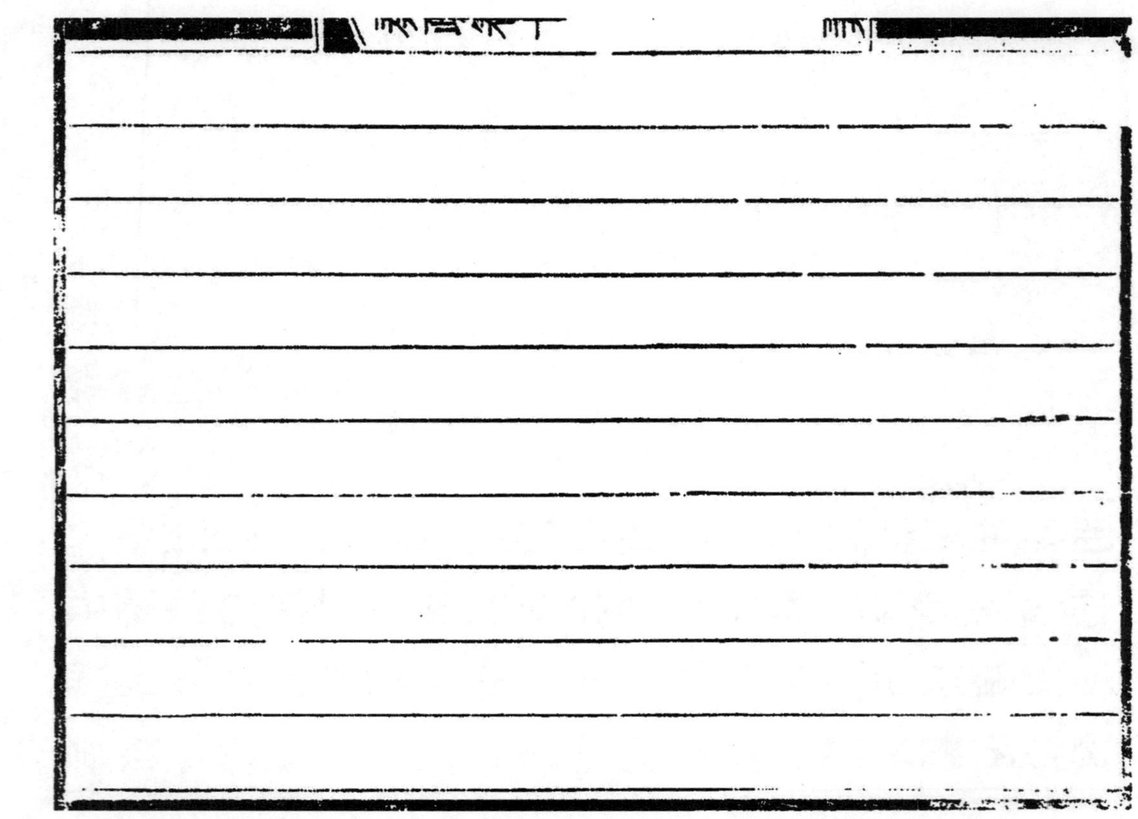

籌辦各屬土匪請將庇匪倡亂之紳士先行斥革疏 會總

督銜 署

奏爲籌辦各屬土匪情形並將庇匪倡亂之紳士先行

請

旨斥革恭摺馳陳仰祈

聖鑒事竊查東北兩江屬境土匪充斥酌留各營辦理

情形經臣等於正月二十六日專摺

奏明在案疊據知府銜四川補用同知曾紀鳳稟報二

月十三日由翁源縣城移紮六里鄉該處路口近有礮

樓一座曾紀鳳分兵五路進攻該逆扼險抵拒槍礮雨

集曾紀鳳揮軍毀其礮樓整隊而進乘該逆洶懼之時
諭飭掘交匪犯訖無一應曾紀鳳察看賊情沿河礮樓
三座如三城弁列當中礮樓尤爲堅厚高大爲悍賊所
集先平毀此樓各村不攻自破督勇環攻半日之久該
逆用暗槍致傷營官總兵銜副將黃文煥哨官都司周
鳳舞及勇丁十餘名臣等飭南韶連道陸心源運給大
礮四尊廣州府梅啟照運給炸礮四尊以資轟擊三月
初五日曾紀鳳用礮轟其礮樓西北角自辰至酉樓角
坍塌七八尺該匪用籐牌搶護是夜竟出數百人偷襲
官兵營盤曾紀鳳先已準備四面擊之斬二十餘人初

六日曾紀鳳挑選敢死之士都司銜守備彭蘭桂守備王益龍千總王連陞軍功湯定達等督率四十餘人各挾雲梯伏地踹進踰越濠塘從東北角缺口攀緣而上仍用空礮向該處轟擊該匪以礮樓缺處時有中礮傷亡不敢立足曾紀鳳先撥前右兩營直撲礮樓西南兩面又飭中左兩營準備器械俟彭蘭桂緣上缺口卽行縱兵前進又飭都司萬德貴專防左右兩礮樓赴援之匪西南兩面各軍正鏖戰間彭蘭桂等已悄從東北缺口直上分踞圍內屋脊該匪從下擊之中左兩營乘勢齊上呼聲震天王益龍王連陞等從屋檐躍下縱橫馳

擊至正東樓門該匪先於各圍門內安設地雷轟斃軍功湯定達等八名轟傷千總王連陞等三十六名閩門亦被轟倒左營參將凌興發中營都司林得貴正分兵從礮樓外堵截竄出之匪乘勢一齊擁入圍內之匪無一脫者生擒匪首涂濟堂等二十二名而西南角礮臺女牆內仍屯踞悍匪百餘人官兵稍近其前即開放槍礮曾紀鳳因從西南角房屋內縱火焚燒女牆內悍匪皆斃該處涂姓匪徒負險恃強為害地方數十年上年四月內拒捕戕官後惟日以擄搶聚糧購備軍火為事以防官兵進勦其兇悍如此曾紀鳳用全力圍攻二十

日之久毁其當中一樓而左右兩樓仍然堅守如故其樓皆以巨石爲基上設垛牆圍繞四面開挖濠溝較之縣城尤爲堅固此等匪鄉情形亦實駭人聽聞非得透澈懲辦其爲患直有不可勝言者又據署羅定協副將鄭紹忠會同補用道吳贊誠稟稱二月初一日由永安中心壩移紮中鎮該處匪徒均經逃逸聞馮坑逆首黄恩超等負險聚眾意圖抗拒官兵鄭紹忠督勇馳往該逆槍礮齊施拒傷勇目王亞得一名各勇冒槍急進毁其礮樓生擒首犯黄恩超鄭紹忠急馳至大坪該處寨岡河唇圍草捕隍屋象湖匪徒全集槍礮之聲鬨數里

鄭紹忠力戰破之陣亡勇丁王九等三名受傷十餘名又據長甯縣宋錫庚稟報攻剿沙田股匪於正月十六日攻毀礮樓一座尚有靠山礮樓三座屢攻不下經臣等飭派副將朱國雄一軍助剿迭次受傷勇目數十名至正月二十九日開挖地道用火藥轟之始得毀其礮樓生擒潘錦紹潘秉芳等三十餘名餘匪逃竄遙田遙田匪首潘橋保亦著名兇匪也適朱國雄病故宋錫庚會同該營守備葉維光等跟蹤追至遙田二月十一日攻克其村以次埽平天堂腊溪鯉魚冲各匪巢陣斬逆首潘元茂而小水一鄉所踞地勢尤險峻咸豐八年前

督臣黃宗漢派兵攻圍六月之久僅據擱支逆匪潘過山鐵一犯此次宋錫庚乘屢勝之餘威直逼其巢雇募土民爲內應三月初五日五鼓派撥兵勇潛伏礮樓左右平明時襲開其樓門各營奮勇衝入生擒匪首李亞桐等十餘名將其匪樓一例平毁又據提督銜記名總兵肇慶協副將楊青山總兵銜記名副將沈玉遂會同道銜刑部員外郎劉錫鴻稟稱二月初三日進攻羅角村初九日進攻深村十五日進攻赤岡楊屋村二十九日進攻九房陳三月初八日進攻下寮禮村中間辦理蛟湖陳屋村高湖壆下犀斗岡新塘各處匪巢共十餘

起各該村均將老弱婦女先行搬出專留精壯踞守礮樓排列槍礮抗拒官兵或圍攻竟日受傷勇丁數十名始能平毀其礮樓又於攻剿禮村傷斃靖安水師得力哨官楊德貴一名及勇丁多名前後拏獲匪犯三百餘名有解省訊辦者有著名積盜即飭由營正法者如厚街之王聾屎妹九房陳之陳亞景陳亞梅深村之姚甸球皆藴惡數十年黨羽或至數千一旦翦除遠近民心爲之稱快臣等查廣東風俗人心之敝窮於思議百姓日以兵刃相接地方官與百姓亦日以兵刃相接所在築立堅牆廣開礮眼竹盔銅甲小村數百具大村或數

干具專務以强陵弱以衆暴寡公行刼掠負險抗官竟
有數十百年不知完納錢糧爲何事者此次派兵勦辦
到處開礮拒捕悍無顧忌臣等敘述各軍接仗情形但
能敘其大略至不忍詳悉聲敘推求其故良由吏治不
修紀綱廢弛而各該村匪徒屯聚遠刼近攻常有紳士
爲之主持地方官歷來辦案交涉紳士輒多方爲之解
脱以致民風日益敝壞汞安中鎮一案候選訓導黃遇
周實爲匪首經臣等前摺
奏明楊青山辦理赤岡楊屋村一案有武進士楊林芳
來營關説楊青山飭令勒限交匪訖無回信迨楊青山

督勇進攻楊林芳與其子楊國安騎馬督陣經楊青山
當場拏獲解省質訊楊林芳到案自認武進士籍隸東
莞相距歸善楊屋村六十餘里以係職官礙難刑訊訊
據獲犯古亞臏等供楊林芳得贓二千金包庇抗官始
以推宕爲計終以抗拒爲能此等頑悖情形竟視以爲
固然應請
皇上天恩分別飭部先將武進士楊林芳俟選訓導黃
遇周照例褫革由臣等訊明確供立予正法以昭炯戒
其高連陞所部各軍現尚駐紮嘉應所有興甯長樂一
帶土匪如黃陂白水逆坑等村臣等已會商高連陞先

赴惠州接任廣東陸路提督篆務即行分赴勦辦俟東
江各村辦理完竣即撥各軍前赴肇慶籌辦土客一案
以期次第肅清至各營傷亡哨弁勇丁應由臣等彙案
查明分別懇請
賜卹其餘出力員弁應俟各案辦理完竣一併擇尤保
奏邀請
恩施所有籌辦土匪及請
旨將庇匪倡亂之紳士先行褫革緣由謹專摺由驛馳
奏伏乞
皇太后

皇上聖鑒訓示謹

奏

彙保大軍進剿潯梧艇匪攻復潯州府城出力官紳兵

勇疏會督銜

奏爲查明東西兩省水陸大軍進剿潯梧艇匪先克下

郢賊巢乘勝攻復潯州府城兩案出力官紳兵勇核實

擇尤彙保恭摺具

奏仰祈

聖鑒事竊臣等查接卷內咸豐十一年正月二十四日

奉

上諭勞崇光奏官軍會剿下郢賊匪埽平逆壘所有在

事出力各員弁兵勇著覈實保奏欽此又咸豐十一年

九月十七日奉

上諭勞崇光奏東西兩省水陸大軍痛殲艇匪克復潯州府城在事出力各員自應量予獎敘著擇尤保奏欽此均經前督臣勞崇光恭錄轉行欽遵飭據帶兵文武查開在事出力官紳兵勇由督辦西江軍務前任惠潮嘉道劉式恕統帶潯梧水師碣石鎮總兵李揚陞分別彙保前來前督臣正署迭更未及查辦復於同治二年八月三十日准兵部咨五月三十日奉

上諭劉長佑奏遵保克復廣西潯州府城出力員弁開單請獎一摺廣東水師出力員弁據奏未及彙同核辦

著毛鴻賓到任後查案核實請獎等因欽此毛鴻賓因行催未齊亦未查辦卸事臣等檢核檔案查艇匪陳開自咸豐五年秋間竊踞潯州時計六載裹脅日眾橫梗左右兩江復敢僭號稱尊大逆不道時值梧州土匪羅華觀等聞風響應盤踞下郢東西兩省水陸道路隔絕不通經勞崇光會商前廣西撫臣劉長佑由東省籌撥餉需調派楚粵水陸大軍先將下郢賊巢埽平使進潯兵勇無所牽制隨飭李揚陞劉坤一蔣益澧等分帶舟師陸勇聯絡紳團節節進勦將各匪陸巢水寨悉數芟除移師平南咸豐十一年七月十四日水軍在丹竹河

面一戰大捷俘馘萬餘乘勝直擣潯州是月十六日將

郡城收復首逆陳開旋卽生俘洵足彰

國威而伸天討所有兩案在事文武員弁兵勇紳練或

親督戰船溯流轟擊或管帶勁勇迭破堅巢俾東西交

界要隘一律肅清兩粵軍事轉機在此一舉其逸出之

何亞淐卽李亞淐等由湖北江西竄投賊營復敢於上

年從福建賊營與其先鋒軍師張亞城梁亞幅等盤踞

香港招集匪類供應賊營軍火以圖復起滋事同治四

年八月內經縣丞劉煦府照磨李荊門揣知蹤跡設法

誘致知會守備言樹勳龍熾應等督帶兵勇圍捕全數

拏獲該逆陳開一股至是始殲除淨盡均屬辛勞足錄義勇可嘉自應分別獎敘以昭信賞惟克復潯州案內各營原保人數不無稍涉浮冒前督撫臣詳細查詰簡牘往返以致延宕數年尚未奏保臣等以該官紳等立功日久斷難再延當將原保各摺飭發獎卹局司道確切訪查認眞剔釐汰其徇濫核其眞功茲據該司道等分晰列冊詳請具奏前來臣等覆加稽核并徵諸當日帶兵員弁在事紳商均屬異口同詞毫無偏倚除楚軍出力員弁已由劉長佑在直隸保獎及蔣益澧所部湘軍於復潯後旋卽赴浙援勦其部下員弁有無另案保

獎勞績事故應俟查覆到日另行辦理稍次出力兵勇
由臣等賞給功牌及以千把外委記名超拔列冊咨部
外所有潯州下郢兩案出力官紳兵勇謹擇尤確核事
功分別清單恭呈
御覽合無仰懇
天恩俯准分別獎敘以昭激勸至各該員弁應送履歷
俟飭繳到日再行送部辦理臣等謹會同廣西撫臣張
凱嵩合詞由驛具
奏伏乞
皇太后

皇上聖鑒訓示再克復潯州府城與攻破下郢賊巢本分二役第復潯出力人員所註事績多有先經攻破梧州下郢賊巢出力著績之人似應歸併彙辦以期無濫無遺合併陳明謹

奏

鄙人清理舊案百數十起下郢一案爲督轅幕友所持至是始得出奏閲之慨歎而已自記

郭侍郎奏疏卷十一

密陳粵海關情形疏

奏爲欽奉

諭旨謹就微臣愚見體察粵海關情形恭摺密陳仰祈

聖鑒事竊臣二月初十日承准軍機大臣字寄同治五年正月二十一日奉

上諭前因左宗棠奏粵海關收稅請由督撫設法籌辦當諭令戶部議奏茲據奏稱該關積弊已深歷任總督監督縱不至盡屬肥已亦難保不受家人丁書之朦蔽今左宗棠奏聞每歲不下二百萬兩與該關奏報銀數

大相懸殊請飭兩廣總督廣東巡撫查明辦理等語粵省軍務日久未竣籌餉之難該督撫監督等亦所深悉豈容任聽家人丁書羣相吞食視爲故常亟應嚴行查辦著瑞麟郭嵩燾嚴密查明該關各口實在收稅數目以及朦蔽情形妥議章程限三箇月內詳悉奏明再由該部酌覈辦理該督撫受恩深重務當破除情面秉公確查倘敢飾詞迴護有意彌縫別經發覺卽治該督撫以查辦不實之咎原摺著鈔給閱看將此諭令知之欽此仰見

皇上垂念軍餉艱難淸查關課綜覈名實之至意伏查

廣東市舶使之設起自唐之中葉垂至於今葢千有二三百年自來利之所趨弊卽乘之以生粵東民商嗜利之深胥吏舞弊之堅未嘗不因擅海舶之利釀成此等風氣臣在粵兩年於海關收稅情形略能知其節要不敢不爲

皇上縷悉陳之自宋初設立廣州市舶提舉司後復增設於杭州泉州歷元明仍其制爲三市舶司中閒增設裁併沿革不一而廣州一司獨無變更明世番舶通市各以其地甯波通日本泉州通琉球廣州通占城暹羅及西洋諸國所定課額均無多是以康熙二十四年開

南洋禁諸番市易并集廣州一口設立監督主稅務徵銀九萬一千七百十四兩五錢復經兩次題減額定四萬兩二分而已其後歲有嬴餘爰定三年比較之例嘉慶四年始以嬴餘八十五萬五千五百兩著爲定額百餘年來聚天下貨物歸併一口仍以湖絲茶葉爲大宗額徵總數不及九十萬自五口通商以後添設稅務司洋稅絲毫無從隱匿每年征稅猶及二百萬近年內江通商湖絲一項全赴上海茶葉一項分赴漢口九江粵東利源全窒商旅蕭條日甚一日徵稅猶及百萬以今準昔情事昭然此粵海關稅務大略情形也左宗棠原

奏請令督撫設法籌辦再四思維約有三難查戶部則例所載粵海關稅口徵收正稅者三十三口徵收規銀者二十四口設役巡查者十三口道光二十九年澳夷毀撤澳門稅館而事局一變同治元年汕頭通商而事局又一變例設稅口時有增減海關事例土貨由洋船運載者以洋稅論洋貨由民船運載者仍以洋稅論洋人輪船往來海面較民船爲速又無風波盜賊之虞是以洋船之利日厚民船之利亦遂日薄約而計之廣州汕頭幷設大關歸稅務司經理江門后岐佛山思賢滘等處監督遣人自行經理其海西高廉雷瓊各口海東

惠潮各口則皆書吏承攬向例派各屬丞倅稽查亦祇虛應故事而已監督專司稅務所轄千餘里之稅口委任數十書吏誠不能無弊督撫事任較監督更繁勢將仍假手書吏爲弊均也假手地方官是於書吏之外又多一層支銷爲弊滋甚古人所謂利不百者不變法徒更舊章終無良策其難一也粵東民氣浮動紳商把持遠甚他省粵海關抽分漏稅之法行之百餘年商民一律遵守誠由相沿日久更無異同趨避之見也因查粵海情形東北兩江之水直出虎門西江別出厓門而分流於虎跳門中閒江別紛歧東出者曰蕉門曰橫門南

出者曰磨刀門皆支海能通大船而總匯於省河故能
控扼全省形勢潮州別爲一水東通漳州北達汀州水
源六千餘里洋人通商口岸專在此處瓊州海口亦准
通商至今洋船無一至者其餘東西兩路各口水源遠
或數十里近或數里貿易不能及遠亦無大宗貨物在
此銷販是以歷來皆歸書吏承辦今將書吏悉數裁汰
從新辦理則此數十口者僻處海濵耳目既有難周委
任人員多至數十尤不易得兼慮開廠經費稍繁則收
數轉絀而一經變易章程把持阻撓必所不免若仍循
用舊時書吏直亦無從施其整頓其難二也粵海關例

解內務府廣儲司銀三十萬兩其餘每歲應繳蔘價皮價及傳辦物件皆不入額支益亦

內廷供應之外府也杭州南北兩新關歸織造兼管所任者織造也取之關課與取之司庫無異海關監督則專以課稅爲事左宗棠所稱杭關新改章程情形絕不相同杭州新復釐捐所收較關稅爲輕稽查亦易覈實南北兩關附近杭州省城撫臣可以經理以抽釐章程施之課稅已多滯礙以杭關章程概之粵海關尤屬參差又近年沿海各關添設稅務司或由監督經理或由巡道經理皆專主稅務與稅務司朝夕討論易得其力

督撫事任既繁其勢亦稍曠遠尤恐日久弊生關係轉鉅其難三也查現任粵海關監督臣師曾精練明決綜覈有餘稽查各日漏稅最爲得法上年海關正稅徵至一百一十餘萬報解

定陵工程及戶部指撥京餉廣儲司公費爲歷任所未有卽令督撫設法籌辦亦不能及師曾之精覈因查粵海關設立監督以後雍正二年改歸巡撫經理八年復改歸總督旋又改歸廣州協副將並設副監督乾隆七年改歸督糧道八年又設監督旋改歸將軍以後又歸督撫經理者五六年十五年以後始專設監督

兩朝

聖人於此葢亦反復比較而後著爲成例百餘年舊制

未易輕議更張體察情形實亦無足勝此任者至於書

吏之侵牟家丁之朦蔽各省關課同坐此弊從無實數

底簿可以稽查見聞所及亦略知其大概情形而其收

數之多寡舞弊之淺深質之監督亦多茫然實無由推

測隱微過事授求以期一發其覆應請

天恩飭下監督臣、師曾查明各口收數核實整頓必能

日有起色所有體察粵海關情形謹據^{管}^所見縷悉上

陳伏乞

皇太后

皇上聖鑒訓示謹

奏

籌議各海口添設行釐片會總督銜

再查各省開辦釐金城村市鎭按戶抽收爲坐釐江河總匯設廠抽查爲行釐富商大賈轉運數千里資本既厚而又貨物屯聚一船易於核算故行釐收數常倍於坐釐粤東江路四達湞水東通江西武水北通湖南合爲北江設立韶關一廠又下設立蘆包一廠兼扼四會連陽諸江之衝統計北江釐金每月約三萬有奇西江兼受潯梧二水爲廣西江路總匯設立後瀝一廠每月釐金六七千東江爲古龍川水僅及惠川屬境設立白沙一廠每歲釐金約二千餘獨省河以南通諸海口迄

今未能舉辦因查近年洋人沿海通商內地土貨一例販運卽各省商販貿易亦皆乘坐輪船以取迅速是以遠自牛莊烟臺以及江浙福建近至海西之高廉雷瓊海東之潮州百貨轉輸無一不由海運從前上海釐稅每年三百餘萬取給於一海口視正稅增加一倍福州一口釐稅每年約一百三四十萬厦門一口釐稅每年約四五十萬均與正稅相捋其餘天津烟臺甯波通商各口一例開辦釐捐論者徒曰廣東海道紛歧此抽則彼越恐以釐捐之故致礙正稅臣等查宋史食貨志諸番異物十分抽一或十分抽二是以元世名爲抽分之

法戶部所載稅則大率百分取一粵東釐捐又視稅則加輕凡奸商規避稅釐設法繞越所謂僥倖營求逐蠅頭之利者也富商大賈所必不屑計較資本愈厚則顧惜愈深此亦無待深論或又曰香港孤懸海外為洋貨屯聚之所其勢足以伺閒居奇一經抽釐必不運省臣等查五口通商以後商人視物價低昂以為避就較之從前廣東一口貿易相去懸絕而其時猶可遠攬湖南江西之貨與上海一口爭勝自內江通商東南利源全奎所能攬者廣東及廣西桂梧一隅之利百貨來去必經省河無可飛越香港商民居奇能奪省商之利而不

能漏百貨入口之稅得失利弊情事昭然特由一二書吏主持此說以相阻難致釐捐訖無起色臣等伏念廣東坐釐已定紳商包抽之局其力足以把持一切誠令各口行釐收有成數即可漸次裁汰坐釐使省城各項貿易少一重攤派亦稍除紳商專利之弊於事局實有裨益與其更變舊章盡錙銖之利而仍不免於流弊何如查照各省海口捐釐章程務令粵東一例辦理較爲事順而功亦尙易集現在監督臣師曾留心大局才氣亦甚優裕臣等以此議久格不行並未一與酌商粵東軍餉支絀萬狀東江查辦各屬匪鄉留兵尙二萬人肇

慶土客一案撫綏安插需費鉅萬無可營措勢不能不

謀稍開利源一俟軍務完竣之日仍與各廠釐捐一例

停止並不著爲常例伏乞

皇上天恩飭下師曾會同察看各海口情形添設行釐

其應如何核辦之處容臣等酌議章程再行奏明開辦

是否有當伏乞

聖鑒訓示施行謹

奏

渡船運貨漏稅應如何稽查議罰請　飭部編入則例片

再戶部則例開載漏稅罰例粵海關一口科則尤繁無一定程式近年商貨屯聚香港添設餉渡四十餘隻輪流運省所載貨物動輒數百石編開字號至數十家而或有一家夾帶私貨該關書吏援一半充公之例即將全船貨物悉數罰收其半常至赴臣等衙門控告在海關執戶部則例為詞更不憑單稽查漏稅之戶遂時有奸民希圖充公賞號裝點情節赴關報驗漏稅弊端為甚驗之商情亦頗未能平允應請

飭部添議渡船裝運貨物中有一家漏稅應如何稽查議罰之處編入則例以資循守是否有當伏乞

聖鑒訓示施行謹

奏

以上一摺二片初奉

旨查辦粵海關稅務即具此稿以示瑞相未數日而有受代之信瑞相私錄其稿與蔣君會奏僅具一正摺而撤去二片惜哉自記

賞給二品頂戴謝　恩疏

奏爲恭謝

天恩仰祈

聖鑒事竊臣於三月十八日准吏部咨開同治五年正月二十三日內閣奉

上諭三品頂戴署廣東巡撫郭嵩燾著賞給二品頂戴等因欽此當卽恭設香案望

闕叩頭謝

恩伏念臣以菲材濫權疆節稍自刻期於方寸無能圖效於涓埃攝事三年涖邊嶠而多慙撫御偕捐前歲冒

宸嚴而曲賜矜全夙夜兢兢深虞隕越屬以閩疆殘寇
蹂躪經年仰資勝算於
廟謨獲藏成功於鄰闔合三省諸軍之力資專征任將
之謀臣無尺寸之功徒有邱山之咎論功行賞豈所敢
承渥蒙
恩賚之優頒謬荷頭銜之寵晉捫膺而滋愧悚流民未
息乎鴻嗸搔首而拜
恩榮鉅任豈勝乎鼇戴臣惟有勉循職守整頓撫綏無
敢玩忽以冀仰答
高厚生成於萬一所有微臣感激下忱謹繕摺叩謝

天恩伏乞

皇太后

皇上聖鑒謹

奏

奉旨著來京另候簡用謝恩疏

奏爲恭謝

天恩仰祈

聖鑒事竊臣於同治五年四月初一日准吏部咨開內閣鈔出同治五年二月二十六日奉

上諭郭嵩燾著來京另候簡用廣東巡撫著蔣益澧補授欽此跪誦之下感悚難名伏念臣以菲材濫權疆節兩年有餘軍政之積疲已深無能一加匡救民生之凋斂日甚乃復重以誅求知行政以正風俗爲先而轉移無術知察吏以肅紀綱爲重而竭蹶仍多期發憤以自

彊徒積憂而成疾念臣迂疏之已甚深慙罔濟時艱如
臣奉職之無方自分早嬰重譴
聖恩高厚曲賜矜全
命之來京俾遂瞻
天之素願
賜之簡用藉攄陳力之愚忱因材而篤者生物之
仁權衡悉如其量補過不遑者服官之義終始求慊其
心閏新授撫臣蔣益澧已由上海乘坐輪船來粤自可
及時到任臣謹將經手事宜妥爲料理以備移交現在
沿海盜賊急待捘捕肇慶客民方籌安插在新舊交卸

之日人情易涉依違値地方多故之時事局尤虞叢脞

臣惟有在任一日期盡一日之心不敢稍涉疏忽自取

咎戾所有微臣感悚下忱謹繕摺叩謝

天恩伏乞

皇太后

皇上聖鑒謹

奏

請假修墓片

再臣由翰林出身未履外任同治元年蒙
恩特授蘇松糧道旋擢運司甫及年餘驟膺疆寄自維
迂拙救過不遑茲蒙
皇上恩准來京另候簡用既幸釋夫仔肩尤深愜夫隱
願臣籍隸湖南爲由粵入京便道先壟松楸多年未經
展視擬卽籲懇
恩施賞假四月俾臣得以道經本籍從容料理稍事修
治以盡人子私情一俟假滿卽當遵
旨入京泥首

宮門求
賞差使所有請假修墓緣由謹先附片陳明伏乞
聖鑒訓示謹
奏

嘉應等州縣被匪滋擾請將錢糧蠲免以紓民力疏 會總督銜

奏爲查明嘉應等州縣被匪滋擾過甚民力拮据籲懇

天恩俯准將同治四年分錢糧蠲免以紓民力仰祈

聖鑒事竊照廣東省惠潮嘉各屬於同治三四兩年被髮逆汪海洋等疊次竄擾連陷數邑經江閩粵三省官軍合力剿辦直至四年歲底方得一律肅清先後

奏報在案臣等復查連年髮逆竄擾粵東各屬地方嘉應鎮平兩州縣於同治四年失陷數月蹂躪最深平遠一縣先於三年九月旋失旋復而四年分逆匪往來踞

擾該州村莊之日亦最久此三邑人民流離田土荒廢委員經過該州縣村莊一片蒿萊常行至數里始遇有一二人民鳩形菜色不忍目睹本年正月經飭前藩司李福泰就被擾最甚之區籌辦米石量爲撫卹並札候補知府羅瀚隆齎帶銀五千兩會同鎮平縣親往各村莊按戶發給飭購耔種及時開耕一面招撫流亡漸回復業惟同治四年分應徵地丁錢糧銀米小民極形困苦無力輸納如照依向辦待至查淸實欠數目再行奏請

恩施無以慰災區黎庶迫切企望之忱合無仰懇

皇上恩施逾格量爲變通先請
明降諭旨將同治四年嘉應鎭平平遠三州縣未完錢
糧銀米全數豁免以廣
皇仁其前時已輸在官之銀米仍飭司道轉飭查明著
落經徵人員分别解繳報部不准該牧令侵蝕升合分
釐此外四年分旋失旋復之和平長樂並被擾稍次之
興甯連平長甯大埔豐順等州縣俟查明輕重情形再
行
奏請分别辦理臣等謹合詞恭摺具
奏伏乞

皇太后

皇上聖鑒訓示遵行謹

奏

懇

恩豁免陽春信宜兩縣舊欠地丁銀米片會總督銜

再肇慶府屬土客一案發端於恩平開平蔓延於陽春新興高明陽江新甯高要而同治元二年受害之慘以陽春一縣爲最甚至三年秋間客民漸次退出縣境四年春安插那扶金雞赤水等處地方旋又竄踞那吉距陽春稍遠該縣土民始漸能復業開耕又高州府屬之信宜縣城自咸豐十一年二月內被逆匪陳金釭等攻陷境內悉爲賊藪直至同治二年九月克復縣城而是年秋耕已誤溯查此兩縣同治二年內被擾情形困苦爲最疊據各該府縣於三四年開徵以後轉據紳民呈

請奏懇
恩免地丁銀米前來臣等督飭司道委員馳往確查均
屬實在情形而民間承大亂之後按年勉輸現年地丁
銀米已屬十分拮据萬不能帶完亂離年分之舊賦若
非欽承
恩旨准與豁免則書差藉詞帶徵百姓實已隱受其累
臣等體察情形不敢不以上
聞除飭司將該二縣地丁銀米已完之數歸入奏銷案
內
題報外合無仰懇

皇上天恩將同治元二兩年陽春信宜兩縣未完地丁

銀米一律豁免以甦民困至元二兩年被擾被水稍次

之處俟查明輕重情形各歸各年奏銷案內分別辦理

臣等謹合詞附片陳明伏乞

聖鑒訓示謹

奏

辦理東江及翁源長甯各屬土匪完竣現在籌辦肇慶

客匪疏會督銜

奏爲辦理東江及翁源長甯各屬土匪一律完竣現在

籌辦肇慶客匪情形恭摺馳奏仰祈

聖鑒事竊臣等分別各營辦理東北江土匪平毀賊巢

情形經於同治五年三月二十五日會同奏明在案節

據四川補用同知知府銜會紀鳳稟稱三月初六日攻

克六里鄉老巢復又攻毀其右圍舊樓其左新樓益懼

立繳軍械自縛詣營二百餘人會紀鳳訊明戕官案內

及此次出圍抗拒官兵涂阿煌等三十九名立與正法

夥黨四十四名押縣訊辦餘皆省釋移兵進攻白圍白圍在諸圍之下故名下白樓亦各遞呈自首會紀鳳訊明積匪凃展油等十餘名誅之其最上曰烏樓爲逆首凃爲益巢穴屹然不動曾紀鳳自三月二十日進攻至四月初一日連用大礮轟擊東南西南兩面均各坍塌數尺初二日五鼓該逆開圍門潛遁曾紀鳳預派副將黃文煥都司蕭德貴林得貴各率一營沿河密伏以防竄逸每夜多發哨探令舉火箭爲號該逆方趨河岸覓渡爲黃文煥等截回參將凌興發急率左營扼其歸路該逆拚死左右衝突把總張國威黃連貴揮眾向前截

殺陣斬六十餘名生擒十九名投河淹斃者尤衆其餘老弱婦女跪伏請命並縱遣之訊據獲犯涂獻根等供涂爲益自知所犯情罪重大脅伏其衆力抗官兵已於陣前伏誅其間已革監生涂添球涂自嶸已革武生涂惠溥庇匪抗官稔惡已久臣等並飭訊明正法稍資鑒戒查翁源縣屬東北縣長百餘里山勢回互本易藏奸如周陂礤下新江等處强鄉大族吞併小村幾無虛日臣等前檄飭會紀鳳等次第接捕該處閭六里鄉各匪捕勦淨盡已據細送著匪許燠遂江新懷等三十一名計此月內可以蕆事該縣六里鄉涂匪蘊孽最深曾紀

鳳此次辦理亦最透現署翁源縣王惠溥明幹有才略
會同辦理五十餘日均合機宜仍責成搜捕餘匪以靖
地方又據長甯縣宋錫庚禀稱三月初五日攻破小水
賊樓乘勢進駐小鎮小鎮逆首潘亜飛咸豐四年會充
紅匪攻劫龍門從化等縣積年凶横差役不敢捕拏宋
錫庚用温言誘致擒之並擒其黨潘亞先等九名毀其
礮樓適會臣等以朱國雄病故檄飭守備葉維光等將
所部撤遣改派記名總兵會敏行馳赴長甯會剿宋錫
庚商派都司林正棟會同垰坪司巡檢李炳炎四下泒
把總葉英輝分赴石橋畫眉塘宋尙等處匪巢搜捕獲

犯潘善三等十五名以亥平毀禾溪等處匪樓數十座
前後辦理沙田遙田朧溪禾溪四約數十鄉長甯一縣
兇頑劫殺之風亦或可稍息又據記名總兵肇慶協副
將楊青山總兵銜補用副將冼玉遂道銜刑部員外郎
劉錫鴻稟稱辦理厍斗岡新塘以後東江水路略靖而
石龍下另有小河通高英增步等處地方名曰峽內爲
盜匪所屯聚商議移軍寶潭木排頭勒令繳匪詎高英
盜首李大鯪魚增步盜首劉沙礟子卽劉亞熾竟敢糾
合良邊村各匪在寮步新墟建立同義堂旂號以圖拒
捕劉錫鴻商令京山司巡檢王崧會集紳士馳諭各鄉

先安反側之心三月十九日急行軍分三路趨寮步新墟四川建昌鎮中軍遊擊鄧全勝遊擊銜高州鎮標千總陳宇成出中路督標後營參將張寅出左路冼玉遂以水師全營鈔其右路楊青山居中策應該匪排列迎敵五品藍翎黃俊英六品軍功鄧發源向前衝之中傷陣亡十餘人張寅陳宇成以大隊從中左兩路橫擊該匪退竄高英二十日仍分三路進攻高英該匪以全力衝拒中軍傷勇數人各軍奮力鈔擊李大鯪魚率其黨先遁賊勢狂奔隨將高英寮步新墟等處賊巢一例平毀李大鯪魚由虎門逃赴香港東江沿岸匪巢百餘里

始稍爲之一淸臣等因查東莞沿海一帶拉沙花枝角
尾等圍爲盜賊糾聚行劫之地稍進口厚街逶北曰到
滘村逶南與新安交界曰錦堂錦厦諸村皆著名匪鄉
也上年冬月會派記名總兵王朝治署撫標右營遊擊
尚昌懋圍捕花枝角尾二圍獲匪數十人分別懲辦此
次春耕方始不敢懸軍窮捜而肇慶客匪屯踞那吉葫
底大田一帶時有出竄之勢臣等久擬東江事竣移軍
籌辦因飭楊青山率所部各軍馳赴肇慶察看辦理總
兵銜署羅定協副將鄭紹忠剿辦大坪股匪以後飭留
五百人駐紮永安捜捕餘匪其全軍亦經調赴肇慶查

恩平開平兩處客匪屯踞那吉者四五萬人鶴山客匪屯踞五坑者二三萬人皆老弱婦女爲多尚不難剿辦而以數十萬客民與土民相爲仇殺今存者僅及十分之一始終未一抗拒官兵斮之無名撫之又苦無術嘉應克復以後詢之鎮平一縣荒山壙土數十里無人煙經派候補府羅瀚隆前往查勘又派候補府張崇恪查勘藍山一帶地方以爲安插之地首先清理新甯客產以次及恩平開平責令按畝估價以爲安插之資仍須重兵臨治誅鋤強梗餘衆聽從解散安插其無所歸者其新甯曹沖客匪滋擾地方尤甚亦必得一加懲辦此

臣等籌辦客匪大致情形也土民與客民積仇已深互相截殺幾無虛日今春五坑客匪分踞布辰那吉客匪擾及新興之天堂腰古又擾及陽春之合水黃泥灣經土民掩擊退踞三垌分紮黃欖角山等處其龍徑村棧木坪各處土匪又與客匪合併深處官兵一加勦辦土人乘之又復悉眾他竄不獨無從受撫並亦不能強使受勦體察情形終無全策能使兵力稍厚乘初竄之時聲明其鈔搶劫殺之罪痛加掩擊令其自行解散而後清釐客產資給而周卹之以稍平其怨氣而使之有以自謀其生是亦勉強排解之一法現飭各軍分三路進

桀仍飭肇羅道王澍馳赴新興妥籌剿撫機宜以期迅速蕆事所有各營前後陣亡藍翎把總楊德貴五品藍翎黄俊英應懇

天恩照例給與優卹其餘中礮受傷透骨之花翎都司周鳳舞都司劉得萬花翎守備尹長貴等及各營陣亡受傷弁勇二百餘名應由臣等查明分别賞卹彙案咨報在事出力員弁已經前案奏明俟奉到

諭旨即行彙案奏懇

恩施謹將辦理土匪完竣籌辦肇慶土客一案情形恭摺由驛馳陳伏乞

皇太后

皇上聖鑒訓示謹

奏

連平州兩次守城堵禦大股逆匪援案請廣學額疏會銜

奏爲連平一州兩次守城堵禦大股逆匪援案請廣學額以昭激勸恭摺仰祈

聖鑒事竊查咸豐四年以後廣東紅匪疊次擾亂四會三水澄海等縣紳民捐資募勇保守城池經臣等援案奏請永遠增廣文武學額先後奉

旨允准在案查惠州府屬之連平州地處廣東邊界幅員寬廣百數十里咸豐四年紅匪四起河源長甯失守翁源被圍各縣均與該州接壤該州四面防堵賴各鄉團之力下坪坑尾兩次擊賊獲勝州境以安咸豐九年

三月丙石達開大股由福建汀州竄由嘉應興甯直撲連平州城知州孫志鈞方赴州屬銀梅催收錢糧間道回州州城四面賊騎充斥凡八日始由增壩密溪小路用夜半入城局紳陳廷薦顏銑等督率民兵堵禦甚嚴石逆開挖地道轟陷城牆兩次均經堵護又於東門開挖地道一處甫成而大雨如注賊遂由翁源竄逸凡圍攻十有五日石逆甫退翟火姑大股又竄踞州屬忠信墟擾及長吉州城及各鄉防堵逾月臣等檢查舊卷孫志鈞稟報由銀梅回州蘇陂局紳卓崗與其子卓翼垣督勇赴援與賊接仗父子同時陣亡次子卓星垣仍復

督勇馳援長吉局紳賴永康葉芹光鍾文壽等拒賊軟

坑孫志鈞始得由閒道入城西路局紳梁德雲梁書培

梁啟英等擊賊陣亡並斃壯勇一百數十名幾於忠義

勃發同治四年九月初七日汪海洋大股由和平竄撲

州城又分股由上坪繞出城北其時賊衆尚入九萬人

環城四面築立礮臺猛攻三日署知州福多參將朱國

雄督同局紳顏培豫等守禦兩夜襲攻賊營斬殺數十

人該逆解城圍竄踞上坑經月之久堵勦仍無虛日統

計咸豐四年同治四年各大股逆匪所過城池無一完

者該州紳民男婦在城堅守兩次賴以保全軍興十餘

年紳民協同守衞城池若此類者實不多見急應優加
勸勵使各州縣有所觀感激發合無仰懇
天恩俯准援照成案將連平州學額永遠增廣文武各
二名以示獎勵之處出自
逾格鴻施謹會同廣東學政臣劉熙載恭摺具
奏伏乞
皇太后
皇上聖鑒訓示此外尚有新會縣紳民守城請復還學
額一案上年奏奉
諭旨飭部議令行查詳細情形現在另摺復奏合併聲

明謹
奏

酌保連平州守城出力官紳片會總督銜

再查咸豐九年連平州守城案內前督臣黃宗漢出示褒獎訓導明學正何維林外委李殿超紳士陳廷薦顏銑等合力支持而考其時分守各城一出之民力支放勇糧一取之捐輸紳士出力尤多而具保守城文武紳士無一列名者臣等常心憫之同治四年守城案內署州事福多係屬新任其餘多係上屆守城紳士忠義之氣不爲少衰臣等詳加考覈酌定數人先行奏懇恩施以昭激勸署連平州知州候補知縣福多應請免補本班以同知直隸州補用在籍江蘇升用知府免補

同知顏培豫應請免補本班以知府仍畱江蘇補用並

賞戴花翎道銜候選郎中顏鍾驥應請

賞加三品銜候選中書江有燦應請

賞加五品銜丁憂在籍湖南補用知府顏培鼐應請

賞加道銜浙江補用同知顏鍾儁應請

賞戴花翎衞千總銜江啟謍應請

賞戴藍翎訓導陳廷薦應請以訓導即選並

賞加中書銜其朱國雄一軍及在事文武官紳守城擊

賊著有勞績者仍候彙同全案分別具

奏所有連平州守城尤爲出力官紳先行酌保緣由謹

附片陳奏伏乞
聖鑒訓示謹
奏

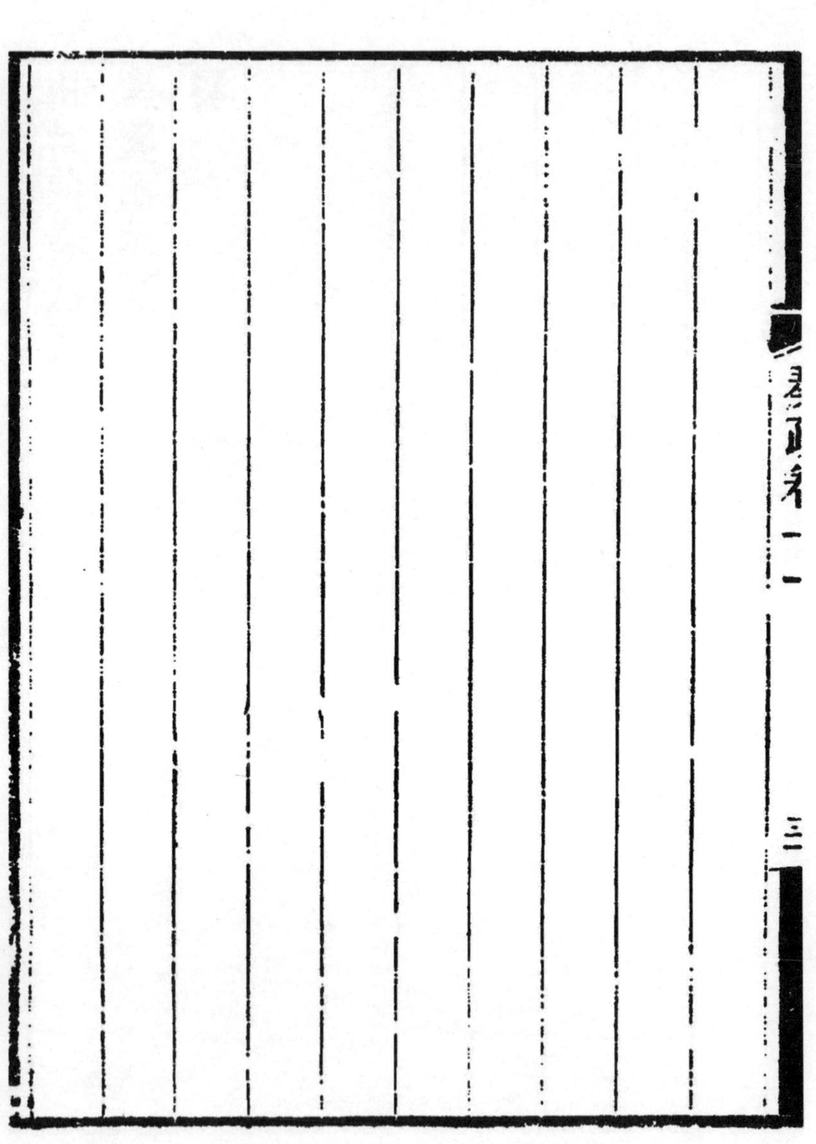

查明紳民勦匪守城情形疏（會總督 學政銜）

奏爲查明紳民勦匪守城情形據實覆

奏仰祈

聖鑒事案准禮部咨議復兩廣總督毛鴻賓等奏廣州府屬之新會縣文風日盛並力保危城請復還原設學額一摺於同治三年十二月初五日具奏奉

旨依議欽此粘單內開據原奏所稱咸豐四年賊匪圍攻新會縣城該紳民捐貲募勇力保危城並未將實在情形詳細聲敘所請復還新會縣原設學額之處礙難率行議准應將守城時詳細情形確切查明據實具奏

再行辦理等因當經轉飭查覆去後茲據廣東軍需總局司道詳稱據新會縣稟稱咸豐四年紅逆披猖所在蠢動郎經前縣飭紳設局團練七月初旬有佛山股匪吳麟祥等駕船數十由順德一路竄擾縣屬之江門埠句結土匪呂萃進陳松年等四出煽誘各鄉響應並有蘇黑虎李象能等匪樹旂倡亂附和而起新會營額兵千餘分防各屬參將衞佐邦先經奉調出師精銳悉往營伍空虛七月十五日該匪率眾擁至縣城圍攻東門分架雲梯局紳急同文武登陴堵禦鎗礮齊施首斃紅衣賊目並用火罐擲燒雲梯盡殲扒城悍賊至十八日

二更時候該匪乘雨潛進偸扒迤西之庇民門官紳分
投抵禦賊匪愈來愈多約至十數萬紳等按戶抽丁竭
力拒敵官倉民戶穀米俱空枵腹相持城崩復築自閏
七月二十至八月初九兩旬之內大小三十餘戰均有
斬擒八月十五日援師至我兵仍奮勇開城夾擊卽將
附城賊寨盡數埽蕩城圍立解此圍城兩月兵單糧絕
紳民力戰保守危城之實在情形也迨解圍後官兵奉
調回省賊衆又復肆起並句結另股賊船三百餘號先
破邑東之外海村分路夾攻江門該紳等招募紅單師
船隨同前縣陳應聘馳往江門先後擊斃賊匪二百餘

名燒燬匪屋數十間生擒蘇黑虎等一百餘名迨九月
十二日佛山援賊大至以白石鄉爲巢更番誘戰各
紳協同吳守備分帶兵勇馳往進攻掩殺千餘始行退
去二十二日順德援賊又至仍潛師猛進大挫兇鋒而
退江門方定復有鶴山瓦窑股匪萬餘由陸路來犯各
紳督勇練三千名直擣瓦窑斃匪數百生擒四十餘名
會同營弁收復鶴山縣城此又防守江門進勦白石鄉
及擊退瓦窑竄匪並復鄰縣之實在情形也統計守城
及擊勦各匪所費糧餉俱由民間湊集並無動支官項
一切情形均經前縣詳報有案合無仰懇照依前次奏

案請奏加文學額二名武學額三名等情稟覆到局轉
詳前來臣等伏查該局現詳據新會縣查稟咸豐四年
紳民固守危城及解圍後擊勦江門賊匪各情核與咸
豐四年十月內前督臣葉名琛撫臣柏貴奏報新會縣
被匪圍攻官軍紳勇勦散立解城圍進勦江門情形相
符其進勦白石鄉擊斃瓦窰股匪協同收復鶴山縣城
各情當時亦經稟報有案其事昭彰在人耳目不惟非
賊匪經過地方所得藉口卽比較前次奏准加廣學額
之四會三水等縣厥功尤偉茲由部臣議奏查取勦匪
守城詳細情形飭據查明詳覆相應據情覆

奏仰懇
天恩俯准查照前奏於該縣捐輸增額之外復囘新會
縣文學額二名武學額三名以隆作育而昭激勸之處
出自
逾格鴻施除分咨戶禮兵三部查照外臣等謹合詞恭
摺覆
奏伏乞
皇太后
皇上聖鑒敕部核覆施行謹
奏

遵查駱氏祖墳一案片會總督銜

再同治四年九月十六日准刑部咨同治四年六月初四日内閣奉

上諭駱秉章奏廣東省墳山禁步請飭遵照定例丈尺辦理以杜爭端一摺四川總督駱秉章本籍廣東花縣有前明所葬祖墳同治二年正月間該縣文生鄧輔廷於切近墳傍盜葬骨罈三穴經該族衆控縣清理該地方官並未丈量率行擬結復經駱秉章咨明廣東督撫覈實查辦旋據郭嵩燾咨稱該省通行章程無税官山塋葬以穿心四丈爲限計由墳心量數至邊每面實止

一丈鄧姓原開墳穴在該督祖塋一丈以外照依定章無可科罪駱秉章復咨查禮部刑部嗣據各該部咨稱定例庶人塋地九步穿心十八步凡發步皆從塋心數至邊鄧輔廷盜葬該督祖塋之處係在例文禁步之內應照例科罪是郭嵩燾所稱該省現行章程係與禮部定例不符廣東省多有無稅官山與別省情形不同墳塋禁步自應恪遵定例辦理若概用本省章程以前後左右各得一丈爲準恐倚勢侵佔者得所藉口盜葬之風益熾流弊伊於胡底著瑞麟郭嵩燾申明舊例通飭各屬嗣後審斷墳山案件無論官民均照例定禁步爲

限毋得率以本省定章定議以致爭端難息流弊滋多
並著該督撫將鄧輔廷盜葬之案迅即按照定例丈尺
核實定擬具奏不准稍涉迴護該部知道欽此恭錄行
文知照等因並准四川督臣駱秉章咨送奏稿前來臣
等遵查例定品官墳塋禁步以次至庶民穿心應得十
八步詳繹例意葢以羅圍礦誌拜臺庶民之力皆得自
盡得穿心十八步之地聽從布置所以使人子孫爲保
護墳塋之計非謂盡人可得十八步之地援引例文以
交相爭佔也粵東山場多屬無糧無稅之官山聽人進
葬其遠處他村覓地營葬者積習相沿必向本村立契

繳納開穴工費不名山價其間侵買壓佔訟案繁多大
率藉例定官民禁步恃勢强佔地方官至不能成讞乾
隆年間詳定横直二丈寫心四丈之章程准照戶部則
例墾荒事宜條內有古冢周圍四丈以內不得開墾等
語酌中定議凡營葬官山不論紳民統以横直各得二
丈爲限周圍實得八丈較之例定禁步所爭實遠而准
以古冢周圍四丈之文已予寬留餘地使足相安
國家定例所謂庶民者統言之耳其中貧富强弱相去
天淵貧且弱者縱横枕籍萬冢交錯從無爭論惟富强
者營一棺之地即謀佔踞禁步縱横侵至數丈當時詳

定省例稍濟例文之窮而杜豪强侵佔之計以平百姓之爭葢以省章爲斷丈尺多少出價承受紳民猶可通融辦理以例定禁步爲斷則直授豪强以兼併之資使啟爭端所以遵行數十百年據以斷案猶能使百姓相安者此也各鄉官山可以進葬者多不過數十百丈鄉民叢葬於此若皆以禁步爲斷則一山葬至十餘棺而止後來者已將無地開穴近年捐例廣開一命之榮皆得捐請封典案照品級援例爭論禁步則富强有勢力者其侵佔倍甚於從前貧民復何所措其手足臣等於駱秉章咨查祖墳侵葬一案委員勘驗駱姓祖墳凡七

冢相去皆不盈丈左右無碑之墳十餘冢其右譚姓朱姓祖墳相距略遠生員鄧輔廷葬地卽在駱譚各姓舊冢之交而距譚朱二姓墳尤近自駱姓控經花縣押遷事已了結又尚在省例丈尺之外礙難擬罪臣等因念駱秉章爲保護祖墳起見該處可以進葬之地已屬無多當飭臬司錄案立碑永遠禁止進葬而駱秉章仍援例定禁步上瀆

宸聽粵東紳富有氣力者頗多若皆據例定禁步爲詞祖墳附近進葬者皆可責以侵葬其已葬者亦可呈請押遷訐訟將無已時此勢之萬不可行者也臣等恩查

嘉慶初年會議及有力之家擇地營造生壙非貧民無力購地者比令其呈報地方官照例升科等語蓋亦爲營葬官山言之迄今亦無遵辦者擬請

飭部核准嗣後凡有力紳民欲按官階庶民例定塋地步數造壙者飭將土名四至弓步畝分及界內有無舊冢分晰具呈該地方官勘丈明確豎立石界照依山糧科則詳報升科給予司照隨時報部立案入額編徵郎准該紳民作爲私地管業並准其照依例定步數開拓墳塋界內餘地聽其留空不准他人指作官山恃強侵葬界內舊冢仍飭存留不准業戶藉口升科任意殘毀

其未經呈報升科者仍照省例科斷無論紳民均以橫直二丈之內不准進葬爲率似此分别辦理則有力升科者得依例定禁步無力升科者仍可安葬官山各得情理之平而定例省章兩無違礙至粤東風氣有粗習地理專向各屬官山尋覔穴地以圖罔利謂之山棍凡侵佔盜葬之案皆由此種地師爲之厲階臣等已嚴飭花縣責成生員鄧輔廷交出營葬之地師從嚴懲究以清弊端是否有當謹附片陳請

聖鑒訓示謹

奏

請酌量變通督撫同城一條疏

奏爲

國家設官如督撫同城一條急宜酌量變通謹就管闚

歷所及推論其源流而究明其得失恭摺奏祈

聖鑒事竊查明永樂初潯桂柳三府蠻亂遣給事中雷

塡巡撫廣西爲巡撫之名所自始景泰三年潯梧猺亂

廷議以兩廣宜協濟應援乃設總督是總督巡撫二者

皆肇端於兩粤終明之世以十三布政使爲定員而總

督巡撫或分或併或設或罷大率與兵事相終始成化

以後建置日繁如京東北一路有薊遼總督宣大總督

又有順天巡撫永平巡撫保定巡撫遼東巡撫宣府巡撫大同巡撫天津巡撫密雲巡撫開府相望然考其時督撫駐紮地方從無同城者保定添設總督而保定巡撫別駐真定宣大分設巡撫而宣大總督別駐陽和至兩廣督撫沿革其初分設巡撫而後改設總督天順二年遣右僉都御史葉盛巡撫兩廣則又稍易其名成化元年又以總督兼巡撫嘉靖中添設廣東巡撫總督祇兼巡撫廣西由梧州移駐肇慶隆慶三年又添設廣西巡撫總督改兼巡撫廣東是兩廣總督巡撫明時亦未嘗兼設

國朝以來總督巡撫皆爲定制中閒小有裁併而視明世紛更變易規模固遠勝矣其督撫同駐會城者三曰福建曰湖廣曰雲南本不同城而移駐會城遂成定例者一曰兩廣推原立法之始地方吏治歸各省巡撫經理聽節制於總督而總督專主兵是以河南山東山西專設巡撫卽不復設提督爲不欲使武臣主兵而巡撫又不得統轄提督故爲巡撫兼銜直隸四川甘肅專設總督仍兼巡撫銜大致以兵事歸總督以民事歸巡撫此

國家定制也而巡撫例歸總督節制督撫同城巡撫無

敢自專者於是一切大政悉聽總督主持又各開幕府行文書不能如六部尚書侍郎同治一事也而參差杌棿之意常多道光之季兩廣蘊孽已深叛匪一起亂民從之如歸蔓延徧及東南而皖豫之捻匪陝甘之回匪乘之以逞爲亂者皆民也則各省撫臣之失職多矣額設營兵多或六七萬人少亦萬餘人竟不得一兵之用鎮將參遊循資超擢任爲將帥者更無一人所用以轉戰者皆勇也而兵爲虛設積久又益加累歲糜錢糧千餘萬相與處之怡然則各省督臣之失職尤甚矣而自軍興以來江忠源胡林翼羅澤南李續賓及今劉長佑

曾國荃劉坤一劉嶽昭等皆以司道主兵或積功至督撫兵權日分總督僅守虛名而例定分年查閱營伍考覈將弁均係總督專政出巡之日為多兩省情形亦資周覽軍興數年此典竟廢同治元年兵部議奏御史陳

廷經變通營制一摺奉

旨江蘇浙江安徽江西陝西湖南廣西貴州等省各鎮協武職陞遷調補暫由巡撫辦理千總以下徑由巡撫洛拔報部所有校閱營伍考核將弁并本省籌辦防勦即專責成巡撫經理其總督兼轄省分軍政考核著徑由巡撫就近著考會同具題至巡撫同城者仍照舊章

辦理等因欽此因查一省千餘里之地能考求其利病周知其情狀已難其人至於兼轄省分原不過奉行文書周旋應付稍求整頓隔閡必多所以議歸巡撫經理蓋亦窮而必變之勢也而與總督分省之巡撫軍政民事一聽主裁與總督同城之巡撫軍政既不得與聞民事又須受成總督一則虛列其銜一則兩操其柄是從前督撫同城名存而實去者僅一巡撫自頃數年則督撫之名實兩乖而巡撫乃尤爲失職臣請悉其得失利病爲我

皇上一陳之傳曰天下之動貞乎一者也惟其一也故

能齊百姓之耳目而定屬吏之從違宋置監州而兵以弱明置巡按而政以竇知道者惜之然於政之所出猶未有分也督撫同城愛憎好惡之異情寬嚴緩急之異用同爲君子而意見各持同爲小人而譸張倍出如舉一人也此譽之彼毁之則是非淆劾一人也此遠之彼近之則趨避易徒令司道以下茫然莫知適從其君子逶迤進退以求兩無所忤其小人居閒以遂其私國家定制錢糧及升調員缺總之藩司刑案總之臬司督撫專任其成本不易有所設施而又水火交攻戈矛互進是

皇上設官以求治也而督撫同城乃萬無可言治今使一縣而置兩令一郡而置兩守必不能以安矣此理勢之固然者也臣自道光二十七年通籍假歸過武昌目悉吏治之媮氣習之深心憂其將亂其後五年而亂作前後督撫殉難三人伏誅二人被劾四人賴胡林翼開立規模風氣爲之稍變雲南之亂則旣成矣前督臣張亮基每言及前撫臣徐之銘牽掣情形輒至慨歎而各直省吏治人心之敝閩粵爲尤甚細究其由來數十年瞻顧因循釀亂保姦實以督撫同城之故以言其事旣如彼以言其效又如此歷來同城督撫互懷猜忌相爲

敵讐獨於公事一切雍容坐視以求免於嫌怨承平日久循例守職亦庶幾可以寡過處多事之時承積疲之俗而多所牽掣苟安無事以謂之和衷

朝廷獨焉賴之自古中材多而賢人少

皇上委任疆吏但使中材足以自守其閒一二賢者弛張以時自可相維於不敝督撫同城則賢者亦不得有爲中材亦因以自廢此臣所謂急宜變通者也近年雲南督撫皆浮寄境外一無憑藉臣愚以爲雲貴總督一缺宜暫停罷責成巡撫勦賊以一事權其閩浙兩廣總督則或援照明制兼併一員福建情形臣不能知其詳

廣東督撫兩標及兩署書吏分别裁併營政吏治關稅
鹽務四者未嘗不可整飭權分則情多乖責專則事易
集不獨於地方補益甚鉅其裨於
國家之經費亦必多矣臣伏見明臣韓雍在兩廣總督
任內疏言兩廣地大事殷請裁總督東西各設巡撫當
時立見施行韓雍請分其責於兩省今臣請重其任於
專城義取因時事亦同揆至於
國朝督撫之沿革如河東總督偏沅巡撫時有廢置卽
咸豐九年裁撤南河總督一缺斷自
宸衷期使大臣無曠官虛設之員天下亦同受其利益

用意至爲深遠臣撫粵兩年於地方利弊源流知之頗悉懷此欲陳久矣以慮語言稍涉直切或疑其有他意是以欲言復止今旦夕交卸以切身之閱歷求及時之變通用敢推明得失利病之原上備

聖明採擇可否仰邀

皇上天恩飭軍機大臣吏部兵部會議并鈔發臣摺交各督撫公同核議以求妥善之處伏乞

聖鑒施行謹

奏

酌保各員片

再臣在粵兩年於吏治稍加推求各州縣漸能有所觀感以知盡心民事其一二廉能樸幹之才爲臣所深知者不敢聽其淹滯如試用道屠繼烈強明果決遇事能任勞怨臣在粵所見現任湖南撫臣前藩司李瀚章辦事最爲精透屠繼烈規模稍狹而才氣實無倫比足勝司道之選署羅定州知州周士俊慈祥而有斷制沈毅而兼勤敏署南海縣知縣鄭夢玉精詳質實一往無前所至政聲卓越以上二員經臣於同治三年三月內會同前督臣毛鴻賓保奏奉

旨交軍機處存記候旨錄用等因欽此又長甯縣知縣宋錫庚緝匪安良疏通民氣値東江軍務正緊之時勦辦匪鄉不遺餘力尤具有膽識鹽提舉銜吳川縣知縣姜光耀勵精圖治威惠兼施屢次出海拏捕洋盜不避艱險以上二員均有勞績應另案核獎臣以察吏安民爲職無能圖效涓埃而所屬各員才能傑出如屠繼烈卓然爲循吏以實心勤求民隱不邀虛譽如周士俊鄭夢玉宋錫庚姜光耀允爲粵東救時之良吏耿耿此心所欲以挽迴積習整齊風俗尤在獎進人才不敢以交卸在卽有所隱祕可否仰邀

皇上天恩准將道員屠繼烈交軍機處記存簡放周士
俊鄭夢玉宋錫庚姜光耀均准以同知直隸州儘先補
用仍懇
敕下督撫臣分別查案保奏鄭夢玉宋錫庚並准先換
頂戴出自
逾格鴻慈所有酌保各員情形謹附片陳奏伏乞
聖鑒訓示謹
奏

保舉糧臺文案委員請　飭部無庸另立專條片

再臣查軍務初興

朝廷轉餉以濟軍食其時難於擇將而不難於籌餉用兵日久將才以求而日多餉源以用而日竭則又難於籌餉而不難於擇將粤東完善之區擅山海之利而臣涖事兩年深悉籌餉艱窘情形求一廉幹耐事之才倍難於求一精悍善戰之將又今西北之甘回接連新疆西南之滇回盤踞數府貴州一省盜賊充斥勢成坐困其大患均由於軍餉支絀

皇上憫念各該省之艱難指撥協濟而皆有自謀不暇

之勢部臣

奏請嚴催終苦無以爲應故今日之患尤莫甚於憂貧

因查軍務初起之時營求差遣辜以爲利至於日久餉

絀委員薪水多從核減又不能以時支放艱苦日甚往

時以軍營爲利藪趨之若騖近今則以軍營爲苦差稍

能自立者避之惟恐不速如甘肅滇黔各軍營願往者

直無幾人人情避就亦無足責

皇上懸爵賞以勸勵天下務在求才備用而已並非以

示猜防伏見近年以來言事者以糧臺籌餉爲大禁薄

其獎敍又推及在營文案委員限以奏請拘以年分使

不得與戰功齒以示愼重名器之義臣查軍興十餘年
保舉人員已逾萬數其以各項差使敘保者不逮戰功
二十之一又惟戰功可以優保各項差使循資敘奬本
有區別
國家多事之秋當使文武材用尺寸皆有以自效不當
一切概之於武功伏查咸豐四年十一月吏部議復光
祿寺卿宋晉條奏案內聲明糧臺文案出力人員向照
軍營出力辦理據奏此等事件迥非親冒矢石可比應
請嗣後糧臺文案及一切局務出力人員郎中知府以
下概不准越級保升及請免補免選本班字樣欽奉

硃筆將糧臺文案等字刪去欽奉

硃批糧臺文案與一切局務不同仍准酌量保奏惟不可概保越級等因咸豐七年以後連次部議均未聲敘

四年內所奉

硃諭於糧臺文案人員痛加裁抑又於戰功內分別非克城擒酋不得越級請升非衝鋒冒鏑不得以道府請旨記名其實越級記名等項本以待功效卓著者在營當差各按勞績敘獎既經部定章程於是一切列入戰功之中科條愈繁援引比較動多參差易干部駁而營求請託之風愈甚人心亦愈趨澆漓臣因查嘉慶四年

額勒登保爲經略大臣其文案委員胡思顯至蒙
特旨褒獎
聖人權衡之大用出於常格而亦足見運籌決策之效
有時更優於戰功至於近年軍務籌餉倍難較道光以
前疆臣盡力部臣轉餉彼此分任情事迥殊故從前糧
臺職在支放而已近今所謂糧臺卽係籌餉委員錙銖
出入隨同督撫經營其勞倍甚軍營以餉糈爲至重部
議又以籌餉爲至輕未免有乖於名實臣愚以爲天下
之大本二曰用人曰理財二者之中又有其大本一曰
去欺而已矣與爲嚴其禁以防濫而使日長其欺何如

寬其途以求才而使各盡其用又凡清釐積弊察納入
言當使整齊嚴肅之氣多而迫促煩苛之意少明通簡
要之言用而搜求瑣屑之論除伏乞
皇上天恩飭部臣詳加核議凡軍營保舉人員仍依勞
績敘保無庸於糧臺文案委員另立專條特示裁抑期
以濟時艱而鼓舞辦事之心使不至別滋趨避其有冒
濫駁斥議處斷自
宸衷不獨以激勵人才實亦去欺之一端有關於勸懲
之大者愚昧之見不敢不以上陳伏祈
聖鑒謹

秦

酌保得力員紳片

再臣在粵添設水師六營經始東江飭總兵銜記名副將沈玉遂督辦兩年以來搜除盜艇肅清江路東江軍務深資其力此次辦理東莞歸善博羅等縣土匪該副將熟悉情形發蹤決策摧陷廓清出力尤多應請俟補缺後以總兵請

旨簡放並

賞加勇號以示優獎四川補用同知知府銜曾紀鳳因霆營叛勇擾及樂昌調赴北江防堵經年以一軍駐紮始興遏賊出路此次辦理翁源六里鄉一案攻破積年

老巢五處匪首涂爲益等全數伏誅地方積患爲之一
清該員積勞日久累案未經敘保應請免補本班以道
員仍留四川補用粵東保案積壓過多臣前彙次東西
北三江十餘年舊案分三次會同具奏邀准
恩施在案兩年以來新案又已積至十餘起如西江前
後
奏准具保六案彙併一案辦理東江
奏保八案勢又不能逐案清釐又經飭藩司李福泰分
營彙奬以期辦理稍歸簡易此外尚有北江
奏保一案各屬捕殺匪犯

奏保兩案督臣出奏均尚未知何日該二員深沈果毅

謀勇兼資尤能通曉事理爲粵東用兵十餘年所未易

得之將會紀鳳辦理翁源一案後應即飭令裁撤臣於

同治五年三月二十五日會奏籌辦各屬土匪案內遴

請擇尤保奏尚未奉准

諭旨是以由臣先懇

恩施稍資鼓勵粵東營務陸路提臣高連升足勝方面

之寄此外記名提督陽江鎮總兵任星元嚴明伉爽尤

習水師記名總兵曾敏行王朝治樸實老練記名總兵

肇慶協副將楊青山勤廉耐苦署撫標右營遊擊潮州

鎮標左營遊擊尙昌懋精細曉暢及沈玉遂之沈毅有
血性皆能不染粵東氣習有事足備干城無事亦資表
率其餘將弁以下如鄧安邦戴朝佐言樹勳區泰初等
可成就者尙多亦多有勞績應行核奬至省城督辦團
務紳士前後舉發逆案三起獲盜二百餘名經臣於四
月十二日會保道銜刑部員外郎劉錫鴻案內附片聲
明所有內閣中書陳惟新應請
賞加員外郎銜同知銜江西安福縣知縣陳璞應請以
同知直隸州仍留江西儘先補用內閣中書銜陽江縣
訓導梁葆訓應請以知縣遇缺在任卽選五品銜安徽

婺源縣知縣麥佩金晉辦團務並管帶壯勇巡防城內
外獲盜多名應請以同知直隸州仍留安徽儘先補用
臣在粵兩年辦理盜匪深得該紳等之力不敢沒其微
勞可否邀
恩照准之處出自
逾格鴻慈謹附片陳奏伏乞
聖鑒訓示謹
奏

請　飭蔣益澧整頓廣東地方風氣片

再查粵東吏治媮敝人人以勢利爭勝玩視法度積成風氣官評之賢否專視紳士之愛憎百姓疾苦無過問者卽以釐捐論稍加清理謠言遠播而順德新會陽春陽江鶴山香山等縣私捐私抽多或數萬少或數千從無議論謂百姓專順人之私而以輸公爲大禁臣所不敢信去歲各屬局紳營私訐控臣皆提省究追南海九江鄉絲釐亦係私抽該處距省甚近經臣委員查悉以推之順德局紳順德局紳又推之該處愚直如臣亦不敢深究地方風氣已成百姓惶惑愈甚官吏整飭愈難

伏見近年以來時事艱難各省疆吏多由

特簡感激奮發之意常多郎臣愚劣尚不敢自頹廢大

臣秉公舉劾昭示功過原期爲

朝廷耳目若以一二人之私今日劾一督撫明日保一

督撫直視地方大吏惟所愛憎廢置者不獨是非顛倒

於

朝廷體制似亦微有關係蔣益澧才氣尚優或因是而

專事周旋以求免於訾議地方公事粉飾必多應懇

皇上天恩責成整頓無懷顧忌臣疾病因循兩年以來

訖無補救深盼後任之稍補臣過愚昧之見不敢不以

上陳伏祈
聖鑒謹
奏

郭侍郎奏疏卷十一終

郭侍郎奏疏卷十二

請將黔撫岑毓英交部議處疏

奏爲雲南戕斃馬加理一案撫臣未能先事豫防應請

旨交部議處恭摺仰祈

聖鑒事竊維周官一書尤重賓禮其時九服夷蠻朝會以時迎勞宿衞各有職司辟遠無禮允爲三代之盛軌西洋各國通商已歷四十餘年沿海各省學館教習及洋槍隊訓練皆洋人司之開立口岸設關征税一委之洋人於中國有報效之心而無猜防之意其到處遊歷載在條約原所不禁又領有照會護送而馬加理被戕

一案距今已踰十月辦理尚無端倪撫臣岑毓英於此誠難辭咎臣因查馬加理來自緬甸帶有緬兵百餘人撫臣聞其攜帶兵弁入境札飭各地方加意防堵本屬正辦卽總兵楊玉科有鎮守之責都司李珍國有屯邊之責聞有他國兵入境亦豈能不加防範兵弁等喜事邀功遂至堵擊不獨非撫臣所及料卽楊玉科李珍國派兵巡防亦斷不期決裂至此臣推查其原委楊玉科駐紮騰越李珍國駐紮南甸距戕斃馬加理之蠻允地方遠在數百里以外非有主持督率不問可知所以遽至戕害者由撫臣未能據總理衙門來文曉諭淸晰以

致楊玉科李珍國皆不及嚴示約束致生意外之變楊
玉科李珍國並以百戰餘生號稱忠勇展轉貽累無以
自明臣心尤竊傷之應懇
天恩先將撫臣岑毓英交部嚴加議處以明其未能先
事豫防之咎而後嚴查動手戕斃馬加理各犯照例議
抵庶以平外人之心而亦以見
朝廷推求事始一秉大公之至意臣蒙
恩派充總理衙門行走有言事之責而既經接任視事
一切當會商辦理勢不能專銜具奏是以先期一貢其
愚忱上備

聖明採擇所有雲南撫臣應先行議處緣由謹繕摺具

陳伏乞

皇太后

皇上聖鑒訓示謹

奏

鄙人橫遭訾毀爲京師士大夫所不容所據爲罪狀

者卽此疏也軍機章京亦以發端引周禮爲立言不

倫鄙心竊獨怪之士大夫徒以岑公毅毅一洋人力

謀保全此疏不獨保全岑毓英並楊玉科李珍國皆

極力爲之洗刷以保全之而以未能先事豫防議處

岑毓英科罪極輕藉以稍平洋人之氣議罪一二兵
丁有餘使樞府能知此義騰越及宜昌各處通商可
以不置議亦必無今日法人之禍矣今時督撫一劾
便動獨一謀殺洋人郎微過亦不肯以加之而又無
辭以折服洋人人才如此求無誤國病民不可得矣
因檢疏稿得此竝錄存之庶稍見當日所以用心而
辦理洋務之不得其平亦由士大夫太無學識之過
也

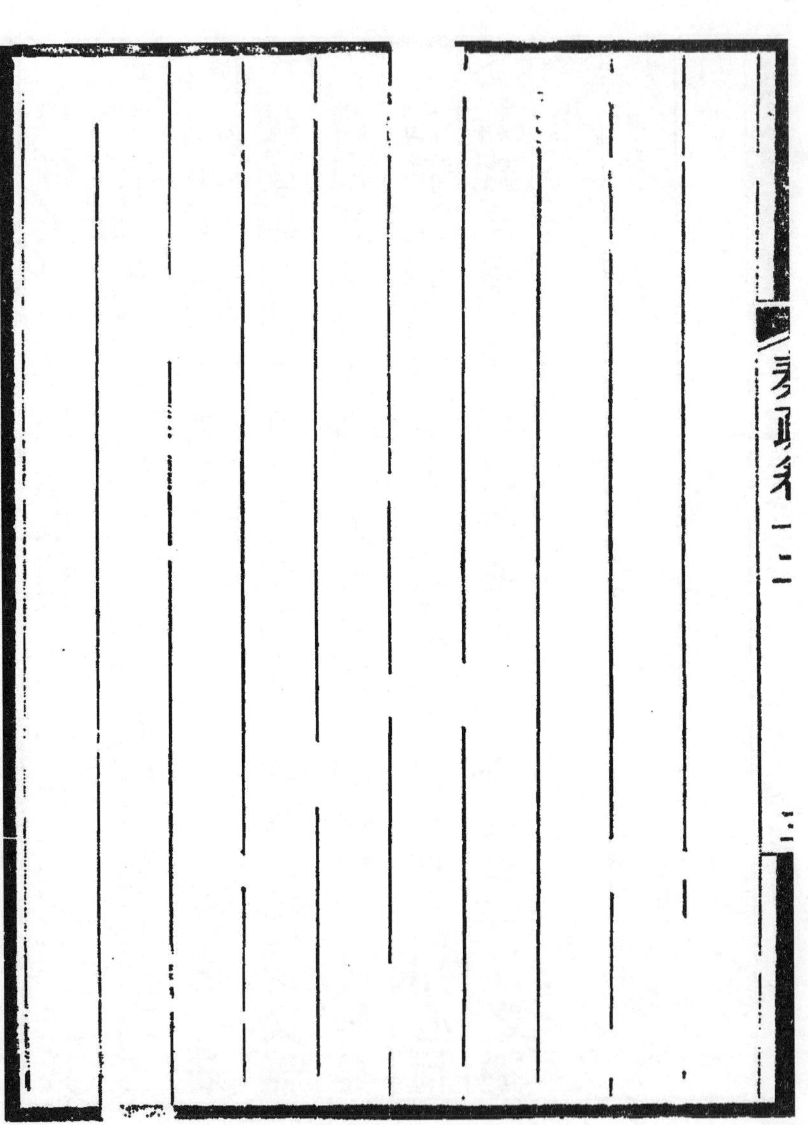

擬銷假論洋務疏

奏爲（臣）假期將滿遵

旨帶病銷假謹就所知洋務情形恭摺具陳仰祈

聖鑒事竊臣因病兩次乞假回籍渥荷

天恩優賞假期於時滇案辦理已有端倪而臣病久未痊分當求退五月二十四日英使威妥瑪貿然出京滇案未能議結臣豈遽能置身事外自應勉强支持暫請銷假而見在辦理洋務機宜有可一言其略者伏查夷狄爲患中國自古皆然所以控御之方戰守和三者而已彼其侵擾有常所其盛衰有定勢因時制變應之有

餘洋人以通商爲義環列各海口深入長江數千里藉釁生端以求便利名爲外憂而負嵎實在內地名爲敵國而搆禍不出邦交故臣以爲今日之洋務戰守和三者俱無可言何以言之凡戰有二曰攻勦之師曰應敵之師西洋各國遠隔數萬里中國不能往攻明矣而如洋人練兵製器之精其君臣相與講求日新月異未嘗稍息而獨不肯輕易用兵其視通商各口皆其利藪意尤護惜之彼不言戰何爲迫使戰乎凡和有三曰定歲幣之等差曰議聘使之禮節曰辨稱號之崇卑洋人通商二十餘年從未較論及此咸豐七年廣東用兵而上

海甯波通商如故次年天津用兵卽廣東通商亦復如故其苛索兵費但以爲因此用兵兵費卽取償於此始終通商而已每一滋事增加口岸徧據要害所爭莫大於是更不得以和論至於守之爲義由皇古至於今日由天下至於一家莫能廢也中國沿海九千餘里大小百數十口虎門大沽並稱天險道光二十五年三口通商以後洋務辦理已有成局增修虎門礮臺爲善後之計費至數百萬咸豐七年洋人直入一毁無餘咸豐九年天津防堵極艮將勁兵高壘巨礮之用終亦不能持久至於廣東展轉貽誤而有甯波之失金陵展轉貽誤

而有鎮江之失延及咸豐七年廣東省城爲洋人襲入擾及天津洋務遂至窮於辦理此其成蹟亦略可覩矣今凡偏及內地設立公使駐紮京師曾無藩籬之隔故臣以爲守者經國之常略而非目前防海之勝算也竊謂辦理洋務一言以蔽之曰講求應付之方而已矣應付之方不越理勢二者勢者人與我共之者也有彼所必爭之勢有我所必爭之勢權其輕重時其緩急先使事理了然於心彼之所必爭不能不應者也彼所必爭而亦我之所必爭又所萬不能應者也宜應者許之更無遲疑不宜應者拒之亦更無屈撓斯之謂勢理者所

以自處者也自古中外交兵先審曲直勢足而理因不
能逮勢不足而別無可恃尤恃理以折之伏見
列朝平定準噶爾布魯特方略以
至仁誅暴逆而坦然一示以誠招攜懷柔委曲深至乾
隆二十九年西疆烏什之叛辦事大臣蘇誠已戕於賊
追咎肇釁之由譴及其子孫嘉慶二十五年回疆之變
參贊大臣斌靜經回民控訴逮問治罪道光二十九年
甘肅誘殺撒拉番民亦經控訴逮問督臣琦善所屬回
番各部拊循理處務使持平惟恐一夫稱屈允爲
列聖控制中外之成規深求古今得失之故熟察彼此

因應之宜斯之謂理臣惟洋人之強與其逼處中國爲害之深遠過於前代而其借端陵藉乘釁要求中國與之相處其情事亦絶異於前代處之得其法其於各口稅務及學館教習及練兵製器諸大端洋人相與經營贊畫未嘗稍有猜忌處之不得其法則議論繁多變故滋生往往小事釀成大事易事變成難事以致貽累無窮竊見辦理洋務三十年中外諸臣一襲南宋以後之議論以和爲辱以戰爲高積成數百年氣習其自北宋以前上推至漢唐綏邊應敵深謀遠略載在史冊未嘗省覽洋人情勢尤所茫然無能推測其底蘊而窺知其

究竟
朝廷設立總理衙門專辦洋務亦不能不內惜人言周
章顧盼無敢直截辦理臣以愚庸爲衆論所訾議何敢
再有陳奏然竊計今時關係天下利病無過於洋務直
隸督臣李鴻章兩江督臣·沈葆楨福建撫臣丁日昌練
習洋務至精至博用能力求富强之術而於交涉洋務
亦皆深得體要維持保全如臣才識短乏而自道光二
十二年辦理洋務據所見聞證以前代事蹟深有悟於
中外交接之義沛然不疑於心疾病昏愚無能自效而
其理固有可言者謹就今日辦理洋務機宜略具四條

可以見之施行伏候

聖明採擇

一

國家設立軍機處爲出政之所中外事機悉歸裁定咸豐十一年總理衙門之設一倣軍機處章程遂與軍機處並立其時恭親王實司總理可以專制兼因交涉洋務多持正義不願與聞今已辦理十餘年矣察看西洋大勢總理衙門當遂爲

國家定制頒發

上諭及一切處置事宜不能不歸軍機處軍機大臣未

經奉派總理衙門行走茫然莫知其原委是非得失無從推求臣愚以爲軍機大臣皆應兼總理衙門銜名庶幾討論情勢通籌熟計以期有所裨益

一西洋通商向止廣東一口嗣是沿海開口以及奉天內達江西湖北法蘭西分踞安南與廣西接壤俄羅斯出入西北各口徧及陝甘及山西英吉利又議雲南通商其四川貴州河南交涉教案層見疊出目前無洋務交涉獨湖南一省耳必能諳悉洋情辦理始能裕如於此稍有惶惑一視若荊棘之在其身其始過持正論其後展轉翻異迷惑必多故今日人才以通知洋務爲尤

要自與洋人通商以來事變數出多因華洋交涉案件
爭辨紛紜而辦理歸結處總在訛索賠款廣闢口岸此
其命意之所在無知豫防者動輒積嫌生釁激成事端
展轉以資其挾制而使遂其欲推原其故由地方官不
知洋情既以搆釁爲能而多加之粉飾又以了案爲屈
而更益以推延似此情形施之民間訟案含忍受冤卽
亦無辭施之洋人必至多生事故故臣以爲考求洋務
亦無他義通知事理而已矣漢詔出使絕國與將相竝
重當時所急者不過折衝樽俎一日之閒實不逮西洋
關繫緊要之萬一伏願

皇上考擥人才勤求方略期使中外諸臣勿存藐視遠

人之心以洞知其得失利病之原忍辱負重刻自砥礪

以激厲士大夫之心而獎成士民奮發有爲之氣外籌

應接之術內立富強之基在

朝廷一念之斡旋而已

一駐紮西洋公使萬非今日急務其間惟美利堅之金

山中國流寓數萬人左近咇嚕及西班牙所屬之古巴

兼有招工事宜足資辦理此外各國全無憑藉而特數

萬里外之使臣因事與之辨爭事理稍有虛飾困辱立

見卽有能者亦徒以有用之才虛棄之無用之地將來

海道開通中國商人能赴各國設立行棧有可經理之
事漸次選派大員充當公使駐紮自不可少此時出使
通好委無關繫而既經奉派出使英國各國相沿爲例
正慮此後出使歲必加多　臣以爲考求洋務中外諸臣
必宜留意而出使則盡人可以差遣竊計各部寺院二
三品以下堂官類能諳悉體制講求應對
朝廷以息事安人爲心奉
命出使誰敢不盡力應請以後選派使臣依照常例由
禮部開列二三品以下堂官年歲不滿五十者聽候
欽派亦與尋常出使同等期使廷臣相習爲故常不至

意存輕重而於洋情事勢亦不能不加研考以求備
國家緩急之用其爲裨益必多矣
一西洋公法通商各國悉依本國法度中國刑例有萬
非西洋所能行者當時定議條約未能倣照刑部例案
酌添通商事例以致會審公所一依西洋法度以資聽
斷中國一切無可據之勢惟當廓然示以大公凡租界
滋事依洋法辦理州縣地方滋事依中法辦理其視洋
民猶中國之民視辦理洋案亦猶辦理中國之案先期
化除畛域之見以存中國一視同仁之體其間交涉洋
務

上諭奏摺應發鈔者概行發鈔使天下曉然知事理之平其有委曲周旋亦能窺見

朝廷之用心以知事理之得失非獨以釋士民之疑亦足以折服洋人之氣矣

以上四條於辦理洋務要略未能詳及而先務通知古今之宜以求應變之術熟覽中外之勢以息人言之嚣自可漸次講求控御之方推行富强之計要求其歸理勢二者深籌遠攬無以逾焉者也有宋大儒程頤論事必折衷一是其言當時朝廷有五不可及一曰至誠待敵國夫能以誠信待人人亦必以誠信應之以猜疑待

人人亦即以猜疑應之此理無或爽者方今時勢艱難

財力支絀洋案多一反覆即

國家多傷一分元氣維持國體全在先事防維事端一

出補救無從此後更難與處臣久病衰頹委無材用足

應

國家之急斷不敢希圖以言語效用供人指摘審量洋

情事勢則實有確不可易者冒昧上陳言辭拙直不勝

戰慄隕越之至所有見在辦理洋務情形謹就所知繕

摺具陳伏乞

皇太后

皇上聖鑒訓示謹
奏
案是時英國公使威妥瑪出都　廷旨令直督節相李公江督沈公與議戕斃馬加理一案皆未有以應也嵩燾時方求免出洋以事勢且棘謀遂以身任之先具一疏銷差論次辦理洋務源流本末以求解於人言刑部司員劉錫鴻守爭三日遮遏其疏使不得上後乃知威使至上海力請用兵爲英廷所斥展轉屬之節相李公至煙臺會議使如嵩燾之請以　朝命徑赴上海就商辦理則其勢更順而轉旋之機更

捷劉錫鴻百計營求充當隨員是時京師議論橫決樞府勿能辨也恐此疏上多觸樞府忌諱卽渠隨同出洋亦覺滅色用其自私自利之心一以强悍行之小人之無忌憚亦復何所不至乃使區區任事之心爲所阻遏無能自明深悔爲其所賣至上海復補陳之則事機已去言之不足動聽矣日記

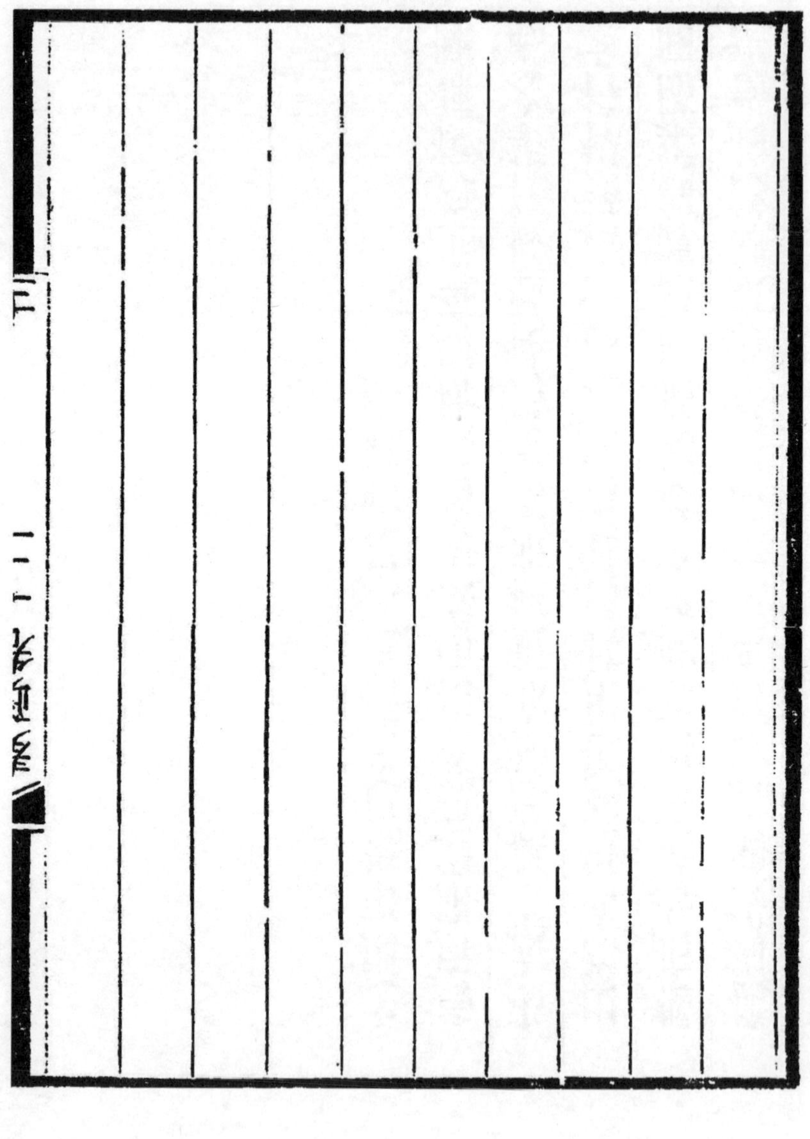

請禁鴉片煙第一疏

奏爲鴉片煙爲害中國英國士紳設立公會勸止販運急應由中國設法辦理恭摺仰祈

聖鑒事竊查西洋通市廣東已越千年從無侵擾道光二十年議禁鴉片煙遂至失和展轉相尋以有今日推原禍端創鉅痛深宜如何疾首蹙額相爲戒禁以示無忘國恥之義而就臣耳目所及言之自道光時定立鴉片煙罪名設法嚴禁官吏奉行不能如法但藉以爲差役訛詐之資始終未懲辦一人所定罪名亦苦太重相與玩視咸豐九年議開鴉片煙之禁而於在官人員及

應試士子及營兵仍不準其吸食則但視爲具文無知
有禁令者因查鴉片煙之禁始自雍正時其初但充藥
品販運內地所恃政教脩明官吏稱職民間凜凜畏法
無敢吸食至道光初而其風始熾浸尋由印度傳至雲
南而南土興矣展轉傳至四川而有川土又傳至甘肅
而有西土由是而至貴州由是而至陝西山西一二十
年來廢田而種罌粟歲益浸廣而西洋販運中國亦歲
益增多足見開種日繁即吸食者日衆勢將盡中國之
人皆自失其生理槁項黃馘奄奄僅存無異殘廢西洋
人士知鴉片煙爲害之烈與中國受害之深也相與設

弗夏爵世地其敦倫至臣買販種栽止禁勸廣會公爲

刺爾得格里士教及德爾求斯克馬院政議及里伯思

政議其色於形義此論就相人餘十五等士畢孥冊爾

於而之記相照情人土風至所國各游偏里伯什阿院

竊之愧甚臣樂笑取以煙片鴉食吸臥偃女男爲國中

廉之夫大士養先在令禁爲繁在不煙片鴉止禁爲以

先宜假寬所有能不使察督查稽官長在尤要其而恥

勸散施藥方煙戒製多縣州飭分撫督成責年三限示

人舉監生革參吏官者戒能不期逾期爲年三滿以諭

童五具例子士試應武文凡而罪同發舉不官長斥褫

互結宜以鴉片煙爲首禁容隱者一併除名童生吸食鴉片煙皆先停考濫入場者廩保坐黜廩生吸食鴉片煙皆先停止保人濫保者教官亦坐黜至於三年期滿學校中不準復有吸食鴉片煙者用以激厲士民之心而作其氣亦在使知所恥而已其川滇甘陝各省栽種罌粟則必以課吏爲先臣聞種罌粟一畝所出視農田數倍工力又復減省州縣因之添設陋規私收鴉片土稅亦數倍於常賦官民皆有所利以致四處蔓延積久而種罌粟者男婦相率吸食不能如印度所出煙土嚴禁其民吸食也因以積成媮惰之性飲食費用虛耗日

多遂使田賦常供亦多不能輸納卒致官民交困而奪
民食之需以空倉廩之藏廣種罌粟流毒無窮豈復能
有自存之理因查雍正年間
諭飭廣東禁止栽種甘蔗諄諄以民食爲憂甘蔗製造
糖食日用所需
聖心猶隱慮之何況鴉片煙爲貽害國家之具其產出
印度距東洋爲近而日本特設厲禁無吸食者獨中國
販運銷行每年課稅至數千萬爲英國入款一大宗而
其地士紳會議猶勤勤焉謂煙土貽毒中國引以爲咎
倡言禁止中國人民肆行吸食略無悔悟其勢非嚴督

撫處分以督率州縣不能望有轉旋伏乞
皇上堅以持之寬以期之以三年之期責成各省學政
整頓學校責成各省督撫整頓屬官而於栽種罌粟又
須由督撫責成州縣勸諭紳民整頓所屬地方漸摩勸
化更需以二十年之期盡民人而變革之求實效而不
爲虛語務力行而不責近功其道無他惟在疏通民氣
而已矣竊見西洋各國官民一心急使遠戍而不以爲
苦煩征厚斂而不以爲苛所以然者爲無不通之情故
也中國民情常苦隔閡利病好惡之私州縣能體及者
鮮矣累積而至督撫則益曠遠不相及自古言善政者

必以勤卹民隱爲先仰窺
列聖之成謨嚴以察吏寬以馭民於民情尤加曲體雍
正時民閒疾痛痾癢曲折畢達莫能壅隔是以其時無
不除之弊無不行之政臣以爲禁止鴉片煙當使教化
轉移之意多防禁操切之術少使天下臣民諭知此意
自有不敢不禁不忍不禁者存乎
皇上一心之運用中外人心無不嚮從臣於正月內接
據粵紳唐德峻等稟呈咨請總理衙門轉奏其後屢見
英國士紳力陳鴉片煙之害發於至誠又復會集多人
陳述此義又接粵紳桂文燦溫清溪等二稟人心向善

之機想亦
列聖在天之靈所默鑒是以不敢不據實縷陳並就臣
知識所及略陳辦法以期實有裨益無任悚息屏營之
至伏乞
皇太后
皇上聖鑒訓示謹
奏

請禁鴉片煙第二疏

奏爲禁止鴉片煙應行事宜前摺多未及詳謹補陳數條上備

聖明採擇恭摺仰祈

聖鑒事竊臣光緒三年二月初八日具奏設法嚴禁鴉片煙一摺至今未奉

批諭竊惟國家興利除弊關係重大未易輕議竖頓鴉片煙爲害中國五六十年通計各省士民陷溺其中率十之四五其害日廣其毒亦日深道光十九年特詔嚴禁遂至激成海疆之禍而吸煙者愈多至咸豐

九年例禁已開更無顧忌臣於此時復爲禁止鴉片煙之議人皆知其難行而臣揆之事理驗之人心顧獨以爲至易蓋使國家嚴立科條責成地方官禁之徒以擾累百姓其終必至愈禁而愈開使人民自爲禁制以獎勵其廉恥而激發其天良則動於詔旨一二言而人心自振積弊亦將自除此臣熟籌深計而決知其必然者也謹就愚見所及略具數條敬爲皇上陳之

一曰權衡人情以定限制之期臣前摺議禁鴉片煙以

清理學校為先所有文武職官及舉貢士紳一例示限三年自屬一定不移之章程而其中情節實各不同有因治病吸食者有年逾五十精力已衰不能驟戒者惟當責成各地方清釐整飭萬不可撥剔窺伺反開揭告之風其紳民五十以上已至垂暮之年亦可無庸示禁蓋此次議禁之意在嚴絕其將來不在追咎其既往庶幾人心不至驚惶即督撫大吏因病吸食亦可無憂反噬

朝廷但有察覺無難處辦至於學校出身之階正本清源端在於是自府縣試互結即須以鴉片煙為首禁應

纂入學政全書萬不宜絲毫寬假此權衡人情之大端也

二曰嚴禁栽種以除蔓延之害　臣前摺敘述甘陜雲貴山西四川等省栽種罌粟情形沿西數千里之地日肆蔓延而江蘇之徐州浙江之台州亦皆種植罌粟有徐土台土之名而一皆消行內地是各省多栽一畝卽民間多增一畝之害端

國家亦多廢一畝之生產　臣在京師聞山西撫臣鮑源深請禁栽種罌粟出省閱兵各州縣先期拔去驛路兩旁罌粟一二畝改種禾麥相傳爲笑近年吏治廢弛日

甚欺誣粉飾莫知爲非非得督撫臣深體
朝廷之用心切實推求斷絕根株萬不能有禅益此嚴
禁栽種之大端也
三曰嚴防訛詐以除胥吏之擾
朝廷明示例禁督撫下其令於州縣州縣即授其權於
書差乘勢苛擾得賄包庇其害且有不勝言者又自咸
豐時明開鴉片煙之禁旋禁旋開又旋加禁亦復無此
政體臣之愚見以爲當時開禁僅及民商官紳仍照舊
禁止是今日之議禁與咸豐時之開禁用意正屬相同
而一以勸戒爲義則差役之騷擾不能不先爲嚴禁但

有因事生風借禁煙爲名稍事訛詐應聽民人呈控交涉書差者立行拏懲交涉地方官者亦立與嚴參總期使民間實受禁煙之利而不至虛貽禁煙之害此嚴防胥吏之大端也

四曰選派紳員以重稽查之責近年廣東設立勸禁鴉片煙會臣常嘉其用心之善然出自民間私議有勸導之功而無董率之責其勢不足以振發人心應飭各省督撫臣舉派在籍公正知事體紳員一二人使專司示禁鴉片煙之責以交責成各府州縣及學官各舉派總辦一人幫辦二三人仍由府紳總其成以達於省紳而

稽考其成效亦不必設立公局開支經費但由地方官及各紳民捐貲廣製戒煙方藥分散四鄉責成各族族長稽查一族各鄉鄉長稽查一鄉督撫即因以推知州縣之奉行與否及各府縣紳員之得力與否一除粉飾之心而坦然示以大公惻然推以至誠紳民未有不感動踊躍自爲禁制者此舉派稽查之大端也

五曰明定章程以示勸懲之義竊查鴉片煙之盛行在道光中葉以後風俗人心因之日趨於澆薄水旱盜賊相承以起貽患至今是鴉片煙之爲害不獨耗竭財力戕賊民命實爲國家治亂之機一大關鍵是以道光中

設爲厲禁嚴刑原屬懲姦之要義立法並無稍過惟當綱紀廢弛風俗頹敗之餘法令愈嚴推行愈多梗塞不能不以整齊之令寓諸從容勸導之中而人心歆法已甚其驟難禁革之積弊尤應明定章程以使知利病之切身而自求變計其法卽取販賣鴉片煙之例以爲禁煙之資凡運販鴉片煙土者無論城村市鎭概準釐稅加徵五倍永不停免亦責成紳員互相稽查一由釐局徵收而酌提爲製造方藥之費其各省栽種罌粟者亦皆示限嚴禁各視土地所宜責令改種五穀其田土有多寡又有承佃及自耕之分逾期不改種二十畝以上

酌提一半充公承佃者出自業戶之意全數充公出自佃民之意責成更佃不遵辦者亦全數充公二十畝以下勒限懲責其充公之田各就其鄉添設小學及善舉由地方官督飭辦理有侵食者亦聽呈控懲辦此明定章程之大端也

六曰禁革煙館以絶傳染之害鴉片煙爲害之烈尤莫甚於煙館無藝平民及子弟之有管束者無不從煙館吸食以至積而成癮其害亦人所共知而不能禁革者在官之耳目不能敵書差之包庇也聞兩江督臣沈葆楨嚴禁煙館皆相率移至城外以沈葆楨切實認眞其

力亦不過周及城內而已非責成各處士紳自相稽查萬不能有實際而非督撫及地方官有實茶整飭之心亦萬不能責士紳之奉行是以自古興利除弊尤以察吏爲先在京各城司坊等官在外各州縣巡檢典史能不以收受陋規爲事禁革煙館卽亦非難此嚴禁傳染之大端也伏查

國家興利除弊大抵交涉部務應由部臣制其準駁之權其有違犯禁令亦應由部臣添議科條編入則例惟此次禁止鴉片煙先及官紳士子本屬從前未開之禁無庸另立專條其禁止栽種罌粟及開設煙館尤屢見

之奏案明示例禁至於州縣差役之訛詐按律處辦已
自有餘並無庸酌增條例各海口徵收洋土稅則照舊
辦理或另立章程稅釐並徵酌量增加均可及時開辦
聽從販運與此次議禁大旨全無妨礙誒奉有禁辦明
文臣　郎照會英國外部漸次禁止栽種販運此時開辦
之始惟當從容涵泳寬以二十年之期先官而後民先
士子而後及於百姓一以漸摩勸戒爲義明示以
朝廷愛養民力援拯陷溺之苦心力除苛擾與天下相
感以誠其大要尤在責成各省士紳自立章程切實勸
導求實效而不務虛文求眞有益百姓而不專假官勢

以責近功人心具有天良無不可感動禁革者伏乞
天恩明下臣章飭各督撫臣虛心核議實力舉行天下
臣民蒙被
聖恩永無涯際誠不勝區區感激所有補議禁止鴉片
煙條款緣由謹繕摺具陳伏乞
皇太后
皇上聖鑒訓示謹
奏

論俄事疏 直隸總督肅毅伯李代進

奏爲遵

旨直陳所見恭摺仰祈

聖鑒事竊臣恭讀光緒五年十二月初四日

上諭此次會議事件中外臣工及在籍大臣如有所見

均可據實直陳等因欽此仰見我

皇上愼重邊防周諮博訪之至意因查前左都御史臣

崇厚在俄定立條約十八款不察山川扼要之形勝不

明中外交接之事宜種種貽誤無可追悔然西洋各國

遣派使臣相與議定條約原應由各國覈准施行是此

案准駁之權仍制自
朝廷所有遣派駐紮各國使臣但係兩國交涉事件應
責成料理總理衙門但一諭飭駐俄公使轉達俄國外
部伊犂條約暫難驟准權聽俄兵駐紮伊犂以俟續議
俄人雖甚猖獗亦不能違越萬國公法以求逞祇此
權應之一法可以稍戢俄人之志卽在我亦稍有以自
處臣請通前後情事爲我
皇上分別陳之
一曰收還伊犂應由甘督核議乾隆年間戡定準回各
部設立各城駐紮兵弁外設屯卡與各屬部畫分疆界

百餘年來哈薩克布魯特諸部日以衰微其地多為俄人侵占又西域浩罕諸部與西域壤地緊相毗連而自回疆畔亂二十餘年屯卡燬棄殆盡即令俄人繳還伊犁一城清理疆界極費推求陝甘督臣左宗棠平日講求地理之學經營西域已逾十年形勝險要為能詳知萬非數萬里外遣一使臣憑空定議之事臣所謂收還伊犁應由甘督核議者此也

二曰遣使議還伊犁當徑赴伊犁會辦俄人占踞伊犁時但以保護疆界民商為言原約中國平定西域仍行退還是收還伊犁竝無他慮惟慮俄人索取兵費太多

此須至伊犂相度情形乃可置議左宗棠以戰功平定西域不肯居贖回伊犂之名揀派大員會議著緊亦專在此無捨伊犂而徑赴俄會議之理郎令議辦已有端緒應遣使赴俄定約亦必須由肅州取道伊犂兼與左宗棠商定一切 臣在倫敦日本遣使恩倭摩的赴俄議換庫頁一島郎所謂蝦夷島也在該島爭持多年乃遣使赴俄計議其使臣即由庫頁島徑赴黑龍江取道伊犂繞烏拉嶺赴俄爲其水陸交通險隘形勝及其兵力所注非身親考覽無由知也俄酋高福滿駐紮伊犂兼統浩罕諸部其與崇厚議還伊犂二萬里調高福滿回

國會辦此在中國關係絕大而在俄人則進退皆利無關得失之數而其任勢叕寶如此臣所謂遣使議還伊犂當徑赴伊犂會辦者此也

三曰直截議駁伊犂條約當暫聽從駐紮其勢萬不能急速收還臣查天山南北兩路所以號稱肥饒者正以河道縱橫灌輸之故俄人所踞西伯利部一萬餘里竝屬荒寒之地近年侵奪塔什干浩罕諸部曲意經營前歲見俄國新報言其提督斯哲威爾探尋巴米爾郎格拉湖一帶報稱喀拉庫拉湖至阿克蘇有通長不絕河源深入俄國荒漠之地爲歷年人跡所未到舉國相爲

慶幸其睨視西域蓄謀已深伊犂一城尤爲饒沃自伊
犂河以南曰哈爾海圖產銅曰沙拉搏和齊產鉛其北
山曰空鄂爾崴博產煤曰闢里籌產金曰索果產鐵往
時河南設有銅廠鉛廠竝近距特克斯河而辦理不甚
如法山北煤鐵各廠則尚未開採西洋人羣視爲上腴
之地伊犂所屬九城專駐兵弁其膏腴竝在河南山北
西至霍果斯亦設有一城距伊犂不逾百里所設額爾
格齊罕諸卡皆在五百里以外今畫分霍爾果斯河屬
之俄人則伊犂一河亦截去四之三而五百里之屯卡
皆棄置之矣畫分特克斯河屬之俄人則舊設銅鉛各

廠亦與俄人共之而特克斯河横亘天山以北其南直接庫車拜城聲氣皆致阻隔所設屯卡直達特克斯河源皆棄置之矣塔爾巴哈台距伊犂東北尚在千里以外聞亦有畫歸俄人之地以一城孤懸浮寄盡割置其膏腴之地名爲收還伊犂而實棄之此時置議較之從前其難萬倍當據萬國公法由

國家徑行議駁無可再行商辦之理以此時縱棄伊犂與收還伊犂其勢竝處於兩窮惟有申明權聽駐紮以杜其狡逞之心而仍以從緩計議稍留爲後圖庶自處於有餘之地而亦有餘地以處俄人臣所謂直截議駁

伊犂條約暫聽俄人駐紮者此也

四曰駐紮英法兩國公使不宜遣使俄國西洋各國互相聯絡各視其國勢緩急輕重與其恩怨以爲之程數百年來攻伐兼并事變百出而目前大勢則英法兩國爲私交俄德兩國爲私交德與法仇憾方深英與俄尤爲累世積怨其心意所向背即其喜怒好惡亦皆隨之轉移臣嘗論英法共一公使俄德亦當共一公使凡爲公使駐紮非但以虛名通兩國之好而已實有維持國體之責與商辦事件之權遣使會議當在伊犂而其難通之情與其兩不相下之勢由駐俄公使達之俄國朝

廷以持其平而分其責此亦萬國公法所當準情據理通論其節要者似此加派使臣改議已定條約恐徒資俄人口實以肆行其挾制之術俄國新報已言伊犁條約由英人播弄翻悔亦可窺見其用心矣臣所謂駐紮英法兩國公使不宜遣使俄國者此也

五曰定議崇厚罪名於例本無專條亦當稍準萬國公法行之臣查崇厚貽誤

國家原情定罪無可寬假然推其致誤之由一在不明地勢之險要如霍爾果斯河近距伊犁特克斯河截分南北兩路均詳在圖志平時略無考覽俄人口講指畫

乃直責其玩弄一在不辨事理之輕重其心意所注專在伊犂一城則視其種種要求皆若無甚關繫而惟懼繳還伊犂之稍有變更一在心懾俄人之强而喪其所守臣奉使出洋以崇厚曾使巴黎就詢西洋各國情形但言其船礮之精兵力之厚以爲可畏崇厚名爲知洋務徒知其可畏而已是知其勢而不知其理於處辦洋務終無所得於其心也一在力持敷衍之計而忘其貽害臣在巴黎與崇厚相見詢以使俄機宜僅言伊犂重地豈能不收回頗心怪其視事之易而亦見其但以收回伊犂爲名於國事之利病洋情之變易皆在所不討

故常以謂與西洋交接亦當稍求通悉古今事宜中外情勢而後可以應變是以崇厚之罪人能知之而能言之而當定議條約之時崇厚不能知也攜帶參贊隨員亦皆不能知也置身數萬里之遙一切情勢略無知曉有聽俄人之恫喝欺誑拱手承諾而已

朝廷以議駁條約加罪使臣是於定約之國明示決絕而益資俄人口實使之反有辭以行其要挾崇厚殷實有餘宜責令報捐充餉贖罪而無急加刑以激俄人之怒卽各國公論亦且援之以助成俄人之勢臣所謂定議崇厚罪名當稍準萬國公法行之者此也

六曰廷臣主戰祇是一隅之見萬宜斟酌理勢之平求所以自處而無急言用兵臣查西洋搆患以來凡三次用兵廣東因禁煙甯波天津因換約皆由疆臣處置失宜以致貽患日深積久而益窮於爲計然其時中外之勢本甚懸絕一切底藴兩不相知徒激於廷臣之議論憤然求一戰之效至今日而信使交通準情理處自有餘裕俄人之狡焉思逞又萬非比英法各國專以通商爲事釁端一開搆難將至無窮

國家用兵三十年財殫民窮情見勢詘較道光咸豐時氣象又當遠遜俄人蠶食回部拓土開疆環中國萬餘

里水陸均須設防力實有所不及即使俄人侵擾邊界
猶當據理折之不足與交兵角勝何況以伊犂一城遣
使與之定議準駁應由
朝廷縱彼以兵力要挾亦可準度事勢之宜從容辨證
何爲貿然耀兵力以搆釁端取快廷臣之議論臣所謂
廷臣主戰祇是一隅之見者此也竊以爲
國家辦理洋務當以了事爲義不當以生釁搆兵爲名
名之所趨積重難返雖稍知其情狀亦爲一時氣燄所
懾而不敢有異同臣之愚昧直以爲今日之急務固不
在此應懇

天恩飭令駐俄使臣轉達俄國外部以伊犂一城爲天
山南北兩路關鍵中國必待收還而此次崇厚所定條
約萬難覈准所有俄兵駐紥伊犂應暫無庸撤退從前
喀什噶爾曾經與俄通商應否照舊舉行之處由陝甘
督臣左宗棠與俄國督兵大臣會商覈辦以期妥善無
得輕易率請用兵致失兩國交誼開誠布公正辭明辨
責成督臣妥爲經理或冀幸挽回萬一以後與俄人交
涉亦可於此稍得其端倪關繫大局實非淺鮮臣以庸
愚奉使無狀衆口交謫無地自容積年以來心氣稍耗
疾病日增里居踰歲足迹未嘗一出門戶自分衰病餘

生無復犬馬圖效之望而軫念時艱亟以崇厚之昏庸

貽誤多端幾至無可補救臣於洋務粗有所見誠知一

時公論於此必多觸犃然求之事理徵之史策準之

國家之利病驗之各國之從違允宜及早斷行以免多

生枝節爲時愈久議論愈煩則益難於處理是以不敢

避詬譏而終甘緘默謹略獻其愚忱上備

聖明採擇所有遵

旨直陳所見緣由理合繕摺具陳伏乞

皇太后

皇上聖鑒謹

奏

論法事疏兩江總督咨請侯左代進

奏為法蘭西滋事安南宜求其癥結所在循理處置不
宜遽搆兵端恭摺仰祈
聖鑒事竊臣光緒二年在總理衙門見法人特拉格來
遊歷暹羅南掌緬甸以達雲南四川記載詳明由福建
撫臣繙譯咨送臣但見其遊歷南掌一冊內言南掌通
中國有三路一循湄江而上出緬甸通雲南一出湄江
右支囊呼河通雲南一出安南東京兩界間通廣西知
其心忮英人通商騰越蓄意與爭勝雲南地產之厚尤
西人所豔稱也是以考求通雲南之路尤急其後日本

毁滅琉球法人因乘勢與安南搆釁以爲開通富良江之計葢西人以通商爲利尤善蹈瑕抵罅據爲程式與安南議論相持兩年而其經營發難實在乙亥丙子之交其指定蒙自口岸尤擅雲南之勝以其地饒沃平衍水陸交通北距雲南省城西距普洱道里適均實遠出騰越之上其用意愈深其求成之心必愈堅臣以爲宜由

朝廷權衡利病輕重應否准與通商定計於事先設官置防使足以資控御庶不至如沿海情形令西人操通商之權屈中國以從之其或定計不與通商亦當熟籌

因應之宜深究理勢之歸有所據以制其勝期收折衝
尊俎之功西洋各國因事辨爭有相持數年而始定者
卽不得已而用兵亦反復籌商遲久始決從未聞貿然
發議稱兵一相嘗試就安南事勢言之當有救援彈壓
之師不當有防堵之師明非利害所繫故也若論雲南
通商事勢所爭尤在議論決不在於用兵臣因考自古
經國之計專務招徠商賈無以閉關絕市爲義者漢書
西域傳稱罽賓惟利賈市安息臨嬀水商賈車船行旁
國康居欲買市爲利大宛善賈市爭分銖必市乃得所
欲班史不載邊關市易而於四國發其例是以後漢書

言武帝開通西域商胡販客日款於塞下唐書開元盛時東至高麗南至眞臘西至波斯吐番堅昆北至突厥契丹靺鞨謂之八蕃稅西域商胡以供四鎭當時通商之利葢可想見明史謂唐宋以來行以茶易馬法用制羌戎是以宋世熙河秦洮皆設茶務不以寇掠攻守廢市易明設三市舶司甯波通日本泉州通琉球廣州通西洋諸國交阯雲南皆設市舶提舉司始終未聞以市易滋亂其後罷甯波市舶日本海賈往來自如轉相寇亂海上遂無甯日見之明史食貨志可以推知其利病至於

國朝控制夷狄之大法尤爲曠越前代康熙初與俄羅斯議定疆界聽其貿易不禁俄商絡繹往來京師至三十二年定爲三年一來京貿易而庫倫仍聽互市雍正五年設沿邊卡倫始移市務卡倫外之恰克圖距庫倫且至千里而罷京師貿易相沿至今其後節次劃分邊界由額爾古納河東至混同江橫約二千餘里由烏蘇里河南至圖們江縱約千餘里由恰克圖西至烏梁海繞出葱嶺縱橫各數千里猶恃恰克圖通商界限由額爾古納河東徑黑龍江以達松花江西盡唐努山以南界畫井然不虞侵佔誠令塔爾巴以北伊犁以西當時

設有通商市務必能相與保全以資守衛　臣歷考古今
事勢益信明史言馭邊之要以互市通夷情使法禁有
所施省戍守費誠爲有利無弊而如恰克圖展至庫倫
千里以外尤其效之彰明較著者也今沿海通商十三
口長江以上通商五口雲南通商一口俄羅斯出入西
北各口並通行無阻區區蒙自一口無關中國要害通
籌始終總覽全局必有能辨知其得失者至於用兵之
費籌餉之煩與其貿焉而起貿焉而止及不幸而出於
戰賠繳兵費之累中外諸臣皆能深知徒以眩於南宋
以後之議論不務考求古今事局以上窺

列祖經營撫綏之大略明通公溥坦然以誠相示而用其一隅之見附和清議苟求見恕於人言以是辦理洋務四十餘年始終不得要領而坐受人言之挾制方今時事艱難民窮財殫國計吏治人心風俗本源之地所憂實多汲汲補救猶懼不給無故自生釁端屢滋煩費誠謂非宜臣老病餘生氣息奄然無所顧忌又嘗蒙被聖恩備員總署稍能周知中外情形以理自信實見洋人通商蒙自宜以時迎機理喻使受約束不宜率爾稱兵終至無以善其後而滋累無窮用敢披瀝愚忱冒昧上陳冀荷

聖慈垂察不勝戰慄隕越之至伏乞

皇太后

皇上聖鑒謹

奏

請正朝鮮亂民之罪片

再臣傳聞朝鮮國都有鬭攻日本公使一案其始由近年通商日本漸及西洋各國考求西法於是其國人民分黨爭勝曰守舊黨曰開化黨各據所見以相詰難而人情狃於所習見而震於所創聞守舊一黨相附和者其人數必多而益囂因圍擊日本公使遂至侵犯王宮肆行叛逆此實近今未有之奇變竊度日本旦夕必加兵朝鮮或具朝鮮情狀告知

朝廷亦頗難爲酬答或竟不告知則朝鮮之國危而中國之體亦全失臣愚以爲宜下

明詔正朝鮮亂民之罪興師討之移檄日本以朝鮮亂
民爲逆陵辱日使非徒日廷之私憤實亦中朝屬國之
巨憝允宜興師問罪誅討亂民選立故王之後以懲暴
安亂爲義而無利其土地日廷命將出師亦同此義直
當同心勠力以定朝鮮之亂調集天津水陸之師四五
千由海道進討使日本猶有顧忌以不至狡逞卽中國
亦有以自處兵者聖王所以誅暴亂禁姦宄是以滇粤
各邊無可用兵之機而朝鮮在今日實有迫以不能不
用兵之勢且以日本蓄謀已深亂民乃無故激成其變
察其情勢已成於不可遏爲國家大局計誠有不能坐

視者此亦先發制人之術也至論朝鮮人民之樹黨其罪皆無可逭臣子之義利病榮辱無可爲身計者期於利國而已誠見其有利於國毅然爲之可也一事之微而有先知先覺之責君子固當任之不知其利而相與犢爭亦無害其爲正論然而國勢之贏絀事機之緩急要當有審幾之智其間立國有本原推行有次第所以通古今之變而察本末之序尤不可終安於不知有官守者任其事事所不屬無不可明其理分黨爭勝明樹之的使亂民有所藉口而遂戕及國家竊以爲朝鮮人民之罪無論何黨皆應一申

天討王者之治亂以急正風俗爲先周書羣飲之誅爲

風俗人心之可無恕也朝鮮所謂大院君者一日不伏

誅無以定一日之人心此尤我

國家無可推延之理誠宜斷自

宸衷剴切宣示以振厲中外人心而求所以奠安朝鮮

鎮服日本所保全實大臣不勝瞻望感激謹據所見上

陳伏候

聖明採擇謹

奏

因法事條陳時政疏繕呈直隸總督肅毅伯李兩江總督恪靖侯左代進

奏爲西洋搆患已深宜急與理處不宜與交兵謹推陳本末始終之數以明得失之機恭摺仰祈

聖鑒事竊查西洋之通中國肇始西漢海道通商則原於隋唐之交歷今千數百年至道光年間鴉片煙行於中國始有禁煙之議辦理參差激成釁端嗣是而有定海甯波之變又有鎮江之變又有廣東省城之變又有天津之變再四交兵或極一時之兵力靡費餉需累巨萬終至增加通商口岸索賠兵費前後五十年中反復相尋如出一轍蓋西洋以通商爲義自始開國至今千

八百餘年兵力愈練愈强製造愈習愈精通商口岸亦
愈推愈廣外藩各國盛衰强弱或數十年數百年一變
惟西洋一主通商歷久不變其佔踞地方遠至數萬里
皆以通商爲名初無窮兵之心而數反數覆必因釁以
逞兵亦並無爭地之心而屢戰屢進卽乘勢以掠地南
洋各島侵佔殆遍無不由此是以交涉西洋通商事宜
可以理屈萬不可以力爭可以誠信相孚萬不可以虛
僞相飾可以借其力以圖自强萬不可忮其强以求一
逞臣嘗論西洋要求事件輕重大小變幻百端一據理
折衷無不可了一戰則必不易了以彼所求者通商耳

其蓄謀或在數十年之前其作勢嘗自處萬全之地每至張大其辭以相要挾而其與中國相去數萬里用兵之費又數倍於中國本不能輕易言戰其志又不過通商爲利非有仇憾積於其心察其不輕言戰詰難往復固有餘地以自處而求各得其利因其不輕言戰而激使狂逞則爲害必多一經交兵所用兵費終謀取償此亦西洋各國互相鉗制之義直無辭以拒之或竟受懲創揚帆以去各省海口不能撤防一年二年又必復至或遂恣意橫行爲禍且將愈烈西洋各國交兵或十年二十年每戰礮火交轟亦至數日不息近年如普法戰

蹟記載甚詳中國沿海八九千里果何以堪之此臣所以謂西洋各國環集中國無可戰之機無可戰之勢直亦無可戰之理法夷屢與越南私立條約專爲通商雲南起見自英人通商騰越尤懷爭先恐後之心見之特拉格爾探地記其蓄意早深據萬國公法駐紮各國公使專務保護人民料理通好事宜遇有爭辯大端必另遣使與議以所爭辯有允不允不允卽應辭歸公使不能辭歸故並不使與議勉强與議彼亦決不相信法夷搆釁越南應遣使法都並應遣使西貢察機觀變而未能遣使其滋擾越南一發端西貢而西貢地方中國人

民三十餘萬應設領事經理而未能早設此等緊要機宜皆已坐失法夷初意西貢駐兵五百人橫行越南有餘經劉永福橫出截擊彼亦驚出意外進退兩難可以乘勢定議而又失此機會中外諸臣本無諳知洋務者惟仰窺

朝廷意旨憤起言戰疆臣主兵又狃於軍營報仗虛張聲勢之故習一以虛憍出之諱敗言功從無一語徵實

臣不敢申言勝負得失之故但就今日用兵利害言之法夷滋擾越南未及中國也廷臣倡言主戰拒之於桑臺拒之於北甯彼至則我兵先退彼退又以克復報聞

法夷斂兵退守不進攻保勝而至天津議講是其意本不求戰也自諒山一加掩擊而禍遂成嗣是而攻雞籠傷亡數百人又攻馬尾傷亡數千人又轉攻雞籠傷亡亦數百人迫使戕賊人民其害一馬尾船廠建置機器所費累數百萬每製造兵船一艘多或百數十萬少亦數十萬一戰而毀棄淨盡所耗至一二千萬徒自毀傷其僅有之輪船與製造機器以供言者之一快其害二西洋通商各口岸中國富商大賈輻輳其中轉輸營運賴以不匱二三年來邊釁既開西洋各商收回成本停止貿易沿海商賈傾毀無餘元氣大傷百姓相與轉徙

流離一日數驚莫保其生商賈受累尤甚是直自爲擾也其害三比年水旱饑饉公私庫藏皆至耗竭尋常無事各省入款多不敷出而糶今日徵調之煩召募之廣視咸豐年間討平寇亂用兵又更加多耀軍於無可施之地求戰於不相應之敵沿海數千里處處設防徒以自敝其力而無復有終極其害四漢臣魏相之言曰救亂誅暴謂之義兵敵加於己不得已而起謂之應兵爭憾小故不忍憤怒謂之忿兵恃國家之大矜人民之眾欲見威於敵謂之驕兵忿兵驕兵古人以爲大戒中外諸臣襲南宋以後議論反據之以爲名抑不知南宋諸

臣議論與其行事之得失載在史冊韓侂冑一用兵而宋以不振賈似道再用兵而宋燼矣以議論爭勝而不能推求古今之利病與人事之當否其弊遂至於此臣聞自古攘外必先安內西洋佔踞口岸深入腹地並無攘外之可言所急應講求者安內而已而使干戈四擾邊境驛騷攘外安內兩無所據應懇

皇上天恩明降諭旨令總理衙門大臣親詣英美俄三國使署會同理處平其曲直以息兵安民保全大局而爲今日根本大計關繫人心國脈尤有切要者四端敬爲

皇太后
皇上陳之
一進退大臣太輕凡爲大臣皆積資累勞身負重寄平
日志行才略
朝廷考求有素淺深得失無不周知自非權姦能上蔽
朝廷耳目必待言官發其罪狀取快一時人心卽不當
以薄物細故指發隱微之過以至上傷國體下寒任事
者之心傳曰敬大臣孟子以責君堯舜爲敬其君則是
敬大臣者亦直責以伊周之事敬之愈至則責之愈深
若視其大臣日在猜嫌之中而使疏遠小臣揭發其陰

私指摘其小過以矜激直廟堂之上荆棘叢生大臣救
過不遑互相交結各顧其私爲害反甚晉臣王濛猶言
不疑於物物亦誠焉不私於物物亦公焉未有致疑於
人而能盡人之力者大臣稍有廉恥亦惟引身以避賢
路而已於國家果何利乎人才祇有此數大臣不可信
豈有小臣反可信之理徒相率爲紋訐希指邀榮以求
美仕其於人心風俗所關尤鉅

聖明之世豈宜有此

一聽言太雜自宋儒以崇獎言路爲義數百年來優待
言官奉爲故事臣愚以爲言官之職匡正朝廷過失誠

斥權姦凡爲權奸者必其能巧相結納以中人主之心者也終始以正君爲義故自唐宋以來皆名之曰諫官拾遺補闕使朝廷無過舉而後可以謂之忠直然自宋之盛時君子小人互相攻訐喧鬨盈廷至於南宋爭和爭戰陳義愈正持論愈囂明之季世則將帥主兵進退機宜亦自言官操之兩朝以至大亂此非言官之害言官任意囂張不稱其職之害也粤匪經亂以來民困未蘇吏治未清紀綱法度日益廢弛承衰敝之俗行操切之政未有能善其後者三四年來言官毛舉細故見事生風大率因睚眦之小怨用影響疑似之傳聞臚列入

告

朝廷遣使四出驛站之騷擾州縣之供給已不勝其憊

而又內顧言官之意旨經營傅會以定爰書

朝廷用是以求通民隱而民隱愈蔽求申冤抑而冤抑

愈深則亦言官無能讀書通知事理徒用苛察訐告窺

求影射以爲直也所苛求者一言一事之微而所關國

家大局固已鉅矣其甚者疆吏之賢否藩臬之遷擢皆

取決言官一疏斷行不疑太阿倒持尤乖政體迄於今

日吏治日媮民生彫敝所在愁歎而言官所陳但舉虛

文小節未嘗深念民生休戚與

朝廷措置之宜崇奬太過徒長虛誣實爲害政

一進用人才太驟虞書舜禹相戒之辭微矣而獨斷言之曰無稽之言勿聽弗詢之謀勿庸誠知言之不足取信也故曰國君進賢如不得已若因一言之有當

聖心遽資倚任加之顯擢羣懷希倖相率效尤倚託攘斥夷狄之美名人挾一疏急求榮進迨至事任已屬變故驟興遷就倉皇周章失措流俗無知摘其章疏告示傳以爲笑

朝廷培養人才文章志節皆所取資期使觀理日深練事日熟庶足備遺大投艱之選奬進一二虛浮之言以

助其恣睢而使人懷覬覦羣言淆亂實爲可惜恭親王
精明仁恕小心敬畏於洋務尤所深諳遠出一時廷臣
之上而不敢以己見理處一切付之公論洋人皆服其
誠屢經事變卒能從容鎮定消弭禍端聞其罷退無不
咨嗟歎息追論其賢足知言官連章論劾實不知有天
下大計徒眩於諸臣進用之驟採求
朝廷意嚮欲因以立名也臣伏見
文宗卽位之初盜賊縱横東南塗炭而又事變迭乘天
下岌岌
文宗惟一守之以定靜持之以堅忍羣臣奉職無有疑

難用能當大故而不惑平大亂而不搖値時事艱危之
際尤當爲天下了事不當爲天下生事靜默簡約察吏
安民期以培養國家元氣無使傷損議論多一分虛浮
而國事日壞官吏多一分操切而民氣日傷政令紛更
黜陟予奪易於反掌徒使賢者氣沮而狂惑喜事之人
日益驕横在於今日尤謂非宜
一用兵太失權衡竊觀漢唐名臣史傳所載疏論皆以
諫止征討爲義從無敢有倡言用兵者南宋之世假復
讎爲名而言始囂嗣是八九百年相與以用兵主戰爲
常談然南宋時議論雖囂而主戰者猶將帥也至明則

將帥持重不敢戰而言官迫之使戰乃至封疆大吏亦承望言官風旨動爲主戰之說上希

朝廷嘉獎下邀流俗無知之稱譽老子之言曰佳兵者不祥之器不得已而用之漢文帝於南越寇邊猶遣使喻意以多殺士卒傷良將吏爲戒所以爲聖人之仁凡可以不用兵而言用兵者是樂殺也故曰人發殺機天地反復甚可懼也西洋立國專務通商其兵愈强而愈不輕言戰即此次通商雲南始終以計畫經營先與越南定立議約屢經改訂事端顯見與未通商以前西洋事勢一無見聞情形迥異無難據理辨爭折服其心郎

以通商論沿海以達長江開立口岸十四五處又遠及
瓊州臺灣雲南之騰越亦已與英人通商何惜蒙自一
口雲南貨物與越南交易西及暹羅南掌老撾諸國從
未設立稅關劉永福佔住保勝收其稅利卽中國出入
各國之通津也多開蒙自一口卽多收一口之稅實爲
有利於國無損於民從漢至今二千餘年凡與四夷外
蕃互市之地從未滋生事端正以利源所在彼此均懷
顧惜以是能久遠相保也彼所議者商務廷臣所爭者
用兵臣實不解所謂道光盛時關天培楊芳皆百戰名
將不足以資一戰至咸豐時科爾沁親王僧格林沁及

樂善史楷榮尤爲宿將知兵亦不足守一口以彼兵力之强亦實不願開釁中國何爲溅之使逞鬪兵以義動未聞挾憤以求僥倖一勝者也國家辦理洋務必求通知洋務之人北洋大臣李鴻章南洋大臣曾國荃並能曉暢戎機周知各國情事

朝廷責以了處洋務指揮奠定有餘必督之使戰而使浮薄少年高談闊論陵壓其上欲恃語言縱横爲制伏

外夷之略以

宣宗

文宗兩朝聖人艱苦經營躊躇審顧不欲輕試者諸臣

乃毅然任之不疑不顧事機之順逆不計餉源之盈絀則亦虛憍之議論積成習尚貽累天下國家之尤者也以上四條臣因目前洋務急須料理收束因推論洋務之原始實由廷臣議論繁多眩惑

聖聽以爲有可倚信而其實陳奏之辭多而辦事之心少主戰之文勝而用兵之術疏萬口紛囂昌言於公廷挈眷遠徙倉皇於私室外間一切情形從無有敢上達者風會所趨莫知爲非臣竊以爲與西洋交兵百勝不足爲喜數敗亦不足爲憂其患終不過苛索兵費多佔口岸甚則侵據沿海地方不必遽爲害內地而至用兵

日久中國力先不支所憂方大臣又竊觀天下大勢可憂者二一曰水旱饑饉近年山西大旱各省勸捐助賑相沿爲例直隸山東水災亦倣照辦理臣出使英國英人振助山西亦集資至二十餘萬一省有災四處環起相援則無慮水旱之頻仍也一曰寇亂自長江創立水師淮軍留屯又二萬人緩急有可倚恃經亂以來各省亦皆有防軍以備不虞則無慮盜賊之竊發也方今所患獨有洋務西洋兵力之强製造之精從古未有而各國環列互相鉗制又其志專在通商卽有需索皆可據理駁詰故嘗以謂今日洋務戰守和三者皆無可言惟

在隨事應付而已應付得其宜可保數百千年無事一失其宜即無事轉爲有事小事釀爲大事得其宜則製造與練兵可用洋人之力而洋人之心亦服語言既省國體亦尊一失其宜徒以長洋人之氣而所處日窮五十年來每一用兵即國家多損一分元氣前事可爲殷鑒目前大勢但無海疆之釁水旱寇亂皆無足虞一經搆釁而此二者相緣以起直無以爲善後之計所爭甚微所繫至鉅必欲用其衰敝之餘力求多於

兩朝聖人之功績臣未敢信謂然也臣衰且病旦夕不能自保顧念時事艱難法夷佔據越南之西貢經歷多

年植基已固邊釁既開用兵直未有止境誠宜速與理
處下顧民生爲萬世根本之計竊度中外諸臣知此義
者既少即知之亦無敢上陳臣是以不敢自惜其餘生
剴切陳之無任戰慄隕越之至伏乞
聖太后
皇上聖鑒謹
奏
嵩燾論洋務數犯天下之不韙侃侃言之一無顧忌
非獨自信能通知洋情而已其自南宋以前上推至
北宋又上推至漢唐又上推至三代源流本末利病

在隨事應付而已應付得其宜可保數百千年無事一失其宜卽無事轉爲有事小事釀爲大事得其宜則製造與練兵可用洋人之力而洋人之心亦服語言旣省國體亦尊一失其宜徒以長洋人之氣而所處日窮五十年來每一用兵卽國家多損一分元氣前事可爲殷鑒目前大勢但無海疆之釁水旱寇亂皆無足虞一經搆釁而此二者相緣以起直無以爲善後之計所爭甚微所繫至鉅必欲用其衰敝之餘力求多於

兩朝聖人之功績 臣 未敢信謂然也 臣 衰且病旦夕不能自保顧念時事艱難法夷佔據越南之西貢經歷多

獨稱兵搆釁貽禍天下卽亦非所以作成人才之義
諸所陳論但舉其大要而已時諸臣亦尙未議處故
亦不敢論及之自記

論河務疏

奏爲黄河南徙泛溢洪澤湖寖成入江之勢審量大局謹擬分道疏濬以圖補救恭摺仰祈

聖鑒事竊查四瀆分自禹時河濟北流江淮南注水性原各不同河與濟相出入江與淮相出入而必使分道注海河性尤疾則又播爲九河使分流以殺其怒歷漢而河合濟爲害始烈山東數百里之地潰決相仍歷宋而河合淮爲害益劇河南江北數千里皆受其患大勢逐漸南趨兼受諸水以助其湍悍之性澳平常言考經義治水有決河深川無隄防壅塞之文宜博求能浚川

疏河者然自漢數百年開穿渠行水徧於諸郡而於河之爲害鉅者未聞有疏濬之功自是二千餘年惟以隄防爲禦河之策隄日益高河日益横獨元賈魯治白茅決口絶汴河諸水引河行四百六十餘里出四里以復舊河故道其因舊水故渠疏濬者十之八九别開一河相接引十之一二謂之生地生地開深二丈許舊水故渠加疏瀹而已率不過數尺數月而竣工以是推之黄河經行之處用人力疏濬者難爲功别開一河以引其流反易爲力自道光之季河決銅瓦廂泛濫數百里入大清河迄今四十年壖淤日甚其勢不能强塞決口以

導使逆行舊河故道又皆淤塞水性就下不能不漫及
淮潁往時河入淮則益導淮南行今又薄淮而入洪澤
湖遂恐奪淮入海又更挾淮以入江江南財賦之邦所
憂甚大竊意今日治河之法當考求賈魯河遺蹟引歸
舊河故道開廣疏深使足有容銅瓦廂以東亦開一河
引歸大清河使南北分流能全挽使順流入海可保數
十年無河患即稍分其勢以不至全力注淮亦爲今日
救急之要義應懇
飭下南北洋大臣東豫兩撫及河督通籌全局審量地
勢高下工役繁省或仍導使北行或乘其南趨之勢引

歸舊河故道或應南北分疏當以何道爲正流何道爲支流然後分別地段刻期開濬委任責成先使河有所歸乃可言及堵築之功值

國家艱難物力凋敝尤應設法經營期使軍民通力合作以應一時之急而濟經費之窮宜飭兩江督臣調江南防兵萬餘人起清江浦以達雲梯關數百里督使開挖以二百餘人分任數里爲一段選派哨弁監工每一營官督理二三段仍其月餉量給辛食遣州縣以下一員司支放一洗河員積習使工役有數可稽清江浦以上至蘭儀舊河故道別開引河以達石橋決口令紳民

分承其役募被災難民按營制部勒分段開濬仍驟募
捐助工因即以工代賑自決口以北徑銅瓦廂以達壽
張因漫河故道濬深開廣亦令紳民分段助工募被災
難民以工代賑其大清河東北達牡礪觜飭山東撫臣
調防兵萬餘人分段開濬大清河經流水源尙旺天津
開河機器施行水中可以調取應用其開濬引河及新
舊黃河則須人力與機器兼施宜博考西洋開河機器
及疏挖消土之方分派工員營兵及紳民等各按地段
承領工役一舉並作竭數月之力開通南北兩河道引
河歸流以免泛濫庶幾一勞而稍獲數十年之利江南

善士嚴佑之施少欽陳祝平等募捐施賑力大願宏勞苦經營數十年不倦使之分段經理工程仍聽募捐代賑所領經費必無虛耗工程亦必稍能覈實江南財賦之地逼近河患士民憂懼但聞嚴佑之等經手開工以洩河患必能踊躍捐助不待勸募蓋樂善之心與其求免禍災之心相濟而成人情事勢可以推見仍懇明諭各督撫臣迅籌熟計屏除意見期使軍民人等同懷救災紓難之心至誠惻怛以荅天變開濬堵築通力合辦庶使工程盡歸實際亦可限立期程以求迅速蔵功東南大局幸獲保全允爲

國家無疆之福愚昧之見是否有當伏乞
聖鑒訓示施行謹
奏
初意南北分疏北流仍歸大淸河南流舍雲梯關一口無可容納嗣見翁叔平潘伯寅兩尙書疏請開浚大通河引黃河入潮河以達灌河海口取徑較直因潮河故道弼廣濬深亦易爲力旋接陳右銘信謂引河由宿遷西北出劉老澗絕中運河入六塘河以達灌河海口其下卽黑水洋也爲海口最深處所議與兩尙書議合裴樾岑星使亦以爲言嗣見淮安殷子

南黃河議其時黃河北徙決侯家林隄灌入南陽湖
以至微山湖入中運河郎議開寬劉老澗口門引黃
河由六塘河入海正以黃河灌入微山湖舍六塘河
無可宣洩也諸君諳知淮南北情形意在觸淮北兩
縣地以保全淮南其議甚備所慮黃河之爲害人皆
知之鄭州河決山東人力請規復南河故道惟懼其
北行其由北灌入微山湖淮北實受其害引使出六
塘河所謂因勢而利導之者也今已南入洪澤湖而
使越舊河而北以出六塘河沭陽人必力持之爲距
河絕遠引而注之六塘河以使承其災淮北數縣人

民必皆所不顧也近聞譚心可述張毗堂之言黃河入海惟雲梯關一口可以開濬山東各口皆成蘆蕩疏濬之力無可施雲梯關淤高數丈然決之可使深瀹之可使通所謂爲其事必有其功也張毗堂深諳河務情形所言爲得其實用所塞決河靡費之半金力開濬河道必已早著成效區區之意以謂今日天下大患尤在觀望周章莫肯身任須待　朝廷至誠惻怛詔諭江南皖豫紳士急籌引河入海之路竭官民之力爲之必有聞風響應者先求汰除河員氣習以規圖實效又何功之不可成也自記